hänssler

THEOLOGIE

Armin Sierszyn

2000 Jahre Kirchengeschichte

Das Mittelalter

Band 2

Armin Sierszyn, geb. 1942, ist verheiratet und Vater von zwei erwachsenen Kindern. Er studierte Theologie in Zürich, Bethel und Marburg; Promotion zum Dr. theol. bei Prof. D.Dr. Walter Künneth DD an der Universität Erlangen. Von 1974 bis 2008 war er Pfarrer und Dekan der Reformierten Landeskirche des Kantons Zürich; an der Staatsunabhängigen Theologischen Hochschule Basel arbeitet er als langjähriger Professor für Kirchengeschichte.
Sierszyn ist Verfasser von theologischer, historischer und heimatkundlicher Literatur.

5. Auflage 2008
Band 2 – Das Mittelalter

Bestell-Nr. 392.711
ISBN 978-3-7751-2711-0

Internet: www.haenssler-verlag.de
E-Mail: info@haenssler.de
Umschlaggestaltung: Dialog Werbeagentur, Waldbronn
Titelbild: Mauritius, Strichzeichnung entnommen aus dem Buch „Der Dom zu Speyer", Hintergrundbild „Duccio di Buoninsegna", entnommen aus Malerei-Lexicon von CORVUS.
Satz: AbSatz, Hamburg
Druck und Bindung: CPI – Ebner & Spiegel, Ulm
Printed in Germany

Vorwort zur 5. Auflage

Das Mittelalter ist die Wiege des christlichen Abendlandes. Für viele unserer aufgeklärten Zeitgenossen gelten die 1000 Jahre zwischen Antike und Reformation als rückständige, ja finstere Epoche: Papstherrlichkeit, Inquisition, Intoleranz, Unwissenheit, Aberglaube, Hexenwahn ... Dies alles gehört zweifellos auch zum Mittelalter. Ist aber unsere neuere Geschichte eitel Sonne und Licht? Aufklärung und Liberalismus wurden in ihren besten Tagen nicht müde, die großen Errungenschaften des Fortschritts zu preisen. Doch heute sind auch die dunklen Seiten unserer weltlichen Moderne unübersehbar. Wie werden *wir* einmal in die Geschichte eingehen?

Keine Epoche ist nur hell oder dunkel. Menschliche Geschichte ereignet sich nun einmal im Spannungsfeld zwischen Gut und Böse. Wahres Licht ist selten da, wo Scheinwerfer blenden.

1000 Jahre Mittelalter sind alles andere als eine einheitliche Epoche. Doch in dieser langen Zeit baut Christus seine Gemeinde. Männer und Frauen gelangen – freiwillig oder unfreiwillig – in sein Kraftfeld; sie lernen Jesus lieben, sie opfern ihm ihr Leben. Ihre dogmatischen Vorstellungen sind oft fragwürdig. Ich lade Sie ein zu Entdeckungen, zur Freude und zum Staunen, wie Christus in dieser „mittleren Zeit“ sein Licht aufleuchten läßt.

Nachdem in der vierten Auflage 2006 Anmerkungen und Literatur im Rahmen des Möglichen angepasst wurden, wird die fünfte Auflage als Nachdruck veröffentlicht.

Bäretswil-Zürich, im Sommer 2008 Armin Sierszyn

Inhalt

Was bedeutet ”Mittelalter”?[1]

Die Humanisten prägen den Begriff ”Mittelalter” für das Zeitalter zwischen dem Verfall der Antike und deren Wiedergeburt (Renaissance!). Seit dem 17. Jh. wird in den Lehrbüchern die Weltgeschichte in drei Epochen gegliedert: alte, *mittlere* und neuere Geschichte. Die Aufklärer, die sich selber als ”Aufgang der Sonne” verstehen (frz. ”les lumières”), setzen sich vom ”finsteren” Mittelalter ab. Die Romantiker dagegen verklären das Mittelalter zur Idealzeit des christlichen Abendlandes. Beide erfassen einen Teil der Wahrheit, die Aufklärer in ihrem Haß, die Romantiker in ihrer Liebe. Haß vermag wohl scharf zu sehen, aber kaum gerecht zu urteilen. Die begeisterte Liebe erkennt das ihr Kongeniale[2], aber es mangelt ihr an kritischer Schärfe.

Das Mittelalter ist die Wiege des Abendlandes und seiner Kultur. Die 1000jährige Frühzeit Europas ist überaus reich an Geist, an Vielfalt und aufbauender Kraft. Das Auge der Liebe entdeckt viel Licht und echten Glanz. Das frühe Mittelalter leistet zum Beispiel eine kulturelle Aufbauarbeit, deren geistige Fundamente unseren Kontinent seit über tausend Jahren tragen. Erst das 20. Jh. mit seinen zwei Weltkriegen und der ganzen Ideologienflut, potenziert durch eine Revolution der Medien, hat diese Fundamente ernsthaft verletzt.

Vor falscher Verherrlichung des Mittelalters schützen uns zwei Tatsachen:

---

[1] H. Bookmann, Einführung in die Geschichte des MA (7. Aufl. 2001); A. Angenendt, Geschichte der Religiosität im MA (3. Aufl. 2005); H. Fuhrmann, Einladung ins MA (3. Aufl. 2004); A. Borst, Lebensformen im MA (Propyl. TB 2. Aufl. 1999); W. Volkert, Kleines Lexikon des MA (4. Aufl. 2004); L. E. v. Padberg, Art. ”Mittelalter” in: ELThG II (1993).

[2] kongenial = geistesverwandt

1. Der Versuch, eine christliche Monokultur zu schaffen und zu erhalten, fordert einen sehr hohen und folgenschweren Preis: Mission durch das Schwert, furchtbare Kämpfe zwischen Kaiser und Papst, brutale Verfolgung von Ketzern und Hexen (bis ins 18. Jh.!) usw.

2. Das "Mittelalter" ist alles andere als eine einheitliche Epoche. Zur Grob-Orientierung unterscheiden wir:

a) Frühmittelalter (bis ca. 1100)
b) Hochmittelalter (ca. 1100 - 1300)
c) Spätmittelalter (ca. 1300 - 1500)

Der Anfang des Mittelalters wird von den Kirchenhistorikern unterschiedlich datiert. Am Weihnachtstag des Jahres 498 läßt sich der Frankenkönig Chlodwig durch Bischof Remigius in Reims taufen. Die spätere Entwicklung zeigt, daß durch diesen Akt der Grundstein für das Abendland gelegt wird, denn die christlichen Franken werden zur bestimmenden europäischen Macht der folgenden Jahrhunderte. Wenn wir Chlodwig um 500 an den Beginn des Mittelalters stellen, gehören aber sachlich bereits die arianisch-germanischen Kirchen der Völkerwanderungszeit in den Bereich des Mittelalters.[3]

---

[3] So z. B. K. D. Schmidt. Andere sehen schon in Konstantin den "Herrn der Wende"; indem er Germanen höchste Stellen im Staat öffne, seien die konstitutiven Elemente des MA – Antike, Christentum und Germanen – vereint (Hübinger). Für Henri Pirenne zieht der Vorstoß der Mohammedaner ins westliche Mittelmeer die Scheidelinie zwischen Antike und Mittelalter. Karl Heussi vermeidet den Begriff überhaupt. Um 500 wird die römische Reichskirche durch das katholisch-germanische Landeskirchentum abgelöst. – Heute geht man in der Regel aus von einer längeren Übergangsphase zwischen Spätantike und FrühMA. Bei fließendem Übergang zur frühen Neuzeit geht das SpätMA im Jahr 1517 zu Ende.

Lit.: K. D. Schmidt, Kirchengeschichte (9. Aufl. 1990) 148 ff; P. E. Hübinger, Zur Frage der Periodengrenze zwischen Altertum und MA (1969); H. Pirenne, Mahomet et Charlemagne (1937, dt. 2. Aufl. 1986); K. Heussi, Altertum, Mittelalter und Neuzeit in der KG (1921, ND 1969); E. Pitz, Mittelalter = LMA VI (1993) 684 ff.

I. Missionsgeschichte[4]

1. Frühe Germanenmission

Die Goten[5]

Vermutlich stammen die Goten aus dem südlichen Schweden (vgl. Götaland, Gotland). Um 200 zieht der größte Teil von ihnen südwärts durch das heutige Rußland bis ans Schwarze Meer. Sie sind das bedeutendste Volk der östlichen Germanen. Die **Ostgoten** besiedeln im 3. und 4. Jh. das Nordufer des Schwarzen Meeres und die Krim, die **Westgoten** das heutige Rumänien. Die Goten bewohnen damals das ganze Gebiet zwischen der Ostsee und dem Schwarzen Meer, und immer wieder drängen neue Stämme nach Süden. Nur durch die Donau sind die neuen Nachbarn noch vom Römerreich geschieden. Unter den Teilnehmern des Konzils von Nicäa befindet sich Bischof Theophilus aus Gotien.

Schon im 3. Jh. greifen gotische Truppen auf römisches Reichsgebiet über. Kaiser Decius, der Christenverfolger, fällt 251 im Kampf gegen die gotischen Barbaren. Diese verschleppen im Jahr 264 römische Kriegsgefangene nordwärts über die Donau. Unter diesen Gefangenen befinden sich auch Christen. Sie verstehen ihr Schicksal als von Gott auferlegt und bezeugen

---

[4] Alb. Hauck, KG Deutschlands, I-V (1887 - 1920, versch. ND); K. D. Schmidt, Die Bekehrung der Germanen zum Christentum, I-II (1939/42); K. Schäferdiek, Germanenmission, arian. = TRE 12 (1984) 506 ff; L. E. v. Padberg, Die Christianisierung Europas im MA (Reclam 1998); A. Angenendt, Geschichte der Religiosität im MA (3. Aufl. 2005); ders., Das Frühmittelalter (3. Aufl. 2001); E. Dassmann, Die Anfänge der Kirche in Deutschland (1993); W. D. Hauschild, Lehrbuch der Kirchen- u. Dogmengeschichte, I (2. Aufl. 2000) § 7.; W. Pohl, Die Völkerwanderung (2002)

[5] Jordanis, Gotengeschichte, dt. Übs., Hg. A. Heine, in: HddA (2. Aufl. 1986); Prokop, Der Gotenkrieg/Der Vandalenkrieg (1989); H. Wolfram, Die Goten (4. Aufl. 2001); G. Haendler, Die abendländische Kirche im Zeitalter der Völkerwanderung = KGE I/5 (4. Aufl. 1995).

unter den Goten Jesus als den Herrn. Philostorgios aus Kappadozien berichtet um 400: "Als sie sich, beladen mit reicher Beute, auf den Heimweg machten, führten sie eine Menge Menschen gefangen mit sich fort, unter denen sich auch eine große Anzahl von Geistlichen befand. Unter diesen Gefangenen waren auch viele Gläubige. Diese verkehrten mit den Barbaren und führten nicht wenige zum Glauben, so daß sie von den heidnischen Irrlehren abließen und sich zum Glauben an Christus bekannten. Unter denen, die damals fortgeschleppt wurden, waren auch die Vorfahren Wulfilas, Kappadozier von Abstammung."[6] Am Anfang der germanischen Kirchengeschichte stehen also freiwillige Einzelbekehrungen.

Wulfila — Bibelübersetzer und Missionar[7]

Wulfila ist ein gotischer Name und bedeutet Wölflein. Wulfilas Vater ist heidnischer Gote. Seine Großeltern mütterlicherseits waren Verschleppte aus Kappadozien (heutige Türkei).[8] Wulfila selbst ist Christ. Er kennt die gotische und die griechische Sprache, später lernt er noch Latein (Amtssprache im heutigen Balkangebiet). In der christlichen Gemeinde wirkt er als Lektor. 341 ist der sprachbegabte Wulfila Mitglied einer gotischen Gesandtschaft beim römischen Kaiser Konstantius. Bei dieser Gelegenheit weiht ihn Bischof Eusebius von Konstantinopel zum Missionsbischof für Gothien.[9] Eusebius ist

---

[6] Philostorgios, KG II, 5, ähnlich Sozomenos, KG II, 6.

[7] F. Kauffmann, Aus der Schule des Wulfila (1899) (mit Wulfila-Biographie des Auxentius); K. Schäferdiek, Wulfila = ZKG 90 (1979) 253 ff; W. Streitberg (Hg), Gotische Bibel, I - II (2000).

[8] Philostorgios, a. a. O. Vgl. Sokrates, KG 4,33.

[9] Evtl. schon 336 (Schäferdiek). Eusebius von Nikomedien ist Metropolit von Konstantinopel (gest. 341). Philostorgios berichtet, der Kaiser habe Wulfila sehr geschätzt und ihn den "Mose unserer Zeit" genannt.

gemäßigter Arianer, und die römischen Kaiser um die Mitte des 4. Jh. begünstigen diese Glaubensrichtung. Für sie ist Jesus Christus ein Gott untergeordnetes Geschöpf, er ist gottähnlich, aber nicht gottgleich.[10]

Der christliche Glaube unter den Goten verbreitet sich so rasch, daß es bereits um 350 zu einer ersten Verfolgung kommt. Unter Lebensgefahr muß Wulfila fliehen. Er wird später Konfessor (= Bekenner) genannt. Wulfila wird zum Führer des Stammes der **Kleingoten**, die sich im Balkangebirge auf römischem Reichsgebiet ansiedeln. Der gotisch-katholische Jordanes in Byzanz schildert sie später als armes, friedliches und Milch trinkendes Hirtenvolk. In seiner Tätigkeit als Lektor las Wulfila schon in jungen Jahren im Gottesdienst aus der griechischen Bibel vor und übersetzte das Gotteswort ins Gotische. Kurz vor 370 beginnt Wulfila mit seiner schriftlichen Bibelübersetzung. Da die Goten selbst noch keine Schrift besitzen, schafft er ein eigenes Alphabet nach dem Vorbild der griechischen Großbuchstaben (Unziale) unter Einfügung weniger Runezeichen.[11]

---

[10] = homöisches (arianisierendes) Christentum. **Wulfila bekennt**: "Ich glaube, daß ein Gott ist, der Vater, allein ungezeugt und unsichtbar, und an seinen eingeborenen Sohn, unseren Herrn und Gott, Werkmeister und Bildner der gesamten Kreatur, der seinesgleichen nicht hat . . . und an den Heiligen Geist, die erleuchtende und heiligende Kraft . . ., der weder Gott noch Herr ist, sondern der getreue Diener Christi, ihm nicht gleich, sondern in allen Dingen dem Sohne untertan und gehorsam; und daß der Sohn in allen Dingen untertan und gehorsam ist seinem Gott, dem Vater ähnlich, so wie Gott alles gezeugt hat durch Christus und geordnet durch den Heiligen Geist." Vgl. W. Lange, Texte zur germ. Bekehrungsgeschichte (1962) 8f.

[11] Die gotische Schrift ist mit den Goten untergegangen. **Gotik** als Stilepoche wird zunächst eine Bezeichnung für die Kathedralen des 12.- 15. Jhs., die – weil nicht mehr romanisch – als barbarisch empfunden werden (ital. gotico = barbarisch, nicht antik). Die Schriftart der gotischen Stilepoche entwickelte sich seit ca. 1100 in Frankreich durch Umbildung der karolingischen Minuskel (Streckung des Schriftkörpers, Verschmelzung benachbarter Buchstaben).

Wulfila stirbt 383 im Alter von über 70 Jahren.

Zwei Jahre vorher wird auf dem Konzil von Konstantinopel die Dreieinigkeitslehre angenommen. Alle arianisierenden Lehren dagegen verfallen dem Fluch der Irrlehre. Auch die Goten und alle von ihnen missionierten Germanen werden von der katholischen Kirche später deshalb als Häretiker betrachtet. Wulfila ist lehrmäßig tatsächlich nicht völlig orthodox. Die philosophisch-dogmatischen Lehrgebäude der Griechen sind ihm zuwider. Ihm geht es allein um die Bibel, deren schlichte Botschaft er und seine mutigen Kleingoten den sprachverwandten Germanenstämmen erschließen. Unter diesen Kleingoten lebt ein einmaliger Missionsgeist. Hunderte dieses Völkleins tragen das Evangelium in gotischer Sprache zu fast allen germanischen Stämmen, noch ehe diese sich auf ihre Wanderung nach Süden und Westen aufmachen.

Die Silberbibel (Codex argenteus)[12]

Die gotische Sprache ist die älteste überlieferte germanische Schriftsprache und die Wulfilabibel deren Hauptdokument. Größere Teile dieser Bibel sind uns erhalten im sogenannten Codex argenteus (= Silberbuch). Der Codex wurde vermutlich um 500 für den Ostgotenkönig Theoderich in Ravenna angefertigt. Er besteht aus purpurrotem Pergament, beschrieben mit Silbertinte.

Der Codex löst in spätantiker Zeit allmählich die Papyrusrollen ab. Als Vorläufer unseres Buches ist er viereckig und zwischen Holzdeckel gebunden, die meist mit Leder überzogen sind. Bei kostbaren Handschriften werden die Deckel zudem mit Edelmetallen oder -steinen reichlich verziert. So entstehen dann die eigentlichen Kleinodienbände.

---

[12] K. Aland, Die alten Übersetzungen des Neuen Testaments (1972) 375-402.

Dem Codex argenteus wurden schon um 700 Seiten entnommen, die Silberbuchstaben teilweise abgeschabt (Ketzerbibel!) und für lateinische Bibel- und andere Texte erneut verwendet. Vermutlich nimmt der Friesenmissionar Liutger, der sich in den 780er Jahren in Rom und Monte Cassino aufhält, die altgermanische Bibel in sein neu gegründetes Kloster Werden bei Essen mit. Die gotische Sprache wird damals noch von allen germanischen Stämmen verstanden. Nach langem Dornröschenschlaf wird der Wert des Buches im 16. Jh. entdeckt. Kaiser Rudolf II., ein Liebhaber von alten Handschriften und Kunstgegenständen, holt den Codex nach Prag. Am Ende des Dreißigjährigen Krieges (1648) führen die Schweden das Kunstwerk mit ihrer Beute nach Uppsala. Sechs Jahre später wird die schwedische Königin Christine katholisch. Sie legt darum ihre Krone nieder und zieht mit den wertvollsten Kunstgegenständen nach Rom. Doch die Bedeutung des Codex argenteus erkennt sie nicht, sonst läge dieser heute in der vatikanischen Bibliothek. Ein Gläubiger der Königin, der holländische Philologe Isaac Vossius, wird u. a. mit dem gotischen Codex abgefunden. Am 18. Juli 1662 verkauft er die Silberbibel für 500 Taler an Schweden. Doch das Schiff, das die wertvolle Fracht nach Schweden bringen soll, strandet in heftigem Sturm vor einer Insel. In einem Kästchen aus Eichenholz, gleich Noahs Arche auf dem Meere schwimmend, wird die Handschrift geborgen und mit dem nächsten Schiff nach Schweden gebracht. Seither ruht der Codex in der Universitätsbibliothek von Uppsala als eines der wertvollsten Dokumente der gesamten westlichen Kulturwelt. Von den ursprünglich 336 Blättern sind noch 187 erhalten.

Wulfila entfaltet bei seiner Übersetzung eine mit Luther zu vergleichende sprachschöpferische Kraft. Er sucht und prägt Worte und Begriffe, welche die Sprache unserer Glaubenswelt bis heute bestimmen. Zum Beispiel:

Gott = Guth (ahd. got, engl. God.) vgl. idg. ghu-tom = angerufenes Wesen. Er verzichtet auf den geläufigen Götternamen Ass. Griech. versöhnen = gafrithon (in den Frieden Gottes aufnehmen).

Griech. pisteŭein (glauben) = galaubjan (ahd. giloben), von derselben idg. Wurzel wie lieben.

Griech. Soter (Retter) = Nasjands (← ganasjan = genesen). Für Wulfila ist Jesus der Arzt und Heiland und nicht der Held in der Schlacht (vgl. Heliand).

Eine ganze Reihe kirchlicher Wörter wird bei den Goten volkläufig und gelangen noch vor 500 in den oberdeutschen Sprachraum:

Bischof (← gr. episcopos), Kirche (← griech. kyriake oikia), Heide (← übs. lat. paganus), Teufel (← ahd. tiufal ← got. diabolus), Samstag (← ahd. sambaztac ← vulgärgr. sambaton ← hebr. sabbath. Das Wort kam durch gotische Mission nach Süddeutschland und ins Rheingebiet); taufen (← ahd. toufan ← got daupjan = tief machen, untertauchen) etc.[13]

Die genannten Beispiele zeigen, wie sich Sprachgeschichte und Missionsgeschichte verbinden. Bereits in spätrömischer Zeit und während der Zeit der Völkerwanderung eilen kleingotische Missionare zu fast allen germanischen Stämmen. Als die Angeln und Sachsen 450 nach Britannien ziehen, nehmen sie in ihrem Sprachschatz z. B. das Wort Kirche mit.[14]

---

[13] Vgl. Friso Melzer, Das Wort in den Wörtern (2. Aufl. 1997) 178 sowie Grimms Deutsches Wörterbuch und Duden 7 (Herkunftswörterbuch).

[14] Engl. church, ahd. Kiricha. Vgl. Th. Frings, Antike u. Christentum an der Wiege der deutschen Sprache (1949).

Das Unser Vater in gotischer Sprache (um 380)

Atta unsar, thu in himinam
Vater unser, du in den Himmeln,

veihnai namo thein.
geweiht (werde) Name dein.

Quimai thiudinassus theins,
Komme Herrschaft deine,

Vairthai vilja theins
werde Wille dein

sve in himina jah ana airthai
so wie im Himmel auch auf Erden

Hlaif unsarana thana sinteinan
Brot unseres das fortwährende

gif uns himma daga
gib uns diesen Tag.

Jah aflet uns, thatei skulans sijaima
Und erlaß uns, daß schuldig wir sind

svasve jah veis afletam
so wie auch wir erlassen

thaim skulam unsaraim
den Schuldigern unseren.

Jah ni briggais uns in fraistubnjai
Und nicht bringe uns in Versuchung,

ak lausei uns af thamma ubilin
aber löse uns ab diesem Übel.

Unte theins ist thiudangardi jah mahts
Denn dein ist Herrschaft und Macht

jah vulthus in aivins. Amen.
und Herrlichkeit in Ewigkeit. Amen.

Zum Vergleich: in althochdeutscher Sprache (St. Gallen 790)

Fater unseer thu pist in himile / uuihi namun dinan / qhueme rihhi din / uuerde uuillo din so in himile sosa in erdu / prooth unseer emezzihic kip uns hintu / oblaz uns sculdi unseero so uuir oblazem uns sculdicem / enti ni unsih firleiti in khorunka / uzzer losi unsih fona ubile.

Die Westgoten: Via Rom (410) nach Spanien[15]

Um 370 kommt es unter den verbliebenen Westgoten zu einer neuen Verfolgung. Viele sterben den Märtyrertod. Zwischen den beiden Gaufürsten Fritigern und Athanarich bricht ein Bruderkrieg aus. Athanarich läßt auf einem Wagen vor den Wohnungen der Christen ein Götterbild auffahren. Wer sich weigert, das Bild anzubeten, wird samt seiner Familie im eigenen Haus verbrannt. Fritigern flieht auf römisches Gebiet und geht schließlich als Sieger über Athanarich hervor. Er siegt mit Hilfe der Christen über den Christenverfolger Athanarich. Sofort zieht Fritigern die Folgerung und sichert sich definitiv die Hilfe des mächtigen Christ, indem er ihm seine Verehrung darbringt. Die Gefolgschaft folgt dem Schritt ihres Herrn. Sie hat dieselbe Erfahrung gemacht wie er. Sie zieht auch denselben Schluß (Schmidt).

Unterdessen unterliegen die Ostgoten den vorrückenden Hunnen. Die Westgoten werden römische Bundesgenossen und erhalten finanzielle Zuwendungen für ihre Militärdienste. Als Kaiser Theodosius 395 stirbt und die Regierung seinen unmündigen Söhnen Arcadius in Konstantinopel und Honorius in Ravenna überläßt, glaubt der gotische Adlige und General **Alarich**, seine Stunde sei gekommen. Wem sonst als ihm sollten die kaiserlichen Legionen unterstellt werden? Doch er täuscht sich, im Gegenteil: Die regelmäßigen Geldzahlungen

---

[15] W. Ebel-Zepezauer, Studien zur Archäologie der Westgoten (2000); G. Wirth, Attila. Das Hunnenreich und Europa (1999).

versiegen. Alarich und seine Westgoten – es mögen etwa 100.000 gewesen sein – beschließen, sich selbst zu holen, was ihnen Konstantinopel verweigert. Die Belagerung der Stadt mißlingt. Konstantinopel sollte sich für Jahrhunderte als uneinnehmbar erweisen! Die Westgoten wenden sich nun nach Griechenland. Aus dem Herzog[16] Alarich wird der König seines Volkes. Er marschiert durch Thessalonien, belagert und erobert Korinth, Argos und Sparta. Athen kann sich von der Plünderung loskaufen. Vor den Stätten des Altertums hat Alarich Respekt. Außerdem häuft sich das Beutegut auf den Wagen des wandernden Volkes.

Als der römische Feldherr **Stilicho**[17] am 22. August 408 unter dem Schwert des Scharfrichters stirbt, ist für Alarich der Weg nach Italien frei. Er läßt das durch Sümpfe geschützte Ravenna links liegen und hungert die Ewige Stadt aus. Alarich verlangt die Freilassung aller Sklaven barbarischer Herkunft und die Auslieferung allen Silbers und Goldes. Als die fassungslosen Römer ihn fragen, was ihnen dann noch bleibe, antwortet Alarich den Erstaunten: "Das Leben." Alarich ist bereit, die Stadt zu schonen gegen 5.000 Pfund Gold, 30.000 Pfund Silber, 4.000 seidene Gewänder, 3.000 mit Scharlach gefärbte Felle und 3.000 Pfund Pfeffer. Dazu muß die ganze Aristokratie ihr Geld abgeben, selbst alte Bildsäulen werden eingeschmolzen.

---

[16] Der **Herzog** ist der Mann, der vor dem Heer zieht. Tacitus, Germania: "Zu Heerführern machen sie die Tapfersten". Ein Herzog ist Herrscher auf Zeit, ein König auf Dauer.

[17] **Stilicho**, geb. ca. 365 als Sohn eines Vandalen und einer Römerin, wird Schwiegersohn von Kaiser Theodosius, 395 Reichsverweser im weströmischen Reich und Schwiegervater des jungen Kaisers Honorius. Er zieht 401 die römischen Truppen von nördlich der Alpen ins Kernland Italien zurück. Am Ostertag des Jahres 402 bringt er – mit Unterstützung hunnischer Söldner – Alarich bei Turin eine Niederlage bei. 403 Verlegung des westl. Regierungssitzes von Mailand nach Ravenna, 406 röm. Verteidigungsposten bei Mainz überrannt, 407 Abzug der röm. Truppen aus Britannien, 408 Enthauptung Stilichos (Mißtrauen wegen Bündnis mit Alarich).

Dreimal innert drei Jahren zieht der Westgotenkönig gegen die Stadt am Tiber. In den Augusttagen des Jahres 410 schlachten die Herren in Rom in der Not ihre Sklaven, um von Menschenfleisch zu leben, statt wie bisher Nachtigallen-Zungen zu essen. Am 24. August wird durch Verrat eine Nebenpforte geöffnet. Im Schutz der Nacht dringen westgotische Stoßtrupps in die Stadt ein. Alarich gibt die Stadt zur Plünderung frei. Nur die Kirchen und die Bräute Christi in den Klöstern unterstellt er seinem Schutz. Drei Tage morden und plündern die Eroberer in der Stadt. Fast noch schlimmer treiben es die 50.000 Sklaven, das Elendsproletariat. Brandgeruch und Leichengestank in diesen hochsommerlichen Tagen veranlassen nach drei Tagen die Goten zur panikartigen Flucht. Bald danach stirbt Alarich.

Die Westgoten ziehen weiter nach Südgallien und Nordspanien. Dort gründen sie ein neues Reich mit der Hauptstadt Toulouse. Bis um 600 bleiben sie dem Arianismus treu. Dann tritt ihr König Rekkared zum orthodoxen Glauben über.[18] **Isidor v. Sevilla** (gest. 636), der letzte Kirchenvater, empfindet nicht mehr römisch, sondern spanisch-westgotisch.

Tief erfaßt die Zeitgenossen der geistige Schock über den Fall der Ewigen Stadt. Womit haben die Römer solches Leid verdient? Ist es die Rache für Stilicho? Zürnt der Himmel? Aber welcher Himmel? Der Himmel der alten Heidengötter, die Rom sichtlich groß gemacht haben? Oder zürnt vielleicht Christus, weil die hungernden Römer in ihrer letzten Not vor der Eroberung zu den alten Zaubermitteln und Opfern gegriffen haben, quasi als Rückversicherung gegenüber den alten Göttern? Und das selbst unter der stillschweigenden Duldung von Papst Innozenz! Wozu sind denn die Gräber der Apostel gut? In dieser geistigen Not greift Augustin in Nordafrika zur Feder und schreibt sein Buch "Über den Gottesstaat" (vgl. Bd. I, 300 f.).

---

[18] Die ursprüngliche romanische Bevölkerung Galliens und Spaniens war orthodox. Die Hauptstadt der Westgoten ist im 6. Jh. Toledo. 711 wird das Reich der Westgoten durch die Mauren erobert.

Das morsch gewordene Römerreich

Rom ist nicht an einem Tag erbaut worden. Es ist aber auch nicht in einem Jahr zerfallen! Das Reich stirbt wie ein Krebspatient an seinen zahlreichen Metastasen. Salvian von Marseille beklagt um 450 die romanische Gier nach Lust, Völlerei, Luxus und Verweichlichung; er geißelt die Habsucht der Vornehmen, die Käuflichkeit der Finanzbeamten und die Ungerechtigkeit der Kurialen. Immer mehr müßten die Schwachen die Lasten der Stärkeren tragen.

Auch in der Kaiserstadt verändert sich die Szene. Rom wird zum wirtschaftlichen Wasserkopf. Verwaltung und Beamtentum verschlingen Riesensummen. Die Reichen werden reicher, die Zahl der Arbeitslosen und Pechvögel steigt auf über 100.000 bei einer Gesamtbevölkerung von über einer Million. Dieses Proletariat lebt in mehrstöckigen Mietskasernen von Abgaben der staatlichen Kornkammern.

Die Bauern, einst das Rückgrat von Reich und Armee, verlassen die Höfe, zunächst angezogen vom Zauber der Stadt, schließlich durch die wachsenden Grundsteuern vertrieben, deren der hungrige Fiskus bedarf. Kaiser Konstantin bindet die Bauern per Gesetz an die Scholle!

Die sozialen Gegensätze sind weitaus schlimmer als etwa im Europa des 19. Jhs. Die Familie des Symmachus zum Beispiel – er ist Redner, Schriftsteller und Politiker gegen 400 – besitzt drei Häuser in der Hauptstadt, zwölf Villen in der Umgebung sowie große Landgüter in Unteritalien, Sizilien und Mauretanien. Die große und reiche Provinz Afrika gehört um 400 rund 300 Landbesitzern, das meiste dem Kaiser. Die heilige Melanie zur Zeit des großen Theodosius verfügt über 60 Landgüter, jedes in der Größe von rund 300 ha. Gedrängt von ihrem schlechten Gewissen und aus christlicher Nächstenliebe verkauft sie ihre Güter und schenkt den Erlös den Armen. Die meisten dieser Reichen aber lassen sich durch erfindungsreiche Küchen und Parties mästen und verwöhnen. Hunderte von Sklaven bedienen die stundenlang zu Tische Liegenden. Sie helfen ihnen nach acht Gängen, das Gegessene wieder von sich zu geben, um Platz zu schaffen für weitere Genüsse. Dazwischen stehen den Herrschaften – ganz nach Geschmack – schwarze Nubierinnen, blonde Germaninnen oder griechische Lustknaben zu Diensten. In den 800 öffentlichen Bädern und 50 Bordellen der Stadt offerieren orientalische Sklaven den vollen Service aller Massagegriffe – auch zu erschwinglichen Preisen.

Die Gesamtstärke des römischen Heeres beträgt um das Jahr 400 etwa 600.000 Mann; hauptsächlich sind es germanische "Gastarbeiter". Alarichs Kampftruppe bringt es in ihren besten Tagen auf kaum mehr als 35.000. Die Heere der übrigen Germanenstämme sind eher noch kleiner.

Im Unterschied zu den kinderreichen Germanen ist die Vermehrungsfreudigkeit der hochzivilisierten Römer bescheiden; Empfängnisverhütung und Abtreibung haben Konjunktur, obschon die Kaiser Ehe- und Kinderlosigkeit unter Strafe stellen.

Bereits im 3. Jahrhundert leidet das Reich an schwerwiegender Inflation. Der Gold- und Silbergehalt der Münzen nimmt mehr und mehr ab. Ein befohlener Preisstopp schockt Volk und Wirtschaft gleichermaßen. Wenn ein Zentner Korn in Augsburg gleichviel kosten muß wie in der Provinz Afrika, dann brechen Verkehr und Handel zusammen.

Analoge Symptome zeigt die Industrie. In seinen guten Zeiten gibt es im Römerreich ein relativ hochentwickeltes Unternehmertum: Metallgewinnung, Großziegeleien, Färbereien, Leder- und Textilfabriken, Glashütten und Kunstdüngerherstellung halten die Wirtschaft in Schwung. Im Zug der Finanzkrisen erlahmen aber Investitionsfreude und wirtschaftlicher Optimismus. Die Lähmung des Forschergeistes hat aber noch eine weitere Wurzel. Der hohe Kultur- und Wissensstand hätte es den Römern ohne weiteres erlaubt, die Dampfmaschine, das Schießpulver oder die Buchdruckerkunst zu erfinden. Die Perfektionierung der Belagerungsmaschinen, die steigende Qualität des Papiers oder erfolgreich durchgeführte

Brustkrebs-Operationen zeigen, was damals im Bereich des Möglichen liegt. Aber es besteht keine Notwendigkeit zur Erfindung neuer Techniken, es fehlt der Druck zu naturwissenschaftlichen Anstrengungen. Wozu eine Druckerei, wenn massenhaft billige Schönschreiberinnen zur Verfügung stehen? Wozu teure Maschinen oder Fahrräder, wenn Dutzende von Sklaven bereitstehen, um Sänften zu tragen oder Karren zu ziehen? Wer seinen Geist trainieren will, meldet sich bei den Geisteswissenschaften und studiert Rhetorik und Philosophie.

Alle diese Faktoren, geistige und materielle, bilden zusammen ein Ganzes. Sie bewirken schließlich die Lebensunfähigkeit des morschen Reiches. Die Zeitgenossen des 4. Jhs. spüren die allgemeine Depression. Darum auch die zunehmende Aussteiger-Mentalität. Das Mönchtum profitiert ungemein von dieser Stimmung. Männer mit Geist wählen den Weg der Askese. Ambrosius von Mailand zieht das Bischofsamt einer hohen politischen Karriere vor. Auch Martin von Tours lebt ausgesprochen "alternativ". Er entledigt sich seiner Rüstung und erntet dafür Drohung, Hohn und Spott. Bewußt wird er arm, dafür aber stark. Er empfängt die Gabe des Heilens. Durch Beispiel und Predigt gewinnt er Gallien für das Evangelium.

Die Ostgoten in Italien[19]

Ein Teil der Ostgoten lebt um 400 in Pannonien (Ungarn) unter der Schutzherrschaft der Hunnen. Ein anderer Teil dieses Volkes steht im Dienste Ostroms und siedelt auf dem Balkan. Als die Herrschaft der Hunnen zusammenbricht, nähern sich die Hunnen aus Pannonien der Reichsgrenze. Kurz zuvor haben sie sich, wohl unter dem Einfluß kleingotischer Missio-

---

[19] A. Engler, Theoderich der Große (1998). Zu Cassiodor: FC, 2. F. Bd. 39/1 - 2; zu Dionysius: P. Dyckhoff, Das mystische Gebet (1996); zu Boethius: Boethius, Trost der Philosophie (1998).

nare und der Wulfila-Bibel, zum christlichen Glauben bekehrt. **Theoderich**, ein Neffe des Gotenkönigs, wird 452 in einer christlichen Familie geboren. Als Geisel verbringt er neun Jahre in der Kaiserstadt und wird dort "im Schoße der Zivilisation" erzogen. Er wird zuerst byzantinischer Offizier und besteigt 473 den gotischen Thron. 490 marschiert er im Auftrag des Kaisers von Konstantinopel erfolgreich nach Italien, um dort die Herrschaft des Odoaker[20] zu ersetzen.

Theoderich teilt Italien in zwei getrennte Verwaltungsbereiche, einen gotischen und einen römischen, die aber beide dem König unterstellt sind. Im Inneren regiert er liberal und beschert den Italienern eine Epoche des Friedens und des Wohlstands. Im Jahr 500 wird er in Rom zum König erhoben. Weise und schlau nimmt er aber den Titel eines Kaisers nicht in Anspruch. Außer Italien unterstehen ihm auch Rätien, der Norden Illyriens, Dalmatien, Teile Pannoniens und ab 511 die Provence. Seine germanischen Nachbarn – Vandalen, Burgunder, Franken, sogar Thüringer – sucht er sich durch eine umfassende Heirats- und Bündnispolitik zu verpflichten. Eine seiner Nichten schickt er dem Thüringerkönig Herminafried als Gemahlin mit den Worten: "Das glückliche Thüringen wird besitzen, was Italien herangezogen."[21] Ganz sicher kommt mit der Nichte Theoderichs eine Christin "arianischen" Bekenntnisses nach Thüringen. Dieser Brief, zusammen mit dem Goldhelm von Weißenfels, einem ostgotischen Erzeugnis mit abgebildetem Kreuz, der um 500 hergestellt wurde, ist das erste christliche Zeugnis für den ostdeutschen Raum.[22]

---

[20] **Odoaker** (433 - 493), germanischer Heerführer aus dem Stamm der Skiren; Mitglied der kaiserlichen Leibwache. Wird 476 von Söldnern zum König ausgerufen, nachdem er den letzten weström. Kaiser *Romulus Augustulus* abgesetzt hat. Er regiert in Italien milde. Wird von Theoderich nach der Übergabe Ravennas eigenhändig erschlagen.

[21] Variae IV, 1, ed. Th. Mommsen, MGH AA 12 (1894).

[22] B. Schmidt, Thüringische Hochadelsgräber der späten Völkerwanderungszeit, Varia Archäologica (1964) 195 ff.

Vor allem auf kulturellem Gebiet zeichnet sich Theoderichs Regierung aus. Seine Zeitgenossen sind die Mönche Cassiodor, Dionysius und Benedikt sowie der Philosoph Boethius.[23] Theoderich stirbt 526. Sein Mausoleum ist eines der bedeutendsten Denkmäler Ravennas.

Das Ostgotenreich überdauert seinen Gründer nicht lange. Die Ostgoten sind gegenüber der eingesessenen Bevölkerung in einer hoffnungslosen Minderheit. 553 fällt Italien dem oströmischen Kaiser zu und gerät damit wieder unter katholischen Einfluß.

---

[23] **Cassiodor** (490 - ca. 583) aus vornehmer, wohl syrischer Familie; Berater von Theoderich und Leiter der Staatskanzlei. Ab 540 Lehrer im Kloster Vivarium/Kalabrien. Er leitet seine Mönche zu theologischen und enzyklopädischen Werken an (Kommentare zu Psalmen, Apostelgeschichte, Offenbarung usw.). Er läßt die griechischen Kirchengeschichten von Sokrates, Sozomenos und Theodoret ins Lateinische übersetzen. Daraus wird die "Historia tripartita" in 12 Büchern, ein später viel beachtetes Werk.

Dionysius Exiguus (lat. der Kleine, Demütige), skythischer Mönch, lebt etwa 500 - 550 in Rom und ist mit Cassiodor befreundet. Er arbeitet in der päpstlichen Kanzlei. Als Papst Johannes I. um die Berechnung der Ostertermine nachsucht, errechnet Dionysus die Ostertage gleich für die nächsten 95 Jahre. Zugleich schafft er eine neue Datierung: Gezählt wird jetzt von der Geburt Christi an. Dionysius hat sich zwar um einige Jahre verrechnet, dennoch ist seine Arbeit epochemachend. Bis dahin wurde nach römischen Kaisern datiert. Dionysius Exiguus in Rom ist der Schöpfer unserer Zeitrechnung.

Benedikt von Nursia, vgl. Bd. I, 251 ff.

Boethius (480 - 525), Konsul, später "magister palatii" Theodorichs. Kommentator und Übersetzer von Aristoteles und Porphyrius. Er wird des geheimen Verrats verdächtigt und ins Gefängnis gelegt. Im Kerker verfaßt er seine "Tröstungen der Philosophie". Die Philosophie erscheint ihm leibhaftig im Gefängnis. Sie belehrt ihn, daß alle äußeren Güter nichts sind im Vergleich zu den inneren Werten. Alle Menschen suchen – bewußt oder unbewußt – ein höchstes Gut, das man gemeinhin Gott nennt. Die Hoffnungen und Gebete zum Vater aller Dinge sind nicht umsonst. – Boethius wird 525 hingerichtet, nach Procop "die erste und letzte Untat" des Gotenkönigs (De bello Gothico I, 1).

Die Vandalen in Afrika[24]

Die ursprüngliche Heimat der Vandalen liegt im heutigen Dänemark. Die Ortsnamenforschung kennt auch vandalische Siedlungen in Mittelschweden und Norwegen. Im 4. Jh. sitzen sie im Gebiet des heutigen Schlesien und Ungarn, als Nachbarn der Westgoten. Hier bringen ihnen Missionare der Kleingoten die Wulfila-Bibel. Als sich kurz nach 400 der germanische Siedlungsdrang nach Westen ausdehnt, sind auch die Vandalen dabei. Plündernd und raubend durchqueren sie die reichen Provinzen Galliens und setzen sich um 410 in Spanien fest. Der Name des spanischen Andalusien (Vandalusien?) erinnert noch heute an diese Zeit.

Im Jahr 428 wird **Geiserich**, Sohn eines vandalischen Königs und einer nichtgermanischen Sklavin, neuer König der Vandalen. Geiserich wird uns als jähzornig, gewalttätig und habgierig geschildert, aber auch als persönlich anspruchslos, ja geradezu asketisch. Vielleicht ist er gerade deshalb fast 90 Jahre alt geworden. Sein religiöser Fanatismus ist wohl Mittel zum Zweck. Er will die arianischen Vandalen zu einer Art Kreuzzug gegen das römisch-katholische Nordafrika motivieren.

Geiserich bereitet die Afrika-Invasion gründlich vor. Er vergrößert die Flotte und rüstet die Krieger für das große Abenteuer. Im Jahr 429 landen 80.000 Vandalen – davon ca. 20.000 Krieger – über Gibraltar unbemerkt in Nordafrika. Der kühne Vandale will sich mit der römischen 7-Millionen-Provinz in einer völlig fremden Welt mit gänzlich anderem Klima anlegen! Die gewagte Eroberung der römischen Kornkammer gelingt, weil die Bevölkerung die Eindringlinge halbwegs als Befreier vom Joch der römischen Großgrundbesitzer betrachtet. Die

---

[24] Isidor, Geschichte der Goten, Vandalen und Sueven (1990); Prokop, Der Gotenkrieg/Der Vandalenkrieg (1989); Salvian, De gubernatione Dei = dt. BKV 11 (2. Aufl. 1935); H. J. Diesner, Das Vandalenreich (1966).

meisten afrikanischen Städte öffnen den Eroberern ihre Tore freiwillig. Einzig Karthago und Hippo Regius halten der Belagerung zunächst stand. Augustin stirbt im August 430 in der bedrängten Stadt an einem Fieber. Schwer zu leiden haben die Kirchen und Klöster. Anderseits stellt Geiserich die Prostitution sowie die widernatürliche Unzucht unter schwere Strafe. Im übrigen verordnet der Vandalenkönig seinem Volk eine unbedingte Apartheid. Er verbietet Ehen zwischen Vandalen und ehemals römischen Bürgern. Ob die Unterdrückung der Katholiken politisch oder religiös motiviert ist, ist umstritten. Der Bischofsstuhl von Karthago bleibt 439 - 454 vakant. Geiserichs Sohn schickt 5.000 Kleriker in die Verbannung. Erst gegen 500 wird die Lage der Katholiken erträglicher. 534 wird das erschlaffte Reich der Vandalen von oströmischen Truppen mühelos eingenommen. Es krankte an denselben Schwächen wie das Ostgotenreich in Italien.

Gehaust wie die Vandalen?

Der schlechte Ruf der Vandalen kommt nicht von ungefähr. Die Vandalen töten vor allem die Vertreter der herrschenden Klasse, sie schicken ein schwerbeschädigtes Schiff, überladen mit Klerikern, ins offene Meer – es erreicht unerwartet Italien – und plündern Sizilien, Süditalien und 455 die Stadt Rom. Es ist Papst Leo I., der den Eroberern vor den Toren der Stadt mutig entgegentritt, derselbe Leo, der schon drei Jahre zuvor den Hunnenkönig Attila in vollem Ornat davon abhielt, Rom zu plündern. Die Plünderung kann Leo diesmal nicht verhindern, doch verspricht Geiserich, Mord, Vergewaltigung und Brandstiftung zu unterbinden. Während 14 Tagen plündern die Vandalen, was sich seit den Tagen Alarichs wieder an Reichtümern in der Stadt angesammelt hat. Vom Tempel des Jupiter auf dem Kapitol rauben sie sogar das vergoldete Dach. Der Ausdruck "Vandalismus" ist erst seit dem späten 18. Jh. geläufig.

Die Burgunder[25]

Die Burgunder wohnen um 200 als ostgermanischer Volksstamm an der Ostsee zwischen Oder und Weichsel. Der Name der Insel Bornholm (= Borgundarholm) ist eine letzte Erinnerung an jene Zustände. 278 erscheinen sie als Gegner der Alemannen am Main. 406/7 überschreiten sie den Rhein und lassen sich unter König Gundikar als Bündnispartner der Römer im Raume Worms nieder. Hier nehmen sie unter dem Einfluß von kleingotischen Missionaren den arianischen Glauben an. Nach ihrer Niederlage 436 gegen Aetius und die mit ihm verbündeten Hunnen werden etwa 20.000 Überlebende in der Sapaudia (Savoyen, Region Genf) als Schutztruppe gegen die Alemannen angesiedelt. Sie nehmen rasch die romanische Sprache an und verbreiten ihren Einfluß bis nach Lyon, Besançon und in die Waadt. Ein Teil der Burgunder tritt schon früh zum katholischen Glauben über. Unter dem Einfluß des eifrigen Bischofs Avitus von Vienne führt König Sigismund von Genf 515 die Burgunder zum katholischen Glauben. Das burgundische Königreich wird 534 ins Reich der Franken eingegliedert.

Die Langobarden[26]

Die Langobarden ziehen um 500 von der unteren Elbe in den österreichischen Donauraum. Hier wendet sich ein Teil des Volkes dem Glauben Wulfilas zu. Unter König Alboin fallen sie 568 in Oberitalien ein. Papst Gregor d. Gr. klagt über Mord und

[25] M. Martin, Die Schweiz im Frühmittelalter (1975). A. Angenendt, Das Frühmittelalter (3. Aufl. 2001) 132 f.

[26] Paulus Diakonus, Geschichte der Langobarden (1992); J. Jarnut, Geschichte der Langobarden (1982); R. Gardian, Rosamunde. Königin der Langobarden (1998).

Plünderung an Geistlichen und Kirchen.[27] Noch ist nicht das ganze Volk dem christlichen Glauben zugetan. Um 600 wird noch ein Heide Herzog von Spoleto.[28]

Die rauhen Sitten der eingewanderten Langobarden schildert **Paulus Diakonus**, selber Langobarde und Gelehrter am Hofe Karls d. Gr.: König Alboin habe seinen Schwiegervater, den Gepidenkönig Kunimund, erschlagen und aus dessen Schädel einen Trinkbecher anfertigen lassen. An einem fröhlichen Trinkfest des Jahres 572 "befahl er, auch der Königin Wein zu reichen, und forderte sie selbst auf, lustig mit ihrem Vater zu trinken ... Als nun Rosamunde solches hörte, regte sich tiefer Schmerz in ihrem Herzen, sie glühte im Verlangen, ihren Vater zu rächen." Die zutiefst verletzte Gemahlin zieht nun des Königs Schildträger und einen kräftigen Mann namens Peredo ins Vertrauen. Als sich der König eines Mittags zur Ruhe legt, bindet sie dessen Schwert am Oberteil des Ruhebettes fest, so daß er es weder aufheben noch aus der Scheide ziehen kann. Dann führt sie den Mörder Peredo ins Gemach[29]. Paulus Diakonus versichert, er habe jenen Becher selbst in den Händen eines späteren Langobardenkönigs gesehen.

Die Langobarden dringen südwärts vor und entreißen den Byzantinern Landstück um Landstück. Fast ganz Italien wird zur "Lombardei". Die unbändigen Arianer erscheinen in den 590er Jahren auch vor Rom. Nur durch mühsame Verhandlungen gelingt es Papst **Gregor I.**[30], ihren Abzug durch Tributzahlungen zu erkaufen. Vom schwachen byzantinischen Statthalter in Ravenna kann er sich keine Hilfe erhoffen. Der Papst steht aber in Kontakt mit der katholischen Königin Theodelinde.

---

[27] Dialogi III, 38 und IV, 23 f.

[28] Gregor, a. a. O. III, 27.

[29] Paulus Diaconus, Geschichte der Langobarden II, 7.27 f.

[30] siehe nächste Seite

Kurz vor seinem Tod im Jahre 604 gelingt es der Königin, für den Thronfolger die katholische Taufe durchzusetzen.

Im Jahr 774 erobert Karl d. Gr. Pavia und das Langobardenreich. Er ist nun König der Franken und König der Langobarden.

Das Missionswerk der Kleingoten

Die gotische Mission mit der Wulfila-Bibel hatte auf praktisch alle germanischen Stämme Wirkung. In der kurzen Zeit zwischen 350 und 550 entstand eine romfreie germanische Christenheit. Diese Mission wäre weitergegangen, wenn es nicht zu einem Mangel an Menschen gekommen wäre. Von Osten her rückten die Slaven westwärts vor und schnitten die östlichen Germanen von ihren Ursprungsgebieten im Norden ab. Der Nachzug von Menschen aus der alten Heimat hörte auf. Einzig das Frankenreich im Westen blieb mit der ursprünglichen Heimat östlich des Rheins in Verbindung. Dieses starke Reich hatte denn auch als einziges auf Dauer Bestand.

---

[30] **Gregor (590-604)** verdient den seltenen Titel "der Große", denn:

1. Als **Papst des Übergangs** bemüht er sich (loyal zu Byzanz) um Frieden in Rom und Italien. Er – nicht der Statthalter in Ravenna – ist der erste Mann Italiens. Aus dem reichen Grundbesitz der römischen Kirche versorgt er den Klerus und die Armen (patrimonium Petri). Seine kluge Verwaltung der Güter bereitet den späteren Kirchenstaat vor.
2. Als **Kirchenmann** stellt er diplomatisch die Weichen für den Übertritt der Langobarden zum katholischen Bekenntnis.
3. Als **Mönch** wird er zum prägenden Musterpapst über das Mittelalter hinaus. Demütig und aufrichtig nennt er sich "Knecht der Knechte Gottes" (Servus servorum Dei). Er schreibt die Vita Benedikts (BKV).
4. Als **Priester und Seelsorger** verfaßt er die Pastoralregel (Hebung des Klerus). Kultisch steht er bestimmend im Tor zum Mittelalter: Er deutet das Messopfer theurgisch (auf Gott einwirkend), er fördert Seelenmessen, Heiligen- und Reliquienkult, Fegefeuer-, Satans- und Dämonenlehre.
5. Als **Missionar** vermittelt er den Angelsachsen das Evangelium.

Lit.: P. Riche, Gregor der Große. Leben und Werk (1996)

Germanen und Romanen

Wie gestaltet sich das Verhältnis der arianisch-germanischen Herrenschicht zur lateinisch sprechenden katholischen Bevölkerung? Die Eroberer wohnen nicht mit den Unterworfenen zusammen. Die Germanen betrachten die Dörfer und Städte als Gefängnisse. Sie wollen frei sein und bauen deshalb außerhalb der Städte ihre neuen Höfe und Dörfer. Die Romanen ihrerseits schauen mit Verachtung auf die barbarischen Germanen herab. Auch religiös lehnen sie diese als Ketzer ab. Die Germanen dagegen stehen voll Ehrfurcht vor dem, was der römische Geist alles geschaffen hat. Lateinische Dichter dürfen am westgotischen und burgundischen Hof ihre Gedichte vortragen.

Wie reagiert die katholische Kirche? Sie unternimmt wenig. Die Ketzerbekehrung gilt beinahe als aussichtslos. Avitus von Vienne oder Gregor d. Gr. bilden hierin eher Ausnahmen. Von der Wulfila-Bibel ist einzig der Codex argenteus erhalten, weil jene als Ketzerbibel verbrannt wurde.

Die Gottesdienste der Germanen werden in der Landessprache gehalten. Der Aufbau des Gottesdienstes entspricht zwar demjenigen der Katholiken, aber die Sprache der Liturgie ist nicht Latein. Die Germanen sind im Vergleich zu den Romanen nüchtern denkende Menschen, ihre Wundergläubigkeit ist gering. Das sittliche Leben steht bei den Germanen auf einer höheren Stufe als bei den Romanen. Sie legen Wert auf Gerechtigkeit, Vertrauen, Achtung der Frau, Keuschheit, Treue. Der Priesterzölibat wird abgelehnt, ebenso das Ideal der Jungfräulichkeit. Das wäre Flucht aus der Gemeinschaft! Das Mönchsleben, das bei den Romanen des 4. und 5. Jh. als das Höchste gilt, zählen sie zum Niedrigsten.

Der oberste Herr der Kirchenorganisation ist der Landesherr oder König. Schon die heidnischen Priester unterstanden dem König, waren seine Diener und wurden von ihm ernannt. Analog entwickelt sich bei den Germanen die Kirche als Staatskirche. Der Klerus ist abhängig vom König. So etwas kennt man auf italienischem Boden nicht.

Der zentrale Streitpunkt mittelalterlichen Investiturstreits ist deshalb die Frage: Wer darf Bischöfe und Priester ernennen? Ist es der König oder der Papst? Ursprünglich konnte bei den Germanen jeder Laie Eigentümer einer Kirche oder Kapelle werden. Er brauchte nur eigenen Grund und Boden, auf dem er einen Altar und ein Kirchengebäude errichtete. Dieses altgermanische Recht des Eigentempels reicht auch in die christliche Zeit hinüber.[30a] Der Grundherr und Eigentümer einer Kirche hat die Pflicht, sein Gotteshaus zu unterhalten. Er kann nach eigenem Ermessen einen Priester berufen und Abgaben für sich beanspruchen. Das Eigenkirchenwesen des Mittelalters lebt später weiter im sogenannten Patronatsrecht. Der Kirchenpatron, auch Kollator genannt, hat das Recht der Kollatur. Er nimmt zum Beispiel die Ernennung und Dienstzuweisung eines Priesters oder Pfarrers vor. Im Lauf des Mittelalters kann dieses Recht auch gekauft, geliehen oder getauscht werden.

Verbrauchte Religion der Germanen?[31]

Warum hat die Mehrheit der Germanen so rasch und freiwillig den christlichen Glauben angenommen? Als die Germanen mit der christlichen Botschaft in Berührung kommen, ist

---

[30a] U. Stutz, Die Eigenkirche als Element des mittelalterlich-germanischen Kirchenrechts (1895, ND 1971). Das so genannte Eigenkirchenwesen hat seine Wurzel freilich nicht im germanisch-heidnischen Kult (so Stutz). Die Ursprünge liegen vielmehr bei Ahnengräbern. Diese werden zu Kult- und Gerichtsstätten für Familie und Sippe. Als solche sind sie auch bei Griechen und Römern nachzuweisen. Vgl. M. Borgolte, Stiftergrab und Eigenkirche = ZS f Archäologie des MA 13 (1985) 27 ff.

[31] K.D. Schmidt, Germanischer Glaube und Christentum (1948); W. Grönbech, Religion und Kultur der Germanen (8. Auf.. 1978); A. Ebenhauer, Germanische Religion = TRE 12 (1984) 510 ff; K. Schäferdiek, Germanenmission = RAC 10 (1978) 492ff; L. E. v. Padberg, Die Christianisierung Europas im MA (1998) 33 ff; W. Pohl, Die Germanen = Enz. dt. Gesch. 57 (2000); B. Maier, Die Religion der Germanen (2003).

ihre Religion verbraucht und innerlich entleert. Man traut den eigenen Göttern nicht mehr. Ihre Kraft ist dahin. Auf der langen Reise der Völkerwanderung, diesem 200jährigen Krieg, mußte man tausendfach erleben, daß das Schicksal stärker ist als der heidnische Glaube. Im Wodanskult kommt es schließlich zu Menschenopfern, um den Wert der Opfer zu verstärken.

Der angelsächsische Benediktinermönch **Beda Venerabilis** (672 - 735) überliefert in seiner Kirchengeschichte eine tiefsinnige Begebenheit (II, 13). König Edwin von York zögert, sich taufen zu lassen. Doch sein Oberpriester Coifi ermuntert ihn zu diesem Schritt, weil die alte Religion "keine Kraft, keinen Nutzen hat". Und ein Ratgeber fügt hinzu, das Leben sei, wie wenn der König mit seinen Männern des Nachts am lodernden Feuer in einer Halle sitze. Draußen toben Sturm und Schnee. Da fliegt ein Sperling herein, irrt für kurze Zeit im Licht umher und fliegt wieder in die Nacht hinaus. So ist auch das Menschenleben. Es kommt aus der Nacht, währt eine kurze Zeit und entweicht wieder ins Dunkel. Die christliche Botschaft bringt Licht und Gewißheit in dieses Dunkel. Sie vermag zu sagen, woher wir kommen und wohin wir gehen. Darauf läßt sich der König taufen, und der Oberpriester selbst beginnt als Erster mit der Zerstörung der Götzen. Weil die Frohe Botschaft (als Buchreligion!) Antwort auf die letzten Fragen zu geben vermag, erschließen sich ihr die Herzen.

Die Germanen der Frühzeit sind zwar bereit, Christen zu werden, aber nicht römisch-katholische Christen. Die frommen Spekulationen der spätantiken Welt sind ihnen fremd. Anderseits kann man nicht von "der" germanischen Religion sprechen. Wir haben zu wenig Informationen für ein klares Gesamtbild. Und vor allem ist nach Stämmen und Zeiten zu unterscheiden. Besonders im nordwestlichen Europa hält sich lange ein buntes, zähes Heidentum. Selbst die Christianisierung der Franken zeigt einen schleppenden Verlauf, doch weiß die Überlieferung nichts von heidnischen Widerständen.

2. Die Bekehrung Chlodowechs und der Franken zum katholischen Glauben[32]

Gallien und Germanien im 4. und 5. Jahrhundert

Seit Caesars Tagen gehört das heutige Frankreich den Römern. Während 500 Jahren bleibt die Provinz Gallien ein Bestandteil des Römischen Reiches. Im Süden spricht die Bevölkerung noch keltisch bis ums Jahr 400, im Norden sogar noch etwas länger. Latein bleibt zunächst die Sprache der herrschenden Klasse.

Um 180 kennt der Bischof von Lyon, Irenäus, Kirchen in Germanien.[33] An der Synode zu Arles nehmen im Jahr 314 Maternus von Köln sowie Agricius von Trier teil.[34] Seit den Tagen Diokletians (ca. 290) ist Trier die Hauptstadt Galliens. Athanasius, der als Verbannter in Trier weilt, weiß, daß im Jahr 337 dort eine Kirche gebaut wurde.[35] Grabungen unter dem Dom haben eine große Doppelkirche aus konstantinischer Zeit zutage gefördert.

---

[32] Gregor v. Tours, Historiarum libri decem, lat./dt., Hg. R. Buchner = FSGA II (9. Aufl. 2000); R. Mokrosch/H. Walz, KThGQ II (4. Aufl. 2001); A. Angenendt, Frühmittelalter, 169 ff; E. Dassmann, a. a. O.; R. Kaiser, Die Franken. Roms Erben und Wegbereiter Europas? (1997); E. Ewig, Die Merowinger u. d. Frankenreich (4. Aufl. 2001); R. Schneider, Das Frankenreich (4. Aufl. 2001); H.W. Goetz, Europa im frühen MA 500-1050 (2003).

[33] Adversus haereses I, 10; vgl. Bd. I, 142 ff.

[34] **Köln**, ca. 50 v. Chr. gegründet, Sitz d. Statthalters von Niedergermanien. Als Bischofssitz nachgewiesen 313/14; es folgen Mainz, Straßburg, Tongern (342/3/6), gleichzeitig wohl auch Worms und Speyer.

Trier, Hauptstadt der Provinz Belgica, Bischofskirche ab ca. 260; einziger durch die Wirren der Völkerwanderung ständig besetzter Bischofsstuhl. 475 von den Franken definitiv erobert.

[35] Apologia ad Constantinum Imperatorem 15.

Unter dem Bonner Münster wurde eine Grabgedenkstätte (Cella memoriae mit Steintisch und Bank für Gedächtnismahl) aus der Zeit um 300 ergraben. Im 4. Jh. erhebt sich darüber eine antike Steinkirche, die später den Märtyrern Cassius und Florentius geweiht ist. Ins 4. Jh. hinab reichen auch die Fundamente der Kölner Bischofskirche (unter dem Dom) sowie St. Ursula und St. Gereon über den Friedhöfen außerhalb der Mauern. Der Einbruch der Franken bringt der Kölner Stadt und Christenheit größten Schaden. Mit Severin bricht die Bischofsliste für über 100 Jahre ab. Auch Mainz, Worms, Speyer und Straßburg weisen im 5./6. Jh. ähnliche Bischofs-Lücken auf. 406/407 überrennen Vandalen, Sueben und Alanen den Rhein. In den Mainzer Kirchen werden "viele tausend Menschen" erschlagen.[36] Als die Franken 475 Trier definitiv erobern, stehen in der Stadt sieben Kirchen.

Was bedeuten diese frühen Kirchen für die Germanen? Albert Hauck meint: "Trier blieb bis zur fränkischen Eroberung eine rein lateinische Gemeinde, sie hatte Mitglieder, die im fernsten Orient geboren waren, aber die Anwohner der Mosel und des Rheins hielten sich ferne", ja sie waren "nicht einmal Missionsposten".[37] Die Sprachgeschichte belegt aber, daß der deutschen Sprache schon in jener frühen Zeit – vor der Lautverschiebung um 600 – eine Reihe kirchlicher Schlüsselworte eingepflanzt wurde, zum Beispiel Kirche, Bischof, opfern, Almosen, Pfarre(r).[38]

Diese sprachgeschichtlichen Hinweise sagen natürlich wenig über die Art und Qualität der missionarischen Einwirkung auf die germanische Bevölkerung. Wir wissen aber von

---

[36] Hieronymus: "multa hominum milia"; Ep. 123, 16 = CSEL 56 (1912).

[37] A. Hauck, Kirchengeschichte Deutschlands I, 30 und 3.

[38] Th. Frings, Antike und Christentum an der Wiege der deutschen Sprache (1949).

Irenäus, daß er um 180 den Kelten des Rhonetals predigt, obschon diese noch keine Bibel haben. Ähnliches mag im 3./4. Jh. für Teile des Rheinlands gelten.

Die herausragendste Gestalt des 4. Jhs. in Gallien ist der Mönch **Martin von Tours**[39]. Er ist ursprünglich kaiserlicher Gardereiter, läßt sich achtzehnjährig taufen und gründet 361 bei Poitiers das erste Kloster in Gallien. Zehn Jahre später wird er (widerwillig) Bischof von Tours. Er ist eine durch und durch asketische, charismatische und missionarische Persönlichkeit. Ihm ist die Gabe der Krankenheilung und anderer Wundertaten gegeben. Zwei Beispiele sollen dies veranschaulichen.

1. In Trier lag ein Mädchen an einer Lähmung darnieder. Traurig umstanden sie die Verwandten und warteten nur noch auf ihren baldigen Tod. Da kam plötzlich die Kunde, Martinus sei in die Stadt gekommen. Der Vater wendet sich hilfesuchend an Martin, welcher der Bitte nur zögernd nachkommt. Im Haus der Kranken wirft sich Martin auf den Boden und betet. Dann blickt er die Kranke an und bittet um Öl. Er segnet das Mädchen und gießt die wunderkräftige, geheiligte Flüssigkeit dem Mädchen in den Mund. Das Mädchen kann wieder sprechen. Durch die Salbung erhält ein Glied nach dem andern wieder neue Lebenskraft. Auch die Füße erstarken, und das Mädchen kann wieder aufstehen.

2. Als Martin in einem Dorf an einem alten Tempel Feuer gelegt hat (Tempelstürmer!), schickt er sich an, auch die danebenstehende heilige Föhre zu fällen. Doch der Oberpriester und die ganze Schar der Heiden widersetzen sich diesem Ansinnen. Martinus dagegen besteht darauf, der Baum müsse gefällt werden, weil er dem bösen Geist geweiht sei. Da spricht ein besonders Verwegener aus dem Kreise: "Laß uns den Baum umhauen, und du mußt ihn aufhalten." Martin sagt zu, und auch die Heiden sind von der Idee begeistert. Gern sehen sie

[39] Sulpicius Severus, Das Leben des Martin von Tours = Karl Suso Frank, Frühes Mönchtum im Abendland (1975).

ihre Föhre fallen, wenn von ihr der verhaßte Martin erschlagen wird. Martin läßt sich fesseln und von den Heiden in die Fallrichtung des Baumes stellen. Dann beginnen die Heiden in unbändiger Freude, den Baum zu fällen. Eine neugierige Schar schaut aus der Ferne zu. Die Föhre wankt und neigt sich zum Sturze. Martins Freunde erbleichen vor Schreck. Da hebt Martin seine Hand und setzt dem Baum das "Zeichen des Heils" entgegen. Wie von einem Wirbelsturm erfaßt, wird der fallende Baum zurückgeworfen und stürzt in die entgegengesetzte Richtung. Beinahe erschlägt er fallend die Heiden. Die Mönche weinen vor Freude, und alle preisen den Namen Christi. Die Heiden nahen sich Martin und ersuchen ihn um Handauflegung, d. h. um Aufnahme in die Reihe der Taufschüler. Bevor Martin in diese Gegend kam, wollte kaum jemand vom Evangelium etwas wissen. Durch die Wundermacht und das Beispiel seines heiligen Lebens erstarkt der Glaube aber so sehr, daß sich in kurzer Zeit kein Gau mehr findet, der nicht mit viel besuchten Kirchen oder überquellenden Klöstern ausgestattet ist. Es gehört zur Gewohnheit Martins, überall dort, wo er Heidentempel zerstört, sofort Kirchen oder Klöster zu bauen.

So berichtet es Martins Schüler Sulpicius Severus (ca. 363 - 420). Er ist sich der Wunderlichkeit seiner Schilderung bewußt und beteuert mehrfach, er lüge nicht, das Berichtete habe sich tatsächlich vor vielen Zeugen so zugetragen.

Es wäre zu naiv, an diesen Bericht einfach die Meßlatte der historisch-kritischen Denkart des 19. Jh. oder formgeschichtliche Methoden des 20. Jh. anzulegen. Natürlich ist die Hagiografie in einem anderen Umfeld als dem unsrigen geschrieben. Dies verlangt von uns aber nicht nur kritische Distanz, sondern auch eine Portion heiliger Scheu. Martin wird mit Recht "Apostel" Galliens genannt, auch wenn ihm noch nicht ganz Gallien zufällt. Es ist wie eine missionarische Gewitterfront, die zu seiner Zeit über Gallien hereinbricht. Der Zeitenlauf ist eben nicht neutral, und der Zeitgeist wird nicht einfach durch die Gesellschaft oder die Medien bestimmt. Mit dem Heiligen

Geist und seiner Kraft ist es wie mit dem Wind: Wenn er da ist, dann hören wir sein Sausen wohl, aber niemand weiß, woher er kommt und wohin er fährt (Joh. 3; Pred. 3). Es gibt Zeiten des Tiefschlafs und Zeiten des Erwachens. Vermutlich ist gar nicht die Person des Missionars die Hauptsache, zuvorderst steht die Frage des geöffneten oder verschlossenen Himmels. Würde Martin heute in Frankreich leben, würden unsere ganzen Zeiteinflüsse es ihm verunmöglichen, so zu leben, wie er es damals tat. Die geschilderte Bescheidenheit und Zurückhaltung Martins sind nicht einfach nur Stilmittel des Biographen, sie entsprechen Martins Wesen. Mancher Missionar weiß um dieses Geheimnis.[40]

Unübersehbar trägt Martin an sich die Schalen seiner Zeit. Sein Evangelium – gemessen am NT – wirkt asketisch und magisch entstellt. Er ist theologisch ungebildet. Aber er weiht im Horizont der Zeit sein Leben Jesus Christus. Er wird von vielen geliebt. Zu seinem Begräbnis am 11. November (397?) erscheinen 2.000 Mönche. Martin hat aber – vor allem unter den gemästeten Bischöfen seiner Zeit – auch erbitterte Gegner.

Saint Martin wird später zum Schutzpatron der Franken und sein Grab in Tours zum Wallfahrtsort.

---

[40] **Hagiographie** = Beschreibung von Heiligenleben. Sulpicius Severus stellt seine gewandte Feder in den Dienst der Verehrung Martins und verteidigt das asketische Leben. Die Wundertaten Martins sollen den verweltlichten Klerus beschämen. Vgl. K. S. Frank, a. a. O. 13 ff.

[40a] Neben den Martin-Klöstern in der Touraine steht im Rhônetal-Provençe-Gebiet die Gruppe der Klöster **Lérins** (Insel bei Cannes) und **Marseille**. Diese Klosterlandschaft ist durch den Mönchsvater **Cassian** (ca. 360-435) geprägt. Er hat Bethlehem (Hieronymus!) und Ägypten bereist und vertritt ein spätantikes, "aufgeklärtes" Mönchtum. Lérins und Marseille strahlen aus zu den Klöstern in Arles, Vienne, Lyon, St. Maurice, Troyes, Auxerre, Poitiers, ja bis ins ferne Paris. Exponenten dieser Gruppe sind die Bischöfe Honoratus, Hilarius und Caesarius von Arles, Salvian von Marseille, Eucherius von Lyon, Lupus von Troyes. In Lérins leben im 5. Jh. Tausende von Mönchen, v. a. Völkerwanderungs-Flüchtlinge aus der nordgallischen Aristokratie! Anders als die Martin-Klöster gehört diese Gruppe kulturell noch völlig zur Spätantike.

Eine Lichtgestalt im Übergang vom spätantiken zum frühmittelalterlichen Gallien ist – 100 Jahre nach Martin – Bischof **Cäsarius von Arles**. Von 502 - 542 trägt er die Bischofswürde der traditionsreichen Provence-Stadt. Er ist ein begnadeter Volksprediger. Im ganzen sind uns von ihm 328 Predigten überliefert.[41]

Als am 3. Juli 529 in Orange eine Basilika geweiht wird und noch zwölf weitere Bischöfe in der Stadt sind, benützt Caesarius die Gelegenheit für ein gallisches Konzil. Das Bekenntnis von **Orange**, das unter seiner Federführung entsteht, zeigt eindrücklich, wie das Evangelium auch in düsterer Zeit wieder aufleuchtet. Arles gehört zu Beginn seiner Amtszeit noch den Westgoten, dann Theodorich, um schließlich dem Frankenreich eingegliedert zu werden.

> Das Konzil hält fest: "Wir bekennen, daß in allem guten Werk nicht *wir* anfangen und nachher durch die Barmherzigkeit Gottes unterstützt werden. Vielmehr haucht er selbst zuerst uns, ohne daß irgendwelche guten Verdienste vorausgehen, sowohl den Glauben als die Liebe zu ihm ein, so daß wir sowohl das Sakrament der Taufe gläubig nachsuchen, als nach der Taufe mit seiner Hilfe das, was ihm wohlgefällig ist, erfüllen können. Daher ist ganz und gar eindeutig zu glauben, daß jener bewundernswerte Glaube sowohl des Schächers, den der Herr zum Vaterland des Paradieses zurückrief, als des Hauptmanns Cornelius, zu dem ein Engel des Herrn gesandt wurde, als des Zachäus ... ihnen nicht von der Natur zukam, sondern ihnen durch Freigiebigkeit der göttlichen Gnade geschenkt war."

So sprechen nur Bischöfe, die Augustins Schriften gelesen haben.

---

41 Auszüge bei E. Staehelin, Die Verkündigung des Reiches Gottes in der Kirche Jesu Christi, II (1953) 12 - 32.

Chlodowech legt am Weihnachtstag 498[42] den Grundstein für das Abendland

Die Franken (= die Freien) sitzen seit dem 3. Jahrhundert am Mittel- und Niederrhein zwischen Mainz/Köln und der Nordsee. Sie sind – neben den Westgoten – das einzige germanische Volk, dem es gelingt, ein dauerhaftes Königreich aufzurichten. Sie sind die hauptsächlichen Nutznießer der Völkerwanderung. Ihre Sprache bildet die Grundlage des heutigen Niederländischen. Den Franzosen geben sie ihren Namen. Ein Teil von ihnen wird zu Vorfahren der heutigen Deutschen.

Die Franken setzen sich aus einer Vielzahl von Völkerschaften zusammen. Bedeutung gewinnen vor allem die niederrheinischen **Salier** und die **Ripuarier** im Raum Mainz/Koblenz. Die Ripuarier bilden den Kern des späteren deutschen Stammes der Franken.

Gregor von Tours[43] nennt in seiner Fränkischen Geschichte einige Namen von Königen: Childerich, den Vater Chlodowechs, und auch den sagenumwobenen Merowech, den Gründer der Merowinger-Dynastie.

Die Franken dringen zunächst friedlich ins Römerreich ein. Sie unterwandern die Legionen und lassen sich in weniger besiedelten Gebieten nieder. Mehrfach kämpfen sie Seite an Seite mit den Römern und beteiligen sich nicht am großen Germanensturm des Jahres 406. Sie begnügen sich mit Gebieten

---

[42] Gr. v. Tours, a.a.O. = Hauptquelle. – W. v. d. Steinen, Chlodwigs Übergang zum Ch'tum (1932, ND 1963); D. Geuenich (Hg), Chlodwig und die "Schlacht bei Zülpich" (1996); K. Schäferdiek, Remigius v. Reims = ZKG 94 (1983); ders., Chlodwig = TRE 8 (1981).

[43] **Gregor von Tours** (538 - 594), aus gallorömischem Adel, 573 Bischof von Tours. Er ist eng mit den romanischen Gruppen des Reichs verbunden, aber auch mit dem König und dem germanischen Adel. In spätantiker Tradition wurzelnd, fühlt er sich nicht als Franke. Seine ZEHN BÜCHER FRÄNKISCHER GESCHICHTE sind Quelle für das junge Frankenreich (bis 591).

im heutigen Rheinland und in Westfalen, aus denen sich die Römer zurückgezogen haben.

Chlodowech[44], geboren ca. 465, besteigt als 16jähriger seinen bescheidenen Thron und versteht es bald, den Franken Ansehen und Macht zu verschaffen. 486 schlägt er bei Soissons den verbliebenen Rumpfstaat der Römer unter Syagrius. Bald gehört ihm das Gebiet bis zur Loire.

Er unternimmt auch Kriegszüge gegen die Thüringer im Osten, die Burgunder und die Alemannen im Süden. 507 – vier Jahre vor seinem Tod – gelingt ihm ein besonderer Sieg: Er schlägt die Westgoten bei Vouillé südlich von Tours. Die Franken besetzen darauf Bordeaux und Toulouse.

Chlodowech achtet sehr darauf, daß der germanische Charakter seines Königreichs erhalten bleibt. Den Namen nach zu schließen, sind die Amtsträger im Norden Galliens – auch die Bischöfe – meist Franken, während im Süden die einheimischen Galloromanen überwiegen. Erst im 8. Jahrhundert ist die Verschmelzung der beiden Völker vollendet.

494 heiratet der Ostgotenkönig Theoderich von Ravenna Chlodowechs Schwester Audofleda. Diese Verschwägerung entspricht Theoderichs germanisch-arianischer Schlafzimmerdiplomatie und Bündnispolitik. Chlodowech aber hat kein Interesse, in den Schatten dieses Schwagers zu geraten. Er heiratet seinerseits **Chrotechilde**, eine burgundische Prinzessin katholischen Glaubens.

> Gregor berichtet: ”Da aber Chlodowech oftmals Botschafter ins Burgunderland sandte, sahen seine Boten einst Chrotechilde, die Jungfrau. Und da sie fanden, daß sie schön und verständig sei, und in Erfahrung brachten, daß sie von königlichem Geschlecht war, meldeten sie dies dem König Chlodowech. Sofort schickte er eine Gesandtschaft an (ihren Bruder) Gundobald und hielt um ihre

---

[44] Germ. Hlôd-wig = einer, der ”Ruhm” und ”Kampf” liebt. Daraus wird der Name Ludwig/Louis.

Hand an. Jener scheute sich, ihn abzuweisen, und übergab den Boten die Jungfrau. Da er sie sah, fand er großes Wohlgefallen an ihr und nahm sie zur Ehe." (II, 28 ff.)

Das Mädchen Chrotechilde wird – anders als in der Bibel, 1. Mose 24 – nicht nach ihrer Meinung gefragt. Sie muß in die Zwangshochzeit einwilligen. Was für Welten mögen die beiden trennen! Er vertraut den germanischen Göttern des Kampfes, sie ist Katholikin. Und doch entspricht diese Ehe glaubensmäßig dem Zustand des Frankenreichs: Hie die heidnische Oberschicht der Franken – hie die katholischen Romanen. Chrotechilde jedoch spielt ihre Möglichkeiten voll aus. Als Katholikin steht sie in Verbindung mit dem auch von ihrem Mann geachteten Bischof **Remigius von Reims**. In den 490er Jahren schenkt sie dem König einen Sohn. Zusammen mit dem Bischof setzt sie durch, daß er auf den katholischen Glauben getauft wird. Der Junge mit dem Namen Ingomer stirbt aber kurz nach der Taufe noch in den weißen Kleidern. "Da lief dem König die Galle über, und er sprach: 'Wäre der Knabe geweiht im Namen meiner Götter, gewiß lebte er noch' . . . Die Königin erwiderte: 'Ich sage Gott Dank, daß er mich gewürdigt hat, die Frucht meines Leibes in sein Reich aufzunehmen.'" [45]

Auch der zweite Sohn, Chlodomer, wird katholisch getauft. Als er kurz darauf erkrankt, grollt der König: "'Es kann mit ihm nicht anders gehen als mit seinem Bruder' . . . Aber durch das Gebet der Mutter und auf des Herrn Geheiß wurde das Kind wieder gesund." Der König bleibt unsicher, noch fehlt ihm ein klares Zeichen. Dieses Zeichen empfängt er in der Alemannenschlacht 497, als es schlecht steht für die Franken. In letzter Not ruft Chlodowech den Christengott an: "Jesu Christe, den Chrotechilde als Sohn des lebendigen Gottes verkündet . . . deinen Ruhm, deine Macht flehe ich an: Verleihe mir den Sieg

[45] Die Taufe empfängt das Kind in weißen Kleidern, die es in der Taufwoche anbehält. Vgl. Gregor II, 28 f.

über diese Feinde ... und ich will an dich glauben und mich in deinen Namen taufen lassen!"[46]

Die Schlacht endet mit einem Sieg Chlodowechs. Chrotechilde informiert Remigius. Der König empfängt heimlich die Taufunterweisung. Noch zweifelt er, ob ihm auch seine Männer folgen werden. Als die Verhandlungen geführt sind, empfängt Chlodowech am Weihnachtstag (wohl 498) das "Taufbad".[47]

Remigius tauft den Frankenkönig mit den Worten: "Demütig neige den Nacken, Sigamber; bete an, was du verbrannt hast, und verbrenne, was du angebetet hast!"[48]

An diesem Tag erlebt Chlodowech nicht eine persönliche Bekehrung im Sinne des Neuen Testamentes, sondern eher einen Wechsel seiner religiösen Vorstellungen. Die Sache selber hat ihn sicher persönlich bewegt: der Glaube seiner Frau, die Taufe seiner Söhne, und schließlich ist da noch die Politik seines Schwagers Theodorich. Zweifellos bezieht Chlodowech auch politische Überlegungen in seine Entscheidung mit ein, aber der Schritt zur Taufe auf den Gott seiner Frau und ihres Bischofs Remigius ist ehrlich und gut germanisch. Auch die Langobarden, die in einer Schlacht gegen die Vandalen Wodan anrufen, gehen anschließend zum Asenkult über.[49]

---

[46] Gregor, a. a. O., II, 30.

[47] Die Taufe wird in besonderen Taufkirchen durch dreimaliges Untertauchen des Täuflings vollzogen.

[48] Mitis depone colla, Sigamber; adora quod incendisti, incende quod adorasti (Gregor, a. a. O. II, 31).

[49] K. Hauck, Lebensnormen und Kultmythen in germanischen Stammes- und Herrschergenealogien: Saeculum 6 (1955) 186 - 223.

Die Tragweite von Chlodowechs Taufe

Chlodowech als Sieger übernimmt aus freien Stücken den Glauben der besiegten Bevölkerung. Diesen Schritt hätten weder der Ostgote Theodorich noch der Vandale Geiserich getan. Doch gerade an ihrer Apartheid krankten jene Reiche und gingen schließlich unter. Durch seinen Schritt – angeblich ließen sich mit ihm 3.000 Franken taufen – eint Chlodowech die Franken und die unterworfenen Galloromanen. Der Brief des Bischofs **Avitus von Vienne** an den getauften König bringt die Stimmung zum Ausdruck.[50] Er preist den König als helles Licht für das Abendland.

Nicht nur die Griechen haben nun einen wahrhaft katholischen Kaiser, auch das Abendland darf sich wieder dieses Zustands rühmen. Als Chlodowech neun Jahre später in Südfrankreich einmarschiert, wird er von der Bevölkerung als (katholischer) Befreier begrüßt. Chlodowechs Bekehrung widerlegt die Vorstellung, daß ein Germanenherrscher nur Heide oder Arianer sein könne (E. Ewig). Dadurch, daß Chlodowech in Frankreich den romanischen und den fränkischen Volksteil religiös und geistig eint, legt er den **Grund für das Werden des Abendlandes** (K. D. Schmidt). Er wird zum Schirmherrn des nördlichen Katholizismus, und der Untergang der germanischen Arianerreiche ist besiegelt.

Auch der Burgunderprinz Sigismund in Genf wird bald nach 500 katholisch und pilgert als erster germanischer König zu den Gräbern der Apostelfürsten. In Genf läßt er die Petruskathedrale errichten.[51] Als er 515 König wird, entsteht damit in Gallien eine zweite katholische Dynastie.

---

50 Abgedruckt bei E. Staehelin, a. a. O., II, 2.

51 Chlodowech baut bei Paris St. Geneviève, die er Petrus und den Aposteln weiht.

Die Fränkische Landeskirche im 6. und 7. Jahrhundert[52]

Chlodowech zwingt seine Franken nicht zur Bekehrung. Natürlich werden am Hof die Christen bevorzugt, aber i. a. herrscht Religionsfreiheit. Chlodwig nimmt die Organisation der Kirche in seine Hand. Er selbst beruft 511 die erste Landessynode nach Orléans. Anderseits pocht die fränkische Kirche auf ihre eigenen Wurzeln. Der Gottesdienst wird in lateinischer Sprache abgehalten. Doch unter Chlodowechs Söhnen beginnt "jener böse Same Frucht zu tragen, daß das Priestertum von den Königen verkauft und von den Klerikern erhandelt wurde" (Gregor v. Tours). Ums Jahr 600 gibt es zwar im fränkischen Reich bereits 125 meist reiche Bischöfe und 11 Metropoliten – das ist eine beachtliche Kirchen-Aristokratie –, aber geistlich liegt die Kirche darnieder.

Schon die Söhne Chlodowechs – jeder erbt einen Teil des Reiches – gehen meuchlings gegeneinander vor. Die "Ethik der Völkerwanderung", dieses 200jährigen Krieges, wirkt in Chlodowech und seinen Söhnen weiter. Die missionarische Leuchtkraft der fränkischen Kirche reicht nicht zu einer tiefer greifenden christlichen Wandlung. Chrotechilde freilich erlebt den Trost des Evangeliums. Nachdem sie ihre beiden sieben- und zehnjährigen Enkel[53] in St. Geneviève bestattet hat, führt sie "ein solches Leben, daß sie von jedermann verehrt wurde ... die Demut führte sie empor zur Gnade".[54] Heller noch leuchtet der Stern von **Radegunde**[55] († 575), der im Krieg geraubten

[52] Die Chronik Fredegars und der Frankenkönige, Hg. A. Heine = HddA (2. A. 1986), auch in FSGA; E. Ewig, a. a. O.; F. Prinz, Frühes Mönchtum im Frankenreich (1965).

[53] Die Mörder sind ihre Söhne Chlotachar und Childebert, die sich das Erbe ihres verstorbenen Bruders nun aufteilen.

[54] Gregor v. Tours, a. a. O. III, 18.

[55] G. Scheibenreiter, Königstöchter im Kloster = MIÖG 87 (1979) 1 ff; D. Kleinmann, Radegunde (1998).

thüringischen Prinzessin. Ihre Zwangsehe mit Chlotachar hätte sie vermutlich noch ertragen, doch als dieser auch ihren Bruder meuchlings umbringen läßt, reißt sie sich vom König los und flieht gen Süden. Sie will nun eine Braut Christi werden. Bischof Medarus zu Noyon weiht sie zur Diakonisse. Sie findet Zuflucht am königlichen Hof Saix, der ihr als Morgengabe gehört. Mit anderen Frauen gründet sie eine Stätte der Barmherzigkeit. Einmal pro Woche deckt sie Hungernden den Tisch und pflegt eigenhändig ihre Wunden; sie verschenkt ihren königlichen Schmuck und bleibt doch Königin; wie eine Priesterin betet sie für ihren König und sein fluchbeladenes Geschlecht. Chlotachar will sie zurückholen, doch Bischof Germanus von Paris wirft sich am Grab des heiligen Martin dem König vor die Füße und legt Fürsprache für die Königin ein. Der König ahnt, daß Radegunde jetzt einem Größeren gehört, und bittet den Bischof, er möge sie um Verzeihung bitten für alles, was er ihr zugefügt habe. Ihr Lieblingskloster St. Marien zu Poitiers[56] läßt er reich beschenken.

So regiert auch im Frankenreich des 6. Jh. nicht nur das Schwert. Radegundes Gebet ist stärker als das Beil ihres wilden Mannes.[57] Das Gegenbild zu Radegunde ist Brunhilde.

Besonders im Nordosten, dem eigentlichen Kernland der Franken, hält sich das Heidentum noch zäh. Erst unter König Chlothar und seinem Sohn Dagobert, die von 613 - 639 das Frankenreich wieder mit fester Hand regieren und eine Zeit der Ruhe herbeiführen, erstarkt vorübergehend auch die fränkische Kirche. Zu einem reichen geistlichen und missionarischen Quellort wird das Kloster **Luxeuil** unter der Leitung von Abt

---

[56] Später Ste-Croix.

[57] Venantius Fortunatus, Vita Radegundis, ed. Krusch, MGH SS rer. Mer. 2.

Eustasius, einem Schüler Columbans.[58] Söhne vornehmer Familien, die in Luxeuil ihre Ausbildung erhalten, werden Bischöfe und gründen Klöster bei Besançon, Amiens, in der Normandie usw.[59] Im Zuge seiner Kolonisationspolitik fördert Dagobert den Bau und Bestand von Kirchen und Bistümern auch außerhalb Frankreichs. Das junge alemannische Bistum Konstanz zum Beispiel stattet er mit Königsgütern der Umgebung aus. Im Zuge dieser Politik entstehen in den 630er Jahren entlang der Römerstraße vom Bodensee über Winterthur bis zum oberen Zürichsee auf altem römischem Fiskalland (= Königsland) eine Reihe neuer oder wieder aufgebauter Kirchen.[60] In Alemannien besteht eine (mehr oder weniger gestörte) Kontinuität von der spätrömischen zur frühgermanischen Kirchengeschichte.

Die Bekehrung der Alemannen[61]

Das Gebiet der Schweiz ist im 4. Jh. fester Bestandteil des Römischen Reiches. Zumindest in den römischen Kastellorten werden christliche Gottesdienste gehalten. Bischöfe residieren

---

[58] Tochterklöster im Jura (Moutier-Grandval, St-Ursanne, Romainmôtier), vgl. R. Pfister, KG der Schweiz I (1964) 45. Über Columban und die iroschottische Mission siehe S. 72 ff.

[59] A. Hauck, KG Deutschlands, I, 269 ff.

[60] Diese Kirchen sind den Märtyrern Benignus von Dijon, Dionysius von St. Denis/Paris und Arbogast von Straßburg geweiht. Vgl. P. Kläui, Von der Ausbreitung des Christentums zwischen dem Untersee und dem oberen Zürichsee (1954). Hch. Büttner/Iso Müller, Frühes Christentum im schweizerischen Alpenraum (1967).

[61] A. Hauck I, 299 ff; D. Geuenich, Geschichte der Alemannen (2. Aufl. 2005); H.W. Böhme, Adel und Kirche bei den Alemannen der Merowingerzeit = Germania 74 (1996) 477 ff; R. Pfister, KG der Schweiz I (1964); H. Büttner/I. Müller, a.a.O.; F. Siegmund, Alemannen und Franken (2000).

in den Städten Aventicum, Augusta Raurica, Genova, Octodurus, Vindonissa und Curia.[62] Die frühesten Gemeinden reichen sicher ins 2. oder 3. Jh. hinab. Um 300 – zur Zeit der großen Verfolgung – empfangen nach der Legende 6.600 Soldaten aus Theben (Ägypten) in Agaunum (St. Maurice, Wallis) von Kaiser Maximian den Befehl, Christen der Gegend zu den Richtstätten zu schleppen. Die ganze Legion weigert sich, den Befehl auszuführen. Der erzürnte Kaiser im nahen Octodurus – ermüdet von einer Reise über den Großen St. Bernhard – gerät in Rage und befiehlt, bei fortdauerndem Ungehorsam die ganze Legion bis auf den letzten Mann zu dezimieren. Auf dem Platz dieses Massengrabs der Märtyrer baut 80 Jahre später Bischof Theodor eine Gedächtniskirche mit Pilgerhospiz.[63] Scharen frommer Männer und Frauen wandern ins Wallis und siedeln sich hier an, um in der Nähe des großen Totenfeldes zu beten, zu fasten und ein stilles, gottgefälliges Leben zu führen. Der Sohn des Burgunderkönigs von Genf, Prinz Sigismund, läßt hier das erste Kloster nördlich der Alpen bauen. Die Mönche beschließen, in fünf Gruppen Tag und Nacht zum Lobe Gottes Psalmen zu singen. Man nennt diesen Brauch *Laus perennis* = ewiges Gotteslob. Die Mönche versehen diesen Dienst mit großer Freude und in der Gemeinschaft mit den himmlischen Engeln. Reisende bleiben ehrfürchtig an der Klosterpforte stehen und lauschen tief ergriffen den Gesängen und denken: Die Mönche singen und loben auch für uns.

Auf dem Gebiet der heutigen Schweiz gibt es eine Menge von Beispielen, wie sich die keltoromanische Bevölkerung in der Zeit der Völkerwanderung in ihr Kastell zurückzieht. Im Schutz des Kastells steht auch ihre erste (spätantike) Kirche.

---

[62] Avenches, Kaiseraugst, Genf (auf dem Hügel von St. Pierre, dem Platz eines alten römischen Heiligtums), Martigny, Windisch und Chur.

[63] Gedächtnis- oder *Memorialkirche.* Die Legende ist durch Bischof Eucherius von Lyon, gest. 449, überliefert. Vgl. M. Zufferey, Die Abtei St. Maurice (1988).

Die Kastelle bilden die schmalen Brücken, auf denen keltisch-römisches Erbe und christlicher Glaube von der Spätantike in die Zeit des frühen Mittelalters hinübergetragen werden.[64] Bekannte Orte mit Kastellkirchen sind *Zurzach*[65], *Arbon*[66], *Bregenz*[67], *Kaiseraugst*[68], *Avenches*[69], *Irgenhausen-Pfäffikon*[70], *Burg bei Stein a. Rhein*[71], *Schaan FL*[72], *Solothurn*[73], *Oberwinterthur*[74],

---

[64] A. Tanner, Die römischen Kastelle, Brücken zwischen Kelten und Alemannen (1978); ders., Römer, Heilige Alemannen im Zürichbiet (1977).

[65] **Zurzach** (Tenedo): Frühe christliche Gemeinde. Die hl. Verena (Thebäische Legion) stirbt um 344 eines natürlichen Todes. Christentum kontinuierlich bis heute. Älteste Kirche (10 x 12,4 m) um 500 mit Baptisterium.

[66] **Arbon:** Kein Besiedlungs-Unterbruch. Columban und Gallus treffen 610 den Priester Wilimar mit seinen Diakonen. Die Alemannen meiden Arbon und siedeln erst spät in seinem Umkreis.

[67] **Brigantium:** 610 treffen Columban und Gallus auf eine stark beschädigte Kastellkirche. Die Bevölkerung ist mehr heidnisch als christlich.

[68] **Kaiseraugst:** Kastell ca. 3,6 ha. Untergang der Stadt durch Alemannensturm im Jahr 260. 343 Bistum, im 4. Jh. Kirche und Baptisterium unter der heutigen (kleineren) Dorfkirche. Kastell und Christentum überleben. Bistum zeitweise nach Basel verlegt? Um 400 große Kirche mit Taufbrunnen im Basler Kastell. 615 erscheint der Mönch Ragnachar aus Luxeuil als Bischof von Kaiseraugst und Basel.

[69] **Avenches** (Aventicum), spätrömisches Bistum. Es wird 585 von Bischof Marius in das ehemalige Kastell von Lausanne verlegt.

[70] Sehr kleine Kastellkirche (evtl. Badeanlage).

[71] Tasgaetium

[72] **Schaan,** romanischer Ort in Rätien. Kastellkirche unsicher. Um 500 Bau einer Kirche mit rundem Taufbecken auf der Nordmauer des alten Kastells. Verbindung zum Bistum Chur. Vgl. R. Kaiser, Churrätien im frühen MA (1998).

[73] **Solothurn** (Salodurum): Gemäß Legende erleiden Ursus und Viktor (Thebäische Legion) um 300 den Martertod. Ursuskirche im 5. Jh.

[74] Kastellkirche nicht gefunden, war aber sicher vorhanden. Um 630 (Dagobert) Holzkirche, ca. 650 Steinkirche.

Windisch[75], *Zürich*[76]. Daß das Gebiet im 6. Jh. unter fränkischer Herrschaft steht, bedeutet für die bestehenden Bistümer einen guten Schutz. Das Bistum Avenches wird um 600 nach Lausanne verlegt, Vindonissa nach Konstanz und Kaiseraugst nach Basel. Durch den verstärkten Vormarsch der Alemannen nach 600 werden diese spätantiken Kastellorte germanisiert und verlieren ihre Bedeutung. Die alten Kirchen vermögen die Germanen nicht mehr zu missionieren. Das Heidentum gewinnt die Oberhand. Der alemannische Adel fällt aber durch die Berührung mit den fränkischen Oberen dem Christentum zu, das Volk freilich ist um 600 noch heidnisch. Darum schickt der ostfränkische König Theudebert II. 610 den Iren Columban als Missionar zu den Alemannen südlich des Rheins. Auch eine bedeutende Zahl fränkisch-katholischer Siedler und Kolonisatoren werden, um die Christianisierung – vor allem im Norden – voranzutreiben, im Gebiet des alemannischen Volkes angesiedelt.

Um 640 hört die fränkische Oberherrschaft über die Alemannen fast auf, weil das Frankenreich Krise um Krise erlebt. Die Alemannen haben keinen König, aber einen Herzog. Das Volk der Alemannen wird zwischen 640 und 740 für den christlichen Glauben gewonnen, interessanterweise in einer Zeit, da das alemannische Herzogtum stark und die fränkische Herrschaft über Alemannien schwach ist. Für die Geschichte der Kirche ist dies ein wichtiges Detail. Es zeigt, daß die Alemannen den neuen Glauben freiwillig angenommen haben. Über

[75] **Windisch** (Vindonissa), spätrömischer Bischofssitz; 517 Bischof Bubulcus auf dem burgundischen Konzil zu Epaon. Bischofskirche wird im Castrum vermutet. Um 600 wird das Bistum durch Konstanz ersetzt.

[76] **Zürich** (Turicum): Felix und Regula (Thebäische Legion), Märtyrer um 300, wohl bestattet auf dem röm. Friedhof, wo heute das Großmünster steht. Kontinuität von Bevölkerung und Christentum gilt als sicher. Bis 532 unter burgundischem Einfluß. Alemannische Siedler außerhalb des Kastells seit ca. 550 (Hottingen, Wipkingen usw.); fränkische Zentren dieser Zeit sind Regensdorf, Dielsdorf, Dübendorf, Bassersdorf usw.

den genaueren Hergang dieser geistigen Wende wissen wir wenig. Es müssen aber überzeugende Missionare – sicher auch Mönche aus Luxeuil – im neu organisierten Konstanzer Bistum diese gewaltige geistliche Arbeit geleistet haben.[77] Die Alemannen sind der erste rechtsrheinische Germanenstamm, der sich ganz dem Evangelium öffnet.
Geschichtlich faßbar ist uns in dieser Zeit der (irofränkische?) Abt und Wanderbischof **Pirmin**. Als er 724 mit der Unterstützung Karl Martells das Benediktinerkloster Reichenau stiftet, steht das alemannische Volk bereits im christlichen Glauben. Seine Predigten sind Ermahnungen an die Neubekehrten. Sünde, Gnade und Erwählung stellt er ins Zentrum seiner Verkündigung.[78] Später wirkt er in der Gegend von Straßburg. Er gründet Klöster im Elsaß und im westlichen Schwarzwald. Im Kloster Hornbach (Rheinpfalz) tritt er am 3. Nov. 753 von dieser Bühne ab.

Ein neues **alemannisches Gesetzbuch**[79], von einer Stammesversammlung unter Herzog Lantfried (um 718) verabschiedet, zeugt klar von dieser Wende der Wertordnungen. Die Mannen stellen das Recht der Kirche an die Spitze. Die Diener der Kirche sollen die angesehenste Stellung einnehmen. Die Ermordung eines Bischofs soll genauso hart bestraft werden wie die eines Herzogs; für einen Pfarrer gilt das dreifache Wergeld (Manngeld, Sühnegeld), für einen Mönch sowie für cinc Frau das zweifache. Der Sonntag soll ohne Knechtsarbeit gefeiert werden. Ein Sklave, der dennoch arbeitet, soll mit Ruten gezüchtig werden; einen Freien soll man dreimal verwarnen, beim vierten Mal soll er "den dritten Teil seines Erbes

[77] Der Ire **Fridolin** wirkt bereits im 6. Jh. am Rhein und in den Vogesen. Am Ort seiner Zelle entsteht im 7. Jh. das Kloster Säckingen (bis 1806 adliges Damenstift). – M. Pömbacher, Vita Sancti Fridolini (1997).

[78] U. Engelmann, Der hl. Pirmin u. s. Pastoralbüchlein (2. Aufl. 1976)

[79] Leges Alemannorum, ed. K. A. Eckhardt (1966)

verlieren". Wer ins Innere oder unter die Tür einer Kirche flieht, genießt Asylrecht. Eide werden nicht mehr über der Waffe, sondern beim Altar geleistet. Noch leben Christen und Heiden nebeneinander. Richter sollen aber nicht nur integer, sondern auch christlichen Glaubens sein. Die Pfarrer werden durch den Bischof ernannt. Das Pfarrhaus ist nicht direkt mit der Kirche verbunden, es steht in einem Hof. Wer einem Gotteshaus Güter schenken möchte, darf von niemandem daran gehindert werden. Von 740 - 780 werden in weitem Umkreis dem Kloster St. Gallen über 70 Land- und Güterschenkungen übertragen – mitunter handelt es sich um viele Quadratkilometer. Zahlreiche Urkunden aus dieser Zeit ruhen heute im Stiftsarchiv zu St. Gallen.[80]

Die Vertiefung des Glaubens im Volk geschieht durch die Arbeit der Klöster und durch die Mehrung und Förderung der Pfarreien.

Die Lage im Donau-Ostalpen-Raum[81]

Die Bajuwaren oder Bayern werden erstmals 551 erwähnt. Sie befinden sich damals bereits in ihrem heutigen Siedlungsraum. Für die alten Provinzen Raetia II und Noricum (östl. des

---

[80] Wartmann, Urkundenbücher St. Gallen.

In *Chur* wird 451 Asinius als Bischof genannt, das Bistum dürfte aber ins 4. Jh. hinab reichen. Es überdauert die Turbulenzen der Völkerwanderung. Spätantike Kirchen gibt es (um 500) in *Schiers* und *Zillis*, hier mit Baptisterium. Ab 539 lockere Bindung Churrätiens zum Frankenreich. Das Geschlecht der Viktoriden besitzt bischöfliche und gräfliche Rechte. Ca. 800 ist das Gebiet in fränkischer Hand. 765 vermacht Bischof Tello noch eine große Schenkung ans Kloster *Disentis*, teils als Sühne für Bischof Viktor, der den Klostergründer Placidius ermorden ließ, teils mit dem Ziel, die Güter dem fränkischen Zugriff zu entziehen.

[81] P. F. Barton, Die Gesch. d. Ch'tums in Österreich und Südmitteleuropa, I-II ff (1992/2004); E. Boshof/H. Wolf (Hg), Das Ch'tum im baierischen Raum (1994); P. Schwenk, Frühes Ch'tum in Baiern = ZS f. bayer. Landesgesch. (1996) 15 ff; H. Jedin, Handbuch KG II, 2 (1975, ND 1999).

Inn) sind folgende Stützpunkte zu nennen: *Augsburg*[82], *Regensburg*[83], *Passau*[84], *Lorch*[85], *Salzburg*[86], Cucullis/Kuchl, Comagenis/Tulln, *Teurnia*[87], Cilli/Celje u. a.

Eine anschauliche Quelle bietet das Leben des Mönchs **Severin**[88] (gest. 482). Die Bevölkerung des Landes ist im 5. Jh. christlich, nur heimlich werden sporadisch noch heidnische Opfer dargebracht. Doch die politischen Verhältnisse lösen sich auf. Zwar sind die Hunnen bezwungen; doch jetzt dringen germanische, awarische und slavische Stämme ins romanisch-

---

[82] **Augsburg** (Augusta-Vindelicorum); Martyrium der hl. Afra um 300. Christengemeinde überlebt ins MA: Kirchen St. Ulrich und St. Afra. Untergang des spätantiken Bistums um 440. Vgl. Dassmann, 25 ff.

[83] **Regensburg** (Regina Castra), röm. Militärlager. Im 4. Jh. wohl Christengemeinde. Ältester christlicher (Märtyrer?)-Grabstein Bayerns. Romanisch-christliche Kontinuität um die Georgsbasilika.

[84] **Passau**, kelt. Boiodurum, röm. Batavis und Kastell Boiotro; in dessen Schutz baut Severin 453 ein Kloster. Evtl. antikes Bistum ➛ 737 Bistum.

[85] **Lorch**, Lauriacum, röm. Militärlager. Ca. 300 Martyrium Florians (Kanzleivorsteher des Statthalters); Bischof Constantius ist Zeitgenosse Severins. Heute Stadtteil von Enns/OÖ; ➛ 737 Bistum Passau.

[86] **Salzburg**, kelt./röm. Iuvavum, ca. 475 zerstört. Romanisch-christliche Inseln (z. B. Salzburg-Reichenhall) können sich halten, kirchliches Zentrum bleibt wohl St. Peter.

[87] Der Bischof von **Teurnia**, bei Spittal a. d. Drau, übernimmt nach 476 die Aufgabe als Präses. Bischofskirche, 27m x 13m, für 500 Personen. Osttirol, Kärnten und Steier erliegen erst Ende des 6. Jh. dem Slovenensturm. Auf dem Balkan fallen sämtliche Städte gegen 600 den heidnischen Awaren und Slaven zum Opfer. Als einziges Bistum vermag **Chur** – wie eine Insel im Schutz der Berge – zu überleben (➛ Rätoromanisch!).

[88] CSEL IX (1886), dt. Übs.: A. Heine (Hg) = HddA (1986).

christliche Land vor. Die Mauern von Lorch an der Donau werden Tag und Nacht bewacht. Die letzten römischen Truppen wagen den Kampf auf freiem Feld nicht mehr.

Von Rom fühlen sie sich im Stich gelassen, ihr Sold bleibt aus. Die Besatzung der Stadt Passau sendet Boten nach Italien zwecks Einforderung des Soldes; sie finden auf dem Weg den Tod. Was immer sich auf freiem Feld befindet, ist den beutehungrigen Germanen schutzlos ausgeliefert. Die Getreidelieferungen auf Inn und Donau werden gekappt. Eine Stadt um die andere geht verloren.

In dieser schwierigen Situation wirkt Severin. Er hat weder einen politischen noch einen kirchlichen Rückhalt. Seine Macht liegt allein in seinem Auftreten, seiner charismatischen Persönlichkeit. Alle kennen ihn, aber niemand weiß genau, woher er stammt. Es wird behauptet, Gott habe ihn bald nach dem Tode Attilas (453) an die Donau gesandt. Als Vertreter der Romanen tritt der Asket den Germanen gegenüber. Der arianische Rugierkönig[89] achtet den katholischen Heiligen als Propheten, auch andere Germanen empfinden ihm gegenüber eine heilige Scheu. Durch seine Autorität gelingt es ihm, Befreiung von Kriegsgefangenen und andere Erleichterungen für die romanische Bevölkerung zu erwirken.

Severin stirbt am 8. Januar 482. Er sieht voraus, daß die Provinz nicht mehr zu halten ist. 488 ruft Odoakar die romanische Bevölkerung südlich der Donau von Augsburg bis östlich Salzburg nach Italien. Wie er es gewünscht hat, wird Severins Leichnam mitgenommen und bei Neapel beigesetzt.

In dieses weithin verlassene Land wandern um 500 größtenteils noch heidnische Bayern ein. Die alten Bistümer und Verwaltungszentren brechen zusammen. Was bleibt, sind romanisch-christliche Inseln oder Enklaven in einem von Germanen, Avaren und Slaven neu besiedelten Land. Die spärli-

[89]Rugier, Ostgermanen in Niederösterreich, 477/8 v. Odoakar besiegt.

chen Reste der spätantiken Vorzeit (christliche Romanen) heißen jetzt "die Welschen" (Walche-Orte).[90]

Etwa um 540 geraten auch die Bayern unter fränkische Oberhoheit, sie werden aber nicht gezwungen, den katholischen Glauben anzunehmen. Bald nach 600 kommen die ersten Missionare nach Bayern. Es sind Schüler Columbans aus Luxeuil; unter ihnen befindet sich der Abt **Eustasius** sowie dessen Bruder Agilus. Angeblich gelingt es ihnen, viele zu bekehren.[91] Nördlich des damaligen Bayern, in Würzburg, wirkt der irische Missionar **Kilian**. 690 erleidet er den Martertod und wird zum Samenkorn für die werdende Kirche. Märtyrer wird auch **Emmeran**, dessen Gebeine im Jahr 740 unter einem Altar in Regensburg beigesetzt werden.[92] Um 700 ist Herzog Theodo zu Regensburg ein aktiver Förderer der Kirche; 715 reist er deswegen – allerdings ohne konkrete Ergebnisse – als erster Bayernfürst zum Papst. Zur selben Zeit wirkt in Salzburg der "Bayernapostel" **Rupert** aus der Wormser Gegend. Und wieder vollzieht sich ein ähnlicher Vorgang wie bei den Alemannen. Zwischen 650 und 730, als der fränkische Staat darniederliegt, wenden sich die Bayern freiwillig dem christlichen Glauben zu. Die geistliche Leitung der jungen bayrischen Gemeinden liegt zunächst ganz bei den Wandermissionaren. Erst später bemühen sich Rom und der bayrische Staat, dieser Kirche festere Strukturen zu geben.

---

[90] Z. B. Walchen, Seewalchen, Wallersee, Wals u. a.

[91] Jonas, Leben Columbans II, 8.

[92] C. J. Sazenhofen, Das Vermächtnis des Emmeran (1995)

3. Christus den Angelsachsen![93]

Britannien als römische Provinz

Vom 6. bis ins 2. vorchristliche Jahrhundert leben auf den britischen Inseln die Kelten.[94] Man unterscheidet drei Stämme:

1. die **Briten** in England
2. die **Scoten** in Irland, später auch in Schottland
3. die **Pikten** = die Bemalten, weil sie sich aus Angst vor den bösen Geistern bemalen. Sie wohnen im heutigen Schottland. Die Pikten und Scoten bleiben von der Völkerwanderung unberührt.

Schon um 50 v. Chr. landet **Caesar in Britannien**. Britannien wird zur römischen Provinz. Der Piktenwall schützt die

---

[93] Hauptquelle: Bedas des Ehrwürdigen Kirchengeschichte des englischen Volkes, lat./dt., (2. Aufl. 1997). – **Beda Venerabilis**, geb. ca. 672 in Northumberland, gestorben 735 als Benediktiner im Kloster Jarrow. Er verfaßt eine bis 731 reichende englische Kirchengeschichte.

Lit.: K. D. Schmidt, Die Bekehrung der Germanen II (1942); C. Thomas, Britain and Ireland in the early Christian Times (1971); K. U. Jäschke, Frühes Christentum in Britannien = Arch. f. Kulturgesch. 56 (1974) 91 ff; G. Jenal, Gregor d. Große und die Anfänge der Angelsachsenmission = Angli e sassoni al di qua e al di là del mare (Spoleto 1986)793 ff; A. Angenendt, Das Frühmittelalter (3. A. 2001) 223 ff; L. E. v. Padberg, Die Christianisierung Europas im MA (1998) 69 ff; P. Riche, Gregor der Große. Leben und Werk (1996).

[94] **Kelten**, westindogermanische Stämme (keltische Sprache), die im 7. Jh. v. Chr. in Böhmen und Bayern faßbar werden. Seit dem 6. Jh. leben sie auch in Gallien und Spanien. Sie sind die Träger der Hallstatt-Kultur (Frankreich, Spanien, Brit. Inseln) und der Latène-Kultur (Mittelrhein, Württemberg, Champagne). Im 4. Jh. stoßen keltische Stämme nach Italien, Mazedonien und Kleinasien (Galater) vor. 200 Jahre lang sind sie das bedeutendste Volk Europas, Meister der Eisenbearbeitung. Sie bringen die Töpferscheibe und den Mahlstein nach Mittel- und Nordeuropa. Um die Zeitenwende sind die Kelten unter der Herrschaft der Römer oder der Germanen. Nur Irland bleibt rein keltisch und erlebt im Frühmittelalter eine Blütezeit.

Briten vor Eindringlingen aus dem Norden. Der christliche Glaube, der von Kleinasien nach Gallien gelangte, verbreitet sich auch in der britannischen Provinz. Auf der Synode von Arles (314) sind die britischen Bischöfe von London, York und Lincoln anwesend, zwei tragen lateinische, der dritte einen keltischen Namen. Im Laufe des 4. Jhs. nimmt die ganze britische Bevölkerung das Evangelium an. Konstantin beginnt seinen Siegeszug von Britannien aus. Die römischen Truppen gewähren den Einwohnern Schutz vor Einfällen aus dem Norden. Als der Völkerwanderungssturm über Europa hereinbricht, werden die römischen Truppen abgezogen. Die christlichen Briten geraten jetzt von allen Seiten unter Druck. Die Pikten des Nordens drängen nach Süden, von Westen her dringen Scoten aus Irland in die einstige Römerprovinz. Vor allem aber erscheinen Angeln, Jüten und Sachsen so zahlreich wie der Sand am Meer. Die Briten werden zurückgedrängt oder vernichtet. Manche fliehen über den Kanal in die Bretagne, deren Name noch heute daran erinnert. Die Landkarte Britanniens zeigt deutlich das Vordringen der germanischen Ortsnamen von Ost nach West. Um das Jahr 500 sind die Kelten eine Minderheit im Westen der Insel. Wales ist da, wo die Welschen wohnen.

So wird die altbritische Kirche vom Kontakt mit den katholischen Festlandkirchen abgeschnitten. Diese Isolation führt zu eigenständigen Entwicklungen. An die Stelle der Bischofskirchen (Bischofssitze in den Städten) tritt die sogenannte Gaukloster-Verfassung. Die Zentren der Kirche sind jetzt nicht mehr die Bischofsstädte – dort sitzen die Angelsachsen –, sondern das Kloster eines Gaues. Der Klosterabt ist zugleich Bischof der ganzen Gaugemeinde.

Aus der altbritischen Kirche stammt **Ninian**[95]. Um 390 noch vom Papst zum Bischof geweiht, gründet er in seiner Heimat ein Missionskloster. Seine Sendboten ziehen zu den Kelten nach Schottland und Irland.

---

[95] W. Delius, Die Geschichte der irischen Kirche (1954)

Das **irische** Volk wird nach 430 hauptsächlich durch den Briten **Patrick**[96] für Christus gewonnen. Als 16jähriger aus Britannien nach Irland verschleppt, flieht er nach Gallien; Bischof Germanus von Auxerre wird sein Lehrer, und 432 kehrt er als Evangelist und Missionar nach Irland zurück. Seine Missionsmethode – er zieht mit einer Pauke die Aufmerksamkeit auf sich und predigt dann den Zuhörenden das Wort des Lebens – erinnert an die öffentlichen Auftritte der Heilsarmee. Auch die irische Kirche – Mönchskirche wie die britische – pflegt keine Beziehungen zum Festland. Sie verfügt aber – unberührt von der Völkerwanderung – über ein hohes Bildungsniveau, vermittelt durch gallische Flüchtlinge des 5. Jhs.

Am Anfang der **schottischen** Kirche steht der Mönch **Columban der Ältere**. 563 verläßt er Irland und gründet an der Westküste Schottlands auf der Insel Jona (Hi) ein Kloster. Von diesem Stützpunkt aus werden die Nord- und Südpikten missioniert.

Gregor d. Gr. missioniert die Angelsachsen

Durch die Invasion der Angelsachsen um 450 ist die altbritische Kirche zerstört worden. Die Briten in Wales haben den Glauben bewahrt. Sie denken aber nicht daran, die heidnischen Sachsen zu bekehren. Zu groß ist die Abneigung gegenüber diesen Eindringlingen. Der Anstoß dazu geht mehr als 100 Jahre später von Papst **Gregor d. Gr.** (590 - 604) aus. Auf dem römischen Sklavenmarkt – so die Legende – entdeckt er einige kräftige, schöne angelsächsische Knaben mit langem Haupthaar. Als er vernimmt, es seien heidnische Angeln und Saxen, steigert sich sein Missionseifer für diese Völker, denn "Angeli" bedeutet in lateinischer Sprache Engel. 595 beauftragt er seinen

[96] L. Bieler, The Life and Legend of St. Patrick (Dublin 1949); L. Bieler, The works of St. Patrick (1953); vgl. Anm. 103 und 104.

Geschäftsträger im Fränkischen Reich, angelsächsische Jünglinge zu kaufen, um sie in römischen Klöstern erziehen zu lassen. Ein Jahr darauf sendet er Missionare unter der Führung des Abts Augustin nach England. Doch schon in Südgallien, als man ihnen die barbarischen Sitten der Angelsachsen schildert, verzagen Augustin und seine Begleiter. Sie kehren nach Rom zurück. Gregor aber besteht auf der Durchführung seines Auftrags. Augustin landet im Frühjahr 597 mit 40 Männern – darunter auch Franken, welche die angelsächsische Sprache sprechen – auf der Insel Thanet und meldet dem König **Ethelbercht**[97] seine Ankunft mit dem Gruß: "Wir bringen die Botschaft des Heils, welche den Folgsamen ewige Freude im Himmel und ein Reich ohne Ende mit dem wahren, lebendigen Gott verheißt." Nach einigen Wochen erscheint der König auf der Insel. Augustin geht ihm entgegen. Als Banner tragen seine Begleiter ein silbernes Kreuz, dazu auf einer Tafel ein gemaltes Bild des Heilands. Sie singen lateinische Litaneien und erflehen vom Herrn das Seelenheil des Königs.

Ethelbercht läßt sich nicht sogleich überzeugen. Aber er nimmt die Missionare freundlich in seiner Hauptstadt auf. Der König von Kent ist nämlich bereits mit Bertha, einer katholischen Prinzessin aus dem Frankenreich, verheiratet.[98] In der wieder aufgebauten Martinskirche, deren Grundmauern noch in die Römerzeit zurückreichen, hält der fränkische Bischof Liuthart für Bertha christliche Gottesdienste. Augustin und seine Leute dürfen in Berthas Kirche predigen. Bereits am Weihnachtsfest 597 läßt sich Ethelbercht mit 10.000 Angelsachsen taufen, nachdem ihn auch seine Edlen, ja selbst sein Oberpriester, zu diesem Schritt ermutigt haben.

---

[97] Ethelbercht = Edelbercht = Adalbercht = Albert. Ethel = edel; bercht = glänzend.

[98] Beda I, 25 und Gregor von Tours IV, 26.

Der historische Vorgang erinnert an die Taufe des Frankenkönigs Chlodwig am Weihnachtstag 498 in Reims. Auch er vollzieht den Schritt zum Taufbecken im Einklang mit seinen Edlen. Und noch etwas: Am Beginn der Bekehrung beider Germanenvölker steht eine katholische Königin. Bei Chlodwig und den Franken ist es die burgundische Prinzessin Chrotechilde, beim Angelsachsen Ethelbercht die fränkische Bertha. Männer machen Geschichte. Doch hinter diesen Männern stehen offenbar glaubwürdige und entschlossene Frauen!

Augustin — erster Erzbischof von Canterbury

Noch im selben Jahr weiht Etherius von Arles Augustin zum Bischof des Landes Kent mit Sitz in Canterbury (= Kenterburg). Der König überläßt ihm sogar den Palast. 601 wird Canterbury Erzbistum, und Augustin empfängt vom Papst das Pallium als Zeichen der erzbischöflichen Würde.[99]

Augustin steht in ständiger Verbindung mit Gregor. So fragt er zum Beispiel an: Muß die Liturgie gleich sein wie in Gallien? Darf eine schwangere Frau getauft werden? Dürfen Priester heiraten? Ist die Zahl der Abendmahlsbecher vorgeschrieben? Gregors Antworten sind recht großzügig, v. a. was die Missionsmethoden betrifft. Die Götzentempel, schreibt Gregor, sollen nicht zerstört werden, nur die Götzenbilder. Die Tempel sind mit geweihtem Wasser zu besprengen und so der Macht der Dämonen zu entreißen. Dann können Altäre errichtet und Reliquien in die alten Kultgebäude gebracht werden.

Wenn das Volk die Tempel nicht zerstört sieht, entsagt es dem Irrtum des Heidentums leichter. Wichtig sind nicht die Äußerlichkeiten, sondern daß alles zu Ehren des wahren Gottes geschehe.

[99] Pallium = weißwollene Schleife mit sechs schwarzen Kreuzen. – Bischof Liuthart kehrt vermutlich ins Frankenreich zurück.

"Der König hatte nämlich von seinen Lehrern, von denen er das Heil empfing, gelernt, daß der Dienst Christi ein freiwilliger, nicht ein erzwungener sein müsse."[100]

Am 18. Juli 601 schreibt Gregor: "Weil sie viele Ochsen für die Dämonen zu schlachten gewohnt sind, soll ihnen auch hierfür ein anderes Fest eingerichtet werden. Am Tage der Kirchweihe oder an den Geburtstagen der Märtyrer, deren Gebeine dort ruhen, sollen sie um die Kirchen herum, die aus den Tempeln entstanden sind, Hütten aus Zweigen bauen und das Fest durch eine religiöse Feier begehen. So opfern sie dann die Tiere nicht mehr dem Teufel, sondern Gott zu Ehren bei ihrem Schmaus und danken dem Geber aller Güter für ihre Sättigung. Wenn ihnen solchermaßen äußerlich einige Freuden zugestanden werden, so mögen sie zu den innerlichen Freuden ihren Sinn leichter gewöhnen. Denn ganz gewiß geht es nicht an, daß man harten Gemütern alles auf einmal abschneidet."[101]

Im Jahr 604 wird das Königreich Essex christianisiert und das Bistum London wieder gegründet.

Die Mission in Northumberland

Bald greift die Mission auch auf **Northumberland** – das nördlichste der angelsächsischen Königreiche – über. König **Edwin** heiratet Edilberga, die Tochter von König Ethelbercht (Beda II, 9). In Kent belehrt man ihn, es sei eigentlich nicht gestattet, eine Christin einem Heiden zur Frau zu geben. Mit

[100] Beda, KG I, 26

[101] Beda, KG I, 30, an Abt Mellitus.

Edwins Frau zieht daher Paulinus, ein Mönchsbruder Augustins, als christlicher Hofprediger nach York, um den König zu bekehren. Eine wunderbare Rettung Edwins vor dem vergifteten Dolch eines Mörders sowie ein nächtliches Traumgesicht machen den König empfänglich für die christliche Botschaft.

Am 12. April 627 entsagt der König nach ernster Beratung mit seinen Edlen und Ratgebern den heidnischen Göttern und bekennt sich zum Christentum. Ja, der Oberpriester legt selbst Hand an die Tempel und Altäre und gibt damit den Anstoß zu ihrer Verbrennung. Die Peterskirche der alten Römerstadt York wird nun zur neuen Kathedrale Northumberlands.

Durch dieses leitende und beratende Eingreifen Gregors entsteht im angelsächsischen Raum eine direkt von Rom abhängige Kirche. In den Klöstern erwacht eine rege Gelehrsamkeit mit asketischem Ernst. Die angelsächsische Kirche erblüht.

Parallel zu den römischen bemühen sich von Norden her auch iroschottische Missionare um die Bekehrung der Angelsachsen. Ihnen fällt – nach einem Rückschlag der römischen Mission – ganz Northumberland samt Essex zu.

Erst auf der Synode von **Whitby 664** siegt die römische Form über die iroschottische. Der northumbrische König Oswiu verehrt den Himmelspförtner Petrus. Die irische und altbritische Kirche unterstellen sich den römischen Bräuchen noch später (Ostertermin, Tonsur, Petrusverehrung).

So entsteht im angelsächsischen Raum eine besondere Art von Christentum mit den folgenden Kennzeichen:

1. Im Papst tritt der Kirche die ganze Vollmacht und Würde von Petrus entgegen. Er darf darum unangefochten Erzbischof und Bischöfe ernennen.
2. Pilgrimschaft für Christus führt zu intensiver Missionsarbeit (iroschottisches Erbe).
3. Hoher Stand wissenschaftlicher Forschung (iroschottische Einflüsse; Erzbischof ab 669 ist Theodor von Tharsus!). Hier – nicht in Gallien oder Italien – werden Beziehungen zur Antike gepflegt. In Klöstern wie Lindisfarne, Jarrow, Canterbury, Jona oder Kells entstehen

prächtige Evangelienhandschriften. Die Iren und Angelsachsen werden zu Vermittlern der Bibel sowie der antiken Bildung, die sie 100 Jahre später an das Reich Karls d. Gr. weitergeben (Alkuin).

4. Die Mission der Iren auf dem Festland[102]

Die altirische Kirche

Archäologische Zeugnisse belegen, daß das Christentum im keltischen Irland schon im 4. Jh. Fuß gefaßt hat. Sonst fehlen uns gesicherte Informationen über die Anfänge der irischen Kirche. Zum Bindeglied zwischen missionarischen Kreisen in Gallien und den Iren scheint um 400 der britische Kelte **Ninian**[103] geworden zu sein. Auf einer Halbinsel an der SW-Küste Schottlands bei Withorn gründet er das steinerne Kloster Candida casa (= weiß schimmerndes Haus). Das Kloster wird zu einer Missionszentrale für Irland.

In einer päpstlichen Chronik um 440 heißt es, Papst Coelestin habe 431 **Palladius** als ersten Bischof zu den Christen Irlands gesandt.

Etwa zur selben Zeit beginnt **Patrick**[104] auf der grünen Insel sein gesegnetes Werk.

Gegen 450 nehmen die Angeln und Sachsen das alte Britannien ein, Gallien erlebt die Schrecken der Völkerwanderung. Die irische Kirche ist nun ganz auf sich selbst gestellt.

---

[102] P. Nickathain/H. Richter, Irland und Europa im frühen MA (1996); J.C. Beckett, Geschichte Irlands (1997); H. Jedin, Handbuch KG II, 2, S. 163 ff; A. Angenendt, Das Frühmittelalter (3. Aufl. 2001) 203 ff.

[103] A.P. Forbes, Lives of St. Ninian and St. Kentigern (1874); R.P.C. Hanson, Saint Patrick (1968) 56 ff und 146 ff.

[104] **Patrick**, ca. 390 - 461, ein romanisierter Brite, gerät als Sklave nach Irland und wird hier Christ. Nach sechs Jahren Hirtendienst entflieht er nach Hause. Einige Zeit verbringt er in Gallien bei Bischof Germanus von Auxerre. Eine Traumvision ruft ihn zurück nach Irland. Von ca. 430 - 460 führt er die Insel Christus zu. Irland verehrt ihn als Apostel und Nationalheiligen. Vermutlich via Lerinum wird das orientalische (syrische) Mönchtum nach Irland vermittelt. – R. Sharpe, Kelt. Kirchen = TRE (1989) 85 ff.

Das irische Mönchtum nimmt sich das orientalische zum Vorbild. Die Askese wird strenger.

Die irische Kirche organisiert sich als Mönchskirche, d. h. an ihrer Spitze stehen Äbte. Die irischen Bischöfe unterstehen diesen Äbten. Irland kennt damals noch keine Städte. So werden die Klöster zu geistigen Mittelpunkten. Die Erziehung des Volkes liegt in den Händen der Klöster. "Alle Kleriker waren Mönche und beobachteten mit ihrem Bischof die Mönchsregel" (Beda).

Im Mittelpunkt des geistlichen Lebens steht die Mortifikation, die Abtötung des Leibes und des eigenen Willens. Das höchste Opfer, das ein Mensch bringen kann, ist die Peregrinatio: Der Mönch pilgert um Christi willen aus der Heimat in die Fremde. So wollen sie unter Beweis stellen, daß sie Christus über alles lieben. Demgemäß sind irische Mönche auf der ganzen Welt zu finden: in Frankreich, in Italien, in Nordafrika oder Palästina. Pelagius, der Gegner von Augustins Gnadenlehre, ist ein irischer Mönch.[105]

Auf diese Weise werden irische Mönche zu Missionaren. Je fremder, ferner und wilder das Land, in das sie ziehen, desto besser die Gelegenheit, sich als Diener Christi zu bewähren! 563 verläßt Columban der Ältere Irland und gründet ganz im Norden auf der Insel Hi (Jona) ein Kloster. Von diesem Eiland leuchtet das Evangelium hinüber nach Schottland. Der Ire Brandan wagt weite Seefahrten, die ihn nach Island und vielleicht sogar nach Amerika führen.[106]

Die Klöster der Iren sind Stätten geistiger Kultur. Irland bleibt das einzige Land, das nicht von der Völkerwanderung betroffen ist. So fliehen viele Gebildete aus Gallien nach Irland. Weil die irische Kirche vom Festland abgeschnitten ist, bleiben die neue Berechnung des Ostertermins oder der Primatsanspruch des Papstes auf den Inseln unbekannt.

---

[105] Hieronymus, Jeremiakommentar, MPL 24, 682 u. 758.

[106] Delius, Geschichte der irischen Kirche (1954), 105; R. Henning, Terrae incognitae II (1950), 107.

Kolumban und Gallus[107]

Kolumban der Jüngere denkt zunächst nicht daran, Mönch zu werden. Da begegnet er als Jüngling einer Einsiedlerin, die ihm erklärt, sie stehe nun schon seit 15 Jahren im Kriegsdienst Christi. Wäre sie nicht eine Frau, so würde sie über das Meer ziehen und die weiteste Ferne aufsuchen, um dort der Welt zu entsagen. Diese Entschiedenheit beeindruckt den jungen Kolumban. Er verabschiedet sich von seinen Freunden. Seine Mutter bittet ihn unter Tränen, sie doch nicht zu verlassen. Er aber antwortet ihr: "Hast du nicht gehört, wer Vater und Mutter mehr liebt als mich, ist mein nicht wert?" (Mt. 10,37) Die Mutter legt sich über die Schwelle des Hauses, um ihm den Ausgang zu versperren. Kolumban schreitet über sie hinweg. Diese Schroffheit kennzeichnet sein ganzes Leben. Aber unser Herr besitzt eine wunderbare Großzügigkeit und sieht, was aus Liebe zu ihm – wenn auch in großem Unverstand – getan wird (Schnepel).

Kolumban wird Mönch im jungen Kloster Bangor.[108] Hier lernt er gründlich die Bibel kennen. Er studiert auch klassische und altkirchliche Literatur. Er wird zum Priester geweiht und Leiter der Klosterschule. Sein eigentliches Ziel aber heißt: Peregrinatio, d. h. Auswanderung um Christi willen. Um 590 bricht er mit zwölf Brüdern auf und landet 591 im Frankenreich.[109] In der Wildnis der Vogesen gründet er auf den Trümmern eines zerfallenen Schlosses ein Kloster nach dem Vorbild seiner Heimat. Der Ort hieß Anagrates, heute Annegray. In der

[107] F. Blanke, Columban und Gallus (1940); ders., Ev. Miss. Magazin NF 95 - 97 (1951 - 1953). Ders., Missionsprobleme (1966); K. S. Frank, Frühes Mönchtum im Abendland (1975) 169 - 266 (Viten dt. von Kolumban und Gallus); A. Borst, Mönche am Bodensee (2. Aufl. 1998).

[108] Bangor lag an der Küste bei Belfast, 559 durch Abt Comgall gegründet.

[109] Berechnung des Jahres vgl. A. Hauck, KG Deutschlands I, 558.

Wildnis hausen Bären, Büffel und Wölfe. Die Mönche leiden bittere Not. Sie ernähren sich von Baumrinde und Gras, da ihnen Äcker und Korn zuerst noch fehlen. Ein Mann der Gegend belädt "aus innerer Eingebung" seine Pferde und bringt den Hungernden Brot und Korn. Durch ihre Gebete heilen Kolumban und seine Brüder die schwerkranke Frau des Wohltäters. Durch entschiedene Askese und verschiedene Wundertaten gewinnt die Gemeinschaft Sympathie und Bewunderung in der Umgebung. Von allen Seiten strömen wohlhabende Freie herbei im festen Entschluß, der Welt zu entsagen. Bald entstehen die Klöster Luxeuil und Fontaine. Kolumban wählt **Luxeuil**[110] als Abtsitz und herrscht über etwa 220 Mönche. Er verfaßt eine überaus harte Regel.[111] Ihr Ziel ist die sittliche Vollkommenheit auf dem Weg der Askese. Kolumban selbst zieht sich in eine Höhle zurück und leitet die Klöster durch Boten. Seine Mönche roden und kultivieren die Wildnis der Umgebung und pflegen geistige Arbeit. Das irische Bildungszentrum in Luxeuil zieht ungezählte Schüler an. Ein Teil des späteren fränkischen Klerus erwirbt in Luxeuil wissenschaftliche Bildung, Kenntnis der Heiligen Schrift und missionarischen Eifer.

Nach 20 Jahren ist Kolumbans Zeit in Luxeuil abgelaufen. Der Burgunderkönig Theuderich besucht die klösterlichen Anlagen und ersucht Kolumban, seine beiden Söhne zu segnen. Doch Kolumban sagt dem ehebrecherischen Fürsten die Wahrheit ins Gesicht. Er weigert sich, die unehelichen Söhne zu segnen, und verbietet dem König den Eintritt in die Kloster-

---

[110] Luxovium = römischer und heutiger Badeort. Vom Klosterbau Kolumbans ist nichts erhalten. Die jetzige gotische Kirche ist ein Neubau des 12./13. Jh., die Klostergebäude stammen aus der Zeit des Barock.

[111] Die Regel besteht aus zwei Teilen: Regula monachorum und regula coenobialis = Grundlegung des mönchischen Lebens mit strengem Strafkodex. Weil von den irischen Klöstern keine Regel erhalten ist, kommt Kolumbans Regel hohe Bedeutung zu. Text bei: Walker, Sancti Columbani Opera (Dublin 1957) 122 - 169.

anlage. Wie einst Herodes von Johannes, so ist auch Theuderich von Kolumbans Vollmacht beeindruckt. Doch die Großmutter, Königin Brunhilde, fürchtet, ihren Einfluß auf Theuderich zu verlieren. Darum hetzt sie den König gegen den Unerschrockenen auf.[112]

Auch die fränkischen Bischöfe jener Zeit denken mehr ans Jagen als an die getreue Verwaltung ihrer Diözesen. Auch ihnen ist das erweckliche Leben in Luxeuil längst ein Dorn im Auge. So wird Kolumban des Landes verwiesen. Über Besançon, Autun, Auxerre und Nevers reist er auf der Loire nach Orléans, Tours und Nantes, um sich zur Rückfahrt nach Irland einzuschiffen.

Kurz nach der Abfahrt strandet das Schiff. Für Kolumban ist dies ein göttlicher Wink, auf dem Festland zu bleiben. Burgund ist ihm versperrt. So wählt er eine nördlichere Route. Über Paris, wo er vor den Toren der Stadt einen Besessenen heilt, gelangt er nach Metz zu König Theudebert von Austrasien. Will er sein Ziel – Italien – erreichen, muß er durch alemannisches Gebiet. Theudebert wünscht, daß Columban die Gebiete südlich des Rheins durchquert. Er gibt ihm ein Schiff samt Segel und 24 Ruderern für die Reise. Der Weg führt sie moselabwärts bis Mainz, dann rheinaufwärts über Basel bis Koblenz. Zu Fuß durchziehen sie die heutige deutsche Schweiz von Zürich bis zum Bodensee. Über die Größe der Gruppe wissen wir nichts Genaues, doch wir kennen einige Namen: Gallus (ein Kelte, spricht auch alemannisch), Chagnoald aus dem burgundischen Adel, Athala und Eustasius von Burgund, schließlich Bobolenus, der Sohn des Gemeindepfarrers von Luxeuil. Die Gruppe besteht also aus Kelten und Germanen (Franken).

[112] **Brunhilde**, westgotische Prinzessin und Frau des austrasischen Königs Sigibert († 575), eines Enkels von Chlodwig. Ihr Sohn Childebert stirbt jung, und ihre Enkel Theuderich und Theudebert gebieten über Burgund bzw. Austrasien.

Das Gebiet zwischen Alpen und Rhein ist in dieser Zeit nicht völlig heidnisch. Seit mehr als 200 Jahren gibt es am Oberrhein und an den römischen Straßen christliche Gemeinden unter der (spärlichen) keltoromanischen Bevölkerung, die durch die Völkerwanderung zwar dezimiert, aber nicht völlig ausgelöscht wurde. Schon vor 450 gibt es in Chur einen Bischof, dessen Einfluß sich bis zum Bodensee und über den Walensee hinaus erstreckt. In Zürich und Arbon am Bodensee leben Christen, deren Tradition in die antike Zeit hinabreicht. Etwa 20 Jahre bevor Kolumban am Bodensee eintrifft, hat der alemannische Herzog Cunzo das Bistum Konstanz gegründet. Der Adel ist also bereits christlich, die Landbevölkerung dagegen kennt den Namen Christi höchstens vom Hörensagen. In den alten Kirchen aus der Römerzeit stehen Götzenbilder. Vielleicht säubert Kolumban schon in Tuggen am oberen Zürichsee ein ehemals christliches Gotteshaus, als er den heidnischen Unrat der entsetzten Tuggener in den See wirft.

In Bregenz jedenfalls treffen die Mönche auf heidnische Schwaben in den Ruinen der alten Aurelia-Kirche. Hier lassen sie sich in klösterlichen Blockhütten nieder, predigen den Bregenzern das Wort des Lebens und vertreiben im Namen Jesu Christi die Dämonen flußaufwärts bis zu den Spitzen der Berge (Wetti). Sie verstehen sich also als Pioniere eines geistlichen Kampfes. Der Biograph Jonas informiert detailliert über den Bregenzer Aufenthalt, wie er ihm 28 Jahre später von fünf Augenzeugen, unter ihnen auch Gallus, geschildert wird.

Kolumban trifft in Bregenz eine Gruppe schwäbischer Männer, die um ein Faß Bier versammelt sind. Die Männer schicken sich an, das Bier in Hörnern oder Bechern von Mund zu Mund zu reichen. Sie verstehen den Akt als sakrale Handlung, als eine Art Bündnistrunk, bei dem man sich durch die Kraft Wodans gegenseitig stärkt. Die Heiden glauben, im Bierfaß sei Wodan verborgen und seine Kraft gehe durch die Flüssigkeit auf die Trinkenden über. Auch für Kolumban ist heidnisch geweihtes Bier nicht mehr gewöhnliches Bier. Im Faß sitzt für ihn nicht Wodan, sondern der Teufel. Darum bläst er das 170-Liter-Bierfaß an, worauf dieses sich aus der Halterung löst und zerfällt. Die Schwaben sind perplex. Kolumban zerstört die vergoldeten Götterbilder und wirft sie in den See. "Viele" bekehren sich und lassen sich taufen, darunter auch solche, die schon früher einmal getauft worden sind.

Durchschnittliche historische Kritik verweist die Bregenzer Vorkommnisse ins Reich der Fabeln. Ich bin von dieser Interpretation nicht überzeugt. Jonas hat sorgfältig recherchiert und glaubhafte Zeugen persönlich befragt. Zwischen Atem und Kraft bestehen tiefe Zusammenhänge, die auch anderen Kulturen bekannt sind; unserem technisch-aufgeklärten Weltbild fehlt nur der Platz für die Einordnung solcher Erscheinungen.[113]

Etwa zwei Jahre, 610 - 612, kann Kolumban in Bregenz wirken. Dann ändern sich die politischen Verhältnisse zu seinen Ungunsten. Zwischen Theuderich von Burgund und Theudebert von Austrasien kommt es zur Schlacht bei Zülpich. König Theudebert – Kolumbans Freund und Beschützer – wird besiegt. In einem Traumgesicht schaut Kolumban die verlustreiche Schlacht aus 400 km Entfernung. Nun weiß er, daß seine Tage in Bregenz gezählt sind. Über die Bündner Pässe zieht er nach Oberitalien und gründet bei Piacenza das Kloster Bobbio. Eigenhändig hilft der 70jährige bei der Restauration einer halb zerfallenen Basilika, die zur Klosteranlage umgebaut wird. Kolumban stirbt 615 und wird in seinem Kloster begraben.[114]

Gallus und die Anfänge von St. Gallen

Als Kolumban 612 in Bregenz aufbricht, wird Gallus von heftigem Fieber geschüttelt. Der Mönchsvater hält die Krankheit seines jüngeren Bruders für eine Ausflucht und Trägheit.

[113] Ähnlich F. Blanke, Missionsprobleme (1966) 26.

[114] Dort werden seine Reliquien noch heute aufbewahrt. Das Kloster hat bis 1803 als Benediktinerkloster bestanden.

Er läßt ihn mit den Worten zurück: "Wenn du mit mir die Last nicht teilen kannst, wirst du zu meinen Lebzeiten die Messe nicht mehr feiern."[115] Also schleppt sich Gallus zu seinen Freunden nach Arbon und wird von den Klerikern Maginold und Theodor in der Nähe der Kirche gepflegt. Der Diakon Hiltibod[116] begleitet Gallus durch die Wildnis des Arboner Forsts dem Säntisgebirge entgegen. Der Urwald ist belebt von Wildschweinen, Bären und Wölfen. Die beiden ersteigen das wilde Steinachtal. Nach neun Stunden beschließen sie, einen Platz für die Nacht zu suchen. Da stolpert Gallus über einen Dornenstrauch. Dieser Zu-Fall ist ihm ein Zeichen des Himmels. Er nimmt eine Haselrute, formt damit ein Kreuzeszeichen, steckt es in die Erde und hängt daran seine Reliquienkapsel. Damit legt er den Grund für das spätere Kloster St. Gallen. Er selber lebt zunächst als Einsiedler an diesem einsamen Ort mit allerlei wildem Getier, das ihm dient. Herzog Cunzo will ihn als Bischof von Konstanz berufen, nachdem er seine Tochter von Epilepsie geheilt hat. Gallus lehnt ab und vermittelt seinen Freund Johannes, einen rätischen Diakon von Grabs.

Um 645/50 stirbt Gallus, während er in Arbon predigt. Man begräbt ihn in seiner Mönchssiedlung an der Steinach, und die Stätte verwandelt sich bald in einen belebten Wallfahrtsort. Doch erst 70 Jahre später, ab 719, entsteht in St. Gallen ein eigentliches Kloster. Initiator ist der begüterte Franke Waltram, der in Arbon residiert. Von Präses Viktor in Chur erbittet er den rätischen Priester **Othmar**. Zusammen mit vier Mönchspriestern aus Rätien erneuert er das zerfallene Gallusheiligtum und gründet ein Kloster samt Spital. Das junge Benediktinerkloster existiert zunächst den Franken gegenüber ziemlich autonom. Es wird mit alemannischen Ländereien reich beschenkt. Ludwig der Fromme löst 818 das Kloster aus der Konstanzer

---

[115] K. S. Frank, Frühes Mönchtum im Abendland; Wetti, Das Leben des Bekenners Gallus (1975) S. 245.

[116] Die Namen Maginold und Hiltibod sind deutsch.

Bistumshoheit, erhebt es in den Status der Reichsunmittelbarkeit und gewährt ihm freie Abtwahl. König Heinrich I. erhebt den St. Galler Abt zum Fürstabt mit Regierungsgewalt und Landeshoheit. St. Gallen wird zum königlichen Kloster.

Die Bedeutung der iroschottischen Mission

Eine große Zahl von irischen Boten, die ihr Leben nicht lieben, wandert im 7. Jh. nach Frankreich, in die heutige Schweiz und nach Süddeutschland. Ungezählte Mönche verbreiten Buße, Beichte und Erweckung. Wichtigster Quellort der Bewegung ist die Kloster- und Missionsschule in Luxeuil. Ihre Ausstrahlung reicht bis nach Bayern. **Eustasius**, Abt von Luxeuil, der Kolumban bis Bregenz begleitet, wirkt um 615 mit seinem Bruder Agilus unter den Bayern.

Der irische Missionar **Kilian** bekehrt in Würzburg Herzog Gosbert, doch dessen Gattin läßt Kilian 690 ermorden, weil er ihre Ehe – sie ist die Witwe seines Bruders – für unstatthaft erklärt hat.[117]

Emmeran (Regensburg) und Corbinian (Freising) sind Wanderbischöfe (nach 700) aus Frankreich. Ihre irischen Namen könnten sie in einem irischen Kloster angenommen haben.

Um 700 gibt es christliche Gemeinden in Alemannien, Thüringen und Bayern. Gefestigt ist das Christentum aber nur in Alemannien, denn nur hier gibt es Bistümer (Konstanz, Basel, Straßburg) und eine kirchliche Organisation für kontinuierliche Nacharbeit durch die Klöster.

Eine zweite Welle irischer Missionsarbeit erfolgt unter Karl d. Gr. Jetzt sind die Iren (und Angelsachsen) als Träger höherer Bildung gefragt. Die bedeutendste Persönlichkeit um 840 - 877 am Hofe Karls d. Kahlen in Reims ist **Johannes Scotus** mit dem

---

[117] J. Dienemann, Der Kult des hl. Kilian (Würzburg 1958).

Beinamen **Eriugena** (der in Irland Geborene). Er wirkt dort als Lateinlehrer, kennt aber auch die griechischen Kirchenväter. Er übersetzt den Dionysius Areopagita[118], eine Sammlung neuplatonischer Schriften, ins Lateinische. Die Schriften werden später zur Grundlage der abendländischen Mystik.

[118] Apg. 17,34: Paulus bekehrt Dionysius vom Areopag, nach Euseb der 1. Bischof von Athen. Die neuplatonischen Schriften, die seit 500 unter diesem Namen bekannt sind, erfreuen sich beinahe apostolischer Autorität. – Dionysius hieß nach der Legende auch der 1. Bischof von Paris.

Zu Johannes Scotus vgl. G. Schrimpf in: TRE 17 (1988) 156 - 172.

5. Die Angelsachsen-Mission auf dem Festland[119]

Die junge angelsächsische Kirche

Die angelsächsischen Klöster betreiben profunde wissenschaftliche Arbeit. Auch hier erfüllt die Mönche ein starker Missionswille. Aber die Kirche ist nicht mönchisch, sondern bischöflich organisiert. Es besteht eine enge Verbindung zu Rom. Bezeichnend dafür ist die inbrünstige Verehrung des Apostels Petrus. Dieses intensive geistliche Leben befähigt die Angelsachsen im 8. Jahrhundert zu ihrem großen Werk in Frankreich und Deutschland. Die Iroschotten können im 7. Jh. den geistigen und sittlichen Verfall des Merowingerreiches nicht aufhalten. Ihre Arbeit ist zu punktuell.

Schon vor 700 kennt Beda Mönche, die es den Iroschotten gleichtun und zu den Friesen, Dänen, Altsachsen oder Hunnen (Awaren) aufbrechen: Der Priester Egbert wird durch böse Träume und Schäden am Schiff zurückgehalten, Wigbert predigt zwar in Friesland, doch "ohne Lohn". Erzbischof Wilfrith von York weilt schon 678 vorübergehend bei den Friesen. 690 – genau 100 Jahre nach Kolumban – beginnt **Willibrord** mit elf Gefährten seine Arbeit unter den fränkischen Friesen (nach Rücksprache beim fränkischen Herzog Pippin). Er gründet das Bistum Utrecht und bekehrt beinahe den friesischen König Radbod. Als dieser aber von Wulfram erfährt, seine Vorfahren seien in der Hölle, weil sie Heiden waren, zieht er seinen Fuß wieder vom Taufbecken zurück. Mit Hilfe Pippins gründet Willibrord das Kloster **Echternach** (im östlichen Luxemburg).

---

[119] Briefe des Bonifatius & Willibalds Leben des Bonifatius, lat./dt., ed. R. Rau = FSGA IVb (3. Aufl. 1994); Th. Schieffer, Winfrid-Bonifatius und die christliche Grundlegung Europas (1954, ND 1972); L. E. v. Padberg, Bonifatius (2003); J. Semmler, Bonifatius = LMA II (1983) 417 ff; K. Schäferdiek, Fragen der frühen angelsächsischen Festlandmission = Frühma Studien 28 (1994) 172 ff; A. Angenendt, a. a. O. 268 ff.

Dort liegt Willibrord begraben. Die Vollendung der Friesenmission geschieht erst unter Karl d. Gr.

Drei Aufgaben bewältigen die Angelsachsen im 8. Jahrhundert – an ihrer Spitze Bonifatius – in enger Verbindung mit dem Papst:

1. Organisierung und Konsolidierung des jungen Christentums in Bayern und Thüringen,
2. Mission der Hessen und Friesen,
3. Reform und Hebung der fränkischen Kirche.

Für diese Aufgaben sind die Angelsachsen geeigneter als die Iroschotten, denn sie kommen bewußt als Germanen zu Germanen. Die angelsächsischen Klöster pflegen gute wissenschaftliche Arbeit; ihre Missionare sind auch gute Organisatoren und dankbare Verehrer der römischen Kirche. Die Angelsachsen haben nicht vergessen, daß es Papst Gregor von Rom war, der ihnen das Licht des Lebens brachte. Ganz im Sinne der römisch-gregorianischen Missionsmethode gehen auch sie behutsam vor und integrieren soweit wie möglich heidnische Bräuche in die neue christliche und kirchliche Kultur.

Winfrith-Bonifatius

Winfrith (= Glücksfried) wird um 673 im Königreich Wessex als Sohn einer adligen Familie geboren. Schon als fünfjähriger Junge wird er auf Lebenszeit einem Benediktinerkloster übergeben (puer oblatus). Leidenschaftlich widmet er sich den Studien des Altertums: Philosophie, Rhetorik, Bibelwissenschaft. Er steigt zum Vorsteher der Klosterschule Nhutscelle auf.[120] Doch den wissenschaftlichen Lehrer mit steiler Karriere treibt es zur Mission unter den Friesen, Hessen und Thüringern, wo die fränkische Herrschaft noch schwach ist. Was ihn drängt, ist nicht Askese, sondern echter Missionseifer aus einem frommen Herzen.

---

120 Jetzt Nursling zwischen Winchester und Southampton.

716 begibt er sich zu den **Friesen,** um die Arbeit Willibrords zu unterstützen. Dieser hat sich schon seit über 20 Jahren um dieses Volk bemüht, doch die Friesen hängen mit zäher Treue an ihren nordischen Göttern. Ihre Donars-Eichen und männerfrohen Trinkgelage sagen ihnen mehr als ein Christengott, der lärmige Verehrung verabscheut und ihre sämtlichen Vorfahren der Verdammnis preisgibt. Nach zwei Jahren kehrt Winfrith in seine Heimat zurück. Eine Wahl zum Abt von Nhutscelle lehnt er ab. Er bespricht sich mit seinem Freund Daniel, dem Bischof von Winchester, und verbringt den Winter 718/19 in Rom.

Am 15. Mai 719 segnet und beauftragt ihn Papst Gregor II. zum Heidenmissionar und gibt ihm den Namen Bonifatius.

Nach kurzem Aufenthalt bei den Friesen – Radbod ist 719 gestorben – trennt er sich von Willibrord und wendet sich dem Stamm der **Hessen** zu. Die Hessen unterscheiden sich damals von fast allen germanischen Völkern durch ihre Homogenität. Durch Hügel und Urwald von ihrer Umgebung abgeschlossen, gerieten sie nicht in den Strudel der Völkerwanderung.[121] Bonifatius findet bei den Hessen ein heidnisches Land mit freien Bauern. Adlige, die mit dem König Beziehungen pflegen, fehlen. Der hessische Stammesgott ist Donar und sein Heiligtum eine Eiche bei Fritzlar. Bonifatius beginnt sein Werk im Jahr 721. Als einfacher Wanderprediger durchzieht er mit seinen Begleitern das Land von Ort zu Ort. Das Volk ist arm und ausgeplündert durch die starken Sachsen, die in regelmäßigen Streif- und Beutezügen an den Hessen ihr Mütchen kühlen. Diese Armut teilen Bonifatius und seine Freunde mit dem hessischen Volk. In kurzer Zeit, am Pfingsttag 722, organisiert er eine erste Massentaufe. Auch zwei Häuptlinge entscheiden sich für das Zeichen der Taufe Christi. "So befreit er das Volk der Hessen

---

[121] Die Hessen als Volksstamm sind nicht zu verwechseln mit dem politischen Hessen. Das heutige Hessenland ist größer.

aus der Gefangenschaft der bösen Geister durch die Verkündigung der evangelischen Botschaft." [122]

Ein zuverlässiger Bote mit Namen Bynna überbringt die briefliche Nachricht dem Papst. Gregor bestellt den rührigen Missionar erneut zu sich in den Lateran, und am 30. November 722 empfängt Bonifatius die Bischofsweihe. Jetzt darf er nach römischem Recht Kirchen weihen, Priester einsetzen und Firmungen vollziehen. Bonifatius verspricht dem Papst, alles daranzusetzen, um das ganze hessische Volk der Kirche Christi zuzuführen.

Der Papst überreicht ihm auch ein Empfehlungsschreiben für Karl Martell. Der fränkische Hausmeier überreicht dem neu erkorenen Missionsbischof 723 eine Schutz-Urkunde mit Siegel und persönlicher Unterschrift. Bonifatius "soll unter unserem Schutz und Schirm unangefochten und wohlbehalten wohnen." (Brief 22)

Als ersten Stützpunkt gründet Bonifatius das Kloster Amöneburg a.d. Ohm. Insgesamt hat Bonifatius nur etwa zehn Helfer. Und die Mehrheit der Hessen ist noch immer dem Donarkult verbunden. Anläßlich eines Heidenfestes bei Fritzlar (Nähe Kassel) erzwingt er – fast wie Elia auf dem Karmel – die Entscheidung. Eigenhändig fällt er vor den Augen der entsetzten Hessen die heilige Donars-Eiche, ohne daß ihn Donars Blitzstrahl trifft. Darin sieht das hessische Volk einen Beweis für die Ohnmacht seines Gottes. Das Ereignis von Fritzlar führt zur Bekehrung des ganzen hessischen Volkes. Das Holz der Eiche verwendet der Missionar zum Bau eines Bethauses, der Peterskirche von Fritzlar (unweit Büraburg). Dieser Schritt entspricht den Missionsempfehlungen Gregors d. Gr.: Ist das neue Gotteshaus aus dem Material des alten Heiligtums gebaut, so findet das Volk den Weg zum neuen Glauben leichter.

---

122 Willibald, Leben des Bonifatius, a. a. O. S. 489.

Im Frühjahr 724 entsteht neben der Peterskirche ein Benediktinerkloster mit dem Namen Frideslare[123]. Im Kloster bildet er schleunigst Nachwuchskräfte heran. Bonifatius steht in Briefkontakt mit seinem Freund Daniel, dem Bischof von Winchester. In angelsächsischen Klöstern und Gemeinden wird für die Bonifatius-Mission gebetet. Daniel sendet ihm Geld, Bücher und weitere Missionare. In der kurzen Zeit von drei Sommern ist das hessische Volk für den christlichen Glauben gewonnen, das römische Christentum organisiert. Der Papst und die englischen Freunde sind hocherfreut, nicht aber der verlotterte fränkische Klerus. Der Eifer des Bonifatius erinnert sie zu sehr an ihre eigenen Versäumnisse.

Noch im Jahr 724 begibt sich Bonifatius nach **Thüringen**. Hier haben bereits irische Missionare Gemeinden gegründet. Bonifaz verjagt die irischen Sendboten, denn sie sind ihm nicht römisch genug. Da sie verheiratet sind, verabscheut er sie als Hurenpriester. Schritt für Schritt erobert er Thüringen für die Römische Kirche. Überall organisiert er neu und setzt Priester ein. Sein Freund Daniel vermittelt ihm die nötigen Hilfskräfte, deren Herz für die Mission schlägt.

> "Und so geschah es, daß der Ruf seiner Predigt gehört wurde und so stark wuchs, daß sein Name schon im größten Teil Europas widerhallte und zu ihm aus allen Landen Britanniens eine große Anzahl Knechte Gottes, Lehrer und Schreiber sowie Männer, die auch in anderen Künsten geübt waren, zusammenströmten ... Sie riefen an vielen Orten das Volk von den unheiligen Abwegen des Heidentums zurück, andere wieder predigten im Lande der Hessen, andere auch in Thüringen in Gauen und Dörfern das

[123] Frideslare ➛ Fritzlar. Die Endung -lar(e) bedeutet Weide, genutztes Feld; fride heißt nicht etwa Frieden, sondern umhegen, einzäunen (vgl. Friedhof). Frideslare bedeutet somit ein "eingehegtes Weidegrundstück", in das man das Kloster stellt.

Wort des Herrn." [124] Zu ihnen gehören (etwas später) die Geschwister **Willibald**[125],**Wunibald**[126] und **Waldburga**[127], aber auch der Benediktiner **Lul**[128] aus Wessex und seine Verwandte und geistliche Schwester, die Nonne **Lioba**[129]. Mit diesen Männern und Frauen "strömt alles Edle, Fromme und Feine, was die angelsächsische Kirche hervorgebracht, auf den deutschen Boden herüber und befruchtet ihn." [130]

---

[124] Willibald, Leben des Bonifatius, a. a. O., 498 f.

[125] **Willibald**, * um 700 in Südengland, 741 von Bonifatius zum Bischof von Eichstätt geweiht, missioniert das Gebiet zwischen Donau und Regnitz; † 7. 7. 787.

[126] **Wunibald**, * 701, Mitarbeit in Thüringen, Oberpfalz, Mainz, Eichstätt. Hier gründet er das Kloster Heidenheim. † 18. 12. 761.

[127] **Waldburga**, * um 710, folgt ihren Brüdern als Äbtissin des Klosters Heidenheim. † 25. 2. 779.

[128] **Lul**, * um 710, Schüler und engster Mitarbeiter von Bonifatius. Er folgt ihm 754 als Nachfolger auf dem Bischofsstuhl von Mainz. Gründer der Klöster Hersfeld und Bleidenstadt. † 16. 10. 786.

[129] Leobgith, latinisiert **Lioba**, * ca. 710 in Wessex. Eine gebildete, mit Bonifatius verwandte adelige Frau. Schon als junge Frau betet sie für den Kampf ihres 35 Jahre älteren Verwandten, schickt ihm eine Gabe und schreibt ihm um 733 in einem Brief: "... wünschte ich, Dich an Bruders Statt annehmen zu dürfen, weil ich auf keinen Menschen meines Geschlechts mit solcher Zuversicht meine Hoffnung setze wie auf Dich." (Briefe Nr. 29 + 67 a. a. O.) Als einzige Tochter ihrer Eltern wächst sie in einem Kloster auf. Später zieht sie nach Deutschland, wird Mitarbeiterin des Bonifatius und Äbtissin des ersten Nonnenklosters auf deutschem Boden in Tauberbischofsheim. Bonifatius wünscht, nach seinem Tode einmal neben ihr zu ruhen. Dieser Wunsch wird ihm nicht ganz erfüllt; beide werden in Fulda, aber nicht am selben Ort, bestattet. Lioba stirbt um 782. – Das Leben Liobas schrieb Rudolf von Fulda = übs. in: GdV II, 13 (3. Aufl. 1920).

[130] Th. Schieffer, a. a. O. 125.

Im Jahr 732, als Karl Martell bei Tours die muslimische Gefahr von Europa abwendet, beginnt für Bonifatius ein neuer Lebensabschnitt. Papst Gregor III. weiht ihn zum Erzbischof und päpstlichen Gesandten für ganz Deutschland. Von nun an widmet sich der Unermüdliche ausschließlich reformerischen und organisatorischen Aufgaben. Als Erzbischof darf er jetzt Bischofssitze errichten.

In **Bayern**, das durch die Iroschotten zwar missioniert, aber wenig organisiert ist, gründet er 739 die vorgeprägten Bistümer Salzburg, Passau, Regensburg und Freising.[131]

In Hessen legt er 744 den Grundstein für sein Lieblingskloster **Fulda** und stellt die neue Stiftung unter die direkte Obhut des Papstes: ein deutsches Monte Cassino, ein seelsorgerliches und geistiges Zentrum als Missionsbasis für die benachbarten Sachsen! Das benötigte Land – genannt Eichloh an der Fulda, vier Meilen im Umkreis – schenken ihm Karlmann und seine Großen.

Nach dem Tode Karl Martells (741) gelingt es Bonifatius, dessen Söhne **Karlmann** und **Pippin** noch deutlicher auf seine Seite zu ziehen, als dies bei ihrem Vater der Fall war. Erzogen im Pariser Kloster St. Denis, sind beide offen gegenüber kirchlichen Anliegen. Bonifatius erhält die Vollmacht, auch die fränkische Kirche zu reformieren. Von Karlmann selbst einberufen, tritt das **Concilium Germanicum primum** (austrasische Synode) am 21. April 742 (in Köln?) zusammen.[132] Zwei Jahre spä-

[131] Vivilo in Passau bleibt, aber die Klosterbischöfe in Regensburg, Salzburg und Freising werden ersetzt durch Johannes, Erembert und Gaibald.

[132] Es fehlen die alemannischen und bayrischen Bischöfe (ausgenommen Heddo v. Straßburg als Verbindungsmann zu den Kreisen Pirmins). Milo von Trier und Gewilib von Mainz als fränkische Adels-Bischöfe alten Schlages bleiben aus Opposition zu den Ausländern und Reformern der Synode fern. Reginfried v. Köln ist der einzige "altfränkische" Bischof, der teilnimmt. In Bayern ist das gute Einvernehmen mit Herzog Odilo vorbei. Zwischen Alemannien und den Franken stehen die politischen Spannungen kurz vor dem

ter versammelt sich eine Synode für Neustrien in Soissons unter Pippin. Die Beschlüsse dieser Synoden, genannt Capitularia, gelten als Kirchen- und Staatsgesetze. Die Geistlichkeit wird nun stärker an die Kandare genommen. Es ist ihr fortan verboten, Waffen zu tragen oder in den Kampf zu ziehen (außer als Seelsorger); geistliche Herren dürfen nicht mehr mit ihren Hunden in den Wäldern umherstreifen, Habichte oder Falken halten, auch ist es ihnen untersagt, im Konkubinat zu leben. Jeder Priester untersteht seinem Bischof und hat diesem regelmäßig in der Fastenzeit über sein amtliches Tun und Lassen (Glaubenslehre, Gebet, Messordnung) Rechenschaft zu geben. Am Gründonnerstag soll er das neue Salböl holen und auch über seinen eigenen Lebenswandel Zeugnis ablegen. Wer sich als Priester, Mönch oder Nonne der Unzucht schuldig macht, hat mit Geißelung, einjähriger Haft bei Wasser und Brot sowie Scheren des Haares zu rechnen. Schließlich sind heidnische Bräuche wie Totenopfer, Losdeutung, Wahrsagerei, Amulette usw. zu unterbinden.

Konzilsentscheidungen sind nicht mehr – wie in merowingischer Zeit – Beschlüsse der Bischöfe. Die Konzilsväter beantragen ihre Vorschläge, Rechtskraft erwächst ihnen aber erst durch die Gesetzgebung des Königs. Gesetze der fränkischen Könige nennt man **Kapitularien**. Die beiden Konzile sind "bestimmt von der großen Konzeption einer romverbundenen Landeskirche nach angelsächsischem Vorbild." [133]

747 entsagt Karlmann aller politischen Macht und läßt sich vom Papst in den Mönchsstand aufnehmen. Auf dem nahen Berg Soracte baut er sich ein Kloster, später wechselt er ins neu erstandene Monte Cassino.

Siedepunkt: 746 lockt Karlmann fast den ganzen alemannischen Adel nach Cannstatt und läßt ihn meuchlings ermorden. Das Konzil ist daher recht homogen und kann entsprechend klare Beschlüsse fassen.

[133] Th. Schieffer, a. a. O. 212.

Die Verbindung zwischen dem Alleinerben Pippin und Bonifatius wird jetzt noch enger. 751 wird Pippin auf einer Reichsversammlung der Franken zum König ausgerufen, während der letzte Merowinger Childerich III. sein wallendes Haar verliert und den Rest seines Lebens in einem Kloster verbringen muß. Nach dem Vorbild des Alten Testaments salbt Bonifatius den bisherigen Hausmeier zum König.[134] Auf diese Salbung scheint die Bezeichnung der deutschen Könige "von Gottes Gnaden" zurückzugehen.

Bald nach 750 zwingen die Verhältnisse in **Friesland** den Achtzigjährigen zu einem neuen Missionszug. Friesland (d. h. Nordbelgien, die Niederlande und Flandern) ist noch nicht völlig missioniert. Die Gebiete Willibrords drohen dem angelsächsisch-erwecklichen Einfluß zu entgleiten, und der Kölner Bischof, kaum ein Freund der Reform, schaut begehrlich nach Norden. Im Vorgefühl des nahen Todes verabschiedet sich Bonifatius von Lul. Er fordert seinen Nachfolger auf, der Bücherkiste auch ein Leichentuch beizulegen. Mit 52 Gefährten besteigt er in Mainz ein Schiff und reist zu den Nordfriesen in die Gegend von Dokkum. Nachdem er einige Monate predigend, taufend und organisierend gewirkt hat, ist auf den **5. Juni 754** (Pfingstmittwoch) ein Firmgottesdienst angesagt. Doch statt der erwarteten Firmlinge stürmen heidnische Horden sein Lager. Seinen Gefährten, die sich zu wehren anschicken, ruft er zu: "Lasset ab, Mannen, das wahre Zeugnis der Heiligen Schrift lehrt uns, nicht Böses mit Bösem, sondern Böses mit Gutem zu vergelten." Dann stirbt die ganze Schar der Missionare unter den Hieben der Schwerter.

Die Strafexpedition der Franken bleibt nicht aus. Sie bergen die Leichen und sammeln die zerstreuten Bücher und Briefe. Mit großem Aufwand wird Bonifatius nach Fulda gebracht

[134] Nach der zeitgenössischen karolingischen Hauschronik wird Pippin durch fränkische Bischöfe gesalbt, Bonifatius dagegen verschwiegen. Die Reichsannalen Karls d. Gr. melden: "gesalbt von der Hand des Erzbischofs Bonifatius heiligen Andenkens".

und dort begraben. In Friesland aber erhebt sich über der Stätte des Martyriums in kurzer Zeit eine Kirche.

Die irische und die bonifatische Missionsmethode

Ein Vergleich ergibt fünf Hauptunterschiede:

1. Die Iren missionieren aus Gründen der eigenen Kasteiung: Mortificatio und Peregrinatio propter Christum. Bonifatius fühlt sich den verwandten Germanenstämmen gegenüber als Schuldner.
2. Aus Dankbarkeit und tiefer Ehrfurcht gegenüber Rom erbittet Bonifatius den päpstlichen Segen, was kein Ire getan hat.
3. Die Iren zerstören radikal die heidnischen Heiligtümer, Bonifatius geht behutsamer vor, wie es Gregor I. empfohlen hat.
4. Die Iren gründen einzelne Klöster ohne besonderen Zusammenhang. Bonifatius plant und organisiert systematisch und verbindet die gewonnenen Missionsgebiete mit Rom.
5. Die irische Mission hinterläßt im Unterschied zur bonifatischen keinen bleibenden Erfolg. Die angelsächsische Nacharbeit – denken wir nur an die Ausstrahlung der Frauenklöster – hat Germanien nachhaltig beeinflußt.

Bonifatius und Paulus

Vergleichen wir den "Apostel der Deutschen" mit dem "Apostel der Heiden", erkennen wir einen großen Unterschied.

1. Paulus ist allein von Christus abhängig. Er entwickelt zwar auch eine Strategie (Römerbrief!), aber ohne Rücksichtnahme auf politische Konstellationen. Bonifatius reist um

Christi willen zu seinen Stammverwandten in den "Dschungel". Er kommt aus der angelsächsischen Landeskirche, die dem Papsttum die Kunde des Evangeliums verdankt. Es ist für ihn selbstverständlich, das geistliche Zentrum Rom und bald auch die politische Macht der Franken in seine Strategie einzubeziehen.

2. Paulus stellt Christus ins Zentrum und bringt Sünder in Lebensgemeinschaft mit ihm. Er missioniert in einer hochentwickelten, pluralistischen und individualisierten Gesellschaft. Bonifatius predigt den biblischen Christus, eingebettet in römische Lehre und Satzungen. Er wird den Hessen ein Hesse und gewinnt das Volk durch überzeugende Liebe und Vollmacht. Die geistliche Vertiefungsarbeit überläßt er den Klöstern, was persönliche Frömmigkeit auch innerhalb der vorherrschenden Monokultur nicht ausschließt. Bonifatius kämpft aber auch mit rabiater Gewalt, die sich mit dem Evangelium nicht verträgt (z. B. sein Kampf gegen die irischen Bischöfe). Das Martyrium des Bonifatius, besonders sein Aufruf zur Gewaltlosigkeit, zeigt aber, worin auch für ihn alle Vollmacht gründet: Im Geheimnis des Samenkorns Christi.

3. In einem sind sich beide gleich: In ihrem persönlichen Einsatz und Eifer für die Sache Gottes. Bonifatius aber ist stark gefangen im religiösen Erbe seiner Zeit. Vermutlich ist dies mehr oder weniger das Geschick aller nachapostolischen Mission bis in unsere Zeit. Die Autorisierung durch den Papst ist nicht Ausdruck knechtischer Gesinnung. Schon Willibrord legte Wert auf diese Verbindung. Es ist tiefempfundener Dank, den seine angelsächsische Heimat Rom schuldet. Gewiß legt Bonifatius durch diese Bindung der deutschen Kirche an Rom den Grund für die späteren Konflikte zwischen Staat und Kirche. Diese Verbindung wäre vermutlich aber auch ohne Bonifatius zustande gekommen. Herzog Theodo von Bayern pilgert schon 715 nach Rom. Schließlich kann Bonifatius die geschichtliche Weiterentwicklung auch nicht voraussehen,

nicht einmal vorausahnen, denn der Bischof von Rom ist um 730 noch weit davon entfernt, das zu sein, was im Hochmittelalter aus dem Papsttum werden wird. Kurt Dietrich Schmidt bringt das Problem auf den Punkt: "Das Abendland verdankt seine innere Einheit nur der langen Geschichte unter dem Papsttum. Wer zum Abendland ja sagt, kann zu dieser Tat des Bonifatius nicht nein sagen."[135]

[135] K. D. Schmidt, Grundriß der Kirchengeschichte (9. Aufl. 1990) 170.

6. Das Missionswerk Karls des Großen[136]

Der große Karl

Karl (742/47 - 814) ist der Sohn Pippins und Bertradas und der Enkel Karl Martells. Karl ist neun, als sich sein Vater vom Hausmeier zum König aufschwingt, zwölf, als Bonifatius stirbt und Papst Stephan II. mitten im Winter hilfesuchend über die Alpen ins Reich der Franken eilt. Am Dreikönigstag 754 zieht der junge Karl mit "vielen vornehmen Männern" dem Papst entgegen. Mit Vater und Bruder empfängt er vom Papst in St. Denis (Paris) die heilige Salbung. Pippin verspricht dem Papst militärischen Schutz vor dem Langobardenkönig Aistulf. Diese unvergeßlichen Jugendeindrücke sowie die Politik seines Vaters vermitteln Karl die Überzeugung, der Schutz des Papsttums gehöre zu den heiligen Pflichten des Frankenkönigs. Mit 26 wird Karl selbst König, und mit 29 ist er Alleinherrscher.[137]

Karl ist fromm und gläubig. Sein Tag beginnt mit dem Besuch des Morgengebets (im Schlafrock) in der Hauskapelle. Auch am Abend, zu den nächtlichen Stundengebeten und zur Messe sucht Karl die Kirche auf. Während des Singens bewegt er meistens nur die Lippen. Karl ist kein Heiliger. Wie ein alttestamentlicher König – er versteht sich als neuer David – hält er mehrere Frauen samt einigen Nebenfrauen. 23 Kinder Karls

---

[136] Quellen zur karol. Reichsgeschichte, ed. R. Rau = FSGA V, VI, VII (3. Aufl. 1992); W. Lautemann, Geschichte in Quellen II (3. Aufl. 1996).

W. Braunfels (Hg), Karl der Große: Lebenswerk und Nachleben I - V (1965/8); P. Classen, Karl der Große, das Papsttum und Byzanz (2. Aufl. 1988); J. Fleckenstein, Karl der Große (3. Aufl. 1990); M. Becher, Karl der Große (4. Aufl. 2004); D. Hägermann, Karl der Große. Herrscher des Abendlandes (2000); G. Haendler, Die lateinische Kirche im ZA der Karolinger = KGE I, 7 (2. Aufl. 1992); A. Angenendt, a. a. O. 292 ff.

[137] Der frühe Tod seines Bruders Karlmann erspart ihm eine militärische Konfrontation.

sind bekannt. Als ihm 771 die blonde Hildegard aus Alemannien besser gefällt als die 2,02 m große langobardische Himmeltrude, schickt er diese kurzerhand zu ihrem Vater zurück. Natürlich ist die Kirche darob nicht begeistert.

Karl ist ein hochgewachsener Mann (1,92 m). Sein Körper ist kräftig, der Nacken kurz, hell das Haar; hell wirkt auch seine Stimme, die zur robusten Körpergestalt in einem gewissen Gegensatz steht. Karl spricht altfränkischen Dialekt, Altfranzösisch, Latein und etwas Griechisch. Er trägt die Kleidung der Franken, d. h. auf dem Leib ein Leinenhemd und Leinenunterhosen, darüber eine mit Seide verzierte Bluse und Hosen. Seine Beine umwickelt er mit Binden, an den Füßen trägt er Schuhe. Im Winter schützt er Schultern und Brust mit einem Rock aus Fischotter oder Zobelpelz. Schließlich trägt er einen blauen Mantel und stets ein Schwert mit goldenem Griff und Gehänge.

Karls Beschreibung durch seinen Biographen Einhard stimmt ziemlich überein mit der 24 cm hohen Reiterstatue aus dem Metzer Domschatz.[138] Ähnlich ist auch das Standbild Karls in der Klosterschule St. Johann im bündnerischen Müstair (ca. 800).

Karl strotzt vor Körperkraft. Er ist der beste Schwimmer und Reiter, er zerknickt Hufeisen, stemmt einen Soldaten samt Harnisch mit einer Hand und spaltet einen Araber mit einem Schwertstreich bis zum Gürtel. Täglich gönnt er sich zwei Stunden Mittagsschlaf. Sobald sich die gute Jahreszeit meldet, schwingt er sich aufs Pferd und zieht mit seinen Truppen ins Feld. 47 Jahre (768 - 814) regiert er als glücklicher und gerechter Kaiser mit sagenhafter Ausstrahlung. An seinem Hof in Aachen wirken die besten Köpfe der Zeit und schaffen nach seinem Willen eine neue, christliche, geistige, soziale und künstlerische Kultur, die bis heute nachwirkt. Karl ist die Vatergestalt der europäischen Idee. Mit Recht trägt er den Beinamen "der

[138] Gefertigt in der Aachener Hofschule um 810, heute im Louvre, Paris.

Große". Er gehört zu den wenigen Gestalten, die im Bewußtsein der Völker lebendig geblieben sind. Seine Statuen stehen heute vor der Pariser Notre Dame, in Straßburg, am Zürcher Großmünster, in der Vorhalle zu St. Peter im Vatikan. Karl schmiedet die Völker Westeuropas zur Einheit zusammen. Dichter und Legenden aller europäischen Völker berichten über ihn. Die Slaven nennen ihn Kral.

Die Sachsenmission[138a]

Karl gehört zu den größten Kriegsherren der Geschichte. In Italien zerstört er 774 das Langobardenreich und setzt sich die Krone der Langobardenkönige aufs Haupt. Vier Jahre später stößt er über die Pyrenäen vor, um die Araber nach Süden abzudrängen (795 Gründung der **Spanischen Mark** am Ebro).[139]

791 zieht Karl von Regensburg donauabwärts und von Italien aus gegen die **Awaren**. Damit weitet er das Reich bis zur mittleren Donau (Pannonien) aus. Die hier lebenden Slaven (Slovenen und im Süden Kroaten) werden von Salzburg, Regensburg, Passau und Aquileja aus missioniert. Auch das Oströmische Istrien gehört seit 787 zum fränkischen Reich.

32 Jahre, von 772 - 804, dauern die Sachsenkriege. Ein Teil des sächsischen Volkes war im 5. Jh. mit den Angeln auf die Inseln gezogen. Seit der Merowingerzeit wehren sich die Sachsen gegen die politische und religiöse Eingliederung ins fränkische Reich. Beides setzt sich Karl zum Ziel. Die Hessen, die Thüringer und die Rheinlande sind unablässig den sächsischen

---

[138a] Widukind v. Corvey, Die Sachsengeschichte, lat./dt. (Reclam 2001); W. Pohl, Die Awaren (1988); M. Springer, Die Sachsen (2004).

[139] 778 Zug auf Einladung des aufständischen Emirs von Barcelona (gegen den Omajaden von Cordova). Zaragossa wird vergeblich belagert. Die Nachhut des Heeres wird von den Basken vernichtet. Hruodland, Graf der bretonischen Mark, fällt: *Rolandslied.*

Raubzügen ausgesetzt; außerdem erwartet Karl einen möglichen Anschluß der Sachsen an die Skandinavier.

Die Sachsen leben noch in altgermanischer Tradition ohne König. Ihr Volk besteht aus 4 Gruppen: 1. die Engern beidseits der Weser, 2. die Westfalen um die Ems, 3. die Ostfalen bis zur Elbe, 4. die Nordalbinger nördlich der Elbe.

Der Krieg gegen die Sachsen beginnt 772. Karls Truppen zerstören das sächsische Nationalheiligtum, die **Irminsul**[140] auf Eresburg (heute Kreis Brilon). Als die Sachsen nach einem Vergleich erneut über die Grenzen stürmen, unternimmt Karl 775 den 2. Sachsenzug, diesmal aber mit dem Ziel, die Sachsen für immer seinem Reiche einzuverleiben und bei ihnen den christlichen Glauben einzuführen. Karl handelt dabei als theokratischer Herrscher. Er versteht sich als germanischer König und als Schutzherr der römischen Kirche. Ganz gemäß seinem Lieblingsbuch – Augustins Gottesstaat – soll der fränkische Einheitsstaat dem Gottesreich dienen und den Frieden auf Erden gewährleisten.

Sein Hoftheologe, der Angelsachse Alkuin, rät ihm von der Anwendung von Zwang in Glaubensfragen ab: "Man kann einen Menschen zum Glauben ziehen, aber nicht zwingen. Höchstens ein Kind kann, wie durch fremde Sünde strafbar, so auch durch fremdes Bekenntnis erlöst werden. Ein Mann im fortgeschrittenen Alter aber soll für sich bekennen, was er glaubt und wünscht." [141]

Sein engster Berater, Einhard aus dem Maingau, bestärkt dagegen Karl in seiner Auffassung: Wenn die germanischen Stämme zu einem politischen Staatswesen zusammenwachsen sollen, dann bedarf es des Bandes *einer* Religion.

775 leisten die Sachsen Karl ihren Treueid. Das bedeutet freie Bahn zur Mission. Doch ein Jahr danach – Karl befindet

---

140 Irminsul = gewaltige, starke Säule (vgl. die Personennamen Irmgard, Irmtraud, Irma). Das Heiligtum war eine Holzsäule oder ein mächtiger Baum.

141 MGH Ep. IV, 160 (Alkuinbrief 111). – Art. Alkuin in: LMA I, 417 ff.

sich in Italien – erheben sich die Sachsen erneut. Karl greift unerwartet schnell ein. Die Sachsen ergeben sich und erklären sich zur Taufe bereit. 777 beruft Karl einen Reichstag nach Paderborn auf sächsischem Boden. Der Reichstag beschließt die rasche Missionierung des Sachsenlandes. Schon denkt Karl, es sei nun alles auf bestem Wege.

Doch nur ein Jahr später, als er mit seinen Soldaten gegen die Wenden zieht, fallen ihm die Sachsen erneut in den Rücken. Karl ist empört. Rasch gewinnt er die Oberhand und übt furchtbare Rache. Bei Verden an der Aller läßt er 4500 Aufständische hinrichten als Strafe für die treulosen Bündnisbrüche der Sachsen. Nur Herzog **Widukind**, der eigentliche Anstifter, entkommt nach Dänemark. Erst 785 läßt er sich in Attigny taufen, und Karl selbst wird sein Taufzeuge (Pate).

785 erläßt Karl eine überaus harte Verordnung für die Gebiete der Sachsen.[142] Darin heißt es zum Beispiel:

2. Wenn jemand in einer Kirche Zuflucht sucht, dann soll ihn niemand mit Gewalt aus dieser Kirche vertreiben, sondern er soll Frieden genießen, bis er vor Gericht gestellt wird ...
3. Wer gewaltsam in eine Kirche eindringt und etwas stiehlt oder wer eine Kirche durch Feuer zerstört, der sterbe des Todes.
5. Wenn jemand einen Bischof, Priester oder Diakon getötet hat, der werde mit dem Tode bestraft.
7. Wenn jemand nach heidnischer Sitte den Leichnam eines Verstorbenen verbrennt und seine Gebeine in Asche verwandelt, der sei des Todes.
8. Wer sich im Sachsenvolk weigert zur Taufe zu kommen, der sterbe des Todes.
14. Wer solche todeswürdige Verbrechen heimlich begangen hat, dann aber freiwillig bei einem Priester Zuflucht

[142] **Capitulatio de partibus Saxoniae**. Datierung unsicher.

sucht und bereit ist, Buße zu tun, der werde von der Todesstrafe ausgenommen.

16. Von allen fiskalischen Steuern soll der Zehnte an die Kirche und die Priester abgegeben werden.
22. Wir befehlen, daß die Leichen christlicher Sachsen zu den Friedhöfen der Kirchen und nicht zu den Grabhügeln der Heiden gebracht werden.

Die Sachsen hätten vermutlich sämtliche Verordnungen hingenommen, denn sie entsprechen den Sitten und Gebräuchen der damaligen Zeit. Artikel 16 aber bringt das Faß zum Überlaufen (Alkuin). Wieder zerstören die Sachsen Kirchen und verjagen ihre Priester. Wieder und wieder muß Karl einschreiten, er greift auch zum Mittel der Deportation.

Zur Sicherung der fränkischen Macht bedient sich Karl der Kirchenorganisation. Das Erzbistum Köln erhält die Bistümer Bremen, Minden, Münster, Osnabrück; zu Mainz werden Verden, Paderborn, Hildesheim und Halberstadt geschlagen. Neben Fulda leistet unter den Klöstern v. a. Corvey[143] hervorragende Missionsarbeit.

Mission durch das Schwert?

Im Kampf Karls gegen die Sachsen begegnen wir erstmals gewaltsamer Germanenmission. Der Titel "Sachsenschlächter" wird ihm freilich von Kreisen gegeben, die selber alles in den Schatten stellen, was Karl bei Verden getan hat. (Heinrich Himmler z. B. pflegte Todesurteile und die Auslöschung ganzer Volksgruppen während des Frühstücks anzuordnen ...)[144] Karl

---

143 **Corvey** (bei Höxter a. d. Weser), 816 von Mönchen aus Corbie (F) als Benediktinerabtei gegründet. Später Reichsabtei, 1792 Bistum, 1803 weltliches Fürstentum. Die Abteigebäude, im 18. Jh. umgebaut, sind heute ein Schloß.

144 Kurt Aland, Geschichte der Christenheit I (1980), 248.

gründet sein Herrscherverständnis auf das alttestamentliche Königtum Davids sowie auf den augustinischen Gottesstaat. Nach dem NT aber gibt es für Christen weder Zwangsbekehrungen noch Heilige Kriege. Alkuin macht Karl auch auf diese Tatsache aufmerksam, und es kommt vermutlich auch deswegen zwischen den beiden zu einer Abkühlung der Beziehungen. Die Zwangsbekehrung der Sachsen ist ein dunkler Fleck in der deutschen Missionsgeschichte. Daß die Sachsen in kürzester Zeit das Evangelium trotzdem annehmen, und zwar innerlich echt, zeigt die Tatsache, daß wenig später, als das fränkische Reich unter Ludwig dem Frommen (814 - 840) wieder schwach wurde, die Sachsen keinen Versuch unternehmen, das Joch der Franken abzuschütteln. Etwa um 830/40 entsteht (in Fulda?) ein tiefempfundenes Evangelium in altsächsischer Dichtung, der **Heliand.**[145]

Dieser innere Umschwung in kürzester Zeit kann nur das Resultat überzeugender, opferbereiter innerer Missionsarbeit durch Klosterleute sein. Ein Heer von namenlosen Christuszeugen/innen muß die sächsische Seele von diesen schweren Wunden geheilt haben. Nur so wird es verständlich, daß Karls politische Rechnung schließlich aufgeht. Die politische und religiöse Eingliederung der Sachsen ins fränkische Reich ist von größter Tragweite. Indem die Sachsen mit ihren germanischen Nachbarvölkern – den Franken, Thüringern, Bayern und Alemannen – vereinigt werden, ist die Grundlage zur Entstehung Deutschlands geschaffen. Die langen Kriege haben die Kraft der Sachsen keineswegs gebrochen. Es sind die Sachsen, die 100 Jahre später dem deutschen Reich die erste Königsdynastie stellen.

---

[145] Heliand, Studienausgabe, Hg. B. Taeger (2. Aufl. 1998).

Eine weibliche Segenslinie

Königin Mathilde, die Gemahlin Heinrichs I. und Mutter Kaiser Ottos I., ist Urenkelin von Widukind. Als adlige Jungfrau wird sie im Kloster Herford erzogen. Diesem Kloster steht ihre Großmutter, die Tochter Widukinds, als Äbtissin vor! Auch hier werden die Zusammenhänge deutlich: Schon Widukind muß innerlich von Christus überzeugt gewesen sein, sonst wäre seine Tochter nicht Äbtissin geworden. Es tut sich hier eine weibliche Segenslinie auf. Mathilde, durch die klösterliche Erziehung geprägt, gibt diesen Segen weiter an Frauenklöster, aber auch an ihren Sohn, Kaiser Otto I., der das Kaisertum Karls d. Gr. erneuert und das Deutsche Reich zu seiner ersten Blütezeit heraufführt.

Karls Staatskirche

Mit Karl d. Gr. missioniert primär nicht die Kirche, sondern der Staat. Die kirchliche Nacharbeit vermag der politischen Unterwerfung kaum zu folgen. Karls Kirche ist eine ausgesprochene Staatskirche. Die Reichssynoden stehen in enger Verbindung mit den Reichsversammlungen. Auf den Synoden werden auch Lehrfragen entschieden. So stellt sich die **Ostersynode 794 in Frankfurt** gegen die "Bilderanbetung" der Ostkirche. Auch durch die Einfügung des **Filioque** 809 auf einer Aachener Synode stellt sich Karl gegen Konstantinopel.[146]

[146] Die 7. Ökumenische Synode zu Nicäa beschließt 787 die sogenannte **Bilderverehrung**. Christi Kreuz oder Bilder aus Farben, Mosaiksteinen usw. dürfen in Kirchen, an heiligen Gewändern, an Wegen etc. angebracht werden. Dies gilt für Darstellungen Christi, Mariens, ehrwürdiger Engel oder von Heiligen und Seligen. Begründung: "Denn je öfter sie durch eine bildliche Darstellung gesehen werden, desto mehr werden auch ihre Betrachter zu sehnsüchtigem Gedenken an das Dargestellte angespornt. Und diesen soll

Karl regelt auch die Zehntenabgabe zur Sicherung des kirchlichen Besitzes. Die Bischöfe ernennt Karl selbst. In den Klöstern und an den Bischofskirchen fördert er die Schulen zur Hebung des geistlichen Standes. Jeder Laie soll nach Karls Willen das Unservater sowie das Glaubensbekenntnis in der Landessprache auswendig kennen. Er empfiehlt die jährliche Beichte, die sich allmählich einbürgert. Auch das Betzeitläuten wird eingeführt, die Feier des Sonntags würdig gehalten. Die Gottesdienstliturgie ist lateinisch (nach Gregor), die Predigt sollen die Besucher in der Landessprache hören. Die beiden Hauptzentren der Bildung sind die Hofschule in Aachen und die Klosterschule in Tours.

Kuß und Verehrung zuteil werden, nicht aber die glaubensmäßige, wahre Anbetung ... Die dem Bild gewährte Ehre geht auf das Abgebildete über, und wer das Bild verehrt, verehrt in ihm das dargestellte Wesen." (Mokrosch/Walz, KThGQ II (4. Aufl. 2001) 32.

Die Synode unterscheidet klar zwischen Verehrung (proskynesis) und Anbetung (alethine latreia). Sie bezeichnet eine Anbetung von Bildern als schamlos. In der Karl vorgelegten lateinischen Übersetzung wird beides mit Anbetung (adorare) wiedergegeben. Die Karolinischen Bücher unterscheiden adoratio Dei und adoratio salutationis causa. Diese Bilderskepsis wird (zur Genugtuung des Papstes und i. S. der westlichen Praxis) 825 unter Ludwig dem Frommen aufgegeben (vgl. G. Haendler, a. a. O. 89 ff.).

Filioque: Seit der Synode von Toledo unter König Rekkared (589) kennt man in Spanien das Glaubensbekenntnis von 381 in erweiterter Form: "und an den Heiligen Geist ..., der vom Vater **und dem Sohne** ausgeht". Auch Karls Hoftheologen treten – an Augustin geschult – für das Filioque ein. Die Bibel selbst äußert sich nicht explizit über diese dogmatische Frage. Die Ostkirche verzichtet bis heute auf das Filioque. Das Filioque rückt Christus näher zu Gott; der Heilige Geist wird an Christus, das Wort, gebunden.

Lit.: R. Berndt (Hg), Das Frankfurter Konzil von 794 (1997).

7. Die Mission in Skandinavien und Island[147]

Von Ansgar bis Knut d. Gr. (830 - 1030)

Karl steht den Nordgermanen eher skeptisch gegenüber. Ihre Missionierung überläßt er seinem Sohn, Ludwig dem Frommen; 822 sendet Ludwig seinen Jugendfreund Ebbo (Erzbischof von Reims) als Missionar nach Dänemark. Doch das einzige Ergebnis von Ebbos Bemühungen sind einige Taufen. Auch der Thronanwärter Harald läßt sich taufen und verspricht, die Mission in die Wege zu leiten. Er stellt ihm den Benediktinermönch **Ansgar**[148] zur Seite. Doch Harald wird geschlagen und mit allen Missionaren vertrieben.

In Worms, wo Ludwig Hof hält, trifft Ansgar Gesandte des schwedischen Königs Björn. Er folgt der Bitte, sich nach Schweden zu begeben. Unterwegs verliert er durch Seeräuber seine Ausrüstung samt den Geschenken für den Schwedenkönig. Der König nimmt ihn trotzdem freundlich auf. Die Handelsstadt Birka wird 829 zum ersten Missionsstützpunkt, und Ansgar frohlockt: "Die Tür des Glaubens war geöffnet." [149] Ein Ratgeber des Königs wird Christ und baut auf seinem Erbgut eine Kirche. 831 wird Ansgar Erzbischof von Hamburg. Doch 845 stürmen und verbrennen die Feinde Haralds die Stadt an der Elbe. Ansgar flieht und verlegt seinen Sitz nach Bremen

---

[147] M. Kaufheld, Europas Norden im Mittelalter (2001); G. Haendler/ G. Stöckl, Frühmittelalter, Germanenmission, Slavenmission = KiG II/E (2. Aufl. 1997).

[148] **Ansgar** (801 - 865), Benediktinermönch aus Corbie in der Pikardie und Lehrer an der Klosterschule von Corvey (= Neu Corbie in Sachsen), genannt Apostel des Nordens. Vita Anscari von Rimbert, übs. W. Trillmich = Ausgew. Quellen (Freiherr v. Stein-Ged. Ausg.) XI (7. Aufl. 2000); ebenda: Adam v. Bremen, Bischofsgeschichte der Hamburger Kirche.

[149] Vita Ansgari 12, a. a. O.

(Erzbistum Bremen-Hamburg). Als Gesandter Ludwigs des Deutschen gewinnt Ansgar die Sympathie des Dänenkönigs Horich. Er darf in Schleswig eine Kirche bauen, wo es bereits viele Christen gibt, die in Hamburg oder Dorstadt getauft worden sind. Als Ansgar 865 in Bremen stirbt, ist der christliche Glaube in Dänemark und Schweden noch eine "Religion der Fremden". Statt Missionszentrum ist Bremen-Hamburg zur Zeit seines Nachfolgers und Biographen Rimbert eher ein bedrohter Außenposten der Christenheit.

Erst um 935, als unter Heinrich I. das Sachsenreich erstarkt, wagt es Erzbischof Unni von Bremen-Hamburg, an den Hof König Gorms von Dänemark, des Feindes und Verfolgers der Christen, zu reisen. Nachdem er in Schleswig missioniert hat, erhält er von Prinz Harald Blauzahn und von der Königin, die bereits Christin ist, die Erlaubnis, in ganz Dänemark zu missionieren. Adam von Bremen schreibt 1072 in seiner Geschichte des Bistums Hamburg-Bremen: "Von Harald geschützt, konnte Unni das ganze festländische Dänemark und selbst die Inseln durchwandern ... Dann fuhr er auf den Spuren Ansgars, des großen Apostels, über die Ostsee und gelangte nicht ohne Schwierigkeiten nach Schweden in die Handelsstadt Birka, wo seit Rimbert kein christlicher Priester mehr hingekommen war." (Adam I, 59f.) Unni stirbt dort "am äußersten Ende der Erde" am 17. 9. 936.

Harald Blauzahn (950 - 987) läßt sich um 960 taufen und gründet die Bistümer Schleswig, Ribe und Aarhus.

Zu einem endgültigen Sieg des Christentums kommt es aber erst unter **Knut d. Gr.**[150], der im 11. Jahrhundert Dänemark, Schweden, Norwegen und England zu einem einzigen Reich vereint. Knut pilgert 1026 sogar nach Rom. Mit Umsicht bemüht sich Knut um den Aufbau kirchlicher Strukturen und

---

[150] **Knut d. Gr.** (1016 - 1035) ist ein Enkel von Harald Blauzahn. 1016 erobert er England und holt englische Missionare ins Land. Das nordische Großreich überdauert freilich seinen Gründer nicht.

die Festigung des Glaubens. Das Heidentum verschwindet aus dieser Gegend, mit Ausnahme des volkstümlichen Aberglaubens. Allerdings hält nun nicht mehr die deutsche, sondern die englische Kirche das Patronat über die skandinavische Christenheit. Englische, schottische und irische Mönche, Priester und Bischöfe ziehen als Missionare nach Skandinavien, und 37 Jahre nach Knuts Herrschaft erobern die Normannen die englische Insel. 1104 erhebt der Papst Lund zum Erzbistum und zur "Metropole des Nordens" und beseitigt die Vormachtstellung Hamburgs. 1164 wird für Schweden das Erzbistum Upsala begründet.

Die Bekehrung Islands[151]

Schon im 8. Jh. fahren irische Mönche nach Island. Sie sind die ersten Siedler. Im 9. Jh. wird die Insel auch von Wikingern (= Buchtmänner) entdeckt. Etwa 400 westnorwegische Familien bringen das Heidentum auf die Insel, welches hier eine Spätblüte erlebt. Im Jahr 981 beginnen Missionsbestrebungen durch den Norwegerkönig Olaf Tryggvason.[152] Auf dem Thing des Jahres 1000 stehen sich Christen und Heiden feindlich gegenüber. Um einen Bruderkrieg zu vermeiden, faßt die Versammlung den Beschluß, die Entscheidung dem Gesetzessprecher Thorgeir zu überlassen. Dieser ist Heide. Er entscheidet sich aber für den christlichen Glauben, und sein Spruch wird befolgt. Dieser Vorgang zeigt, wie tief das germanische Gemeinschafts- und Sippengefühl auch in Glaubensfragen hineinreicht.

---

[151] H. Ljungberg, Die nordische Religion und das Christentum (1940) 122 ff.

[152] Nach Adam von Bremen soll er den christlichen Glauben in England kennengelernt haben. Mit Gewalt versucht er das Christentum in Norwegen einzuführen. Sein Sohn geht etwas weniger brutal vor und wird daher Olaf der Heilige genannt. Dauernder Krieg mit Knut d. Gr.

8. Das Werk der Slavenmission[153]

Deutsche Mission unter den Westslaven

Die Missionierung der Slaven erstreckt sich über die Zeit von etwa 600 - 1300. Der ursprüngliche Siedlungsraum der Slaven liegt zwischen Weichsel und Dnjepr. Ohne diese Urheimat aufzugeben, geraten die Slaven in den Sog der Völkerwanderung. Durch allmähliches Vorrücken der bäuerlichen Siedlungen erreichen sie im Westen die Elbe (Wenden) und den Böhmerwald (Tschechen), im Süden die Ostalpen (Slowaken, Slovenen), die untere Donau (Bulgarien) und den Balkan (Griechenland). Wie ein Keil schieben sie sich zwischen die östliche und die westliche Kirche. Schon Karl d. Gr. erkennt die Aufgabe der Slavenmission.[154] Ein erster Vorstoß erfolgt im Zuge seiner Ostmarkpolitik bei den Ostalpenslaven. Von den Awaren bedrängt, lehnen sich die Slovenen an das fränkische Reich an. Nach den Siegen Karls über die Awaren reicht die fränkische Ostmark bis tief nach Pannonien (Ungarn) hinein. Schon um 770 gründet der Bayernherzog Tassilo die Klöster Innichen und Kremsmünster zur Slavenmission. Von Salzburg aus wird Kärnten missioniert. Regensburg soll die Tschechen, Passau die Bulgaren gewinnen.

Von der Adria bis zur Ostsee entstehen Grenz- und Schutzmarken, mit denen sich das Abendland gegen das barbarische Heidentum abgrenzt und von hier aus in das kulturelle Brachland des Ostens vorstößt. Die jahrhundertelange deutsche Missionierung und Kultivierung macht schließlich Polen, Letten,

---

[153] J. Hermann, Griech. u. Lat. Quellen zur Frühgeschichte Mitteleuropas I - IV (1988 - 1992) mit Übs. G. Stöckl, Slavenmission = KiG II/E (2. Aufl. 1997); E. Suttner, Die Christianisierung der Slaven = Jb. "Kirche im Osten" (1993) 11 - 228; H. D. Döpmann, Die Annahme des Christentums bei den Slavenvölkern Südosteuropas = Etudes Balkaniques 26 (1990) 46 ff.

[154] K. D. Schmidt, Die Gründung des Bistums Verden (1947).

Litauer, Esten, Finnen, Tschechen, Ungarn, Kroaten und Slovenen zu Gliedern der abendländischen Völkerfamilie. Durch das Christentum bringen sie den von Stammeskulten und Fehden zerrissenen Gebieten eine einheitliche religiöse und politische Ordnung. Die karolingische Minuskel wird zum dauerhaften Symbol und zur Kulturscheide. Die Bulgaren, Serben und Russen verwenden die kyrillische Schrift. Diese Völker kennen das formende Erlebnis von Romanik, Gotik, Renaissance, Barock und Rokoko nicht. Sie beteiligen sich auch nicht am westlichen Abwehrkampf gegen die Türken im 15. - 17. Jahrhundert. Auch von der Reformation und der Gegenreformation bleiben sie unberührt. Diese tiefen Wurzeln der osteuropäisch-westslavischen Kultur vermochten auch 70 Jahre gleichmacherischer Diktatur nicht auszulöschen.

Um 700 ersteht am Schwarzen Meer ein großes bulgarisches Reich.[155] Die **Bulgaren** stoßen in nordwestlicher Richtung gegen die Slovenen vor und geraten in Konflikt mit Karls Ostmarkpolitik. Die Franken beginnen 828 einen Krieg und besiegen nach 30 Jahren die Bulgaren. 864 läßt sich der Bulgarenfürst Boris taufen; Bulgarien wird dann aber von byzantinischen Missionaren durchdrungen.

Bei den **Polen** kann das Christentum – gefördert durch Otto d. Großen – erst 100 Jahre später Fuß fassen. Zu diesem Zweck gründet Otto das Erzbistum Magdeburg und 968 das Bistum Posen. Auch in Polen stehen Staatenbildung und Annahme des Christentums in engem Zusammenhang. 965 heiratet der Polenherzog Mieszko die böhmische Herzogstochter Dubravka und empfängt 966 die Taufe. Es gelingt den polnischen Herzögen, eine unmittelbare Beziehung zum Heiligen Stuhl zu knüpfen und sich kirchlich zu verselbständigen. Der jugendliche deutsche Kaiser Otto III. erhebt Gnesen im Jahr 1000 zum Erzbistum, nabelt die polnische Kirche offiziell von

---

[155] Die Bulgaren, urspr. ein Turk-Volk, vermischen sich mit slavischen Stämmen.

der deutschen ab und nimmt sie feierlich ins Abendland auf. Die nachfolgende praktische Missionierung und Kultivierung Polens erfolgt durch deutsche und böhmische Missionare.

Schon Karl d. Gr. beginnt mit der Missionierung böhmischer Stämme, die ihm Tribut leisten. 845 lassen sich böhmische Häuptlinge in Regensburg taufen. Otto d. Gr. gliedert **Böhmen** 950 dem Reich ein und gründet 973 das Bistum Prag, das er Mainz unterstellt. Alle tschechischen Städte (ausgenommen das hussitische Tabor) sind deutsche Gründungen. Deutsche Benediktiner gründen in und um Prag eine ganze Reihe von Abteien. Der Bischof von Olmütz (Graf Bruno von Schaumburg) legt im 13. Jh. den Grund für etwa 200 Dörfer. Tschechische Fürsten rufen Siedler aus Sachsen, Thüringen, Mainfranken und Flandern.

Im Jahr 900 klagen die bayrischen Bischöfe und der Erzbischof von Salzburg dem Papst: "Die Magyaren führten die Bewohner als Gefangene fort, andere töteten sie, andere ließen sie im Kerker elend verhungern und verdursten, unzählige edle Männer und ehrbare Frauen schleppten sie in die Sklaverei, zündeten die Gotteshäuser an, zerstörten alle Gebäude, so daß in ganz Pannonien, unserer größten Provinz, nicht eine einzige Kirche stehen blieb. Die von Euch abgesandten Bischöfe können Euch, wenn sie wollen, erzählen, wie lange sie zur Reise durch das ganze verwüstete Land brauchten." [156]

Die **Ungarn** sind kein slavisches Volk, sondern verwandt mit den Finnen und Esten. Sie stammen vermutlich aus Zentralasien. Ihre Gesichtszüge ähneln denen der Mongolen, ihre Gebräuche denen der Hunnen. Das ungarische Reiterheer – eingeteilt in sieben Horden – ist sehr mobil und gefürchtet. Auf ihren Raubzügen plündern sie St. Gallen, Basel und das Burgund, ja sogar Aquitanien. Sie streifen durch das Tal der Weser bis Bremen, sie zeigen sich zum Schrecken der Bewohner in

[156] N. Kleinmayern, Nachrichten vom Zustand der Stadt Juvavia (1784), Anhang 285.

Italien und Bulgarien, ja selbst am Bosporus. **955** erscheinen sie in Bayern und im Schwabenland zu Zehntausenden wie Heuschrecken. Bischof Ulrich vermag die Stadt Augsburg zu halten, bis Otto d. Gr. mit 8000 schweren deutschen Reitern anrückt und am 10. August auf dem **Lechfeld** einen Großteil der feindlichen Scharen vernichtet. Zu den nun seßhaft gewordenen Ungarn ziehen deutsche Missionare, ausgesandt von den Bischöfen Pilgrim zu Passau und Adalbert von Prag. Großfürst Gesa läßt sich 975 taufen, und sein Sohn, Stephan der Heilige, läßt sich im Jahr 1000 krönen mit einer von Papst Silvester II. geweihten Königskrone. Durch die Gründung des Erzbistums Gran 1001 wird die ungarische Kirche – wie die polnische – dem deutschen Einfluß entzogen.

Kyrill und Method[157]

Eine gewaltige Missionsarbeit an den Slaven leisten im 9. und 10. Jh. die Byzantiner. Sie durchdringen die Südslaven (Bulgaren und Serben). Auch für die Bevölkerung Rußlands wird Konstantinopel entscheidend.

Im 9. Jh. werden in Thessalonich zwei Brüder geboren, Kyrillos (eigentlich Konstantin) und Methodios (eigentlich Michael). Sie entstammen einer vornehmen griechischen Familie. Weil aber die ganze Umgebung von Slaven besiedelt ist,[158] wachsen sie zweisprachig auf. Beide Brüder erhalten auf der Hochschule in Konstantinopel die beste Ausbildung, die man im byzantinischen Reich erwerben kann. Kyrill erfindet eine der slavischen Sprache entsprechende Schrift, die er aus der griechischen entwickelt. Er übersetzt auch die wichtigsten

[157] J. Schütz (Hg), Die Lehrer der Slaven Kyrill und Method (1985).

[158] Zuerst kamen die Slaven als Söldner, dann als Siedler, nachdem die griechische Bevölkerung durch eine furchtbare Pest dezimiert worden war.

biblischen und liturgischen Bücher ins Slavische und schafft so eine gesamtslavische Schrift- und Kirchensprache.

Der mährische Fürst Rastislaw weiß, daß die römische und die byzantinische Kirche Konkurrenten sind. Da der Einfluß des Ostfrankenreiches auf sein Gebiet immer stärker wird, bittet er 862 den byzantinischen Kaiser um slawisch sprechende Priester. Kaiser Michael entspricht dieser Bitte. Doch nun wehren sich die bayrischen Bischöfe[159] energisch, weil sie Mähren als ihr Einflußgebiet betrachten. Den wahren Grund ihres Widerstandes wollen sie nicht offen sagen. Darum behaupten sie: "Wir kennen nur **drei Sprachen**, in denen man Gott schriftlich verherrlichen darf, die hebräische, die griechische und die lateinische." [160] Kyrill und Method, denen an Frieden und Verständigung liegt, reisen nach Rom und unterbreiten das Problem dem Papst. Es ist genau die Zeit der schweren Auseinandersetzung zwischen Papst Nikolaus I. und dem in nur fünf Tagen mit sämtlichen Weihen versehenen gelehrten Laien, dem Patriarchen Photius. Als Zeichen der Versöhnung bringen die beiden Brüder Gebeine von Clemens (des "vierten Papstes") nach Rom, ein Geschenk von damals unschätzbarem Wert. Der neue Papst Hadrian II. empfängt die beiden Brüder wie Gesandte Gottes. Die beiden überzeugen den Papst, daß man Gott auch in anderen als den obgenannten drei heiligen Sprachen anbeten und preisen könne. Kyrill wird 869 zum Bischof von Mähren ernannt, stirbt aber noch im gleichen Jahr in Rom.

Auf die Bitte mährischer Adliger ernennt der Papst Methodios zum Erzbischof von **Sirmium** an der Save (Ostkroatien) und erlaubt (vorübergehend) das Slavische als Kirchensprache. Die Wiederbelebung des alten Bistums mißfällt aber der byzantinischen Kirche, weil das ehemalige Illyrien eigentlich ihr

---

[159] Erzbischof von Salzburg, Bischöfe von Regensburg, Passau, Freising.

[160] J. Bujnoch, Zwischen Rom und Byzanz (1958) = Slawische Geschichtsschreiber I, 71.

untersteht. Auch der Erzbischof von Salzburg ist nicht begeistert, daß Rom eigenständig zwischen Salzburg und Bulgarien vorstößt. Er lädt den päpstlichen Legaten zu einer Konferenz. In Ludwigs Anwesenheit nennt Methodios im Jahr 870 seine Gegner germanische Idioten. Zur selben Zeit besiegen Ludwigs Söhne den mährischen Fürsten Rastislaw, und Methodios verliert seinen Schutzherrn. Eine Regensburger Synode läßt den Slawenmissionar sogar einsperren. Es gelingt Methodios, den Papst über sein mißliches Geschick zu informieren. Mit der vollen Unterstützung des Heiligen Stuhls nimmt der Unermüdliche seine Mission wieder auf. Bei einem Besuch in Konstantinopel, das er seit 18 Jahren nicht mehr gesehen hat, wird er vom Kaiser und vom Patriarchen herzlich begrüßt. Sein Tod im Jahr 885 vereitelt eine Rückkehr nach Mähren. Die Waagschale bei den Westslawen neigt sich um diese Zeit ohnehin zu Gunsten des Lateinischen. Die Schüler des Methodios fliehen zu König Boris nach Bulgarien. In Mähren bestimmen die deutschen Bischöfe das religiöse Leben. Sie verbieten die kirchenslavische Liturgie. Der Versöhnungsversuch der beiden Slavenapostel Kyrill und Methodios ist damit gescheitert.

Hingegen erlangt die slavische (altbulgarische) Bibel bei den östlichen Slaven grundlegende Bedeutung. 987 vermählt sich Großfürst Wladimir von Kiew mit der byzantinischen Prinzessin Anna und empfängt die Taufe. Aufgrund dieses offiziellen Aktes wird **Rußland**[161] kirchlich und kulturell nicht von

[161] **Rußland:** 862 werden die Rus – schwedische Normannen – unter Rurik zu Herren über mehrere slavische Stämme. Später erstreckt sich Ruriks Reich von der Ostsee bis zum Schwarzen Meer. 860 erscheinen sie vor Konstantinopel. 945 gibt es in Kiew für den normannischen Adel eine Kirche. 957 läßt sich Olga, die Witwe des Königs, in Konstantinopel taufen. Deutsche Missionsversuche (unter Adalbert, später Erzbischof von Magdeburg) schlagen fehl. Erst die Hochzeit Wladimirs (Olgas Enkel) mit der byzantinischen Prinzessin öffnet der östlichen Mission die Türen. Die russische Kirche erhält einen eigenen Metropoliten (in Kiew, ab 1325 in Moskau). Um 1200 gilt ganz Rußland als christlich (Staatskirche i. S. von Byzanz, Andreas als Nationalheiliger). →

Rom, sondern von Byzanz geprägt, was eine tiefe Kluft zwischen den slavischen Völkern aufreißt. Der politische und kulturelle Gegensatz zwischen Polen und Russen oder Serben und Kroaten hat hier seine Wurzeln.

1236 brandet eine Flut von etwa 250.000 gelbhäutigen Kriegern an Rußlands Grenzen. Die Mongolen, die bereits China und Turkestan beherrschen, machen auch Rußland zu einer Provinz der "Goldenen Horde", wie ihr riesiges Reich genannt wird. Erst Iwan III., einem Moskauer Großfürsten, gelingt es 1480, fast alle russischen Fürstentümer zu vereinigen und die Mongolen zu verjagen. Sein Sohn, Iwan IV., läßt sich in der Moskauer Kathedrale krönen und nennt sich "Zar" (von lat. Caesar). Er unternimmt siegreiche Züge gegen benachbarte Völker und Reste der Mongolen jenseits des Ural und ist der eigentliche Begründer des Russischen Großreichs. Da er sich mehr und mehr zum Tyrannen entwickelt, nennt man ihn "den Schrecklichen".

9. Die spätmittelalterliche Mission[162]

Die Armutsbewegung als Erweckungsbewegung

Der Gedanke, auch auf außereuropäischen Gebieten zu missionieren, kommt erst im späteren Mittelalter auf. Es ist die **Armutsbewegung**, die im 13. Jh. die ersten Vorboten der neuzeitlichen Mission hervorbringt. Das vorrangige Ziel dieser Erweckungsbewegung heißt mit einem Wort Mission. Die Armutsbewegung bringt die **Bettelorden** der Franziskaner und der Dominikaner hervor. Es ist ein gewaltiger Rettungswille, der in den Ordensgründungen von Dominikus und Franziskus Gestalt gewinnt. Franz gibt in seiner Ordensregel seinen Brüdern die Erlaubnis, zu den Mohammedanern zu ziehen. Die Päpste erkennen die Chance, sich dieser zahlreichen ergebenen Gottesstreiter zu bedienen, die sich bereit erklären, den christlichen Glauben auch in ferne Länder hinauszutragen.

Glaubensboten in Peking

Franz selber zieht 1219 nach Ägypten. Manche seiner Brüder eilen noch weiter über die Grenzen der damaligen Welt hinaus. Sie gelangen nach Innerasien, ja bis in den fernen Osten an die Küste des Stillen Ozeans. Der Franziskaner **Johannes de Montecorvino** (Salerno) missioniert in Persien und Armenien. Um 1300 gründet er eine Christengemeinde in Peking. 1299 erlaubt ihm der Chan, eine Kirche zu bauen. Der Papst ernennt ihn zum Erzbischof und Patriarchen des Ostens. Als Johannes

---

[162] L. Lemmens, Die Heidenmission des Spätmittelalters (1919); B. Altaner, Die Dominikanermission des 13. Jh. (1924); Kunde von den Mongolen. Johannes von Plano Carpini (1997); A. Chenevière, Auf den Spuren Marco Polos (1996).

1328 stirbt, gibt es im Raum Peking sechs Franziskanerklöster als Missionszentren und 30.000 Gläubige. Johannes kaufte einheimische Knaben und bildete sie zu Missionaren aus. Doch als im 16. Jh. die Jesuiten nach Peking kommen, sind alle Spuren dieser Pioniermission verschwunden. Weshalb? Zwischen den einzelnen Missionaren bestand weder eine gemeinsame Planung noch Organisation. Es gab auch sprachliche Schwierigkeiten, denn die Missionare waren auf Dolmetscher angewiesen. Die Hauptursache aber liegt in den unermeßlichen Distanzen. Zwar gab es die Seidenstraße[163] von China bis Rom. Aber alle reisten zu Fuß. Der Nachfolger des Erzbischofs z. B. kam in China gar nie an.

Das mongolische Großreich[164]

Um 1200 entsteht ein neues asiatisches Großreich. Die Träger dieses Reiches sind Mongolen. Einer ihrer Häuptlinge unterwirft die Stämme südlich des Baikalsees und nennt sich Dschingis Chan, d. h. großer Chan. Seine Leute sind Nomaden, die von ihren Herden, von der Jagd und der Kriegsbeute leben. Im Kampf tragen die Krieger einen ledernen Panzer. Sie sind gefürchtete Bogenschützen und setzen sich gegen andere mongolische und türkische Stämme durch. Im Nahkampf bedienen sie sich eines Krummsäbels oder einer Streitaxt. Das Geheimnis

---

[163] Seit mindestens 2. Jh. v. Chr.: China – Zentralasien – Damaskus – Antiochia. Reisedauer: 6 - 8 Jahre mit Karawanen. Von O nach W wird Seide und Gold, von W nach O Glas, Edelmetalle, Klee u. a. transportiert.

Schon im 7./8. Jh. ziehen nestorianische Mönche aus dem Zweistromland bis nach China. Ihre Gemeinden assimilieren sich aber so stark an den Buddhismus, daß sie die Arbeit der römischen Missionare um 1300 erschweren.

[164] R. Neumann-Hoditz, Dschingis Khan (2. Aufl. 2000)

ihrer Erfolge ist ihre Reitkunst. Jeder Krieger verfügt bei Feldzügen über vier bis fünf Pferde. Harte Lebensweise und strengste Disziplin ermöglichen ihnen Kriegszüge über riesige Distanzen. Jeder Mongole besitzt so viele Frauen wie er zu kaufen vermag. Die Frauen sorgen zu Hause für den Fortgang des wirtschaftlichen Lebens. **Dschingis Chan** erobert Teile von China mit Peking und Nordkorea. Dann wendet er sich westwärts und überrennt alle Völkerschaften bis ans Kaspische Meer. Südwärts dehnt er sein Reich über Persien bis an den Indus aus. Alle diese Eroberungen sind das Werk eines Reiterheeres, das die Zahl von 10.000 kaum übersteigt.

Außer der militärischen Tüchtigkeit und Abhärtung ist vor allem der große Schrecken die Hauptwaffe des Chans. Wenn er ein Gebiet besiegt hat, türmen seine Soldaten die Leichen der Feinde und der gefallenen Bevölkerung zu großen Haufen, um den Nachbarn die Folgen eines allfälligen Widerstandes zu demonstrieren. 1223 bezwingt der Chan in der Südukraine die Russen und Kumanen. Auch viele dominikanische Missionare verlieren ihr Leben. Nach errungenem Sieg erstickt er die russischen Fürsten und Hauptleute unter Brettern und feiert mit seinen Männern auf diesem makabren Podest das Siegesmahl. Sein Enkel setzt die Eroberungspolitik westwärts fort. 1241 ziehen die Tataren – so nennen die Russen ihre Unterdrücker – von Kiew nach Westen und verwüsten in Polen und Ungarn römische Gebiete. In dieser notvollen Lage faßt Papst Innozenz IV. (1243 - 1254) den kühnen Entschluß, mit dem Herrscher zu verhandeln und ihm das Licht der Welt zu bringen. Der Franziskanermönch **Johannes von Carpini** (bei Perugia) erreicht 1245 mit einigen Gefährten als Gesandter Karakorum südlich des Baikalsees. Carpini ist nicht wenig erstaunt, als er am Hof des Chan Christen vorfindet. Es sind christliche Russen, Ungarn, Deutsche und Asiaten. Der tolerante Chan hat sie als Ärzte und Beamte eingestellt. Dem Chan ist also das Christentum nicht unbekannt. Er duldet es sogar. Doch die Antwort an die westliche Gesandtschaft ist schroff: Der Papst soll an der Spitze aller Könige selber zu ihm kommen und sich ihm vor die Füße werfen, dann werde er die Huldigung anerkennen. Glücklicherweise stirbt der Chan, und das Abendland ist gerettet. Rußland aber hat unter den Tataren noch 200 Jahre zu leiden.

Missionsversuche unter den Sarazenen

Vor der Haustür Europas sitzen um 1200 die Mohammedaner oder Sarazenen.[165] Spanien und Nordafrika sind von ihnen besetzt. Selbst in Unteritalien und Sizilien hausen Sarazenen, seitdem Kaiser Friedrich II. sie als Söldner engagierte. In Unteritalien, in Teilen Spaniens sowie in den Kreuzfahrerstaaten von Syrien und Palästina leben die Mohammedaner unter christlicher Herrschaft. Hier gestaltet sich die Mission in den Augen der damaligen Kirche einfach. Die Sarazenen werden von Zeit zu Zeit in christliche Kirchen abkommandiert, um sich dominikanische oder franziskanische Predigten anzuhören. Angeblich werden auf diese Weise nicht wenige Bekehrungen erreicht (Altaner 90). Nicht einmal die Prediger selber haben gegen dieses Missionsverfahren etwas einzuwenden.

Ganz andere Methoden müssen natürlich für Nordafrika gefunden werden. Für eine solche Aufgabe ist die Kirche jedoch überhaupt nicht vorbereitet. Der Missionar des Mittelalters verläßt sich auf die Mittel der staatlichen Macht: Belohnungen, Drohungen, Strafen.

Die ersten Bemühungen, ohne diese Hilfsmittel an die moslemischen Heiden heranzukommen, zeugen von beispiellosem Optimismus und methodischer Hilflosigkeit. Typisch ist die Art, wie Franz selber ans Werk geht. Kaum hat er seine Bruderschaft gegründet, will er zu den Moslems ziehen. Christus, sagt er, habe auch keine Ehre gesucht, sondern Verspottung geerntet. Dazu ist auch er bereit. Er verleugnet sich selber

---

[165] Sarazenen = byzant. Ausdruck für Sinai-Araber. Bei den Spaniern heißen sie Mauren (von griech. mauros = dunkel).

und ist bereit, das Martyrium auf sich zu nehmen.[166] 1219 reist er nach Ägypten. Dort kämpfen die Kreuzfahrer gegen die Sarazenen um die Festung Damiette im Nildelta. Franz zieht durch die Schlachtreihen und erscheint im September bei den Wachen des Sultans. Diese mißhandeln ihn schwer, weil sie in ihm einen Spion vermuten. Da Franz die arabische Sprache nicht kennt, kann er den Soldaten seine friedliche Absicht nicht erklären. Nur ein arabisches Wort kennt er: Sultan.[167] Dieses Wort ruft er immer wieder aus und erreicht sein Ziel. Er wird dem Sultan vorgeführt. Dieser erkennt die Ungefährlichkeit der unscheinbaren Gestalt und läßt den kühnen Missionar unter militärischem Schutz wieder ins christliche Lager zurückbringen. Der Gedanke, den Sultan zu bekehren, ist keine zufällige Idee von Franz. Diese Überlegung entspricht dem Denken der Zeit. Das Besondere bei Franz ist nur, daß er diese Methode unter dem Einsatz seines Lebens praktiziert. Das hat ihm keiner mehr nachgemacht.

Die Päpste haben auch Franziskaner und Dominikaner mit Briefen zu den sarazenischen Sultanen geschickt. In den päpstlichen Archiven sind noch solche Briefe erhalten (Altaner 74 f.). In diesen Briefen legen die Päpste den Sultanen die christliche Glaubenslehre dar und fordern sie zur Bekehrung auf. Doch die Antworten der Sultane sind den päpstlichen Schreiben an Geist und Witz überlegen.[168] Die Sultane raten den Päpsten voll Spott und Hohn, zuerst vor ihrer eigenen christlichen Tür zu wischen.

---

[166] Schon Ansgar zieht so nach Skandinavien.

[167] Sultan = arab. Herrschaft, Herrscher.

[168] Die Mohammedaner sind (via gebildete Christen in Syrien) im Besitz der ganzen antiken Bildung. Sie kennen Aristoteles, der dem Abendland erst um 1200 über Spanien zugänglich wird; sie pflegen auch eifrig Mathematik und Astronomie.

Darum bleibt schließlich nichts anderes übrig, als sich direkt an das sarazenische Volk zu wenden. Aber die ersten Missionare, die nach Afrika reisen, erleiden alle den Martertod. Sie rechnen nicht mit dem Stolz und Fanatismus der Moslems. So suchen sie neue Wege. In den sarazenischen Staaten gibt es christliche Sklaven und Gefangene, denen man, was erlaubt ist, seelsorgerlichen Beistand gewähren darf. In Nordafrika stehen vereinzelt sogar Kirchen, die Handelsleute für sich errichten durften. Könnte man nicht in diesen Kirchen predigen und daneben heimlich die Muselmanen missionieren? Nichts bleibt unversucht.

Ramon Lull aus Spanien wirkt seit 1281 unter den Arabern. Er möchte auf dem Weg der gelehrten Diskussion die Gebildeten gewinnen. Doch die Disputierfreude der Moslems wird für die christlichen Missionare zur unangenehmen Überraschung. Es fehlt ihnen das geistige Rüstzeug für die Auseinandersetzung mit dem Islam. Diese Lücke füllt die Theologie in der Heimat. Die großen Theologen des 13. Jhs. stellen ihre Wissenschaft in den Dienst der Mission unter Moslems, allen voran Thomas von Aquin. Sein Werk "Summa gegen die Heiden", [169] verfaßt in den 1260er Jahren, ist ein Handbuch der Apologetik für die Sarazenenmission. Soll sich ein Missionar überhaupt auf Disputationen einlassen? Thomas bejaht diese Frage. Er sieht aber auch eine Gefahr. Der Glaube selber kann niemandem auf dem reinen Verstandesweg andemonstriert werden, nach dem Motto: "Wer denkt, muß glauben!" Der christliche Glaube kann nicht zwingend bewiesen werden, denn er ist höher als alle Vernunft. Er kann aber auch nicht durch den Verstand bekämpft werden, denn er ist wahr. Der disputierende Missionar darf sich daher nur zur Verteidigung auf die Vernunft berufen. Er kann mit Vernunftgründen zeigen, daß der Glaube nicht falsch ist. Positiv aber kann der christliche Glaube nicht bewiesen werden.

---

[169] Thomas von Aquin, Summe gegen die Heiden, I - IV (1990/96)

Thomas sieht hier eine Gefahr, der Raymundus Lullus aus Palma de Mallorca erliegt.[170] Lull löst den christlichen Glauben auf in Vernunftwahrheiten. Auf dieser rationalen Basis pflegt er den Dialog mit dem Islam, überzeugt, daß der christliche Glaube die beste Religion ist. Lull wendet sich konsequenterweise gegen die Kreuzzüge. Wozu noch Kreuzzüge, wenn man die innere Gewalt der Argumente in der Hand hat. Lull ist nicht ein oberflächlicher Rationalist im Sinne des 18. Jhs. Er erlebt 1265 eine Bekehrung als Mystiker aufgrund einer Christusvision. Getrieben von der Liebe Christi opfert er sein Leben während über 40 Jahren für die Sarazenenmission. Er sagt: Logo tempore cum illis disputando certavi. Lange habe ich mich mit ihnen disputierend herumgeschlagen. Und was ist das Ergebnis? Er, der sich den Sarazenen anpaßt wie kein zweiter, erntet nur blutigen Haß. Nach seinem Tode verebbt der Missionseifer für die Sarazenen rasch. Ein tiefer Pessimismus ergreift die Christenheit: Mission unter Moslems erscheint als aussichtslos.

---

[170] **Raymundus Lullus**, ca. 1232 - 1316, OFM.

Quellen: E.W. Platzeck, Das Leben des seligen R. Lull (1964), Übersetzung seiner Autobiographie von 1311; R. Lull, Die Kunst, sich in Gott zu verlieben (1985); ders., Ars brevis, lat./dt. (1999); ders., Vom Heiden und den drei Weisen (Reclam 1998).

Lit.: H. Riedlinger, Lullus = TRE 21 (1991) 500 ff; K. Flasch, Das philosophische Denken im MA (Reclam 2001); LMA VII, 490ff..

II. Geschichte des Mönchtums[1]

10. Cluny und die Reformbewegung[2]

Seit der Zeit Karls d. Gr. ist in der abendländischen Kirche die Benediktinerregel vorherrschend. Diese gemeinsame Regel sichert eine Gleichförmigkeit des mönchischen Lebens. Weil die Mönche an den Grundsatz der Ortsbeständigkeit (stabilitas loci) gebunden sind, haben die Klöster unter sich keine Verbindung. Sie unterstehen dem Bischof, in dessen Amtsbezirk sie liegen. Die Benediktinerklöster sind im Frühen Mittelalter die eigentlichen Kultur- und Bildungszentren. Weil die Benediktinerregel auch die Handarbeit hoch einstuft – bete und arbeite! –, entwickeln sich die Klöster bald zu landwirtschaftlichen und handwerklichen Musterzentralen. Aber auch für das geistige Leben wird ihre Bedeutung enorm. Den benediktinischen Klöstern ist es zu verdanken, daß die germanischen Völker das antike Kulturgut übernehmen, pflegen und weiterentwickeln. In den Klosterschulen werden Mönche und Priester, aber auch der Nachwuchs des Adels geschult und erzogen. Die frühmittelalterliche Kultur ist in hohem Maße Klosterkultur.

Die Mönche – so glaubte man – dienen Gott mit ihrem frommen Leben stellvertretend für die, welche in der Welt bleiben und kein so gottgefälliges Leben führen können. Durch Zuwendungen und Stiftungen an die Klöster suchten auch Weltliche ihren Anteil am Heil und Segen der Klostergemeinschaft zu erlangen. Im Stiftsarchiv St. Gallen zum Beispiel liegen noch heute überaus zahlreiche Pergamenturkunden des 8. und 9. Jhs., in denen alemannische Adlige zum Seelenheil ihrer Familie

[1] K. S. Frank, Geschichte des christlichen Mönchtums (5. Aufl. 1996); G. Schwaiger (Hg), Mönchtum, Orden, Klöster, (TB 2003); H. Holze, Die abendländische Kirche im hohen MA (2003).

[2] E. Sackur, Die Cluniazenser ... I-II (1892 - 1894, Neudr. 1965); K. S. Frank, "Cluny", TRE 8 (1981), 126 - 132.

(teils auch aus politischen Gründen) dem Kloster riesige Ländereien samt den dazugehörenden Leibeigenen vermachten.[3]

So werden die Klöster reich, auch wenn der einzelne Mönch arm bleibt. Hinzu kommt, daß das fränkische Reich im 9. Jh. immer mehr unter den Einfällen der heidnischen Normannen und Sarazenen leidet. Durch die Plünderungen der Moslems wird die Bevölkerung der Provence fast aufgerieben. Den Rest besorgen verwilderte einheimische Soldaten. Besonders auf dem flachen Lande sind auch die Klöster den Überfällen ausgesetzt. Der Adel erklärt sich zwar bereit, die Klöster zu schützen. Schließlich müssen die Klöster sich selbst den Adligen an Zahlung geben. So hausen bald Laienäbte mit ihren Adelsfamilien in den Klöstern. Die klösterliche Zucht verfällt, die Klöster versinken in Schwelgerei und Kulturlosigkeit.

Das Jahr 910 bringt den Beginn einer neuen Bewegung. Der fromme Herzog Wilhelm von Aquitanien stiftet in der Grafschaft Mâcon im Burgunderland das Kloster **Cluny**.

> Gemäß Gründungsurkunde stiftet er aus eigenem Besitz den heiligen Aposteln Petrus und Paulus: "Das Dorf Cluny mit der Landwirtschaft und dem nicht verliehenen Gut und der Kapelle ... mit allem, was dazu gehört an Häusern, Kapellen, Leibeigenen beiderlei Geschlechts, Weinbergen, Feldern, Wiesen, Wäldern sowie Gewässern mit Flußbetten, Mühlen, Quellen und Mündungen, Kultiviertes und Unkultiviertes, ohne jede Einschränkung ... Der Zweck der Stiftung ist, daß in Cluny zu Ehren der heiligen Apostel Petrus und Paulus ein ordentliches Kloster errichtet wird und daß dort Benediktinermönche zusammengezogen werden, die den Besitz für alle Zeit innehaben, bewohnen, genießen, bearbeiten."[4]

---

[3] Urkundenbuch St. Gallen, hg. von Wartmann.

[4] Mokrosch/Walz, KThGQ II (4. Aufl. 2001) 49.

Wilhelm unterstellt den gestifteten Besitz samt den Mönchen der Aufsicht des bewährten Benediktiners Berno von Beaune. Alle fünf Jahre sollen die Mönche in Rom zehn Goldstücke bei den Häusern der Apostel für deren Kerzen abliefern. Die ganze Klosteranlage unterstellt Wilhelm dem Papst und entzieht damit das neue Klostermodell den Zugriffen der Fürstbischöfe und der weltlichen Machthaber. Für das Kloster bedeutet dies faktisch Autonomie – auch bei der Wahl des Abtes. Begünstigt durch fähige und langlebige Äbte – Odilo ist Abt von 994 - 1049 – steigt das Kloster auf zu Macht und Blüte.

Cluny darf neue Klöster gründen oder bestehende in seinem Sinne reformieren. Die Klöster schließen sich zu einem Verband (Kongregation) zusammen. Der Abt von Cluny ist das alleinige Oberhaupt des ganzen Klosterverbandes. Die Tochterklöster selber haben keinen Abt mehr, sondern nur noch einen Prior (Abt-Stellvertreter). Diese Prioren werden vom Abt zu Cluny ernannt. Es besteht also eine monarchische Struktur. Die Tochterklöster besitzen auch kein Eigentum. Sie verwalten nur das Eigentum des Mutterklosters. Jeder Mönch hat sein Noviziat (Lehrzeit) im Mutterkloster zu absolvieren. So wird das Mönchtum, das ursprünglich regional aufgebaut ist, international und zum natürlichen Verbündeten des Papstes. Die Klosterkirche zu Cluny ist um das Jahr 1100 mit ihren 187 m Länge die größte des Abendlandes.

Der Tagesablauf in Cluny ist stark vom liturgischen Chorgebet erfüllt. Achtmal am Tag treffen sich die Mönche zum gottesdienstlichen Gebet. Für Schule und Wissenschaft bleibt eher wenig Zeit. Das ora et labora wird einseitig ausgelegt. Die Bodenarbeit überläßt man Bauern. So entstehen um die Klöster herum auf klösterlichem Boden Höfe und Dörfer mit Kirchen und Märkten. Durch Produktionsüberschüsse und Bodenzinsen werden die Klöster reich. Doch gerade dieser Reichtum wird ihnen zum Verhängnis. Er führt zur Verweltlichung. Nach 200 Jahren ist Cluny verbraucht. Das Kloster in Cluny selbst besteht noch bis zur Französischen Revolution. 1790 werden die letzten 35 Mönche vertrieben.

Im 11. Jh. erreicht der Einfluß der Cluniazenser seinen Höhepunkt. Weit über 1.000 Klöster in Burgund, Frankreich, Lothringen, Italien und Nordspanien gehören zum Verband. In Süddeutschland wirkt seit 1079 unter Abt Wilhelm die **Hirsauer Kongregation** in gleichem Sinn und Geist. Hirsau bricht bewußt mit dem aristokratischen Charakter der mönchischen Anstalten. Es bilden sich erste Vereinigungen von Laien, Männern und Frauen, die unter der Leitung der Mönche ein asketisches Leben verwirklichen.

Sind die Absichten der Cluniazenser im 10. Jh. noch rein geistlich-religiös – Klosterreform im Sinne der Benediktinerregel –, so weiten sich die Ziele im 11. Jh. ins Kirchenpolitische. Der Reformgedanke erfaßt auch den Klerus; die ganze Kirche ist reformbedürftig. Zwei Hauptübel sind zu beseitigen:

1. die **Simonie**, d. h. Kauf und Verkauf geistlicher Ämter und Würden (Apg. 8,18 ff.);
2. der **Nikolaitismus**, d. h. Kleriker leben verheiratet oder im Konkubinat (vgl. Bd. I, 86).

Papst Gregor VII. (1073 - 1085) ist in seinem Kampf für die Freiheit der Kirche von den weltlichen Gewalten und in seinem Eifer für den Zölibat und gegen die Simonie ganz von dieser Reformbewegung getragen.

11. Die Zisterzienser oder Bernhardiner[5]

Im 10. und 11. Jh. spielt die Cluniazenserbewegung die Rolle einer kirchlichen Großmacht. Dann erschlafft ihre Kraft, viele Klöster werden reich und verlieren ihre geistige Kraft. So geht die Führung über zum neuen Orden der Zisterzienser.

Der Benediktinerabt Robert von Molesme gründet 1098 mit 20 asketischen Gefährten am Tag des hl. Benedikt (21. März) an einem einsamen und wilden Ort, genannt Cistercium, ein kleines Kloster. Mitten im Gehölz bauen sie ihr neues Gebäude. Der Boden ist mit wildem Gestrüpp überwuchert, die Gegend von Wölfen bewohnt und sumpfig. Cistercium – heute Cîteaux (südl. von Dijon) – gibt dem neuen Orden den Namen. Robert verlangt von seinen Brüdern, daß die Regel Benedikts wirklich eingehalten werde. In bewußtem Gegensatz zu Cluny duldet er weder Güter noch Kostbarkeiten. Vermutlich wäre die bescheidene Neuschöpfung bald wieder ausgestorben, hätte sie nicht der geistesmächtige Bernhard entdeckt.

Bernhard, der eigentliche Ordensgründer

Bernhard (1090 - 1153) stammt aus einer angesehenen Adelsfamilie Burgunds. Unter dem Einfluß seiner frommen und edlen Mutter und besonders unter dem Eindruck ihres frühen Todes klopft der 22jährige im Jahr 1112 mit 30 Gefährten (darunter vier seiner Brüder) an die Klosterpforte von Cistercium. Ein einmaliges Ereignis in der Klostergeschichte! Schon

[5] Bernhard, Sämtliche Werke, lat./dt., I - X (1990/99); G. C. M. Becking, Zisterzienserklöster in Europa (2000); H. Gaud u. a., Die Zisterzienser. Geschichte und Architektur (1998); P. Dinzelbacher, Bernhard von Clairvaux (1998); J. Leclercq, Bernhard von Clairvaux (2005).

der junge Bernhard verfügt über eine unvergleichliche geistige Macht, die er über andere auszuüben versteht.

Bereits kurze Zeit nach seinem Noviziat und seiner feierlichen Aufnahme in den Orden betraut ihn der Abt von Cîteaux mit der Aufgabe, zusammen mit zwölf ihm unterstellten Mönchen ein Tochterkloster zu gründen. Bernhard wählt als Ort eine noch unberührte Wildnis, ein sonnenbeschienenes Tal in Nordburgund. Er nennt den Ort Clara Vallis = lichtes Tal. Daraus wird später der Name Clairvaux. In mühsamer Handarbeit baut er hier mit seinen Gefährten ein bescheidenes Kloster. Die Brüder leiden bittere Not, bis endlich die gerodeten Felder des Gutes die ersten Erträge abwerfen. Unter Bernhards Führung erlebt der ganze Orden einen unerwarteten Aufschwung. Die ersten vier Tochterklöster des Zisterzienserordens sind:

1. La Ferté (Firmitas) 1113
2. Pontigny (Pontiniacum) 1114
3. Clairvaux (Clara Vallis) 1115
4. Morimond (Morimundus) 1115

Durch die "**Charta caritatis**" (1118), die neben der Regel Benedicts in Geltung ist,[6] schließen sich die Stiftungen zu einem Orden zusammen. Unabhängig vom Einfluß der Bischöfe – direkt dem Papst unterstellt (exemt) – steht an der Spitze des Ordens der Abt von Cîteaux. Die Verfassung ist aber weniger zentralistisch (monarchistisch) als die von Cluny. Auch die vier Äbte der ersten Tochterklöster genießen besonderes Ansehen. Diese Klöster visitieren Citeaux. Und jedes Mutterkloster beaufsichtigt seine Tochterklöster. Die Gewalt des Abtes von Cîteaux ist begrenzt durch das Generalkapitel aller Äbte, das jährlich in Cîteaux tagt. Die Verfassung ist somit nicht monarchisch, sondern aristokratisch, und der Orden besteht aus einzelnen Familien.

---

[6] Von Kalixt II. 1119 bestätigt.

Immer mehr drückt Bernhard dem Orden den Stempel seiner glühenden Persönlichkeit auf. Vom Wesen her ist er der eigentliche Gründer des Zisterziensertums. Nach Bernhards Willen müssen die Klöster wieder Orte der Weltflucht werden. Sie gehören darum nicht an die Landstraße, sondern in die Wildnis hinaus. Auch in der Kleidung sollen Armut und Bescheidenheit zum Ausdruck kommen. Die faltenreiche schwarze Mönchskutte der Cluniazenser weicht einem schlichten, ungefärbten Ordenskleid aus Wolle. Auch das Meßgewand soll nicht aus Seide, sondern aus ungefärbter Wolle oder Baumwolle gefertigt werden. Kreuze und Kelche müssen aus Holz sein, denn Christus hat uns nicht an einem Silberkreuz erlöst. Nur der Leuchter darf aus Eisen sein. "Die Wände der Kirchen strahlen, doch die Armen leiden Not", tadelt Bernhard seine Zeit. Während 30 Jahren besteht seine Abtzelle aus einem bescheidenen Winkel neben der Pforte. Dieser bedeutendste und mächtigste Mann des 12. Jhs. legt zum Schlaf sein Haupt auf ein mit Stroh umwickeltes Stück Holz. In Windeseile verbreitet sich der neue Orden. "Die Welt ist voll Mönche!" jubelt Bernhard. Den Zisterzienserkirchen – alles Marienkirchen – fehlen ursprünglich die Türme, zugelassen werden höchstens Dachreiter. Die Fensterverglasung darf nur aus Scheiben mit Schilderungen in grauer Farbe bestehen. Erst später sind es dann die Zisterzienser, die die breiten Glasflächen der gotischen Fenster ihrer Kirchen mit farbiger Malerei schmücken. So werden manche Zisterzienserklöster zu Zentren der Glasmalerei.

Im Gegensatz zu Cluny betonen die Zisterzienser auch die körperliche Arbeit: ora et labora! Eine neue Mönchsklasse, die **fratres laici**[7], besorgen die äußeren Geschäfte. Die Ausbreitung des Ordens nimmt rasch europäisches Ausmaß an. Um

[7] Die Mönche stammen vorwiegend aus dem Adel, die Laienbrüder (fratres laici oder fratres conversi) aus dem Bauernstand. Diese leben auch der Regel gemäß, haben aber kein Mitwirkungsrecht bei der Abtwahl.

1270 werden 671 Zistenzienserabteien gezählt. Im slavischen Gebiet zwischen Elbe und Oder erfüllen die Bauern um 1200 gewaltige kolonisatorische und kulturelle Pionierarbeit. Mitten in die ausgedehnten Wälder stellen die Zisterzienser ihre Klöster und verrichten rodend landwirtschaftliche Kulturarbeit. Vor allem Brandenburg und Mecklenburg werden durch die Zisterzienser dem christlichen Glauben und seiner Kultur endgültig gewonnen. Orte wie Lehnin, Chorin, Doberan oder Pelpin sind Gründungen der Bernhardiner. So gelangen sie bald in den Besitz von landwirtschaftlichen Großbetrieben und Musterzentralen. Auch die ausgedehnte Obstkultur am Bodensee ist eine Schöpfung der Zisterzienser.[8]

Fast 200 Jahre dauert die goldene Zeit der Zisterzienser. Der Verfall des Ordens ist durch verschiedene Faktoren bedingt wie Pest (14. Jh.), Hundertjähriger Krieg und religiöser Verfall. In Deutschland werden die meisten Klöster während der Reformationszeit aufgehoben. Der Orden als solcher aber lebt bis zur Gegenwart weiter. In der Schweiz konnte sich Hauterive (Fribourg) erhalten; als Frauenkloster führt Wurmsbach am oberen Zürichsee eine vorbildliche Internatsschule für 12- bis 17jährige Mädchen.

Das Bernhardinische Zeitalter[9]

68 Klöster gründet Bernhard (gest. 1153) im Lauf seines Lebens. Wegen seines gewaltigen Einflusses nennt man das 12. Jh. auch das bernhardinische. Seine Bedeutung erstreckt sich vom Mönchtum über das Papsttum und das Rittertum bis zur Mystik. Man hat ihn auch als ungekrönten Papst und Kaiser

---

[8] Die Klöster Tänikon, Feldbach bei Steckborn und Kalchrain wurden im 19. Jh. aufgehoben.

[9] J. Lortz, Bernhard von Clairvaux, Mönch und Mystiker (1955); Ruhbach/Sudbrack (Hg.), Große Mystiker (1984), 107 - 121; R. M. Saur, Glühen ist mehr als Wissen (1991).

bezeichnet. Er selber nennt sich die "Chimäre" (Unwesen) seines Jahrhunderts.

Der äußeren Erscheinung nach ist Bernhard ein zarter, hagerer Mensch mit hellblonden Haaren, blauen Augen und rötlichem Bart. Zeitlebens leidet er an Magen- und Halsbeschwerden, weil er die Nahrungsaskese auf die Spitze treibt. Er ist fähig zu äußerster Sammlung und Konzentration. So reitet er einmal während eines ganzen Tages am Genfersee entlang, ohne den See überhaupt zu bemerken. Er spricht nur Französisch und Latein.

Bernhards öffentliche Wirksamkeit erreicht ihren Höhepunkt in seiner Werbung für den **zweiten Kreuzzug**. Am 1. Dezember 1145 ruft Papst Eugen III. den französischen König Ludwig VII., dessen Fürsten und alle Gläubigen in Frankreich zu einem neuen Kreuzzug auf. Auf einer weihnächtlichen Reichsversammlung in Bourges verkündet der König seinen Entschluß, das Kreuz zu nehmen. Aber er findet nur spärliche Gefolgschaft. Da beruft er für das Osterfest 1146 eine neue Reichsversammlung nach Vézelay und bestellt Bernhard als Kreuzzugsprediger.

Am 31. März 1146 verliest Bernhard auf der Anhöhe des Städtchens von einer Tribüne unter freiem Himmel die Bulle des Papstes zum Kreuzzug. Tausende von Rittern lauschen auf dem grünen Hügel seinem feurigen Aufruf und nehmen nun willig das Kreuz. Im Anschluß an den großen Tag von Vézelay trägt der Mönchsvater seinen Ruf durch ganz Burgund, Lothringen und Flandern. Einer Bitte des Konstanzer Bischofs folgend, macht er sich im Herbst auf seine berühmte Fahrt von Frankfurt über Basel und Schaffhausen bis zum Bodensee, um auch hier für den Kreuzzug zu werben. Wo er hinkommt, strömt das Volk zusammen. Bernhard ist ein charismatischer Prediger. Selbst die Alemannen sind von seiner französischen Predigt ergriffen. Frauen versuchen ihre Ehemänner und Söhne zu verstecken, damit diese nicht – Bernhards Redegewalt erliegend – ihm ins Kloster oder auf den Kreuzzug folgen.

Über Winterthur und Zürich reist er weiter nach Speyer, um auf dem Reichstag den deutschen König Konrad III. für den Kreuzzug zu gewinnen. Mitten in der Festmesse im Speyrer Dom richtet Bernhard an den König einen feurigen Appell. Er erinnert ihn an die Wohltaten, die er von Gott empfangen habe – Krone, Reichtum, Mut und Körperkraft –, und fragt ihn öffentlich, wie er einst vor dem himmlischen Richter bestehen wolle, wenn er als König seinen Beitrag zur Befreiung des Heiligen Landes verweigere. Widerwillig, aber überwältigt von Bernhards Sprachgewalt, nimmt der König das Kreuz aus der Hand des Heiligen, während das Volk in Lobgesänge ausbricht.

> Den weltlichen und geistlichen Herren in Ostfranken und Bayern schreibt er: "Seht, die heilserfüllten Tage sind da. Erschüttert wurden die Lande und bebten, weil Gott im Himmel sein Land zu verlieren begann. Sein Land, sage ich; dort sah man ihn das Wort seines Vaters lehren, dort wandelte er über 30 Jahre als Mensch unter Menschen. Sein Land, das er mit Wundern erleuchtet, das er mit dem eignen Blute geweiht hat, darin die ersten Blüten der Auferstehung erschienen. Jetzt schaffen es unsere Sünden, daß dort die Feinde des Kreuzes ihr verruchtes Haupt erhoben haben; mit der Schärfe des Schwertes verheeren sie das Land der Verheißung. Schon ist es nicht fern – wenn kein Verteidiger sich findet –, und sie brechen ein in die Stadt des lebendigen Gottes selbst, sie zerstören die Stätten unserer Erlösung und besudeln die heiligen Orte, wo das fleckenlose Lamm sein purpurnes Blut ließ ... Was tut Ihr, tapfere Männer? Was tut Ihr, Diener des Kreuzes? So wollt Ihr das Heiligtum den Hunden und die Perlen den Säuen geben? ... Enden möge jene Ritterunart von ehedem, nach der ihr einander zu verderben pflegt und einer den andern umbringt ... Du tapferer Ritter, Du Mann des Krieges, jetzt hast Du eine Fehde ohne Gefahr, wo der Sieg Ruhm bringt und der Tod Gewinn! ... Nimm das Kreuzes-

zeichen, und für alles, was Du reuigen Herzens beichtest, wirst Du auf einmal Ablaß erlangen."[10]

Der zweite Kreuzzug endet mit einem völligen Mißerfolg. Schon in Kleinasien erliegen die deutschen und französischen Heere den Türken, andere verhungern. Die Heiden jubeln. Die hinterlassenen Frauen in Europa erheben gegen Bernhard schwerste Vorwürfe. Doch Bernhard betrachtet den Fehlschlag als Gottesgericht. Schon im AT schonte Gott sein Volk nicht (Ez. 36,21), schon damals spotteten die Heiden: "Wo ist nun ihr Gott?" (Ps. 42,4), schreibt er dem Papst. Auch Mose versprach den Israeliten ein gelobtes Land, aber er führte sie selber nicht hinein. Gott ist eben schrecklich in seinem Ratschluß. Dreimal schickt er die Stämme Israels zum Strafgericht an Benjamin, zweimal werden sie erbärmlich geschlagen; doch je schwächer sie im Kampf, desto stärker werden sie im Glauben. Sie gehorchen dem Auftrag, und das dritte Mal schenkt ihnen Gott den Sieg bei Gibea (Ri. 20). Bernhard aber wagt es nicht, die Ritter ein zweites, geschweige denn ein drittes Mal in den Orient zu schicken. Es fehlt im Volk der Glaube. Er aber und der Papst dürfen ein gutes Gewissen haben.[11]

Bernhard heilt durch Handauflegung auch Kranke. Deshalb begleitet ihn ständig die Gefahr, von der Volksmenge erdrückt zu werden. Zieht er von Frankreich nach Italien, so steigen Hirten von den Bergen, um ihn zu sehen. Die Mailänder wollen ihn zum Erzbischof erheben, Berhard lehnt ab. Er bleibt zeitlebens Abt im Kloster von Clairvaux und ist doch die bestimmende Gestalt des 12. Jahrhunderts. 1174 wird er heilig gesprochen, 1190 zum Kirchenlehrer ernannt. Sein Leichnahm ruht in Cluny, sein Haupt wird seit 1813 im Domschatz zu Troyes aufbewahrt.

---

[10] Guggenbühl/Huber, Quellen II, 200 f.

[11] A. Bredero, Studien zu den Kreuzzugsbriefen Bernhards von Clairvaux und seiner Reise nach D'land im Jahr 1146, MIÖG 66 (1958), 331 ff.

Bernhard und Papst Eugen III.[12]

Am 15. Februar 1145 wird ein ehemaliger Mönch von Clairvaux, der Pisaner Bernardo Pignatelli, als Eugen III. auf Petri Stuhl erhoben. In fünf Büchern **"Erwägungen gegenüber Papst Eugen"**[13] schildert Bernhard – ein Jahr vor seinem Tod – sein kirchenpolitisches und reformerisches Programm. Wohlan nun, schreibt er dem Papst, laß uns erforschen, wer du seist. Wer bist Du? Der Hohepriester, der Papst! Der Fürst der Bischöfe, der Erbe der Apostel. Dir sind die Schlüssel übergeben, die Schafe anvertraut. Dir ist nur die Verwaltung des Erdkreises anvertraut, nicht aber sein Besitz. Christus beansprucht den Besitz, und zwar durch das Recht der Schöpfung, durch das Verdienst der Erlösung und durch die Schenkung des Vaters. Die Gestalt und Ordnung der Kirche mit Erzbischöfen, Bischöfen, Äbten usw. hat ihr Urbild im Himmel. Der Papst darf diese Ordnungen nicht willkürlich zu seinen Gunsten ändern, indem er z. B. Äbte den Bischöfen entzieht, sonst verstümmelt er die Kirche. Der Papst in seiner Würde soll nicht herrschsüchtig, sondern ein Diener aller sein. Vor direkten Eingriffen in die politische Sphäre soll sich das Oberhaupt der Kirche hüten: "Über das Irdische zu richten sind Könige und Fürsten eingesetzt ... Kein Gift, kein Schwert fürchte ich mehr für dich als die Herrschsucht."

Christus sandte seine Jünger in die Welt. Diese verkauften alles und kauften zwei Schwerter (Luk. 22, 36 ff.). Und zu Petrus sagt der Herr: "Stecke dein Schwert in die Scheide!" Und zu den zwei Schwertern sagt er "es ist genug", nicht "es ist zuviel". So

---

[12] **Eugen III.**, Zisterziensermönch und Schüler Bernhards, Papst 1145 - 1153. Er muß 1146 vor Arnold von Brescia aus Rom weichen. 1149 bemächtigt er sich Roms mit Waffengewalt, muß aber die Stadt erneut verlassen. Er stirbt 1153 in Tivoli.

[13] **De consideratione** = MSL Bd. 182, Sp. 727 ff, dt.: J. H. Reinkens, Papst und Papstthum nach der Zeichnung des H. Bernhard von Clairvaux (1870).

gehören der Kirche beide Schwerter, das geistliche und das materielle. Das materielle darf nur *für* die Kirche gezogen werden, und zwar durch die Hand eines Kriegers auf den Wink des Priesters und den Befehl des Kaisers; das geistliche Schwert darf nur die Kirche gebrauchen. Bernhard ermahnt Eugen, seine Hand nicht weiter auszustrecken und sich selbst des weltlichen Schwertes zu bemächtigen, denn Geld und Gut gehören Christus allein.

Von Günstlingswirtschaft und Selbstvergötterung soll sich der Papst fernhalten. Denke auf der Höhe des päpstlichen Pompes an deine Geburt: Denn nackt bist du geboren und nackt mußt du von dannen! Darum ist der Papst ein Anwalt der Armen, die Hoffnung der Elenden, der Vormund der Waisen, der Richter der Witwen, das Auge der Blinden, der Rächer der Laster, die Furcht der Bösen, der Ruhm der Guten, der Vater der Könige, das Salz der Erde, der Stellvertreter Christi.

Bernhard fühlt sich getragen von einem unvergleichlichen Sendungsbewußtsein. Er schreibt und spricht aus einer geistlichen und prophetischen Vollmacht heraus, die damals unmittelbar verstanden wird. Doch der heilige Asket ist auch im hohen Alter nicht völlig frei von Irrtum und Selbstsucht. Seine AT-Auslegung zu Gunsten der Kreuzzüge geht am NT vorbei, und die geistliche Machtbefugnis, die er dem Papsttum einräumt, kann sich nicht auf Matthäus 16 oder auf Lukas 22 berufen (vgl. Bd I, 140 f.).

Bernhard als Mystiker

"Du bist ein Adler, der in die Sonne schaut!" schreibt die visionäre Hildegard von Bingen in einem Brief an Bernhard. Bernhards Hauptschriften zum Thema Mystik sind:

1. De diligendo Deo = Über die Liebe zu Gott,
2. Sermones in canticum canticorum = Predigten über das Hohelied.

Das 12. und 13. Jh. ist die Zeit des Minnesangs. Mittelpunkt der Dichtung ist die Liebe. Bernhard knüpft daran an und zeigt, daß es noch eine andere, höhere Liebe gibt. Er unterscheidet vier Stufen der Liebe.

1. Der Mensch liebt sich selbst um seiner selbst willen.
2. Der Mensch liebt Gott, weil Gott ihm aus der Not helfen kann. Das ist die interessierte, egoistische Gottesliebe.
3. Der Mensch liebt Gott, weil es eine Freude ist, ihn zu lieben. Es ist dies die uninteressierte Liebe.
4. Der Mensch liebt Gott und auch sich selbst nur noch um Gottes willen. Er ist ein Geist mit Gott.

Die vierte Stufe ist ein Zustand, bei dem der Mensch das Ich-Bewußtsein verloren hat. Der Mensch ist dann ein zerbrochenes Gefäß, die Seele vom Körper befreit. Die Schranken von Raum und Zeit sind aufgehoben. Die Seele ist eins mit Gott. Das ist die Unio Mystica. Gott erfüllt die Seele so, daß diese in Gott auf- oder untergeht. Der Mensch wird eins mit Gott. Das ist ein heiliger Zustand der Glückseligkeit, der "in diesem sterblichen Leben auch nur selten oder gar nur einmal und auch dann nur flüchtig geschenkt ist". Bernhard ist nicht Pantheist. Der Pantheist denkt, die Seele sei von Haus aus göttlich, quasi ein Teil der Gottheit. Dagegen wehrt sich Bernhard. Die Seele bleibt ihm Kreatur, sie wird nur vorübergehend vergöttlicht.

Woher stammt diese Idee? Das NT und auch Benedikt kennen sie nicht. Sie ist ein heidnisch-griechisches Gewächs. Plotin, der Begründer des Neuplatonismus, lehrt so (vgl. Bd. I, 293). Durch Johannes Scotus gelangt im 9. Jh. eine Sammlung von christlich-neuplatonischen Schriften unter dem falschen Namen des Paulusschülers Dionysius Areopagita ins lateinische Abendland. Diese Schriften genießen bis ins späte Mittelalter eine hohe Autorität. Nach den dionysischen Schriften ist die Ekstase das Ergebnis menschlicher Bemühungen. Es kommt zur Exkursion der Seele aus dem Körper. Sehr wahrscheinlich gehören auch die angeblichen Glückszustände von sogenannt klinisch Toten, die dann im Spital wieder zum Leben erwachen, in diesen Themenbereich. Sie erleben eine neuplatonische Ekstase der Seele aus dem durch die Krankheit geschwächten Körper, bleiben aber diesseits der Todeslinie. Ihre Aussagen über mehr oder weniger glückselige Gefühle und Erlebnisse samt der bekannten Unlust, wieder in den "engen" Körper zurückzukehren, entstammen nach biblischer Lehre der kreatürlichen Sphäre. Es handelt sich nicht um Erfahrungen von "jenseits der Todeslinie". Auf Exkursionen der Seele folgen in der Regel seelische Depressionen.

Bei Bernhard sollte man besser nicht von Ekstase oder Exkursion der Seele sprechen. Bernhard übt sich in der Liebe zu Gott, und plötzlich wird ihm die Vereinigung geschenkt. Das Gedankengut von Dionysius ist bei ihm verchristlicht. Mystik kommt von griech. myein = (die Augen) schließen. In der Mystik überschreitet der Mensch Raum und Zeit und erfährt Gott unmittelbar. Das menschliche Ich wird ins Göttliche hineingenommen. Bernhard erlebt diesen Zustand mehrmals. Darum ist er ein Mystiker, und zwar ein **Christus-Mystiker**.

Eine Vorstufe der mystischen Vereinigung der Seele mit Christus ist die Meditation. Meditation ist ein vormystischer Zustand bei noch wachem Verstand. Darum geht es Bernhard in seinen 86 Auslegungen über das Hohelied, die er seinen Mönchen gehalten hat. Der Mensch ist normalerweise ein angefochtenes Wesen aus Fleisch und Blut. Darum ist der Normalzustand des Christen ein Leben des Kampfes und der Heiligung in der Christus-Nachfolge. Woher empfangen wir dazu die Kraft? Bernhard antwortet: Aus dem Anschauen des Gekreuzigten. Wir dürfen und sollen den Kreuzesmann kontemplieren. Bernhard ist der mittelalterliche Schöpfer der Blut- und Wundenfrömmigkeit. Auf ihn zurück geht das Passionslied von Paul Gerhard "O Haupt voll Blut und Wunden". Bernhard legt seinen Mönchen das Hohelied christozentrisch aus. Christus ist der Bräutigam, die Seele ist die Braut. Schon Origenes pflegt im 3. Jh. diese Auslegung (vgl. Bd. I, 181 f.). So wird

Bernhard zum Schöpfer der Jesusminne und der frommen Bräutigamskontemplation. Seine Theologie ist staurozentrisch, d. h. der Gekreuzigte steht ganz im Zentrum. Im Zisterzienserinnenkloster Wurmsbach am Zürichsee kniet Bernhard mit ausgestreckten Armen vor dem Kruzifixus, der sich ihm entgegenneigt. "Was ist wirksamer zur Heiligung der Wunden und des Gewissens und zur Reinigung der Seele als die wiederholte Betrachtung der Wunden Christi?" fragt er und fährt weiter: "Jesus kennen, Jesus, den Gekreuzigten, das ist die Summe meiner Weisheit."[14] Das ist das Neue und Moderne an Bernhard. Er will Gott erfahren, persönlich. Es begegnet uns eine Hinwendung zum Subjektiven, ohne das Objektive preiszugeben. In Glaubensdingen mitreden kann eigentlich nur der, welcher selbst Gott erlebt hat. Glaube ist ihm mehr als bloß eine Sache des Intellekts, über die man gescheit diskutieren kann. Nicht daß Bernhard die Theologie verkennen würde, aber er verweist sie auf den zweiten Platz. Gott ist so gewaltig, daß man ihn weder rational noch dialektisch einfangen kann. Unser ganzes Reden von Gott geschieht eigentlich in Symbolen, die der Glaube erfährt.

Das frühe Mittelalter betet zu Christus als dem überzeitlichen, metaphysisch erhabenen Weltenkönig. Bernhard erkennt auf eine ganz neue Weise die Menschheit Jesu, seine Ohnmacht, seine Niedrigkeit von der Krippe bis zum Kreuz. Er erlebt im Glauben Christi Weg auf Erden mit, vor allem seine Passion. Grünewald gleichsam vorauseilend, ruft er seinen Hörern zu: Schau ihn an, wie schmutzig sein Gewand, wie er, blau vor Striemen, mit Speichel bespritzt, im Tode erblaßt. Mit erschütternden Kreuzesworten malt er seinen Zeitgenossen den leidenden und sterbenden Erlöser vor Augen. Seine Jesus-Beziehung ist persönlich, innig, ganzheitlich. Die Erfahrung steht vor dem Intellektuellen. "Was liegt mir an der Philosophie, meine Lehrer sind die Apostel, sie haben mich nicht

---

[14] Cantica Canticorum 43,4

gelehrt, Plato oder Aristoteles zu lesen, aber sie haben mich gelehrt zu leben! Meinst du, das sei wenig, wenn man zu leben versteht? Großes, ja das Größte ist es!"[15]

Bernhard und Luther

Bernhard ist ein Mann der Gnade und des Gebets. Er gehört zu den geistlichen Gestalten des Mittelalters. Martin Luther beruft sich mehrfach auf Bernhard. Doch Bernhard, wenn auch inniger Jesus-Mystiker und begnadeter Christusnachfolger, fehlt jene Freiheit der Kinder Gottes, die in der Reformation aufleuchtet. Sein tiefer und vollmächtiger Glaube ist gehalten durch einen mystisch-asketischen Rahmen. Wenn der asketisch-fromme Mensch sich ehrlich und ordentlich bemüht, vermag er mit Hilfe der Gnade die zweite, dritte oder gar die vierte Stufe der Liebe zu erreichen. Den Pionieren der Reformation enthüllt sich aus dem Römerbrief die Problematik einer mystischen Heiligung. Martin Luther treibt dieser fromme Heiligungsweg zur Verzweiflung. Kommt der fromme Mensch auch in seinen "höchsten Phasen" überhaupt über die heimliche Selbstverliebtheit (amor sui) hinaus? Geschult an Augustin erkennt er aus Römer 3, daß durch "Werke des Gesetzes" kein Fleisch, auch kein frommes Fleisch, vor Gott gerecht wird. Christus stirbt für Gottlose, er versöhnt die Feinde Gottes (Römer 5). Die Erlösung wird uns frei geschenkt durch das lebendige Wort des Evangeliums, das wir im Glauben annehmen dürfen – aus Gnade. Natürlich lebt auch Bernhard als Jesusjünger aus der Gnade, aber die Sonne dieser Gnade leuchtet bei Luther hell und klar, ohne mystischen Dunst.

[15] Vacanard, Das Leben des heiligen Bernhard II (1898) 125.

Bernhards Streit mit Abaelard[16]

Peter Abaelard (1079 - 1142), geboren in Le Pallet bei Nantes, ist der Sohn eines bretonischen Adligen. Er studiert in Paris Theologie und kommt bald zur Überzeugung, er wisse mehr als sein Lehrer Wilhelm von Champeaux. Gegen 3.000 Hörer besuchen seine Vorlesungen. Als Professor an der Notre Dame entwickelt er seine dialektische "Sic et Non" (Ja und Nein)-Methode. Er will die Aussagen der Väter nicht ungeprüft übernehmen. Von Augustin und Hieronymus über Gregor d. Gr. bis zu seiner Zeit stellt er möglichst gegensätzliche Zitate nebeneinander. "Zweifel ist der Anfang richtigen Fragens, und Fragen ist der Weg zur Wahrheit" schreibt er im Vorwort. Im Disput findet der kritische Theologe die Wahrheit. Zuversichtlich glaubt er, das wahre Christentum sei vernünftig und ohne Widersprüche. Bernhard dagegen ruft aus: "Wer wird es aushalten in solcher Kälte?" Abaelard selber ist noch kein dogmatischer Rationalist. Aber Bernhard, getragen von seiner feurigen Jesusliebe, spürt mit dem ihm eigenen Scharfsinn, daß bei dieser "wissenschaftlichen" Erfassung des Glaubens ein Ansatz liegt, der – konsequent weitergeführt – den tragfähigen Fundamenten des Glaubens gefährlich werden muß. Darum geht er mit seinem Gegner aufs Ganze.

Zum Stolperstein wird Abaelard die schöne Héloise, die Nichte von Fulbert, einem Kanoniker an der Notre Dame. Fulbert engagiert den 36jährigen Professor als Privatlehrer seiner 18jährigen Nichte. Es entwickelt sich rasch ein Liebesverhältnis. Fulbert wird wütend und verlangt die Trennung der beiden. Abaelard schreibt 1132 in seiner "Geschichte meines Un-

---

[16] Abaelard, Der Briefwechsel mit Heloisa (2001); ders., Theologia Summi boni (Dreieinigkeit) (1997); ders., Römerbriefkommentar = FC, 2. F. Bd. 26/1+2 (1997/2000); R. Peppermüller, Abaelard = TRE I (1977) 7 ff.; R. Pernoud, Heloise und Abaelard (dtv 1994); M.T. Clanchy, Abaelard (2000); D.N.P. Hasse, Abaelards "Historia calamitatum" (2001).

glücks": "Unter dem Deckmantel der Wissenschaft betrogen wir den Onkel." Er entführt Héloise zu seiner Schwester in die Bretagne, wo sie ihm den Sohn Astrolabius gebiert.[17] Dem rasenden Fulbert gegenüber erklärt sich Abaelard bereit, mit Héloise eine Ehe einzugehen, sofern diese geheim bleibe. Fulbert erklärt sich damit einverstanden. Abaelard ist erst im Besitz der niederen Weihen; er ist also noch kein Priester und darf vor dem Kirchenrecht heiraten, obwohl eine Eheschließung bei Leuten in seiner Position mißbilligt wird. So kehren die beiden heimlich nach Paris zurück und werden eines Morgens in aller Frühe getraut. Trotz aller Vorsicht kommt es zu Gerüchten, die den Ruf des Lehrers zu zerstören drohen. Da beschließt Héloise aus Rücksicht zu Abaelard, freiwillig den Schleier zu nehmen. Sie wird Nonne im Benediktinerkloster Argenteuil bei Paris. Doch unter dem Kleid der allseits geliebten und sittsamen Nonne brennt das Feuer der erotischen Leidenschaft. In beispielloser Offenheit enthüllt sie ihrem Geliebten den Schmerz ihrer zerrissenen Seele:

> "Ich habe, Gott weiß es, jederzeit mich mehr davor gescheut, dich zu beleidigen als Gott. Du bist es, dem ich gefallen will, nicht Gott. Dein Befehl hat mich zur Nonne gemacht, nicht die Liebe zu Gott ... Auch du hast dich, gleich vielen anderen, durch den Schein betrügen lassen und hast meine Heuchelei für Frömmigkeit gehalten ... Wenn es kein Frevel wäre – wollte ich es hinausrufen in alle Welt: o du grausamer Gott, grausam in allen Stücken! O unbarmherzige Barmherzigkeit! O unseliges Geschick!"[18]

Jetzt wird Fulbert erst recht wütend. Er meint, Abaelard wolle sich seiner Verantwortung entziehen. Er dingt eine Hand-

[17] Astrolabium = ein von den Arabern überliefertes Gerät zur Visierung der Sternbahnen.

[18] Briefwechsel, a. a. O. (4. Brief).

voll Männer. Eines Nachts überfallen diese den Professor in seiner Kammer und verstümmeln ihn schmachvoll. Als Entmannter hat Abaelard keine Möglichkeit mehr, Priester zu werden. Er zieht sich zurück in die Gegend von Troyes. Aus Binsen und Stroh baut er sich als Einsiedler eine Kapelle zu Ehren der Heiligen Dreifaltigkeit. Bald scharen sich wieder Studenten um ihn, "Schüler, die nach vernünftigen wissenschaftlichen Gründen fragten und nicht einfach Worte hören wollten, sondern sich dabei auch etwas denken wollten." Um Abaelards Einsiedelei entsteht ein Studentendörfchen aus dürftigen Hütten, und die Schüler ernähren sich von Kräutern und trockenem Brot. Seiner Kapelle gibt er den Namen Paraklet, d. h. der Tröster. Ruhe aber findet er keine. "Der Fluch Kains lastete auf mir: unstet und flüchtig umherzuirren von Ort zu Ort."[19] Die Mönche eines Klosters in der fremden und wilden Bretagne wählen ihn zu ihrem Abt, später wollen sie ihn vergiften.

1136 kehrt er als Lehrer nach Paris zurück und erfreut sich neuer Beliebtheit. Auf Betreiben Bernhards wird 1140 zu Sens ein Nationalkonzil einberufen und Abaelards Theologie verurteilt. Abaelard appelliert an Papst Innozenz II. Doch Bernhards vernichtender Brief eilt dem Unglücklichen nach Rom voraus. Seine Entmannung, sein unstetes und unglückliches Leben empfindet der Geplagte als Strafe, weil er einmal im Refektorium des Klosters seiner Frau beiwohnte und darüber hinaus auch in der Passionszeit nicht Herr über sich selbst war. Er stirbt 1142 im Kloster Cluny als gebrochener Mann. Auf dem alten Pariser Friedhof Père-Lachaise liegt er – zusammen mit Héloise – begraben. Noch heute streuen unglücklich Liebende Blumen auf das Grab der beiden.

Die Art, wie Bernhard seinen Gegner verfolgt, wirft lange Schatten. Bernhard handelt nach einem Cliché des Mittelalters: Ein Ketzer ist immer auch ein schlechter Mensch. Auf der andern Seite ist Abaelards dialektische Methode im 12. Jahrhundert eine Revolution. Abaelard ist kein Rationalist im Sinne

---

[19] A. a. O. 54.

des 18. Jhs. Aber mit seiner dialektischen Gewandtheit meldet sich eine neue Epoche. Bisher wurde behauptet, dem Denken müsse der Glaube vorangehen. Abaelard wagt den Satz umzukehren: Das Erkennen geht dem Glauben voraus. Darum verehrt er Sokrates und schließt ihn – wie später Zwingli – von der Seligkeit nicht aus. Sein dialektisches "Ja und Nein" bewirkt eine Erschütterung des bisherigen Autoritätsglaubens. Etwa 1.800 Väterzitate und Bibelstellen stellt er einander entgegen, ohne freilich die Autorität der Bibel als solche zu bezweifeln. Er hält das wahre Christentum für vernünftig und widerspruchsfrei. Bernhard und seine Zeitgenossen erschrecken über die stolze Leichtfüßigkeit, mit der Abaelard daherkommt und seine Studenten begeistert. Da wird ein anderer Glaube vorgetragen, mit heiligen Geheimnissen darf nicht so umgesprungen werden.

Es sind zwei Denkarten, die miteinander in Konflikt geraten. Abaelard ist in der rational-kategorialen zu Hause; Bernhard lebt in der unmittelbareren und höheren Glaubens- und Denkwelt der Symbole. Beide Denk- und Erkenntnisweisen haben in Theologie und Gemeinde ihr Recht und ihre Grenze.

In seinem Schüler, **Petrus Lombardus**[20] von Novara, setzt sich Abaelards Anliegen durch. Der Lombarde, in den 1140er und 1150er Jahren Lehrer an der Domschule der Notre Dame, ist der Verfasser der **Sententiarum libri IV.** Diese vier Bücher von den Sentenzen (= Sammlung von Stellen der Bibel und der Kirchenväter) werden bis zum Vorabend der Reformation zum maßgebenden Lehrbuch der Dogmatik. Er entfaltet die großen Glaubenswahrheiten nicht von innen her ("Ich glaube, auf daß ich erkenne"), sondern nach der kritisch-dialektischen Methode von Abaelard. Die wichtigsten Glaubenslehren werden auf Grund von Bibelworten mit einander gegenübergestellten Väterzitaten von Augustin bis zur Gegenwart kritisch durchdacht und – wo sie sich widersprechen – durch die Vernunft in

[20] **Petrus Lombardus**, gest. 1160 als Bischof von Paris, ist auch durch den Mystiker Hugo von St. Viktor beeinflußt.

Einklang gebracht. Er gliedert die Glaubenslehre in vier Themen und Bücher: 1. Gott, 2. Kreatur, 3. Erlösung, 4. Sakramente und Eschatologie. Augustin wird dabei über 1.000mal zitiert.

Auch Thomas von Aquin nimmt das Grundanliegen von Abaelard auf, indem er versucht, den Glauben – soweit möglich – verstehbar zu machen.

12. Die Kartäuser und Prämonstratenser[21]

Die Kartäuser verehren als ihren Begründer den heiligen **Bruno von Köln**. Als Vorsteher der Domschule zu Reims (1057 - 1076) und Kanzler des Erzstifts Reims hat er genug vom simonistischen Treiben seines Erzbischofs. Vom Reformprogramm Gregors VII. tief beeindruckt, beschließt er, der Welt zu entsagen. Als Einsiedler zieht er 1084 mit sechs Brüdern ins wilde Felsental Cartusia bei Grenoble. Die Männer errichten dürftige Einzelbehausungen samt einem Kirchlein. Bruno wird Berater von Papst Urban II. und gründet in einer Wüste Kalabriens zwei neue Kartausen, die aber bald an die Zisterzienser fallen.

Aus diesen Anfängen entwickelt sich der Kartäuserorden, den der Papst 1143 bestätigt. Der Name Kartause (Chartreuse) leitet sich vom Ortsnamen Cartusia ab. Die Ordensstatuten gründen sich auf die Benediktinerregel. Kennzeichnend für die Kartäuser sind die strenge Askese und Abkehr von der Welt. Stillesein (Schweigen) und Vegetarismus sind wesentliche Elemente ihres Gottesdienstes. Im gemeinsamen Chorgebet findet die Gemeinschaft ihren Ausdruck. Der Tageslauf ist benediktinisch geprägt durch Gebet und Handarbeit.

Jeder Kartäuser wohnt in einem kleinen Häuschen, das eine Werkstatt und drei Räume enthält und zu einem Gärtchen führt. Bald erstrahlt der Orden in hellem Glanz. Gegen 1500 werden 230 Kartausen gezählt; 1991 gibt es noch 17 mit 390 Mönchen. Modernes Bewußtsein empfindet das Leben der Kartäuser als "beschaulich". Sie selber verstehen es als Dienst an unserer lauten und schnellebigen Gesellschaft. Das Gene-

---

[21] N. Backmund, Geschichte des Prämonstratenserordens (1986); J. Hogg, Kartäuser = TRE (1988) 666 ff.; M. Heimbucher, Die Orden und Kongregationen der Katholischen Kirche, I - II (1933/34; ND. 1987); L. Holtz, Geschichte des christlichen Ordenslebens (2. Aufl. 1991); R. Serrou, Kartäuser (1997).

ralministerium des Ordens befindet sich noch immer in der Grande Chartreuse.[22]

Ein anderer Deutscher, der Kanoniker[23] **Norbert von Xanten**, zieht als Bußprediger durch Frankreich. 1120 gründet er in Prémontré bei Laon ein Kloster und legt ein Jahr später mit 40 Gefährten ein feierliches Gelübde auf die Augustinerregel ab. Die **Prämonstratenser** gehen somit als Reformorden aus den Augustiner Chorherren hervor. Analog zu den Zisterziensern entwickeln sie sich zu einem internationalen Klerikerorden und werden zu starken Verbündeten des universalen Papsttums. Die Prämonstratenser suchen die Verbindung zwischen dem aktiven Leben der Geistlichen und mönchischer Kontemplation. Das monastische Leben verbindet sich bei ihnen mit besonderer Pflege von Liturgie und Seelsorge. Mit den Zisterziensern verbindet sie auch ihre romanische Frömmigkeit mit

---

[22] Grande Chartreuse heißen die frz. Kalkalpen bei Grenoble und Chambéry.

[23] An den Bischofskirchen und größeren Pfarrkirchen brauchte es eine Mehrzahl von Geistlichen zur Erfüllung der gottesdienstlichen und seelsorgerlichen Aufgaben. Oft schlossen sie sich zu einer mönchsähnlichen Gemeinschaft zusammen. Ihr Name wurde in eine bischöfliche Liste, genannt Kanon, eingetragen. Daher nannte man sie **Kanoniker**. Die Gemeinschaft als solche nannte man **Stift** (= fromme Stiftung, Gründung). Im 12. Jh. wird auch der Ausdruck **Chorherr** gebräuchlich.

Die ältesten Kanonikergemeinschaften sind in Gallien schon im 6. Jh. bezeugt. Im 8. Jh. führt **Chrodegang von Metz** für das Leben seiner Domgeistlichen eine Ordnung ein, die sich an die Benediktinerregel anlehnt. Diese Regel wird im Aachener Reichstag von 816 für das ganze Karolingerreich als verbindlich erklärt. Das 11. Jh. führt im Zeichen der Reform zu einer Scheidung: Es gibt nun weltliche Kanoniker, die im Sinne der alten Aachener Regel sich an den gemeinsamen Tisch und Schlafsaal halten, aber Privatbesitz und eigene Tageswohnung nicht aufgeben. Die regulierten Kanoniker oder **Augustiner Chorherren** aber leben das Gelübde der Armut und des Gehorsams im Sinne der Augustinerregel. Nicht zu verwechseln mit den Chorherren sind die **Augustiner Eremiten**, die im 13. Jh. als Bettelorden aus kleineren Eremitengenossenschaften hervorgingen.

einer besonderen Liebe zu Maria. Laienbrüder besorgen die äußeren Geschäfte der Klöster und machen sich verdient um die Kultivierung ganzer Landstriche.

Im Jahr 1126 wird Norbert Erzbischof von Magdeburg, dem wichtigsten Zentrum für die Mission in Osteuropa. 1978 zählt der Orden noch 48 Abteien und 1280 Mitglieder. Der Sitz des Generalabtes ist Rom. Über Prämonstratenserinnen ist wenig überliefert.

13. Die Ritterorden[24]

Die Ritterorden sind eine eigenartige, widerspruchsvolle Körperschaft, eine Frucht der Kreuzzüge. Ein Ritterorden besteht aus zwei Elementen: Rittertum und Mönchtum. Zu Grunde liegt die Regel Benedikts. Der Zweck des gemeinsamen Lebens heißt: militare domino Christo. Man leistet Militärdienst für den König Christus im Krieg gegen das Böse:

a) im eigenen Herzen (als Mönch),
b) in dieser Welt (als Ritter).

Im Lauf des 12. Jhs. erwacht eine neue Spiritualität. Sie findet ihren Ausdruck u. a. in der Kreuzzugsfrömmigkeit. Das Jesuswort: "der nehme sein Kreuz auf sich" wird wörtlich verstanden. "Deus lo volt" – Gott will es! – rufen die Massen in Clermont und Vézeley den Kreuzzugspredigern Urban und Bernhard zu. Wir folgen Christus nach, leidend, sterbend, triumphierend! Wir vollbringen das heilige Werk in der Kraft des Heiligen Geistes! Der Enthusiasmus des Aufbruchs wird als neues Pfingsten verstanden. Eine Frucht dieser Frömmigkeit sind die Ritterorden. Sie sind eine Verbindung des Rittertums mit der neu erwachten Frömmigkeit. Die Ritter machen es sich zur Aufgabe, die Palästinapilger zu begleiten, sie gegen Überfälle zu schützen oder sie bei Krankheit zu pflegen. Auch die Kranken sind die Armen Christi. So entstehen Orden und Genossenschaften für den Krankendienst und zur Abwehr der Sarazenen. Die Verfassung der Ritterorden unterscheidet drei Stände: Ritter, dienende Brüder und Priester.

---

[24] H. Prutz, Die geistlichen Ritterorden (1907, ND 1977); H. Bookmann, Der Deutsche Orden (4. Aufl. 1994); A. Demurger, Die Templer (5. Aufl. 1999); A. Beck, Der Untergang der Templer (2000); G.T. Lagleder, Die Ordensregel der Johanniter/Malteser (1994); H. Schipperges, Die Kranken im MA (1990).

1. Die Templer

Er ist der älteste Ritterorden. 1120 verbinden sich in Jerusalem acht französische Ritter unter der Führung Hugos von Payens (Champagne) zu einer mönchischen Genossenschaft. Sie geloben Armut, Keuschheit und Gehorsam. Sie versprechen ferner, sich mit ihren Waffen dem Schutz der Jerusalempilger zu widmen. König Balduin II. von Jerusalem weist ihnen im königlichen Palast – wo einst Salomos Tempel stand – eine Wohnung zu. Daher werden sie Templer genannt: Equites Templarii oder Pauperes commilitones Christi templique Salomonis. 1139 wird diese Schutztruppe direkt dem Papst unterstellt. Die Ordenstracht der Templer ist ein weißer Mantel mit einem achtspitzigen roten Kreuz. Zu ihrem Schutzpatron erwählen sie den Erzengel Michael. Der Orden nimmt einen bedeutenden Aufschwung, denn kein Geringerer als Bernhard ist bei der Abfassung der Regel in Troyes beteiligt. Vor allem aus Frankreich rekrutieren sich Ritter, aber auch Männer aus bürgerlichem Stande. Der Orden ist zentralistisch organisiert. An der Spitze steht ein Großmeister. Nur durch das Generalkapitel ist seine Macht begrenzt.

Mit größter Hingabe widmen sich die Templer ihren Zielen. Von allen Seiten gefördert, werden sie schließlich reich. Der einzelne Mönch bleibt zwar zur Armut verpflichtet, nicht aber der Orden als solcher. Auch von den Kreuzzügen bringen die Templer großen Besitz zurück. Ihr Haus in Paris, genannt "Le Temple", wird im 13. Jh. zur Zentrale des europäischen Geldverkehrs. Nach dem Verlust der abendländischen Besitzungen im Heiligen Land (Fall von Akko 1291) wird der Orden rasch mißliebig und ein Spielball übler Verdächtigungen. Der französische König Philipp (IV.) der Schöne ist entschlossen, den reichen Orden zu beerben. Durch allerlei Lügner schürt er das Gerücht, bei den Templern sei es Ordensbrauch, das Kreuz anzuspeien, Sodomie und Homosexualität gehöre zur Tagesordnung genauso wie ketzerische Irrlehren. Der Großmeister Jacques de Molay und rund 2.000 Templer werden in der

Morgenfrühe des 13. Oktober 1307 verhaftet, viele von ihnen verbrannt. Papst Clemens V. muß 1312 auf dem Vienner Konzil den Orden wegen Ketzerei und Nutzlosigkeit auflösen.

2. Die Johanniter (Malteser, Hospitaliter)

Um 1070 – also noch vor dem 1. Kreuzzug – stiften Kaufleute aus Amalfi ein Hospital, das von italienischen Benediktinern betreut wird. Das Hospital ist vielleicht die Fortsetzung einer Stiftung Karls d. Gr. Nach der Eroberung der Heiligen Stadt im Jahr 1099 wird es durch Großmeister Gerhard erweitert, neu geordnet und von den Benediktinern losgelöst. Das Johannes-Hospital[25] wird nun von Laienbrüdern betreut. Die erste bekannte Regel aus den 1150er Jahren verpflichtet die Brüder zu den drei Mönchsgelübden sowie zum Dienst an den Armen und Elenden. Von Waffendienst ist nicht die Rede, obwohl er damals selbstverständlich dazugehört.

Die Johanniter können als Vorläufer des Roten Kreuzes betrachtet werden. Es arbeiten dort vier Ärzte und neun Pfleger. Rasch entstehen analoge Niederlassungen in Frankreich und in italienischen Hafenstädten mit musterhaft geführten Spitälern. Früh bildet sich auch ein weiblicher Zweig aus.

Von Päpsten und Fürsten begünstigt, gelangen auch die Johanniter zu Macht und Besitz. Schon 1137 erhält der Orden eine Burg zum Grenzschutz. Die militärische Aufgabe tritt in den Vordergrund. Es kommt zu einer Scheidung von Rittern, die den Waffendienst leisten, und dienenden Brüdern, welche den eigentlichen Spitaldienst besorgen. Zu Hause trägt der Johanniter einen schwarzen Mantel mit weißem achtspitzigem Kreuz. Durch ihre rasche Ausbreitung im 13. Jh. werden sie teilweise zu Gegenspielern der Templer. In der Schweiz allein gibt es nach 1200 22 Ritterhäuser – teils als Spitäler, teils als

[25] So benannt nach der nahegelegenen Johanneskirche.

Ausbildungsstätten für Novizen. In Bubikon im Zürcher Oberland steht heute ein Ritterhaus mit Johanniter-Museum. Nach dem Fall von Akko ziehen sich die Johanniter nach Zypern und Rhodos zurück. Von 1200 - 1500 stellen sie die beherrschende Seemacht im Mittelmeer. Ihre Hauptaufgabe ist der Schutz der Schiffe vor Seeräubern. 1530 weist ihnen Karl V. die Insel Malta zu; daher werden sie auch Malteser genannt. 1798 müssen sie Malta an Napoleon abtreten, später gewinnen sie ihre Stellung nicht wieder zurück.

Heute gehören zum "Souveränen Ritter- und Hospitalorden vom hl. Johannes zu Jerusalem" etwa 12.500 Mitglieder, die sich in drei Klassen aufteilen:

1. Klosterleute (eigentlicher Orden),
2. Obödienz-Ritter (Versprechen standesgemäßer Vollkommenheit),
3. Mitglieder (auch Frauen), die sich zu gewissenhafter christlicher Lebensführung verpflichten.

Dazu kommen 70.000 freiwillige Helfer. Der Sitz der Ordenszentrale liegt seit 1834 extraterritorial auf dem Aventin in Rom. Der Orden ist in 100 Ländern präsent. Er besitzt 100 Spitäler, zehn davon in Deutschland und neun im Libanon. Ca. 1 Mio. Spender ermöglichen ein Jahresbudget von 700 Mio $. Dieser Ritterorden ist der einzige mit direkten Wurzeln bis ins Hochmittelalter.

Friedrich Wilhelm IV. gründete 1852 auch einen evangelischen Zweig der Malteser. Ihm gehören heute in 18 deutschen und fünf ausländischen Genossenschaften 3.300 Ritter an. Seit 1999 ist Oskar Prinz von Preußen der zuständige Herrenmeister.

3. Der Deutsche Ritterorden

Er ist der jüngste der drei großen geistlichen Ritterorden. Im Lager des 3. Kreuzzuges bildet sich 1190 durch Bemühungen deutscher Kaufleute aus Lübeck und Bremen eine Spitalbruderschaft zur Pflege der Kranken. Schon acht Jahre später erweitert sich diese Gründung zum Ritterorden der Deutschherren nach dem Vorbild der älteren Ritterorden. Der Orden ist der hl. Maria unterstellt. Die Ordensleute – alles Deutsche – tragen einen weißen Mantel mit einem schwarzen Kreuz. Der exemte Orden steht in engem Kontakt mit Papst und Kaiser. An der Spitze steht ein Hochmeister.

Im 13. Jh. begeben sich die Deutschritter – auf Einladung Friedrichs II. – zu den Preußen und erobern ihr Land. Auch der Papst ist einverstanden, weil damit auch die Christianisierung der Preußen erreicht werden kann. Nun folgt die planmäßige Kultivierung und Besiedelung des Ordensstaates mit deutschen Bauern, mit denen die preußische Bevölkerung verschmilzt. Gegen 1400 erlebt das Ordensland eine hohe Wirtschafts- und Kulturblüte. Seine Städte Danzig, Thorn, Königsberg u.a. gehören dem niederdeutschen Kaufmanns- und Städtebund der Hanse an.

Eigentümlich ist die Architektur des Ritterordens. Als Soldaten bauen sie Burgen, als Mönche Klöster. So entstehen Kirchenburgen, die bis heute das ostpreußische Landschaftsbild mitprägen. Der Sitz des Hochmeisters ist zunächst die Marienburg an der Nogat (südl. Danzig), später Königsberg.

1526 tritt der letzte Hochmeister, Markgraf Albrecht von Brandenburg, zum Luthertum über und verwandelt das Ordensland in ein erbliches Herzogtum.[26] Nach der Reformation wird der Orden zu einer Versorgungsanstalt für nichterbende Adels-

---

[26] Ein polnisches Lehen. Daraus geht nach 1640 unter dem Großen Kurfürsten Friedrich Wilhelm der brandenburgisch-preußische Staat hervor. Friedrich Wilhelm I. (Soldatenkönig) wird 1701 König von **Preußen**, und sein Sohn Friedrich d. Große wird zum Schöpfer der preußischen Großmacht, aus der Bismarck das Deutsche Reich erstehen läßt. Friedrich II. gibt 1226 dem Deutschen Orden den einköpfigen schwarzen Adler der Hohenstaufen als Wappen, der dann zum preußischen Adler wird. So wird der alte staufische Reichsadler zum Hoheitszeichen des Deutschen Reiches von 1871 und der Bundesrepublik Deutschland.

söhne. Diese Ordensritter halten großen Hof. Eigentlich heißt die Ordensregel: Armut, Keuschheit und Gehorsam. Davon ist nichts mehr zu spüren. Die Ritter leben wie Fürsten. 1809 löst Napoleon den Orden auf und säkularisiert dessen Güter. Dazu gehören auch die Insel Mainau und das Schloß Beuggen bei Rheinfelden.

In Österreich bleibt der Orden bestehen, weil er kurz vor 1800 in den österreichisch-türkischen Kriegen ein Regiment gestellt hat. Die letzten Reste lassen sich 1929 vom Papst in einen rein geistlichen Orden mit volksmissionarischer Ausrichtung umwandeln.

Als 1847 in Jerusalem das lateinische Patriarchat wieder errichtet wird, überträgt Pius IX. dem Patriarchen das Recht zur Verleihung der Ritterwürde. Könige, Bischöfe, Gelehrte und Künstler lassen sich in romantischer Begeisterung zu Rittern schlagen. 1868 ordnet der Papst den Orden neu als päpstlichen "Ritterorden vom heiligen Grabe zu Jerusalem". Der Laienorden, dem auch Geistliche angehören, ist in 30 Ländern präsent und zählt 20.000 Mitglieder, in Deutschland zählt man 850 weltliche Ritter, 150 Damen und 100 Geistliche. Der Orden engagiert sich ideell und materiell für die katholische Kirche im Heiligen Land. Er unterstützt dort den Bau von kath. Kirchen, Pfarrhäusern, Kindergärten, Schulen, Spitälern und Altenheimen. Mittelpunkt des deutschen Zweiges ist die St. Andreas Kirche in Köln.

14. Die Armutsbewegung

Armutsbewegung ist ein Sammelname für alle Strömungen des Mittelalters, die sich gegen den Reichtum der Kirche wehren, um diese wieder zur apostolischen Armut zurückzuführen.

Alle europäischen Länder – England schon seit dem 8. Jh. – liefern dem Papst als Steuer den Denarius Sancti Petri (Peterspfennig). Seit der Kreuzzugszeit hängen Wechseleinrichtungen, Bankenwesen und Papsttum eng miteinander zusammen. Die Kirche des 13. Jh. wurde schon als Schöpferin des Bankenwesens bezeichnet.[27] Die alten Naturalgaben werden abgeschafft. In Rom braucht man Geld. Auch das Mönchtum entgeht der Verweltlichung nicht. Wer wirklich zur Armut zurück will, findet im Kloster oft nicht mehr, was er sucht. Hinzu kommt, daß nun auch die Laien erwachen. Nach den Kreuzzügen stellt sich der Bauernstand zum ersten Mal auf die Höhe des Bürgers. Sie haben in den Kreuzzügen Mannschaften gebildet. Als sie zurückkehren, sind sie sich ihrer Bedeutung bewußt. So tritt nun das Volk vermehrt neben den Klerus und beginnt, ihn zu kritisieren. Laien halten den Priestern die Armut Jesu vor. Natürlich gibt es auch im 13. Jh. arme Priester, denen das Volk Vertrauen schenkt.

Die Kreuzzüge haben die Laienkreise selbstbewußter gemacht. Schon die Mystik und Theologie Bernhards im 12. Jh. trägt individualisierende Züge. Dies alles verstärkt sich im 13. Jahrhundert. Es erwacht auch eine erste Welle der **Frauen-Emanzipation.** In der ersten Hälfte des Mittelalters werden die objektiven Größen der Kirche selbstverständlich und gläubig

[27] Das europäische **Bankenwesen** hat seinen Ursprung auf den großen Handelsplätzen. Hier wurden auf einem großen Tisch – banca – die verschiedensten Münzsorten ausgebreitet und gewechselt. Ein besonderer Schwerpunkt, schon im 12. Jh., liegt in Oberitalien. Bancheri stellten die Familien Medici (14./15. Jh. in Florenz) und Fugger (seit 15. Jh. Handelshaus in Augsburg). Den Medici entstammen auch verschiedene Päpste.

hingenommen. Dem entsprechen auch die Darstellungen des thronenden Christus und die wohlgegründeten Bauten der Romanik.

Der Abendländer des 12. und 13. Jh. beginnt persönlich zu suchen und kritisch zu fragen. Die Armutsbewegung ist die erste schöpferische Tat des abendländischen Christentums. Bis ins 12. Jh. ist auch die Theologie nur eine Wiederholung der alten Kirchentradition (v. a. Augustin). Jetzt wird eigenständig Stellung bezogen: Bernhard von Clairvaux, Abaelard, die Scholastik, die Ketzergemeinden! In der mystischen Versenkung und in der Sehnsucht nach persönlicher Lebensheiligung in einer Armuts- oder Laienbewegung entdeckt man neue Formen der Frömmigkeit und Lebensverwirklichung. Die Kirche, meinen viele kritisch, hat einen großen Fehler begangen, indem sie nach Macht und Reichtum jagte. Das einzige Hilfsmittel für eine Heilung der Kirche ist die Armut.

Wir können vier Versuche unterscheiden, die unternommen werden, die Kirche wieder zu Armut und Echtheit zurückzuführen:

1. der politische Weg: Arnold von Brescia,
2. die völlige Ablehnung: Albigenser/Katharergemeinden,
3. Mission und Erneuerung durch die Bibel: Waldenser,
4. innere Erneuerung der Kirche: Bettelorden.

1. Joachim, Prophet der Endzeit[28]

Durch die geschichtsphilosophischen Schriften Joachims gewinnt die Armutsbewegung ihr eigenes Geschichts- und Sendungsbewußtsein.

[28] Texte bei E. Staehelin III, 121 - 171; R. E. Lerner, Joachim von Fiore, in: TRE 17 (1988), 84 - 88; G. Maier, Die Johannesoffenbarung und die Kirche (1981), 173 - 191.

Joachim aus Kalabrien wird nach einer Palästinareise Abt eines Zisterzienserklosters seiner Heimat. 1189 verläßt er das Kloster und gründet ein eigenes, das ebenfalls der Benediktinerregel folgt, aber noch strengeren Charakter trägt. Der Papst bestätigt ihm seine Gründung, und der Orden von Fiore entfaltet sich in etwa 40 Klöstern.[29]

Joachim ist überzeugt, daß in Bälde endzeitliche Ereignisse über den Erdkreis kommen werden. Darauf will er die Gläubigen, insbesondere die Mönche, vorbereiten. Er bedient sich der allegorischen Bibelauslegung und berechnet auf das Jahr 1260 das Ende des gegenwärtigen Weltzustandes und den Anbruch des ewigen Sabbaths. Das Jahr 1260 ergibt sich aus der Überzeugung, daß die Geschichte der Kirche derjenigen des Volkes Israel entspricht. Von Abraham bis auf Christus zählt Matthäus (Kap. 1,17) 42 Generationen. Da Jesus 30 Jahre alt wurde, ist das die Zahl einer Generation. 30 Jahre mal 42 ergibt die Jahreszahl 1260 n. Chr.

Im Anschluß an die Dreieinigkeitslehre entfaltet Joachim eine Lehre von drei Weltzeiten (status mundi). Es gibt die Weltzeit des Vaters, des Sohnes und des Heiligen Geistes. Das Zeitalter des Vaters dauerte von Adam bis Christus. Die Zeit des Vaters ist die Ordnung der Verheirateten, die Söhne zeugen. Es ist die Weltzeit des Gesetzes und besteht in sklavischer Knechtschaft des Fleisches. Das Zeitalter des Sohnes ist die Zeit des Wortes, der Kleriker, der Kirche. Es ist ein Zwischenzustand. Man lebt nicht mehr unter dem Gesetz, sondern unter der Gnade, aber noch nicht völlig im Geist.

Das dritte Zeitalter ist das des Heiligen Geistes, in dem nicht mehr nach dem Fleisch, sondern nach dem Geist gewandelt wird. Diesem Zeitalter des Geistes entspricht die Ordnung der Mönche. Dieses selige Zeitalter nahm im Keim seinen Anfang schon beim Mönchsvater Benedikt, es reift weiter im

---

[29] Der Orden erlischt im 17. Jh.

Orden der Zisterzienser, und es wird im Jahr 1260 völlig verwirklicht werden.

Zuvor ist nach der Offenbarung und den Evangelien aber noch mit Wehen und Gerichten zu rechnen. Deshalb appelliert Joachim vor allem an die Mönche, sich auf die Zeit der kommenden geistlichen Kirche vorzubereiten. In den verschiedensten Bildern beschreibt er die unterschiedlichen Weltzeiten: Die erste Weltordnung ist die der Greise, die zweite die der jungen Männer, die dritte die der Kinder. Die erste erzeugt Brennesseln, die zweite Rosen, die dritte Lilien. Die erste bringt Wasser, die zweite Wein, die dritte Öl. Die erste glänzt im Licht der Sterne, die zweite im Licht der Morgenröte, die dritte im Licht der Sonne.

Joachim schreibt auch eine Auslegung der Offenbarung. Hier findet er sieben Zeitabschnitte. Die siebte Epoche ist das Tausendjährige Friedensreich mit dem himmlischen Jerusalem auf Erden. Mit ihm beginnt die Ewigkeit. Die siebte Epoche entspricht dem 3. Weltzeitalter. Es wird dann völlige Besitzlosigkeit herrschen, eine Art Liebeskommunismus. Die Papstkirche wird abgelöst durch eine geistliche Mönchskirche. Kein Bruder braucht dann noch den andern zu lehren; das AT und das NT wird allen unmittelbar im Geist erschlossen sein.

Durch seine apokalyptische und spiritualistische Geschichtstheologie verschafft Joachim der Armutsbewegung ein geistiges Selbstwertgefühl. Die Armutsbewegung darf sich als Vorläuferin einer neuen Zeit- und Weltepoche verstehen.

2. Arnold von Brescia, Büßer und Volkstribun

Arnold wurde um 1100 in Brescia am Südfuß der Alpen geboren. Hier wird er der Vorsteher eines Stiftes von Augustiner Chorherren. Arnold sagt: Jesus hat ein armes Leben geführt, und seine Jünger sind ihm darin gefolgt. Daher müssen auch der Papst, die Bischöfe und alle Priester arm durch diese

Welt gehen. Die Kurie[30] muß den weltlichen Besitz und die weltliche Macht preisgeben. Die Kirche soll überhaupt auf politische Rechte verzichten. Die Priester sollen gemäß AT allein vom Zehnten der Gläubigen leben. Er fordert das Volk auf, unwürdigen Priestern den Gehorsam zu verweigern.

Wegen seiner Gedanken wird Arnold in Rom verklagt und auf das Laterankonzil[31] von 1139 vorgeladen. Er wird zwar nicht als Ketzer, aber als Schismatiker verurteilt.[32] Darum wird Arnold nicht hingerichtet, sondern lediglich aus Italien nach Frankreich verbannt. In Paris lernt er Abaelard kennen und wird dessen Schüler und Freund. Nach der Synode von Sens 1140 wird er mit Abaelard zu Klosterhaft verurteilt. Sein Hauptfeind, der Abt Bernhard von Clairvaux, schreibt über ihn: "Er ist ein Mann, der weder ißt noch trinkt, ich kenne kein entsagungsvolleres Leben als das seine, seine Sprache ist wie ein zweischneidiges Schwert und seine Reden sind sanfter als Öl und feuriger als Pfeile. Mit seinen schmeichelnden und verfüh-

---

[30] **Kurie,** Curia = Senatsversammlung, dann Verwaltung des Papstes.

[31] Alle Konzile bis ins 13. Jh. sind **Laterankonzile**, weil der Papst auf der linken Tiberseite, im Lateran – nicht im Vatikan – residiert. Der Lateranpalast, der ursprünglich der römischen Familie der Laterani gehört, wird nach Konstantins Sieg (aus kaiserlichem Familienbesitz) dem römischen Bischof übertragen und bleibt bis zum Brand 1308 die Residenz der Päpste. Erst nach der Rückkehr aus Avignon wohnen die Päpste im Vatikan, der im 14. und 15. Jh. ausgebaut wird.

1. Laterankonzil, 1123: Bestätigung des Wormser Konkordates.

2. Laterankonzil, 1139: Bestätigung der gregorian. Reform; Bischofswahlen durch das Domkapitel.

3. Laterankonzil, 1179: Papstwahl bedarf 2/3-Mehrheit der Kardinäle, Verbot der Katharer.

4. Laterankonzil, 1215: Bischöfliche Inquisition gegen Katharer und Waldenser; jährliche Beichte beim Pfarrer und Osterkommunion obligatorisch; Transsubstantiationslehre.

[32] Ein Ketzer irrt in der Lehre, er trennt sich von der Seele der Kirche. Der Schismatiker trennt sich nur vom Körper (Verfassung) der Kirche.

rerischen Worten vermag er die Großen und Reichen herbeizulocken." Auf Betreiben Bernhards verjagt König Louis VII. Arnold aus Frankreich, und dieser flieht nach Zürich. Wahrscheinlich lebt er im Martinsklösterchen auf dem Zürichberg, wo heute der Zoo steht. Nach dem Tod des Papstes gelangt er nach Italien. Er lebt in strengen Bußübungen, doch tritt er 1147 an die Spitze einer demokratischen Volksbewegung der Ewigen Stadt. Er träumt davon, die antike Volks- und Senatsherrschaft wiederherzustellen, und zwar auf Kosten des Papstes. 1152 erklären die Arnoldisten die Konstantinische Schenkung für eine Fabel. Das Volk läßt sich für diese Idee begeistern, und Arnold wird zum römischen Volkstribun erhoben. Papst Eugen III. bittet den deutschen König um Hilfe. 1155 kommt Friedrich Barbarossa nach Rom und läßt sich die Kaiserkrone aufsetzen. Bei dieser Gelegenheit gibt der Kaiser Rom dem Papst zurück, und Arnold fällt in Friedrichs Hände. Durch die Kurie verurteilt, wird Arnold noch im selben Jahr als Ketzer verbrannt. Arnolds Anhänger, die Arnoldisten oder Lombarden, verziehen sich nach Oberitalien und verschmelzen mit den Waldensern.

Der Streit mit Bernhard ist eigentlich verwunderlich, denn in ihrem reformerischen Anliegen stehen sich die beiden nahe. Arnold hat es mit der Armut des Papstes ernst gemeint. Bei Bernhard ist die Kritik mehr verbal geblieben.[33]

3. Die Albigenser oder Katharer[34]

Das Albigensertum ist ein Wiederaufleben alter manichäischer Gedanken. Der Stifter der manichäischen Religion wurde

---

33 Erwägungen gegenüber Papst Eugen III.

34 A. Borst, Die Katharer (7. Aufl. 2000); H. Grundmann, Ketzergeschichte des MA = KiG II/G1 (3. Aufl. 1978); D. Müller, Katharer = TRE 18 (1989) 21 ff; M. Lambert, Geschichte der Katharer (2001).

273 in Persien gekreuzigt (Bd. I, 101 f.). Der Name Cathari taucht schon im 12. Jh. in Deutschland auf. Daraus entsteht das Wort Ketzer. Sie lehren einen scharfen Dualismus von Geist und Materie. Die Katharer kritisieren den reichen Pomp, aber auch die Weltlichkeit der Katholischen Kirche und verstehen sich selbst als die wahre Kirche. Sie verwerfen die Sakramentslehre der Katholischen Kirche. Taufe und Abendmahl sind rein symbolisch zu verstehen. Sie lehren die Präexistenz der Seelen, den freien Willen, die Seelenwanderung und das Endheil aller Seelen.[35] Eid und Ablaß, Fegefeuer und Totenmesse lehnen sie ab, auch jede Art von Blutvergießen wie Krieg oder Todesstrafe.

Kaufleute und Wallfahrer bringen das Albigensertum um 1000 über das Mittelmeer in die Gegend von Toulouse. Bald finden wir es auch in der Champagne, in Flandern sowie am Rhein in Köln und Bonn. Sein Schwerpunkt ist das Gebiet der Bischofsstadt Albi bei Toulouse.

Die Katharer unterscheiden zwei Klassen: Credentes (Gläubige) und Perfecti (Vollkommene). Ein Perfectus wird man durch den Empfang einer Geistestaufe. Der Perfectus treibt die Weltverneinung so weit wie möglich. Oberste Ziele der Religion sind asketische Leib- und Naturverachtung. Die Gläubigen bleiben noch im Weltleben. Am Ende sollte aber jeder Gläubige ein Perfectus werden. Die Katholische Kirche lehnen sie radikal ab.

---

[35] Darin sind sie den **Bogomilen** verwandt, die sich vom 10. - 15. Jh. von Bulgarien nach Westen und Osten ausbreiten (Bogomil, gest. 969). Die Bogomilen betrachten den Teufel als Schöpfer der Welt. Er ist neben Christus der jüngste Sohn Gottes. Christus ist nur ein Engelwesen. Sich selbst verstehen die B. als in der Welt gefangene Engelwesen, die sich durch Seelenwanderung erlösen. Vgl. I. v. Döllinger, Beiträge zur Sektengeschichte des MAs I-II (1890, Neudr. 1968); P. Seifert, Geheime Schriften mittelalterlicher Sekten (1997).

6 Hauptgebote für die Vollkommenen

1. Vegetarische Ernährung: Verzicht auf Fleisch, Milch, Eier. Gestattet sind nur Wasser, Gemüse, Brot, Fisch. Menschen, die sich im Leben nicht bewährt haben, erscheinen zur eigenen Läuterung wieder als Tiere. In der Zeit um Weihnachten, Ostern und Pfingsten gilt während Wochen ein verschärftes Fasten. Der Albigenser darf sich dann nur von Wasser und Brot ernähren. Alles Irdische ist zu meiden, denn aus der Schöpfung kommt alles Böse.
2. Eheverbot. Jeder, der ein Perfectus werden will, muß die Ehe auflösen, denn die leibliche Vereinigung führt zur Vermehrung des Bösen.
3. Ein Perfectus verpflichtet sich zum gemeinschaftlichen Leben. Männer und Frauen leben streng getrennt. In Toulouse soll es im 12. Jh. eine ganze Anzahl von Albigenserklöstern gegeben haben.
4. Verzicht auf Eidschwur.
5. Bereitschaft zum Martyrium.
6. Kein lebendes Wesen töten. Kein Kriegsdienst.

Verfassung und Gottesdienst

Die ganze Gemeinde ist streng organisiert. Es gibt Bistümer und Konzilien wie in der Katholischen Kirche.

Die Anbetung soll im Geist und in der Wahrheit geschehen. In den Gotteshäusern darf es weder Bilder noch Kreuze geben. Die Räume müssen schmucklos sein. Ständig ist eine Bibel aufgeschlagen mit Johannes 1,1 in südfranzösischer Volkssprache. Im Gottesdienst knien die Gläubigen vor den Perfecti nieder und bitten diese um Segen und Fürbitte. Eine solche Segnung nennen sie Melioramentum. Ein wichtiger Brauch ist das **Consolamentum**. Es ist eine Art Geistestaufe. Wer das Consolamentum begehrt und empfängt, wird ein Perfectus. Nur Vollkommene werden ins Himmelreich eingehen.

Das Consolamentum ist der Trost der Sterbenden. Als Vorbereitung für das Consolamentum ist ein einjähriges Noviziat vorgeschrieben. Der Täufling muß versprechen, der Katholischen Kirche für immer und ewig zu entsagen. Nach dem Bekenntnis legt man ihm die Bibel und die Hand aufs Haupt mit den Worten: "Vater, nimm ihn an und gib ihm deinen Heiligen Geist." Wer kurz vor dem erwarteten Tod das Consolamentum empfängt und dann wieder gesund wird, sollte Selbstmord begehen – durch Verhungern, Erhängen oder Vergiften. Auch viele gesunde Perfecti entleiben sich selbst. Oft töten Mütter ihre Kinder. Die Albigenser sind im Mittelalter die "Sekte der Selbstmörder."

Die Versammlungen werden unter freiem Himmel abgehalten. Um 1200 sind die Katharer in Südfrankreich stärker als die Katholische Kirche. Auch die Grafen von Toulouse gehören der Sekte an. Einzelne übergeben ihre Söhne und Töchter den Perfecten zur Erziehung. Ritter und Damen empfangen das Consolamentum.

Der soziale Aspekt

Alle Stände sind vertreten: Adel, Bauern und Textilarbeiter. In Südfrankreich kommt es zu einer verzweifelten wirtschaftlichen Lage und zu einem starken Drang nach Unabhängigkeit. Für die Bevölkerung ist der Unterschied zwischen den schwelgenden Prälaten der Kirche und den Katharern augenfällig. Der Sittenzerfall des höheren Klerus ist groß. Weltliche Adlige verleihen geistliche Pfründen an Mitglieder der eigenen Familie. Papst Innocenz III. bezeichnet den Erzbischof von Narbonne als einen Menschen, der keinen anderen Gott kenne als das Geld. Von solchen Zuständen profitieren die Albigenser.

Die Reaktion der Katholischen Kirche

1. Der Papst schickt Gesandte in die ketzerischen Gegenden, die gegen die Irrlehre predigen. Doch die päpstlichen **Legaten** und Prediger erscheinen mit Glanz und Pomp.
2. Der Spanier **Dominicus** gründet in Toulouse eine Genossenschaft zur Bekehrung der Albigenser. Seine Brüder ziehen in apostolischer Armut predigend und diskutierend durchs Land. Es gelingt ihnen, einige Albigenser in den Schoß der Kirche zurückzuführen. Aus ihrer Genossenschaft wird später der Dominikanerorden. Auch die Franziskaner und andere papsttreue Ordensbewegungen verhelfen der Katholischen Kirche zu neuer Spiritualität und Glaubwürdigkeit. Das Prämonstratenserkloster in Rüti-Zürich zum Beispiel wird um 1200 gegründet, weil die Bauern des Zürcher Oberlandes zu dieser Zeit fast alle Sektierer – vermutlich Katharer – sind (Gründungsurkunde).
3. Papst Innocenz III. ruft zu einem **Kreuzzug** gegen die Anhänger der "ketzerischen Bosheit" auf. Er beauftragt zwei französische Bischöfe und den Abt von Citeaux als Führer der christlichen Heerscharen zur Ehre der Heiligen Dreieinigkeit. Sie sollen durch Predigen ihre Untertanen zu diesem heiligen Werk ermahnen. Alle, die sich durch den Eifer des rechten Glaubens zu diesem Werk der Frömmigkeit gürten, dürfen gewiß sein, daß Gott und sein Statthalter auf Erden ihnen alle ihre Sünden erlassen.[36]

Die grauenvollen Albigenserkriege rotten in den Jahren 1209 - 1229 das südfranzösische Albigensertum völlig aus. Reste der Albigenser halten sich bis ins 14. Jh. in den Pyrenäen, in Nordwestitalien und in Sizilien.

Die Kritik der Katharer an der Kirche ist teilweise berechtigt (Armut, Spiritualisierung, Laienbeteiligung). Sie verurteilen

---

[36] Guggenbühl/Huber, Quellen MA (5. Aufl. 1972) 115 ff.

aber nicht nur Mißstände in der Kirche, sondern auch die göttliche Schöpfung, den eigenen Körper und die Ehe. Ihre Quelle ist selbst nicht rein. Hätten sich die Albigenser durchgesetzt, so hätte sich die ganze Gesellschaftsordnung aufgelöst.

4. Die Waldenser[37]

Petrus Waldes, durch die Bibel bekehrt

Auf den Reformationskirchen lastet gelegentlich der Vorwurf, sie hätten die eine Katholische Kirche gespalten. In Wirklichkeit gibt es Protestanten, seitdem es die Papstkirche gibt, d. h. seitdem sich der römische Bischof göttliches Urteilsrecht über Lehre und Glauben anmaßt und seitdem das Leben der kirchlichen Würdenträger mit den Lehren des Evangeliums nicht mehr übereinstimmt. Die beiden bedeutendsten vorreformatorischen Gegenkirchen sind die Katharer und die Waldenser.

Der Gründer der Waldenser heißt **Petrus Waldes**, ein reicher Kaufmann und Familienvater aus Lyon. Er lebt von 1140 - 1217. Eines Tages vernimmt der geistlich suchende Waldes die Legende des heiligen Alexius, der in der Hochzeitsnacht sein Weib verläßt, um arm zu sein. 17 Jahre lang ernährt sich der Bettler von Abfällen. An seinem Todestag gibt er sich den Seinen wieder zu erkennen.

Er beauftragt zwei befreundete Geistliche, ihm die Bibel ins Provenzalische zu übersetzen. Eifrig liest er in dieser handgeschriebenen Bibel. Er erlebt darauf eine tiefgreifende Umwandlung, die praktische Folgen nach sich zieht. Im Frühling

[37] A. Stucki, Christus in Italien (1936); G. Tourn, Geschichte der Waldenser-Kirche (2. Aufl. 1992); Th. Kiefner, Die Waldenser auf ihrem Weg aus dem Val Cluson durch die Schweiz nach Deutschland 1532 - 1755, I - IV (2. Aufl. 1997/98); A. Molnár, Die Waldenser (1994); G. Frank/F. Niewöhner, Reformer als Ketzer (2004).

des Hungerjahres 1176 geht er auf die Straße und verschenkt sein Geld den Hungernden und Armen. Er will nun selber ein Leben der Armut und der Buße führen und sich in den Dienst von Volk und Kirche stellen. Mit Gleichgesinnten zieht er aus, um zu predigen. Nach der Weisung des Evangeliums tun sie es je zu zweit. Sie wollen im Sinne der Bergpredigt Jünger Jesu sein.

Mit dem Bann belegt

Im Unterschied zu den Albigensern haben die Waldenser eine biblische Wurzel. Weil sie ohne kirchliche Erlaubnis predigen und dabei auch den Klerus nicht verschonen, ruft ihre Tätigkeit den Erzbischof von Lyon auf den Plan. Doch Waldes und seine Männer (auch einzelne Frauen) antworten ihm, man müsse Gott mehr gehorchen als den Menschen. Sie appellieren an den Papst, denn sie wollen in der Katholischen Kirche bleiben. 1179 tritt Waldes mit seinem Freund Viveto vor das **3. Laterankonzil**, um sein Anliegen zu verteidigen. Papst Alexander III. würdigt zwar sein Armutsgelübde, das Predigen und Missionieren gestattet er den Waldensern aber nur unter der Bedingung, daß sie vom örtlichen Klerus dazu aufgefordert würden. Als diese Aufforderungen unterbleiben, predigt Waldes weiter. Er findet viele Anhänger, besonders im oberen Italien und in Savoyen. So wird Waldes auf dem Konzil zu **Verona 1184** mit dem kirchlichen Bann belegt. Er und seine Freunde sind nun vogelfrei. Ein Teil schließt sich den Albigensern an. Andere predigen heimlich weiter. Die Bewegung greift rasch um sich. Besonders da, wo die Arnoldianer und die Katharer bereits die Türen geöffnet haben, faßt auch die waldensische Botschaft Fuß: in Südfrankreich und Spanien, der Lombardei, dem Elsaß, der Schweiz und in Deutschland. In der Lombardei begegnen die Waldenser frommen Wollwebern und Tuchmachern (Humiliaten), die sich zu einer Laienbruderschaft zusammengeschlossen haben. Ein großer Teil von ihnen schließt sich den Waldensern an. Hier nennt man die Waldenser zunächst "Arme aus der Lombardei". Sie gründen in Mailand eine Predigerschule, aus der bis ins 14. Jh. Missionare hervorgehen, die das Evangelium bis nach Ungarn, Böhmen, Mähren und Pommern tragen.[38] Waldes selbst stirbt vermutlich 1217 in Böhmen.

Lehre und Leben der Waldenser

Zur Vollkommenheit des geistlichen Lebens gehören apostolische Armut (Mt. 19,21), Keuschheit und Verkündigung. Die einzige Autorität ist die inspirierte Bibel. Darum legen die Waldenser Wert auf Bibelübersetzungen und Bibelkenntnis. Ein kirchliches Recht gibt es für sie nicht. Wer sich durch ein Gelübde zum apostolischen Leben verpflichtet, gehört zu den **pauperes spiritu** (fratres et sorores!)[39], gelegenlich werden sie auch Perfecti oder Apostel genannt. Daneben gibt es die waldensischen Gläubigen und Freunde, die sich äußerlich noch zur Katholischen Kirche halten und im weltlichen Leben stehen.

Das Hauptanliegen der Waldenser ist die Verbreitung der biblischen Botschaft in der Sprache des Volkes. Lehrmäßig stehen sie zwischen dem Katholizismus und der späteren Reformation. Sie verwerfen Ablaß, Seelenmessen, Fegefeuer, Heiligenverehrung sowie Eid und Kriegsdienst. An der katholischen Abendmahlslehre (Transsubstantiation), am Zölibat und an der Werkgerechtigkeit halten sie fest.

[38] Später gründen die Waldenser eine Bibelschule im Tal von Angrogna, eine Vorläuferin der theologischen Schule von Torre Pellice (19. Jh.). Das theologische Zentrum der Waldenser heute ist ihre theologische Fakultät an der via Pietro Cossa 42 in Rom.

[39] Arme im Geist, Brüder und Schwestern.

Ihre Gemeindeverfassung richtet sich nach dem Neuen Testament. Sie berufen Prediger, Bischöfe, Älteste und Diakone. Die Prediger treffen sich jährlich zu einer Kapitelversammlung oder Synode während eines kirchlichen Festes in einer Stadt der Lombardei.

Die ihr Leben nicht lieben

Nach 1200 erteilt Papst Innocenz III. das Signal zum konsequenten Vernichtungsfeldzug. Die Waldenser müssen daher völlig im Verborgenen missionieren. Eine typische Einrichtung sind die sogenannten Hospize. Es sind einfache, unauffällige Häuser, die den Reisepredigern als Unterkunft dienen und zugleich heimlich als Orte des Gottesdienstes benützt werden. Die Hospize werden meistens von einem Prediger und einer älteren Haushälterin bewohnt (Zölibat). Die Gottesdienste in diesen Hospizen (in allen Ländern Mitteleuropas) bestehen aus Schriftlesung, Predigt und Gebet. Ein gottesdienstlicher Gesang wäre der Verfolgung wegen zu gefährlich. In den Hospizen wird die Bibel so fleißig und gründlich gelesen, daß viele ganze Bibelteile oder gar das ganze Neue Testament auswendig können.

Die Missionsprediger[40] ziehen von Hospiz zu Hospiz. Viele von ihnen fallen den Häschern in die Hände und erleiden den Martertod. Ihren Dienst verrichten sie meistens als Hausierer verkleidet. Ein Inquisitor aus Passau beschreibt das Vorgehen eines Missionars: "Der Hausierer kommt in ein Schloß. Nachdem er den Damen Ringe, Schleier und andere Schmuckgegenstände feilgeboten hat, fügt er bei, er habe einen noch prachtvolleren, köstlicheren Edelstein, doch dürfe man ihn deswegen nicht verraten. Wird ihm dies zugesichert, dann fährt er fort: 'Ich habe eine so leuchtende Perle bei mir, durch deren

[40] Auch "Barben" = Onkel genannt.

Kraft jedermann Gott kennenlernt. Und ich habe noch eine zweite, die einen derart hellen Glanz ausstrahlt, daß in jedem Menschen, der sie besitzt, die Liebe Gottes entfacht wird. Zwar spreche ich nur in Bildern, doch sage ich die reine Wahrheit. Darauf beginnt der Hausierer vor den aufmerksamen Zuhörern Sprüche aus den Evangelien herzusagen." – Ein anderer Inquisitor berichtet: "Man kann sie an ihren Sitten und Redensarten erkennen. Sie sind einfach und sauber angezogen. Ihre Kleider sind prunklos und weder aus schlechtem, noch aus kostbarem Stoffe. Sie treiben keinen Handel, damit sie nicht lügen, schwören oder betrügen müssen. Sie leben von ihrer Hände Arbeit, und sogar ihre Lehrer üben den Beruf eines Webers oder Schuhmachers aus ... Sie sind keusch, mäßig und besuchen weder Wirtschaften noch Tanzanlässe, denn an solchen Dingen haben sie keine Freude ..."[41]

Flucht in die Alpentäler

Als Innocenz III. 1208 einen Kreuzzug gegen die Albigenser ausruft und dadurch für 20 Jahre einen furchtbaren Krieg gegen alles Ketzerische auslöst, ziehen sich die verbleibenden Waldenser in die kottischen Alpentäler im französisch-italienischen Grenzgebiet zurück (westlich von Turin).[42] Auf der Flucht vor der Inquisition verkriechen sich die einen in Höhlen, andere erfrieren auf eingeschneiten Bergen oder enden auf dem Scheiterhaufen.

[41] Stucki 62

[42] In Italien sind es die Täler Luserna und St. Martin, Perosa, Angrogna, Pragelato, Dora Riparia; in Frankreich: Valluisa, Argentiera, Freissinière.

Entscheidung für die Reformation

Als in Deutschland und der Schweiz die Reformation anbricht, beträgt die Zahl der Waldenser und ihrer Sympathisanten in ganz Europa vielleicht noch Hunderttausend. Nach Kontakten mit den Reformatoren Farel in Neuchâtel, Haller in Bern, Oekolampad in Basel und Bucer in Straßburg versammelt sich am 12. September 1532 eine waldensische Synode in Chanforan im Tale von Angrogna im Schatten eines Kastanienwäldchens unter freiem Himmel. Aus der Schweiz sind **Farel**, Pfarrer Saunier aus Payerne und Olivétan (ein Vetter Calvins) anwesend.[43] Nach sechstägigen Verhandlungen unter Farels Vorsitz entscheidet sich die Synode mit großer Mehrheit für die Reformation. Drei Jahre später veröffentlicht Olivétan in Neuchâtel seine neue französische Bibelübersetzung, die bis 1600 50 Auflagen erlebt.[44] Öffentliche Gottesdienste in ersten Gotteshäusern gibt es erst seit den 1550er Jahren. Die Grenze zwischen Frankreich und Savoyen zieht sich mitten durch die Gebiete der Waldenser. Die Gemeinden in Frankreich gehören nun zur Hugenottenkirche, die Gemeinden in den savoyischen Waldensertälern bilden eine eigene kleine reformierte Kirche. Sie gründen neue Gemeinden in der Poebene und im übrigen Italien.

Erneute Verfolgungen

Auch in der Provence entstehen blühende Gemeinden mit gegen 10.000 Waldenserfamilien. Seit dem 14. Jh. bestanden

---

[43] Farel und Saunier stammen beide aus der Dauphiné.

[44] Bis ins 19. Jh. ist Französisch die offizielle Sprache der Waldenserkirche, dann gewinnt die italienische Sprache die Oberhand. In den Tälern wird auch im 20. Jh. noch ein halb französischer, halb italienischer Dialekt gesprochen.

auch in Kalabrien und Apulien Waldenserkolonien von Ausgewanderten. Während 200 Jahren bleiben sie unbehelligt. 1561 aber bricht unter Inquisitor Malvicino eine grausame Verfolgung aus. Innerhalb von elf Tagen erleiden 2.000 Gläubige den Martertod, andere werden gefangen nach Spanien auf die Galeeren abgeführt, Frauen und Kinder werden wie Sklaven verkauft. Im Sommer sind die kalabrischen Kolonien vernichtet.

Über die Waldenser der Provence bricht schon in den 1540er Jahren das Unheil herein. In zwei Wochen werden 4000 Waldenser niedergemacht, 600 landen auf den Galeeren und 250 erleiden den Flammentod. Ihre Wohnhäuser werden dem Erdboden gleichgemacht. Wem es gelingt, der flieht nach Genf oder in die piemontesischen Täler.

1686 verbietet auch der Herzog von Savoyen den waldensischen Glauben. Eine Flutwelle von Flüchtlingen ergießt sich über die Schweiz (die Herberge der Barmherzigkeit) nach Deutschland. Vor allem in der Gegend von Maulbronn – ein durch den Dreißigjährigen Krieg entvölkertes Gebiet – entstehen waldensische Kolonien. Im Jahr 1701 bringt ein Waldenser als erster 200 Kartoffelknollen nach Württemberg. Noch heute erinnern Flur- und Familiennamen an die vergangenen Ereignisse. In den waldensischen Dörfern zeigen die Häuser ihren Giebel gegen die Straße, der Stall steht dahinter.

Die waldensischen Täler wären ganz rekatholisiert worden, wenn nicht die Französische Revolution und die Gleichberechtigung von 1848 gekommen wäre. Heute leben in Italien noch etwa 30.000 Waldenser in den piemontesischen Tälern. Ihre Spitäler, Altersheime und Waisenhäuser erfreuen sich eines guten Rufes. Bis heute lautet der Wahlspruch der Waldenser: "LUX LUCET IN TENEBRIS" – Das Licht scheint in der Finsternis!

5. Die Bettelorden

A) Die Franziskaner[44a]

Die Bettelorden, die im Anfang des 13. Jhs. entstehen, zeigen uns eine ganz neue Form des Mönchtums. Folgende vier Kennzeichen sind charakteristisch:

1. Nachfolge als Nachahmung Christi und apostolisches Leben (imitatio Christi und vita apostolica). "Verkaufe, was du hast und gib's den Armen ... Des Menschen Sohn hat nicht, da er sein Haupt hinlege ... Will mir jemand nachfolgen, der verleugne sich selbst ..." Solche und ähnliche Stellen des NT werden gehört und treten ins Zentrum der Beachtung. Nachfolge heißt, ein äußerlich armes, aber geistlich reiches Leben zu führen, wie Jesus es tat.

2. Die Bettelmönche leben nicht ihrem eigenen Seelenheil in abgelegenen Klöstern. Sie geben sich hin für die Aufgabe der Volksmission.

3. Armut und Besitzlosigkeit gelten nicht nur für die einzelnen Mönche, sondern für den ganzen Orden. Der Klosterverband von Cluny zum Beispiel hat 910 auch vielversprechend angefangen, später aber seine Kraft wegen des Reichtums seiner Klöster verloren.

4. Die Ordensmitglieder sollen sich von Betteln und Gaben ernähren. Das Betteln dient zudem der eigenen Demütigung.

[44a] H. v. d. Bey/J. B. Freyer, Die Franziskanische Bewegung, I - II (1996); K. Ruh, Geschichte der abendländischen Mystik II (1993); L. Iriarte, Der Franziskus-Orden. Handbuch der franziskanischen Ordensgeschichte (1984); H. Feld, Franziskus von Assisi und seine Bewegung (1994); A. Ratzetter, Klara von Assisi (2. Aufl. 1994); J. Schlageter, Franziskaner = TRE 11 (1983) 389 ff.

Franz von Assisi[45]

Franziskus wird im Jahr 1182 in Assisi/Umbrien als Sohn eines reichen Tuchhändlers geboren. Seine Mutter stammt aus einer vornehmen provenzalischen Familie. Franz spricht darum französisch und italienisch. In der Kathedrale zu San Rufino wird er auf den Namen Giovanni Bernardone getauft. Der Beiname Franziskus (= kleiner Franzose) wird ihm vermutlich vom Vater und den Spielkameraden gegeben, weil er die französische Mode bevorzugt. Schon in seiner Jugend tut er sich hervor. Da ihm reichlich Gelder zur Verfügung stehen, will er sein Leben als Ritter verwirklichen. 1202 beteiligt er sich am Krieg zwischen Assisi und Perugia und gerät für ein Jahr in Gefangenschaft. Durch eine Krankheit ruft ihn Gott zur Besinnung. Nun beginnt er, das weltliche Treiben zu meiden. In einer Höhle außerhalb von Assisi empfängt er 1205 die Gewißheit, sein Leben dem gekreuzigten Christus zu weihen. Vor den Toren seiner Stadt liegen Scharen von hungernden Aussätzigen. Nun fühlt er Mitleid und Erbarmen mit ihnen. Er, der vorher diesen Elendsgestalten immer ausgewichen ist, wird plötzlich zu diesen Ärmsten der Armen hingezogen. Franz erlebt eine Bekehrung von hochfahrenden Ritterplänen zum Dienst an den Kranken. Er wird Krankenpfleger und küßt ihre übelriechenden Eiterwunden. Vor dem Kreuz der zerfallenen Kapelle San Damiano vernimmt er die Stimme Christi: "Geh und baue meine Kirche wieder auf!" Eigenhändig wie ein italienischer

[45] Thomas de Celano, Leben und Wunder des hl. Franziskus von Assisi (6. Aufl. 2001); Die Opuscula des hl. Franziskus von Assisi, ed. K. Esser (1976); P. Friebe (Hg), Franziskus von Assisi, Bruder Sonne, Schwester Mond. Der Sonnengesang (1999); ders., Erleuchtete Finsternis meines Herzens (2000); P. Sabatier, Leben des Heiligen Franz von Assisi (1897); C. Frugoni, Franz von Assisi (1997); M. Hofer, Francesco. Der Mann des Jahrtausends (2000); W. Goetz, Franciscus von Assisi = TRE 11 (1983) 299 ff.

Pflasterer vermörtelt er das Kirchlein. Später wird ihm deutlich, daß sich der Auftrag Christi auf die ganze morsch gewordene Kirche bezieht.

Erbost über die verschwenderische Wohltätigkeit des Sohnes enterbt ihn sein Vater. In einer Gerichtssitzung vor dem Stadtbischof verzichtet Franz auf Eigentum und Erbschaft. Auf der Straße dokumentiert er öffentlich seinen Entschluß: Er legt sogar seine Kleider ab und übergibt sie dem Vater mit den Worten: "Bis hierher habe ich Euch meinen Vater auf Erden genannt. Von nun an aber darf ich ruhig sagen: Unser Vater im Himmel, bei dem all mein Haben ruht, auf den ich all mein Hoffen setze." [46] Der Bischof, zu Tränen gerührt, schließt ihn in seine Arme und deckt ihn mit seinem Mantel.

Am 24. Februar 1209 hört er in der Maria-Kirche zu Portiuncula, nahe bei Assisi, das Evangelium des Tages: "Gehet, prediget und sprecht, das Himmelreich ist nahe herbeigekommen, macht Kranke gesund, weckt Tote auf, reinigt Aussätzige, treibt böse Geister aus. Umsonst habt ihr's empfangen, umsonst gebt es auch. Ihr sollt nicht Gold, noch Silber, noch Kupfer in euren Gürteln haben ..." Unter diesen Worten gewinnt er die Gewissheit seiner Bestimmung: Nachfolge Christi in apostolischer Armut als Wanderprediger. So wird Franz Volksmissionar und Bußprediger. Andere folgen seinem Beispiel. Die Brüder durchziehen Umbrien und die benachbarten Landschaften. Sie übernachten in Vorhallen von Kirchen und verrichten zwischendurch leichtere Handarbeit.

Im Jahr 1210 zieht Franz mit seinen ersten elf Gefährten nach Rom, um von Papst Innozenz III. seine Lebensweise bestätigen zu lassen. Die Brüder predigen zentrale Wahrheiten des Evangeliums: Buße, die Ankunft des Reiches Gottes und den Tod als Eingang zu den himmlischen Freuden. Sie unterstützen die Priester; sie haben nicht die Absicht, deren Sünden ans Licht zu zerren, denn "die Liebe deckt der Sünden Menge".

---

[46] Th. v. Celano, a.a.O. VI, 14; Bonaventura II,4 (vita).

So wichtig wie das Wort ist ihnen das Beispiel. Nicht mit griesgrämigen Gesichtern wollen sie den Menschen begegnen, sondern mit Fröhlichkeit (laetitia) in den Augen. Bald ist ihre Genossenschaft so groß, daß es gilt, sie zu organisieren. Die ursprüngliche Regel des Franziskus (ca. 1210) – eine Zusammenstellung von Evangelientexten betreffend Armut und Wandermission – ist uns nicht erhalten. Es bricht hier ein neues Mönchtum auf: Hinaus in die Welt! Mission! Laien und Priester sind ihm gleich willkommen.

Im Jahr 1212 schließt sich **Klara** von Assisi mit ihren Schwestern der franziskanischen Lebensweise an (in San Damiano bei Assisi). Aus dieser kleinen Schwesterngemeinschaft wird der zweite franziskanische Orden der **Klarissen**.

Auch Verheiratete wollen in ihren Familien nach den Idealen des Franziskus leben. Daraus entwickelt sich nach 1226 der (dritte) Orden der **Tertiarier**, welcher 1289 vom Papst bestätigt wird.

Die Anfänge des Franziskaner-Ordens

Schon in Assisi (ca. 1210) verbinden sich mit Franz die ersten Brüder zu Armut, Keuschheit und Gehorsam. In Windeseile folgen ihnen in allen Ländern Europas solche Massen, daß Franz zehn Jahre später angeblich 5.000 seiner Franziskaner zu einem ersten Ordenskapitel, einem "Feldlager der Ritter Gottes", bei Assisi vereinen kann. In der Ebene rund um die Portiunkula-Kapelle lagern die Brüder – hier vierzig, dort hundert. Sie nähren sich von dem, was das staunende Volk ihnen aus Barmherzigkeit und Bewunderung herbeibringt.

In Anbetracht dieses Aufschwungs stellt der Papst Franz den Kardinal Ugolino von Ostia[47] als Ratgeber zur Seite, um die freie Bruderschaft in einen besser organisierten Orden umzuwandeln.

---

[47] Ugolino von Ostia ist der spätere Papst Honorius III.

In den 12 Kapiteln der Franziskanerregel heißt es zum Beispiel:

1. Die Regel und Lebensweise der Minderbrüder ist diese, daß sie nach dem Evangelium wandeln in Gehorsam, ohne Eigentum und in Keuschheit. Bruder Franziskus verspricht dem Papst Honorius und seinen Nachfolgern Gehorsam und Ehrfurcht, und die übrigen Brüder sollen Franziskus und seinen Nachfolgern gehorsam sein.
3. Ich ermahne meine Brüder nachdrücklich, wenn sie durch die Welt wandern, nicht mit Worten zu streiten oder andere zu richten, sondern mit allen ehrbar, sanftmütig und demütig zu reden. Dem heiligen Evangelium gemäß soll es ihnen gestattet sein, von allen Speisen, die man ihnen vorsetzt, zu essen.
4. Allen Brüdern befehle ich nachdrücklich, daß sie keinerlei Geld oder Münzen annehmen.
5. Zum Lohn für ihre Arbeit können sie sich Dinge, die zur Lebensnotdurft gehören, geben lassen, doch kein Geld.
9. Die Brüder sollen in einem Bistum nicht predigen, wenn der Bischof es ihnen verboten hat. Kein Bruder soll es wagen zu predigen ohne Prüfung und Erlaubnis des Generalministers.
12. Alle Brüder, die zu den Sarazenen oder zu anderen Ungläubigen ziehen, sollen dazu die Erlaubnis des zuständigen Provinzialministers einholen.[48]

Am 29. November 1223 bestätigt Papst Honorius die Regel. Warum akzeptiert die römische Kirche die Franziskaner, nachdem sie die Waldenser abgelehnt hat? Das Papsttum hat inzwischen seine Lehren gezogen. Ohne die Anerkennung der Minderbrüder wäre es zu einem Massenabfall von der Kirche

---

[48] Guggenbühl, Quellen, a. a. O. 413 ff.

gekommen. Im Unterschied zu den Waldensern umschließt Franz ein tieferes Liebesband zur Kirche. Er würde die Priester selbst dann lieben, wenn sie ihn verfolgten, denn sie sind die Geweihten des Herrn und teilen den Leib und das Blut des Herrn aus.

Als Gewand tragen die Brüder die Kleidung armer Leute: eine reine Sacktuch-Kutte mit Kapuze und einem Strick als Gürtel, notfalls sind Sandalen erlaubt.

Von Herzen demütig

Franz ist ein durch und durch charismatischer Mensch. Selbst zur Armut steht er in einem mystischen Verhältnis. Er empfindet Armut nicht als Not, sondern als Fülle. Er verlangt überschwengliche Armut (copiosa paupertas); ja, er vermählt sich mit der schönen Frau Armut. Ihr zuliebe zieht er von Haus zu Haus. Mögen die gesammelten Speisereste im Topf noch so unappetitlich anzuschauen sein, Franz verzehrt sie freudiger als das leckerste Mahl. Geld dagegen betrachtet er als Mist. Allein schon das Berühren von Geld ist für einen Bruder Sünde, denn das Geld stammt vom Teufel. Durch seine unmittelbare herzliche Einfalt überwältigt er die Menschen. Er ermahnt alle vierfüßigen Tiere, die Vögel und die Fische, sogar die unbeseelte Natur, ihren Schöpfer zu loben. Im Anschluß an Psalm 148 preist er in einem hymnischen Gebet den Herrn mit allen Geschöpfen "vornehmlich mit unserer edlen Schwester, der Sonne, und dem Bruder Mond". Sonne, Mond und Sterne sind unsere Geschwister. Franz ist aber kein Pantheist. Gott ist ihm der Schöpfer von allem.

Sein Weggefährte und erster Biograph, Celano, berichtet uns über Franz' Askese: Kaum gestattete er den Genuß von gekochter Speise. Und wenn er das Kochen zuließ, so verdarb er den guten Geschmack durch Asche oder kaltes Wasser. Körperlich und seelisch leidend, empfängt er im September des Jahres 1224 die **Wundmale** Jesu. Als er am Abend des 3. Oktober 1226 in seiner Portiuncula-Kapelle stirbt, entdeckt man bei seiner Entkleidung fünf Wundmale[49] an Händen, Füßen und an der Seite. Bereits zwei Jahre später wird Franz heiliggesprochen.

Ausbreitung und Organisation

Bereits 1221 ziehen Brüder nach Deutschland und gründen Konvente in Augsburg, Würzburg, Worms und Speyer. Auch in Lindau, Konstanz, Salzburg, Regensburg und Nördlingen entstehen Niederlassungen. Die Franziskaner ziehen in die Städte, denn sie wollen das Bürgertum erreichen. 1231 treffen wir sie in Basel, dann in Zürich, Schaffhausen, Bern und Genf. Noch zu Lebzeiten von Franz (1224) werden in Canterbury, London und Oxford Stationen angelegt. "Sie erfüllten plötzlich die ganze Welt", urteilt ein Zeitgenosse.

Die Franziskaner gewinnen rasch die Gunst der ärmeren Volksschichten, weil sie sich der vernachlässigten Seelsorge annehmen. Das Volk nennt sie Barfüßer oder Minderbrüder. Natürlich führt dies auch zu Spannungen mit dem Klerus, denn die Franziskaner haben schon bald die päpstliche Erlaubnis, auch ohne Bewilligung der Bischöfe in den Gemeinden zu predigen und die Beichte zu hören.

---

[49] Auch Paulus trägt die **Stigmata** Jesu an seinem Leibe (Gal. 6,17), doch ist unklar, ob er dasselbe meint.

K. Hase meinte im 19. Jh. noch, die Wundmale seien der Leiche nachträglich zugefügt worden. Franz ist der erste Stigmatisierte, den wir kennen. Seither trugen etwa 300 Gläubige, mehrheitlich Frauen, die Wundmale Christi. Vermutlich ist die Entstehung psychosomatisch zu erklären: intensive Versenkung ins Leiden Christi lassen die Seele auf den durch Askese geschwächten Körper dergestalt einwirken, daß Wundmale entstehen. Es gibt auch Stigmatisierte mit Wundmalen an der Stirn. Die Nonne Katharina von Emmerik (gest. 1824) erleidet die Stigmen in Begleitung von Jesus- und Marienvisionen. Theologisch sind Stigmatisationen kein Beweis besonderer Heiligkeit.

An der Spitze des Ordens steht ein gewählter Generalminister, unter ihm die Provinzialminister. Deutschland kennt schon 1230 eine rheinische und eine sächsische Provinz.

Aus dem Orden der Franziskaner gehen die größten Volksprediger des Mittelalters hervor. Über **Berthold von Regensburg** berichtet Johannes von Winterthur:

> "Er predigte oft auf freiem Felde, dann strömte das Volk aus allen Gegenden in großer Zahl zusammen. Wenn er einen etwas erhöhten Stand eingenommen hatte, pflegte er durch eine an einem Faden aufgehängte Feder die Windrichtung zu bestimmen, und ließ dann dieser entsprechend das Volk aufstellen. Bei seinen Reden sprangen oft verhärtete, verstockte und in Lastern grau gewordene Menschen auf, die laut ihre Sünden bekannten, um Buße schrien und Genugtuung versprachen."[50]

Noch früher wirkt in Italien auf ähnliche Weise **Antonius von Padua** (gest. 1231), der dem Orden auch den Weg zur Wissenschaft öffnet. – In der Anfangszeit leben Kleriker und Laien als Minderbrüder zusammen. Doch gerade die Predigt erfordert ausgebildete Brüder, d. h. Priester. So wird der Orden langsam zu einem Klerikerorden.

Die **Tertiarier** (3. Orden) schließlich tragen die asketischen Heiligungsideale in viele Familien hinein. Auch König Ludwig der Heilige aus Frankreich, ein Asket auf dem Thron, gibt sein Leben 1270 auf dem Kreuzzug dahin. Die heilige Elisabeth von Thüringen, die Ehefrau des Landgrafen, wählt nach dessen Tod (1227) die freiwillige Armut in Marburg. In einem von ihr gestifteten Spital pflegt sie eigenhändig die Kranken.

[50] Johannes von Winterthur (1302 - 1348), in: K. Schib, Das Mittelalter (1957, ND 2003) 131.

Früh bilden sich im Orden zwei Blöcke: die Spiritualen, die das Testament von Franziskus wörtlich nehmen, und die Kommunität, die den offiziell-pragmatischen Weg beschreitet. Weil die Spiritualen in geistige Nähe zu Joachim von Fiore geraten und kirchenkritische, antihierarchische Positionen einnehmen, werden sie ab 1232 bekämpft und verboten,[51] doch können sie um 1250 in Johannes von Parma nochmals einen Generalminister stellen. Bonaventura setzt danach eine vermittelnde Linie fort, doch die Spannungen zwischen franziskanischem Ideal und den praktischen Erfordernissen setzen sich zwischen den **Konventualen** (O.F.M. Conv.) und den **Observanten** (O.F.M.) fort. Leo X. besiegelt 1517 die Trennung zwischen den beiden Richtungen. Damals zählte man 20.000 Konventuale in 34 Provinzen und 30.000 Observanten in 53 Provinzen.[52]

Seit dem ausgehenden 19. Jh. war der Orden stets gewachsen und hatte bei den Franziskanern 1963, bei den Kapuzinern 1964 und bei den Konventualen 1968 den Höchststand erreicht. Der Wohlstand der Nachkriegsgeneration und vielleicht noch mehr die weitere Individualisierung der Gesellschaft im Zuge der 68er Ideologie führten seither zu einem spürbaren Rückgang.

Obwohl Franziskus zur Wissenschaft auf Distanz geht, bilden sich im 13. und 14. Jh. zwei franziskanische Bildungszentren heraus: Paris und Oxford. Große franziskanische Gelehrte sind Bonaventura, Duns Scotus und Wilhelm von Occam.

---

51 Wechsel im Generalministerium von Johann Parenti zu Elias.

52 Als dritter Zweig des ersten Ordens trennen sich vom O.F.M. die Kapuziner (1528, selbständig 1619).

B) Die Dominikaner[53]

Dominikus als Mensch

Fast gleichzeitig mit den Franziskanern entsteht der zweite große Bettelorden, der Dominikaner- oder Predigerorden, mit dem lateinischen Namen: Ordo Fratrum Praedicatorum (O. P.). Dominikus stammt aus Caleruega-Kastilien (geb. ca. 1175). Johann von Spanien, sein Freund und Begleiter, beschreibt ihn so:

> "Bruder Dominicus war voll Mitgefühl für seine Mitmenschen und wünschte sehnlichst, ihr ewiges Heil zu befördern. Er predigte selbst häufig, und mit allen Mitteln spornte er seine Brüder an, das Wort Gottes zu verkündigen ... Der Orden erhielt (zunächst) auch zahlreiche Schlösser und Besitzungen in der Gegend von Toulouse und Albi. Die so reich gewordenen Brüder aus jener Gegend nahmen auf ihren Reisen Geld mit, ritten und trugen Chorhemden aus feinem Stoff. Bruder Dominikus aber brachte seine Brüder dazu, weltliches Gut preiszugeben und zu verachten, in der Armut zu verharren, nicht mehr zu reiten, von milden Gaben zu leben und kein Geld auf ihren Reisen mit sich zu führen. So wurden die französischen Besitzungen des Ordens an die Zisterzienser und die ausländischen an andere Orden abgetreten ... Bruder Dominicus war im Verkehr mit reich und arm liebenswürdig, ebenso auch gegen Juden und Ungläubige, deren es ja viele in Spanien gibt ... Bei Nacht schlief er angekleidet wie am Tage; nur die Schuhe legte er ab; ich habe es oft beobachtet. Begab er sich von einem Ort zu einem andern,

---

[53] St. Dominicus, Zeugnisse seines Innenlebens, übs. G. Hofmann (1939); H. Scheben, Der hl. Dominikus. Gründer des Predigerordens, Erneuerer der Seelsorge (1961); M. Lohrum, Dominikus (1992); A. Esser, Dominikaner = TRE 9 (1982) 127 ff.

so zog er die Schuhe aus und ging barfuß. Verletzte er sich den Fuß an einem Stein, so ertrug er den Schmerz mit heiterer Miene und sagte, ohne sich zu erregen: 'Es soll mir zur Buße dienen', wie ein in Trübsal stets froher Mensch ... Er wurde zwei- oder dreimal zum Bischof gewählt, lehnte aber stets ab und zog es vor, mit seinen Brüdern in der Armut zu leben ... Er sprach wenig, außer mit Gott, wenn er betete ... Oft hat er gewünscht, gegeißelt und in Stücke zerschnitten zu werden und für den Glauben an Jesus Christus zu sterben. Mündlich und schriftlich ermahnte er die Brüder ohne Unterlaß, das Alte und das Neue Testament zu studieren. Er trug stets das Matthäus-Evangelium und die Briefe des hl. Paulus bei sich und las sie so eifrig, daß er sie schließlich fast auswendig konnte."[54]

Mit seiner Liebe zur Bibel steht Dominikus auf der Linie von Petrus Waldes. Seine Bewegung geht teilweise aus dem Waldensertum in Südfrankreich hervor. Aufs Wort kommt es an!

Mit den Ketzern muß man reden

Im Jahr 1206 begleitet Dominikus als Subprior eine kleine Reisegruppe von Spanien nach Rom. Sein Bischof, Diego von Kastilien, wünscht auf sein Bistum zu verzichten und den Rest seines Lebens als Missionar unter den Kumanen (SE Ungarn) zu wirken. Zu diesem Zweck braucht er das Einverständnis des Papstes.

Als sie durch Südfrankreich ziehen, machen sie eine überraschende Beobachtung. In ihrer spanischen Heimat herrscht

[54] Johann von Spanien, Ordenspriester, in: Hofmann, S. 53 ff.

eine geschlossene kirchliche Front. Die Christen sind zusammengeschweißt durch die Abwehr des Islam. Diego und Dominikus kommen aus einem Land, in dem der christliche Glaube stets neu erkämpft werden muß. In Südfrankreich aber treffen sie auf eine gänzlich andere Lage. Hier begegnen sie einer bleiernen Gleichgültigkeit. Bereits in der ersten Nacht, die er auf französischem Boden verbringt, ist Dominikus bei einem Albigenser, also einem Ketzer, einquartiert. Ein Wort ergibt das andere, und als der Morgen dämmert, hat er seinen Gastgeber für die Kirche zurückgewonnen.

Diese Erfahrung ist für Dominikus ein Fingerzeig: Man muß mit den Ketzern reden, und zwar in schlichter Weise von Mensch zu Mensch. Ohne Haß und ohne herablassende Verachtung. Eine typische Anekdote erzählt von der Art, wie Dominikus den Ketzern begegnet.

Als ein südfranzösischer Bischof die beiden Spanier mit großem Pomp zu einer Diskussion mit den Häretikern begleiten will, sagt Dominikus zu ihm: "Nein, nicht so darf man gegen diese Leute ausziehen, hochwürdigster Herr, Ketzer muß man vielmehr durch das Beispiel der Demut überzeugen, als durch äußeres Gepränge und Wortgefechte. Wir wollen uns mit frommen Gebeten wappnen und, indem wir die Merkmale wahrer Demut aufweisen, barfuß gegen den Goliath angehen."[55]

1207 stirbt Bischof Diego an einer Krankheit. Dominikus bleibt allein zurück. Als Subprior kann er dem südfranzösischen Klerus gegenüber nicht mit gleicher Autorität auftreten wie sein Bischof. In Prouille übernimmt er ein von Diego gestiftetes Haus für konvertierte Frauen, die ein Gemeinschaftsleben in frommer Armut pflegen, wie sie es schon unter den Katharern getan haben. Sie betreuen weiterhin ein Waisenhaus für albigensische Mädchen. 1209 - 1229 wüten – vom Papst Innocenz III. inszeniert – die schrecklichen Albigenserkriege.

---

[55] Dominikanerlegende, ed. Stadtmüller (1921) 9.

Im Einvernehmen mit dem Bischof von Toulouse betätigen sich Dominikus und seine Gefährten als Wandermissionare. 1215 erhält Dominikus ein Haus in der Nähe der Romanus-Kirche in Toulouse; es wird das erste Ordenshaus.

Die seelsorgerliche Not im geistlich und militärisch verwüsteten Südfrankreich weckt in ihm die Idee eines Predigerordens. Das ganze Elend ist von den pflichtvergessenen Priestern ausgegangen. Auch die innere Heilung der Kirche muß wieder beim Klerus beginnen. Es ist dieselbe Idee, die später auch den Vater des Pietismus, Ph. J. Spener, beseelt.[56] In der Zeit um 1200 predigen hauptsächlich die Bischöfe, gelegentlich verkünden auch einzelne Wanderprediger das Wort. Mönche aber predigen nicht. Sie führen hinter den Klostermauern ein kontemplatives Leben. Bei Dominikus flammt das Wort wieder auf! Das Wort ist das Schwert des Geistes.

Der Predigerorden

Auf dem Laterankonzil wird Dominikus die Errichtung einer neuen Ordensregel verboten. Innocenz III. bestätigt ihm zwar die Bruderschaft, veranlaßt die Männer aber, die Augustinerregel anzunehmen. Erst Honorius III. sanktioniert in den Weihnachtstagen 1216 den Dominikanerorden, gründend auf der Augustiner Regel und ergänzenden Konstitutionen. 1218 erhält die Gemeinschaft den Namen **Ordo Fratrum Praedicatorum** (Predigerorden) mit dem päpstlichen Auftrag zur Predigt in aller Welt.

Auf dem ersten Generalkapitel (1220) kommt auch die Verpflichtung zur Armut hinzu, der Predigerorden wird ein Bettelorden. Völlige Besitzlosigkeit wie Franziskus verlangt Dominikus freilich nicht, aber er will seine Leute klar und sichtbar vom gemästeten Klerus distanzieren. Das Motiv zur Armut liegt bei

---

56 Philipp Jakob **Spener,** Pia desideria (1675).

Dominicus nicht in einem mystischen Erlebnis wie bei Franz, sondern in sachlich-seelsorgerlichen Erwägungen. Er will eine arme Kirche.

Für seine Prediger fordert er Kenntnisse in Rhetorik und Predigtlehre. Darin unterscheidet er sich von den Waldensern, die den gelehrten Hilfsmitteln weniger Bedeutung beimessen. Dennoch will er einen Orden von Predigern und nicht von Professoren. Zum Orden sind Kleriker und Laien zugelassen. Ja, im Speisesaal sind die Laienbrüder zuerst zu bedienen. Der Klostervorsteher bekommt sein Essen zuletzt.

Der Predigerorden setzt sich rasch an den geistigen Mittelpunkten fest: 1218 in St. Jakob zu Paris[57], im selben Jahr in Bologna; 1219 gründet Dominikus in Rom ein Nonnen- und ein Predigerkloster[58]. Die Tracht besteht aus einem Rock aus weißer Wolle und einer schwarzen Kutte mit Kapuze darüber. Als Dominikus 1221 stirbt, zählt der Orden bereits 60 Konvente in acht Provinzen. Nach Deutschland gelangt der Orden 1219 von Paris über Metz. 1228 gibt es Provinzen für Spanien, Frankreich, die Lombardei, Rom, Deutschland, England, Ungarn, das Heilige Land, Griechenland, Polen und Skandinavien. Der Generalmagister hat seinen Sitz in Rom.

Überaus bedenkenswert sind die Abschiedsworte des Ordensgründers, die uns mehr sagen als dogmatische Sätze. Bevor er am 6. August 1221 seine Augen schließt, gibt er seinen Nachfolgern noch dreierlei mit auf den Weg:

1. Er ermahnt sie zu Liebe, Vernunft und Armut.

2. Er bekennt: "Die Barmherzigkeit hat mich bis zu dieser Stunde in fleckenloser Reinheit bewahrt. Ich bekenne aber, daß ich mich nicht von der Schwäche habe frei-

[57] Die französischen Dominikaner heißen auch Jakobiner.

[58] Die Dominikanerinnen unterstützen den Predigtdienst der Männer durch ihr Gebet.

machen können, mich lieber mit jungen Frauen als mit alten Weibern zu unterhalten."[59]

3. Er tröstet seine Brüder mit dem Hinweis, daß er ihnen nach dem Tode nützlicher sein werde als auf der Erde.

Die genannten Sterbensworte zeigen uns Dominikus als geistlichen Menschen. Die Kommission für Heiligsprechung (1234) hat das Sündenbekenntnis betreffend die jungen und alten Frauen freilich "übersehen". Nach evangelischem Verständnis spricht dieses Bekenntnis sogar dafür, daß Dominikus ein Heiliger war, der ganz aus der Gnade lebte und starb.

Ein Geruch zum Leben und zum Tode

Zwölf Jahre nach seinem Tod, als man seinen Leichnam in eine würdigere Grabstätte umbettet, ereignet sich etwas Unerwartetes. Statt Leichengestank entsteigt seinem Grab ein wohlriechender Duft – als Zeichen dafür, daß Dominikus und sein Werk dazu da seien, in der Welt geistlich und menschlich Wohlgeruch zu verbreiten. Im Predigerorden entflammt der Eifer, immer bessere Prediger auf ihre Klosterkanzeln zu bringen. Sie bringen die Predigt des Worts, die damals ein kümmerliches Dasein fristet, wieder zu Ehren. Ja, sie erheben die Predigt zu einer Großmacht, denn alle geistige Nahrung und Anregung geht dem kleinen Bürger und Bauern des späten Mittelalters von der Kanzel aus zu. Die Benediktiner und Zisterzienser siedelten sich in Wäldern oder weltvergessenen Schluchten an. Der Predigteifer aber treibt die Predigerbrüder – wie auch die Franziskaner – mitten in die Städte hinein. In die engsten Gassen, wo das Menschengewühl am größten ist, bauen sie ihre Klöster und Kirchen. Vor allem die Masse des Volkes begrüßt

[59] H. Scheben, a. a. O. 386.

die armen Mönche als ihre natürlichen Vertrauten. Oft veröden über diesen Erweckungen die Pfarrkirchen. Einzelne Pfarrherren versuchen, die Predigerbrüder zu überbieten, andernorts führt die frische Konkurrenz zu wilden Kämpfen, da die Dominikaner nicht dem Bischof, sondern direkt dem Papst unterstellt sind. Es ist die alte Spannung zwischen freier evangelistischer Tätigkeit und ordentlichem Pfarramt, welche die Gemüter bewegt. Für das Papsttum sind die predigenden Bettelmönche ein willkommenes Mittel, die stolzen Kirchenfürsten in Schach zu halten.

Auch das Innere der Kirchen erfährt zu dieser Zeit eine Umgestaltung. Der Messgottesdienst mit seinen oft gleichzeitigen Feiern vor mehreren Altären begünstigte möglichst viele abgeschlossene Nebenräume oder Seitenkapellen. Jetzt kommt die Zeit der einheitlichen **Hallenkirche**. Alle störenden Zwischenmauern fallen weg. Schlanke Säulen müssen genügen, das hohe Kirchendach zu tragen. Alle unnötigen Ecken, die die Stimme des Predigers brechen, werden beseitigt. Auch die Nebenschiffe führt man hoch empor, und die ganze Kirche kommt unter ein einheitliches Dach. Es schlägt die Stunde der Spätgotik.

Die Dominikaner füllen rasch die **Universitäten**, denn sie betrachten auch das Denken als Gottesdienst. Der Orden stellt in der Zeit der Hochscholastik die wichtigsten Vertreter. Albertus Magnus und Thomas von Aquin sind die bedeutendsten. Auch die **Mystiker** Eckhart, Tauler und Seuse gehören zu den Predigerbrüdern. So werden die Dominikaner für viele ein "Geruch des Lebens zum Leben" (2. Kor. 2,16).

Leider wird das Werk des heiligen Dominikus aber auch für viele ein "Geruch zum Tode". Als durch den Albigenser-Kreuzzug in Südfrankreich (1209 - 1229) Katharer, Waldenser und andere Verdächtige ausgerottet sind, werden die Dominikaner zur Kampftruppe des Papsttums wider alles Häretische. Die Päpste sind entschlossen, Zustände wie in Südfrankreich nie wieder aufkommen zu lassen. Weil die Dominikaner sich mit besonderem Eifer für die rechte Glaubenslehre einsetzen, betraut sie der Papst bald mit der Führung der **Inquisition**. Dieses düstere Kapitel steht in völligem Gegensatz zur Berufung und Absicht von Dominikus. Statt Wohlgeruch Leichengestank! "Bewahret die Vernunft!" ermahnte der sterbende Ordensgründer seine Brüder. Doch nach seinem Ableben kommt es rasch zur Akzentverschiebung. Wissensdünkel, Kopflastigkeit, Ehrgeiz und Titelsucht breiten sich aus. Theologie wird nicht mehr um der Predigt und Mission, sondern um ihrer selbst willen betrieben. Auch möchte man dem Papsttum, dem man die Genehmigung des Ordens verdankt, den Gehorsam nicht versagen. Eine Kirchenhörigkeit tut sich hier auf, welche die Waldenser überhaupt nicht kennen. Diese falsche Ergebenheit wird den Dominikanern zum Verhängnis. Die Waldenser, im Grunde Brüder von Dominikus, wählen den Weg des Austritts und werden so fast aufgerieben. Dominikus will die Kirche von innen heraus erneuern, was ihm nur teilweise gelingt. Beide Wege haben ihre Vorzüge, aber auch ihre Gefahren.

Im Jahrhundert der Reformation lösen sich viele Konvente auf. Seither liegt der Schwerpunkt des Ordens in den romanischen Ländern. Die neu entdeckten Erdteile werden zu neuen, großen Missionsfeldern für die Dominikaner. Heute gibt es sie in 42 Provinzen.

C) Karmeliter und Augustiner Eremiten

Die Karmeliter gehen hervor aus einer Einsiedler-Gemeinschaft, die der Kreuzfahrer Berthold (gest. 1195) am Karmel gründet. Nach 1238 wenden sie sich auch dem Abendland zu und werden dort zum Bettelorden. Sie betrachten sich als besondere Freunde der Maria.

Ein weiterer kleiner Bettelorden sind die Augustiner Eremiten: Ordo Fratrum Eremitarum S. Augustini. Der Orden entwickelt sich in Italien aus verschiedenen Eremiten-Verbänden. Um Ordnung zu schaffen, schreibt ihnen der Papst um die Mitte des 13. Jhs. die Augustinerregel vor. Allmählich verbreitet sich der Orden auch nach Deutschland. Die Augustiner Eremiten treten im Spätmittelalter besonders durch das Studium der Schriften Augustins hervor. Martin Luther erlebt seinen Durchbruch zur reformatorischen Theologie als Augustiner Eremit. Dieser kleine Orden ist nicht zu verwechseln mit den Augustiner Chorherren.

III. Kirche und Kultur

15. Das geistige, sittliche und religiöse Leben

1. Die Zeit Karls des Großen[1]

In den 47 Jahren seiner Herrschaft baut Karl mit Hilfe der besten Köpfe seiner Zeit eine neue religiöse, geistige, künstlerische und soziale Kultur, die bis heute nachwirkt. Die geistig-politische Hereinnahme Roms in sein Reich macht ihn zum Vater Europas. Aus der Vereinigung von Sachsen und Bayern (788) mit Franken, Schwaben und Thüringern entsteht das deutsche Volk und schließlich Deutschland. Ethnisch, politisch, gesellschaftlich und kulturell verschiedene Länder und Völker faßt er zusammen. Frankreich, Deutschland und Italien verdanken das Bewußtsein ihrer Identität im Keim Karl dem Großen. In Italien drängt er die Griechen nach Süden ab, die Langobarden integriert er fest ins Reich, das Papsttum nimmt er ganz ordentlich an die Kandare. In Frankreich und Deutschland lernen sich die alten Stämme als Ganzes kennen.[2] Diese drei Länder werden aber nicht nur "nationalisiert", es entsteht zwischen ihnen auch eine übernationale Verbindung. Im Bewußtsein aller dieser Völker ist Karl denn auch lebendig geblieben. Karls politische und vor allem religiös-moralische Kulturbewegung hat die Völker tiefer angesprochen als intellektuelle und wirtschaftliche Konstruktionen, wie wir sie heute

---

[1] Quellen zur karol. Reichsgesch., lat./dt, ed. R. Rau = FSGA V, VI, VII (3. Aufl. 1992); Einhard, Vita Karoli Magni, lat./dt. (Reclam 1996); W. Braunfels (Hg), Karl der Große. Lebenswerk und Nachleben I - V (1965/68); J. Fleckenstein, Karl der Große (3. Aufl. 1990); S. Epperlein, Leben am Hofe Karls des Großen (2000); M. Becher, Karl der Große (4. Aufl. 2004).

[2] Als tiefer bewußte Einheit erleben sich die deutschen Stämme freilich erst 955 in der siegreichen Schlacht bei Augsburg gegen die Ungarn.

kennen. **Aachen** wird nach Athen und Rom zum Zentrum einer neuen Zeit. Auf den Trümmern von Aquae Grani[3] errichtet Pippin seinen Königshof, auf dem gleichen Geviert von 120 x 120 m baut Karl seine Pfalz. In Zeiten, wo Karl nicht durch Kriegszüge gegen die Sachsen, Friesen oder Awaren beschäftigt ist, sorgt er für die Ausbreitung von christlichem Glauben und Bildung. Diese beiden auf den ersten Blick so verschiedenen Dinge bedeuten für Karl zwei Seiten eines einheitlichen Ganzen. Er zieht die gelehrtesten Männer seiner Zeit an sich, um sie für seinen Hof zu gewinnen, allen voran **Alkuin**[4], den Engländer, dem er seine eigenen Söhne anvertraut, ja zu dem er selber noch in die Schule geht. Alkuin wird zum Lehrer einer Generation von Äbten, Bischöfen und Theologen. Sein Schüler Hrabanus Maurus (780 - 856) – Abt von Fulda und Erzbischof von Mainz – wird der bedeutendste Gelehrte des 9. Jhs. Man nennt ihn den "Primus praeceptor Germaniae"[5].

---

[3] So benannt nach den Quellen des keltischen Heilgottes Granus.

[4] **Alkuin** (ca. 735 - 804) ist Angelsachse, ausgebildet in der Domschule von York. Auf einer Romreise begegnet er 781 in Norditalien Karl. Er wird Vorsteher der Schule am Hof in Aachen und hat großen Einfluß auf die geistige, kulturelle und religiöse Entwicklung des Frankenreiches. Über 300 Briefe sind von ihm erhalten. Von 796 - 804 ist er Klosterabt von Tours und Leiter der Schreibschule. Er revidiert den Text der lateinischen **Vulgata**, die eigentlich erst jetzt ihre volle Bedeutung erlangt. Er verfaßt auch Gedichte und Bibelkommentare. Die **Sieben freien Künste**, die aus der Antike (überliefert durch Isidor v. Sevilla) im karolingischen Bildungsprogramm ihren festen Platz haben, begründet er biblisch: "Die Weisheit hat ihr Haus gebaut und ihre sieben Säulen behauen" (Sprüche 9,1). Aus den Säulen macht er Bildungsstufen, die ein Schüler zu ersteigen hat, will er Gott als die wahre Heimat erreichen.

[5] Erster Lehrer Germaniens. **Hrabanus (Maurus)**, der "Rabe" aus Mainz, wird früh dem Kloster Fulda übergeben und kommt zu Alkuin an die Hofschule und nach Tours. Seinen Beinamen empfängt er nach dem Lieblingsschüler Benedikts von Nursia. Er wird Lehrer in Fulda und 822 Abt des Klosters mit 700 Angehörigen. 847 beruft ihn Ludwig der Deutsche zum Erzbischof von Mainz. Seine Hauptarbeit gilt der Bibel (Kommentare), aber auch

Paulus Diaconus (720 - 800), ein adliger Langobarde und Benediktiner von Monte Cassino, ist Lehrer an der Hofschule in Aachen und Verfasser der "Historia Langobardorum" (bis 774).

Einhard (770 - 840), ein Mainfranke adliger Herkunft, schon als Kind dem Kloster Fulda übergeben, wird Alkuins Schüler in Aachen, später dessen Nachfolger. Ihm verdanken wir die Biographie des Kaisers, die Vita Caroli Magni. Er ist auch Minister für öffentliche Bauten, Architekt, Bildhauer, Dichter und Berater des Kaisers.

Karl engagiert Baumeister und Steinmetze, Chorleiter und Berufssänger, Instrumentalmusiker für Gottesdienste, Maler, Münzschläger, Goldschmiede, Elfenbeinschnitzer, Bildhauer, Buchillustratoren und Bibliothekare. Dank ihm führen fränkische, angelsächsische, langobardische, römische, westgotische und irische Gelehrte[6] eine neue Epoche herauf, vielleicht ohne sich dessen bewußt zu sein.

Karl ist von der Wissenschaft so begeistert, daß er an seinem Hof ein eigenes Kränzchen gründet, dessen Teilnehmer sich mit biblischen oder klassischen Namen anreden. Er selbst läßt sich David nennen, was viel über sein Selbstverständnis aussagt.

Karl verordnet jedem Kloster eine eigene **Schule** für hoch und niedrig. Er schafft damit die Idee eines vom Staat beaufsichtigten Unterrichts. Jedermann soll lesen, schreiben und rechnen können sowie Psalmen singen. Als eiserne Ration ver-

---

der Erziehung und Ausbildung der Kleriker (De institutione clericorum, 3 Bücher).

Sein bedeutendster Schüler ist der Reichenauer Mönch und Dichter **Walafrid Strabo**, Abt auf der Reichenau. Er berichtet über Kirchen, Bilder und Altäre, über liturgische Gewänder und den Kirchengesang. Er verfaßt eine neue Gallus-Vita auf der Grundlage seines Lehrers Wetti.

[6] Theologen, Juristen, Lehrer, Architekten, Maler, Musiker, Dichter, Sänger, Schreiber, Krieger, Ritter usw.

langt er von allen Christenmenschen die Kenntnis des Unser Vaters und des Glaubensbekenntnisses in der Volkssprache. Auch das Taufgelübde, Beichtformeln und die Psalmen werden in die althochdeutsche Sprache übersetzt.[7] Im ganzen Reich wird die römische (gregorianische) Liturgie eingeführt, eine wirksame Klammer für das Kaiserreich; die Predigt hingegen soll in der Sprache des Volkes gehalten werden.[8] Die beiden berühmtesten Schulen des Reichs sind die Hofschule zu Aachen und die Klosterschule St. Martin in Tours. Hier werden auch Kopisten ausgebildet. Für genaues Schreiben und Abschreiben wird die **karolingische Minuskel**[9] eingeführt, die noch heute in der Antiqua gültig ist. Buchmalereien gibt es schon bei Theoderich und den Römern, bei den Iren und den Angelsachsen. Karl will, daß seine Bücher die Codices von Rom und Byzanz an Schönheit noch übertreffen. Auch die lateinische Bibel (Vulgata) wird einer stilistischen und grammatikalischen Revision unterzogen.

In der **Baukunst** kennen wir eigentlich nur den karolingischen Münster- und Klosterbau. In Karls Zeit zurück gehen die Vollendung von St. Denis (Paris), die Abteikirche Lorsch, St. Emmeran in Regensburg, der erste Dom in Salzburg, San

---

[7] Vgl. J. Gernentz, Althochdeutsche Literatur (1979) 44 f.

[8] **Latein** ist seit dem 7. Jh. in Frankreich eine tote Sprache. Das Volk spricht altfranzösisch, altfränkisch und bis ins 8. Jh. vereinzelt noch keltisch. Karl selber spricht fränkisch und lateinisch, die griechische Sprache versteht er, kann sie aber nicht sprechen (Einhard). Auch die **Monate** erhalten durch Karl deutsche Namen: Januar = Wintarmond; Februar = Hornung (= Kotmonat?); März = Lenzinmond; April = Aranmond; Mai = Winnemond (Weidemonat); Juni = Brachmond; Juli = Heumond; August = Aranmond; September = Witumond (Holzmonat, da das Holz gefällt wird); Oktober = Weinmond; November = Herbstmond; Dezember = Heilagmond.

[9] Die karolingische Minuskel löst verschiedene Schriftarten des 8. Jhs ab: Unziale, Halbunziale, kursive und halbkursive Typen. Die Buchstaben werden sauberer und lesbarer.

Salvatore in Brescia. In St. Maurice im Wallis wird 787 die erste Doppelchorbasilika Europas gebaut. Es folgen Doppelchorkirchen in Fulda, Paderborn und der erste Kölner Dom. Im Inneren sind die Basiliken mit Mosaiken oder Fresken geschmückt. Die kleine, dreiapsidige Bergkirche S. Maria im bündnerischen Münstertal – gebaut ca. 800 mit einer Karl-Statue – enthält noch karolingische Bau- und Bildsubstanz. Von seinen Königspfalzen (Aachen, Frankfurt, Worms, Ingelheim, Attigny u. a.) fehlen vorläufig klare Konzeptionen. Manche sind auf römischen Anlagen erbaut.

Auf der Reichenau, in St. Gallen, Eichstätt, Fulda, Mainz, Würzburg, Metz und Aachen gibt es **Singschulen** zur Förderung des gottesdienstlichen Gesangs. Karl selbst singt im Gottesdienst freilich nur ganz leise mit, indem er seine Lippen bewegt. Die Italiener mit ihren schönen Stimmen vergleichen den Gesang der Franken und Sachsen mit Bärengebrumm und Katzengejaule. Karl holt darum Vorsinger aus Rom.

Bereits 750 schenkt der Kaiser von Konstantinopel Pippin eine **Orgel**. Karl zieht Orgelbauer aus Venedig und Byzanz nach Aachen. Die Orgel wird zum kaiserlichen Instrument. Die paar wenigen Orgeln in den größten Kirchen sind freilich noch sehr schwerfällig zu bedienen. Die Tasten lassen sich nur mit den Fäusten bewegen. Deshalb nennt man die Organisten damals Orgelschläger. Größere Verbreitung findet die Orgel erst im Hochmittelalter. Eine besonders klangvolle **Glocke** für Aachen bestellt Karl im Kloster St. Gallen. Offenbar verfügen nördlich der Alpen die mit den irischen Überlieferungen vertrauten St. Galler Mönche über das beste Know-how im Glockenguß.[10]

Über dem ganzen Kultur- und Bildungswesen steht die **Staatskirche**. Dieser obersten Instanz hat alles zu dienen. Karl

[10] Die **Glocken** kennt man schon in vorchristlicher Zeit in Innerasien. Im 6. Jh. entstehen in Italien die ersten Glockentürme. Columban und Gallus tragen im Jahr 610 das erste Glöcklein nach Alemannien. (Das Glöcklein aus Kupferblech wird heute noch gezeigt.) Glockengießerei als eigenständiges Gewerbe beginnt erst im 13. Jahrhundert.

fühlt sich auch als oberster Herr der Kirche (David!). Nach eigenem Gutdünken setzt er Bischöfe ein, und der Papst anerkennt diesen "landeskirchlichen" Anspruch. "Meine Sache ist es", schreibt er an Papst Leo III., "die Kirche Christi auf Erden gegen den Ansturm der Heiden zu verteidigen mit Waffengewalt; Eure dagegen, meinen Kampf mit aufgehobenen Händen wie Moses zu stützen." [11] Karl fühlt sich als Schutzherr und Reformator der Kirche wie Josia im AT. Diese Aufgabe hat er von seinem Vater übernommen. Er war zwölf, als Papst Stefan 754 hilfesuchend über die Alpen kam und dabei seinen Vater sowie ihn selber salbte.

Karl ist auch der Schöpfer der **Vita canonica**[12], einer verbindlichen Lebensordnung für Weltpriester. Die Weltpriester einer großen Kirche oder einer Stadt sollen gemeinsam unter einem Dach essen und schlafen. Im Unterschied zu den Mönchen darf aber jeder sein privates Vermögen behalten. Diese Regel wird **816**[13] in der ganzen fränkischen Kirche eingeführt. Die Priester tragen sich in eine Liste, genannt Kanon, ein. Ihre gemeinsamen Gottesdienste halten sie im Chor der Kirche. Daher heißen sie Kanoniker oder Chorherren.

Es ist durchaus angemessen, von einer **Karolingischen Renaissance** zu sprechen. Im 9. und 10. Jh. folgt auf diesen Aufschwung ein Niedergang.

---

[11] Monumenta Germaniae historica, Epistulae, IV (1895) 136 ff.; Regest in deutscher Sprache = Böhmer, Mühlbacher und Lechner, Die Regesten des Kaiserreiches unter den Karolingern 751 - 918, I (2. Aufl. 1908), 145. Übersetzungen bei: W. von den Steinen, Karl der Große (1928), 93 ff.; E. Staehelin, a. a. O., II, 168.

[12] Schon um 760 entwirft **Chrodegang von Metz** für seine Kathedrale eine geregelte Ordnung.

[13] **Benedikt von Aniane** (Südfrankreich) wird um 800 zum Anführer einer mönchischen Reformbewegung (Vorläufer v. Cluny!). Die **Aachener Synoden** von **816/17** überbinden allen Klöstern die **Benediktinerregel**. Das Leben der Kanoniker/Chorherren ist in der **Aachener Regel** geordnet.

2. Gelehrte des 9. Jahrhunderts

Gottschalk der Sachse[14]

Gottschalk (d. h. Gottesknecht) wird 805 als Sohn eines sächsischen Grafen geboren. Als kleines Kind wird er von den Eltern dem Kloster Fulda übergeben. Eltern können damals ihre Kinder einem Kloster zur Vorbereitung auf den Priesterstand übergeben. Das dargebrachte Kind (puer oblatus) gehört lebenslänglich dem Kloster. Dieser Brauch wird bis ins 13. Jh. gepflegt und hat eine alttestamentliche Parallele bei Samuel. Hanna weiht ihren entwöhnten Sohn zum Dienst am Heiligtum mit den Worten: "Darum gebe ich ihn dem Herrn wieder sein Leben lang, weil er vom Herrn erbeten ist" (1. Sam. 1).

Als Gottschalk älter wird, will er nicht Mönch bleiben. Als 24jähriger beschreitet er den Weg der Klage gegen seinen Abt Hraban wegen Freiheitsberaubung. Er verlangt die Auflösung des elterlichen Versprechens. Im Sommer 829 kommt es zum Prozeß. Bei der Ablegung des Gelübdes war ein Formfehler unterlaufen, die Zeugen hätten Sachsen sein müssen, waren aber Franken. Das Bischofsgericht erkennt, Gottschalks Gelübde könne gelöst werden, doch sei ihm kein Vermögen zuzusprechen. Gottschalk aber gibt sich mit diesem Urteil nicht zufrieden. Er ist eine Kämpfernatur und appelliert an Kaiser Ludwig den Frommen. Auf einer Mainzer Synode kommt es zu neuen Verhandlungen. Die Synode bestätigt das erste Urteil, doch Hraban erwirkt beim Kaiser, daß Gottschalk erneut Mönch werden muß. Im Kloster Orbais bei Soissons vertieft er sich in die Schriften Augustins, die er schon in Fulda kennengelernt hat. Die Lehre von der doppelten Vorherbestimmung zur Seligkeit und zur Verdammnis wird ihm zur Lösung seines Lebensrätsels, und er findet darin Trost. Jetzt ist er freiwillig Mönch und empfängt auch die Priesterweihe.

---

[14] E. Staehelin, a. a. O., II, 207 ff.; K. Schäferdiek, "Gottschalk, der Sachse", in: TRE 14 (1985) 108 ff.

Als ein Schalk Christi zieht er nun mit Brüdern nach Italien, Dalmatien und Pannonien, wo er Heiden predigt. 848 erscheint er als Lehrer der Gnade wieder auf der Synode zu Mainz. Der alte Hraban ist dort unterdessen Erzbischof geworden. Durch Mehrheitsbeschluß übergibt man ihn wegen seiner Erwählungslehre dem zuständigen Bischof Hinkmar von Reims. Gottschalk wird solange geschlagen, bis er sein eigenes Bekenntnis ins Feuer wirft. Dann empfängt er das Urteil der Klosterhaft und der Zwangsarbeit im Arbeitshaus. Auch auf dem Totenbett widerruft er seine Überzeugung nicht. Er stirbt 867 am Rande der geistigen Umnachtung.

Johannes Scotus Eriugena[15]

An der Hofschule Karls des Kahlen in Paris wirkt von etwa 845 - 877 Johannes Scotus. Er ist ein Sohn keltischer Schotten, geboren um 810 in der Urheimat der Schotten, in Irland, (daher Eriugena, der aus Irland Stammende, genannt). Eriugenas Vorzug ist, daß er der griechischen Sprache mächtig ist. Um 858 übersetzt Johannes im Auftrag Karls des Kahlen die Schriften des sogenannten **Dionysius vom Areopag** (Dionysius Areopagita) ins Lateinische.[16]

---

[15] Auszüge in dt. Übersetzung: K. Flasch (Hg.), Geschichte der Philosophie, II, Mittelalter (1982) 164 - 204; Ebenso: E. Stähelin, a. a. O. II, 213 - 223. *Lit.:* W. Beierwaltes, Eriugena Redivivus: Zur Wirkungsgeschichte seines Denkens im Mittelalter und im Übergang zur Neuzeit (1987); G. Schrimpf, in: TRE 17 (1988), 156 - 172; H. Dörries, Zur Geschichte der Mystik. Erigena und der Neuplatonismus (1925).

[16] Es handelt sich um mystische Schriften eines vielleicht syrischen Mönchs um 500. Dieser bezeichnet sich – um seinen Schriften mehr Gewicht zu verleihen – als **Dionysius vom Areopag** (Apg. 17,34). Weil man im Frankenreich den Paulusschüler Dionysius vom Areopag mit dem Pariser Märtyrer Dionys identifiziert, wird er zum Schutzpatron der westfränkischen Könige. Die Kathedrale St. Denis im Norden von Paris wird zur Grabstätte der Könige.

867 vollendet Eriugena auf Wunsch des Bischofs von Bourges seine 5 Bücher *"Über die Einteilung der Natur"*[17]. Ganz nach neuplatonischem Schema fließen alle Dinge aus Gott heraus und kehren schließlich wieder zu Gott zurück. Gott ist unaussagbar, der ganz Andere; er ist "die Wesenheit aller Dinge ... Unter den Urbildern der Dinge ist der Mensch zum Ebenbild Gottes gemacht worden, auf daß er ... die Mitte und die Vereinigung aller Geschöpfe sei. Es gibt nämlich kein Geschöpf, das nicht im Menschen erkannt werden kann ... Und wenn er nicht sündigte, so würde es in ihm keine Teilung der Geschlechter geben; vielmehr würde er ganz himmlisch sein, und nichts Irdisches, Schweres, Körperliches würde in ihm erscheinen. Er würde sein wie die Engel und sich zu der von seinem Schöpfer vorbestimmten Zahl vermehren; die sinnliche Natur würde sich in ihm nicht von der geistigen scheiden, vielmehr würde der Mensch ganz geistig sein, seinem Schöpfer immer und unwandelbar anhängen und auf keine Weise aus den Urbildern, in denen er geschaffen ist, heraustreten. Die ganze Schöpfung, die in ihm geschaffen ist, würde keine Teilung in ihm erleiden." (II, 9)

Die Natur teilt sich in vier Arten auf:

Darum möchte Karl der Kahle die Schriften seines Schutzpatrons in lateinischer Sprache besitzen.

Die dem Abendland nun zugänglichen Schriften des Pseudo-Dionys – vor allem seine Programmschrift "Mystische Theologie" und die Hierarchienlehre – wirken in der Folgezeit stark auf das europäische Denken.

So mystisch seine Gedanken sind, sie haben auch politisch-praktischen Einfluß: Die kirchliche Hierarchie besteht aus 2 x 3 Stufen: Bischöfe, Priester, Diakone – Mönche (Nichtpriester), Gläubige und Büßer.

Vgl. V. Keil, Dionysius Areopagita. Ich schaue Gott im Schweigen (1985) und: W. Wirth/W. Gessel, Pseudo-Dionysius Areopagita. Über die himmlische Hierarchie. Über die kirchliche Hierarchie (1986).

[17] **De divisione naturae** = MSL, Bd. 122, Sp. 439 ff; dt. Übs.: L. Noack (1874/75; ND. 1984).

1. Die Natur, die erschafft und nicht erschaffen wird.
2. Die Natur, die erschaffen wird und erschafft.
3. Die Natur, die erschaffen wird und nicht erschafft.
4. Die Natur, die weder erschaffen wird noch erschafft.

"Wie Gott die Seele zu seinem Ebenbilde geschaffen hat, so bringt die Seele gleichsam als ein ihr entsprechendes Werkzeug den Leib hervor ... Im ersten Adam ist die Natur in Mann und Weib gespalten, im zweiten Adam vereinigt worden, denn in Christus Jesus ist 'weder Mann noch Frau'. Im ersten Adam ist die ganze Natur aus dem Paradies vertrieben, im zweiten Adam in die gleiche Glückseligkeit zurückversetzt worden." (II, 29+IV, 20).

Die Rückkehr der menschlichen Natur vollzieht sich in vier Stufen:

1. Der Körper löst sich wieder auf in die Elemente der Welt.
2. In der Auferstehung wird jeder seinen Leib aus den Elementen zurückerhalten.
3. Der Leib wird sich in Geist verwandeln.
4. Geist und Natur des Menschen werden in die Urbilder zurückkehren.

Mit diesem systematischen Werk – dem bedeutendsten in der Zeit zwischen Augustin und Thomas – vermittelt Eriugena dem abendländischen Mittelalter seine neuplatonisch-mystische Tradition.

Eriugena schaut auf gnostische Weise Plotin und Paulus zusammen. Eriugena ist ein Gegner Gottschalks. Das Böse ist für ihn das Nichtseiende, darum kann Gott gar nicht zum Unheil verdammen. Es gibt nur die eine Erwählung zum Heil. Damit begeht Eriugena einen noch größeren Fehler als Gottschalk. Erst als sich um 1200 die Albigenser auf Eriugena berufen, verurteilt Papst Honorius III. 1225 sein Werk zur Verbrennung, nicht aber die dionysischen Schriften.

Otfrid von Weißenburg[18]

Etwa 30 Jahre nach dem altsächsischen Heliand schreibt der Rheinfranke und Benediktinermönch Otfrid von Weißenburg (Unter-Elsaß) in "theotisker" Sprache. Er ist um 865 als Schüler Hrabans der erste Dichter in althochdeutscher Sprache. Er schreibt in einem südrheinfränkischen Dialekt. Sein **"Liber Evangeliorum Theotisce conscriptus"**[19] beschreibt aufgrund der vier Evangelien (Evangelienharmonie) das Leben Jesu in 7.416 Endreim-Versen. Die Ankündigung Jesu durch den Engel Gabriel (Luk. 1) beschreibt er so:

Thô quam boto fona gote, Da kam ein Bote von Gott	engil ir himile, ein Engel aus dem Himmel
brâht er therera worolti er bracht dieser Welt	diuri ârunti. eure Botschaft.
Floug er sunnûn pad, Er flog den Sonnenpfad,	sterrôno strâza, die Sternenstraße,
wega wolkôno auf Wolkenweg	zi theru itis frôno, zum erlauchten Weib,
Zi ediles frouwûn zur edlen Frau	selbûn sanctam Mariûn: zur heiligen Maria:
thie fordoron bi barne die Vorderen, Sohn für Sohn,	wârun kuninga alle ...[20] waren alle Könige ...

[18] W. Haubrichs, Althochdeutsch in Fulda und Weißenburg, in: R. Kottje/H. Zimmermann, Hrabanus Maurus (1982) 182 - 193; Alb. Hauck, Kirchengeschichte Deutschlands III (2. Aufl. 1900), 733 ff.

[19] O. Erdmann (4. Aufl. 1962).

[20] W. Burkhard, Schriftwerke deutscher Sprache I (4. Aufl. 1957), 20 f.

Otfrids Werk ist so etwas wie eine erste deutsche Bibel für das Kirchenvolk. Otfrid sagt ganz nüchtern, daß es im Lande immer noch Menschen gibt, die nichts von Christus wissen, weil sie die lateinische Sprache nicht verstehen. Diese Feststellung trifft er 350 Jahre nach der Taufe Chlodowechs! Wulfila hat sich bereits im 4. Jh. um die gotische Bibelübersetzung bemüht.

Der **Heliand**, dessen Verfasser wir nicht kennen, wird nur eine Generation nach den Sachsenkriegen (um 840 in Fulda?) geschrieben, ein tief empfundenes Christusepos in altsächsischer Sprache.[21] Durch solche religiösen Stoffe in dichterischer Form entsteht langsam ein deutsches Schrifttum.

3. Reichenau und St. Gallen[21a]

Im Stiftsarchiv St. Gallen liegt ein Musterplan der zweiten Klosteranlage um 820. Vermutlich wurde er – auf fünf zusammengenähten Ziegenhaut-Pergamenten – im Kloster Reichenau gezeichnet und von Abt Heito dem St. Galler Abt Gotzbert überlassen. Wahrscheinlich handelt es sich um einen allgemein gültigen Musterplan, wie in karolingischer Zeit Klöster gebaut wurden. Ein Kloster gleicht damals einer kleinen, befestigten Stadt. Im Zentrum der Anlage steht die große Kirche (65 m x 19,5 m) mit ihren zwei freistehenden Rundtürmen[22]. Um die Kirche herum sind angeordnet: Schlaf- und Speisesaal der Mönche, Abtwohnung, Unterkünfte für Pilger und Gäste, innere und äußere Schule, Spital und Arzthaus, Werkstätten und Ställe, Gärten für Gemüse und Heilkräuter, Friedhof und Obstgarten.

---

[21] Heliand, Studienausgabe, Hg. P. Taeger (2. Aufl. 1998).

[21a] A. Borst, Mönche am Bodensee (1998); R. Schmidt, Reichenau und St. Gallen (1998); A. Zettler, Die frühen Klosterbauten der Reichenau (1988).

[22] Der Michaelturm und der Gabrielturm sind nach zwei Erzengeln genannt. Diese sind nach dem Buch Daniel Beschützer des Volkes Gottes, vgl. z. B. Dan. 10,13 ff.

Außerhalb der Mauer liegen dem Kloster gehörende Äcker, Wiesen, Waldstücke und Dörfer. Dem Kloster St. Gallen werden im 8. und 9. Jh. vom alemannischen Adel großzügige Schenkungen (weiträumiger Streubesitz) zuteil. Das Kloster gilt weit herum als landwirtschaftliche Musterzentrale. Nicht nur Viehzucht und Ackerbau werden hier zielstrebig gefördert; besonders ausgeprägt ist die Vielfalt des Gemüsebaus, was mit der Ordensregel der Benediktiner zusammenhängt (kein Fleisch von Vierfüßern essen).

Ursprünglich bringen die Mönche das meiste Gemüse aus dem Süden über die Alpen. Mit dem Gemüse gelangen auch die Namen in die deutschsprachigen Gebiete, zum Beispiel: caulis → Kohl; rapum → Rübe; aspargus → Spargel. Auch die Namen vieler Bäume stammen aus dem Süden: cerasus → Kirsche; cotonea → Quitte; pirum → Birne[23]. Die großen Obstbaukulturen beidseits des Bodensees werden im Hochmittelalter durch die Zisterzienser angelegt.

Die Klöster führen auch den Gartenbau ein. **Walafrid Strabo**, Abt auf der Reichenau, besitzt um 830 einen Heilpflanzengarten mit Fenchel, Lilie, Mohn, Salve, Minze, Sellerie, Rosen usw.[24] Auf seinen Pfalzen verlangt Karl der Große den Anbau von Lilien, Rosen, Hornklee, Frauenminze, Salbei, Raute, Gurken, Melonen, Flaschenkürbis, Erbsen, Zwiebeln, Schwertlilien, Anis, Petersilie, Sellerie, Liebstöckel, Fenchel, Endivie, Senf, Bohnen, Brunnenkresse, Pfefferminze, Tausendgüldenkraut, Karotten, Kohl, Kohlrabi, Koriander, Wolfsmilch. Ferner: Edelkastanien, Pfirsiche, Quitten, Haselnüsse, Mandeln, Baumnüsse, Feigen, Kirschen. Die Apfelsorten heißen um 800: Gosmaringer, Geroldinger, Krevedellen, Speiräpfel.

---

[23] Wild kommt die Birne nördlich der Alpen schon in frühester Zeit vor, in kultivierter Form aber erst im Mittelalter.

[24] C. Genewein, Des Walafrid Strabo von der Reichenau Hortulus und seine Pflanzen (o. J.).

Doch darin erschöpft sich die Bedeutung dieser Klöster noch lange nicht. Bereits um 750 führen Reichenau und St. Gallen das System der **Glossographie** ein. Sie lernen diese Methode von den Iren und Angelsachsen. Glossa bedeutet Erklärung. Um den Deutschen das Lernen der lateinischen Sprache zu erleichtern, werden zwischen den Zeilen oder am Rand der Handschriften die entsprechenden altdeutschen Wörter notiert. Es werden sogar erste Wörterbücher (Vokabulare) angelegt. Die St. Galler Glossographie ist eine wichtige Quelle zur Erforschung der deutschen Sprachgeschichte.

Diese Anfänge der deutschen Literatur scheinen freilich im 10. Jh. der Ottonischen Latinität wieder zu verkümmern. Doch der Benediktinermönch und große Lehrer **Notker Teutonicus**[25] (gest. 1022) erneuert in St. Gallen die Glossographie und bringt sie zur breiten Entfaltung. Er übersetzt antike Schulbücher, aber auch philosophische und poetische Werke[26] für den Unterricht in den Sieben Freien Künsten. Aus der Bibel übersetzt er Hiob und die Psalmen ins Deutsche. Notker muß bei seinen Übersetzungen teilweise neue Wörter erfinden (zum Beispiel: Definition = notm-ez, genaue Messung; Punkt = Understupfin; substantia = Wist = Wesen). Seine Neubildungen haben sich in der philosophischen Fachsprache freilich nicht durchgesetzt.

---

[25] Auch Notker Labeo (der Großlippige) genannt. Er ist nicht zu verwechseln mit Notker Balbulus (d. Stammler, gest. 912), der Hymnen in deutscher und lateinischer Sprache verfaßt: vermutlich auch "Mitten im Leben sind wir vom Tod umfangen". 13 berühmte Gelehrte in St. Gallen tragen den Namen Notker. Der alemannische Name bedeutet Nôt-gêr = Speerkämpfer. Gêr = Speer, Nôt = Kampfgedränge.

[26] Zum Beispiel Boethius, Trost der Philosophie.
E. H. Sehrt/T. Starck, Notkers des Deutschen Werke I - III (1933/54)

4. Die Ottonische Kultur

Im 10. und 11. Jahrhundert spielt auch der kaiserliche Hof eine kulturelle Rolle. Sächsische Kaiser sind:

Heinrich I. (919 - 936),
Otto I., d. Große (936 - 973),
Otto II. (973 - 983),
Otto III. (983 - 1002),
Heinrich II., der Heilige (1002 - 1024), Bayernherzog aus sächsischem Stamm.

Die Ottonische Kultur erreicht nicht die Höhe der karolingischen. Sie ist eher eine Nachblüte derselben. Das nationaldeutsche Element tritt nun stärker hervor. Anderseits wirkt der Einfluß von Theophano aus Byzanz, der Frau von Kaiser Otto II., ansteckend auf adlige Frauen und weckt in diesen Kreisen einen Bildungshunger. Geistlich profilieren sich die Tochter Ottos I. , Mathilde, als Äbtissin von Quedlinburg (südl. Magdeburg), aber auch seine Nichte Gerberga als Äbtissin von Gandersheim. Gerberga erteilt der schreibgewandten Nonne **Roswitha von Gandersheim**[27] den Auftrag, die Biographie Ottos des Großen aufzuzeichnen. Die Stiftsfrau erfüllt ihre Aufgabe in 5.600 pathetischen Hexametern und überreicht sie Otto persönlich bei einem seiner Besuche in der Stadt am Harz. Roswitha ist keine Mystikerin wie etwa Hildegard von Bingen. Für die Stiftsdamen schreibt sie Heiligenleben, aber auch profane Stoffe in lateinischer Sprache. Anstelle unsittlicher römischer Dramen und Komödien (etwa eines Terenz) dichtet sie als Gegenstück (nicht für die Bühne) lateinische Dramen frommer Jungfrauen. Wenn es darum geht, die Jungfräulichkeit zu preisen, scheut sie sich nicht, einen im Bordell einkehrenden Eremiten

[27] Hroswitha v. Gandersheim, Sämtl. Dichtungen, hg. von B. Nagel (1966); Übersetzung: Helene Hohmeyer (1973).

zu schildern. Unkeusches, bemerkt sie entschuldigend, schreibe sie nur um der Sache willen. "Oft ergriff mich Scheu vor meiner Arbeit, brennendes Rot übergoß mein Gesicht, denn ich mußte ja im Geiste gestalten, mit dem Griffel festhalten verbuhlter Knaben abscheuliche Torheit und unerquickliches Geschwätz, vor dem wir uns sonst die Ohren zuhalten."

Neben Quedlinburg[28], Merseburg[29] und Magdeburg[30] ist Gandersheim[31] eine Hauptstätte der Ottonenzeit. Die Stadt Gandersheim hat zu Ehren ihrer berühmtesten Einwohnerin einen Roswitha-Preis für Autorinnen der Gegenwart gestiftet.

---

[28] **Quedlinburg**, Bezirk Halle, über der Stadt Schloßberg mit Schloß und Kirche des ehemaligen Frauenstifts. In der Krypta des 10. Jhs. sind die Gräber Heinrichs I. und seiner Gemahlin Mathilde. Das Stift wurde 936 gegründet von Otto dem Großen und seiner Mutter Mathilde. 1540 wurde es protestantisch.

[29] **Merseburg**, Kreis Halle, im 10. Jh. Grenzfeste gegen die Slawen, Pfalz Ottos des Großen; ab 968 Bistum. Dom seit 1015, Umbauten im 13. und frühen 16. Jahrhundert.

[30] **Magdeburg** an der mittleren Elbe. 805 als Grenzhandelsplatz genannt, Otto I. gründet 937 das Mauritiuskloster als Zentrum der Slavenmission. 968 Erzbistum. Grabstätte Ottos des Großen und Edithas in der Krypta der 1. Kirche (955 - 970 erbaut, um 1200 durch Brand zerstört). Am gotischen Dom wurde von 1209 bis 1520 gebaut.

[31] **Gandersheim**, zwischen Göttingen und Hildesheim. 852 Abtei, 1172 Stiftskirche. Die Äbtissinnen gehörten zu den Reichsfürsten.

16. Das Schulwesen und die Entstehung der Universitäten[32]

Kloster- und Kathedralschulen

Der Zusammenbruch der antiken Kultur ist nirgends auffälliger als im Bildungswesen. Im 7. Jh. verlieren sich die letzten Spuren eines öffentlichen Schulwesens. Um so größer wird nun der Einfluß der neuen **Klosterschulen**, die mit dem Benediktinerorden aufkommen. Jedes Kloster führt zur Sicherung des eigenen Nachwuchses eine eigene Schule. Die Benediktinerregel verlangt täglich vier Stunden Studium und Chorgesang. Zum Abschreiben und Herstellen neuer Bücher muß der Mönch lesen und schreiben können. Bald öffnen sich die Klosterschulen auch Nichtmönchen. St. Gallen zum Beispiel besitzt um 820 eine "innere" Schule für den eigenen Nachwuchs und eine "äußere" Schule für Prinzen, Adelssöhne und zukünftige Geistliche.

Benediktinermönche, die zur Bischofswürde aufsteigen, gründen oft bei ihren Kirchen **Kathedral- oder Domschulen**. Die Kathedralschulen sind aufgebaut wie Klosterschulen. Hier werden vor allem Pfarrer und Landgeistliche ausgebildet. Aus der Kathedralschule von York geht Alkuin hervor. Er selbst gründet im Einvernehmen mit Karl dem Großen in Tours eine Art Hochschule, von der Impulse für das Schulwesen im ganzen Frankenland ausgehen. Doch Karls Versuch, mit staatlichen Mitteln Schulen zu gründen, findet lange Zeit keine Nachahmung mehr. Die Laien bleiben zum Großteil Analphabeten.

Selbst die angemessene Ausbildung der Geistlichkeit ist oft ein Problem. Bonifatius trifft in Bayern einen Priester, der

---

[32] W. Rüegg, Geschichte der Universität in Europa, I ff (1993 ff).

seine Gläubigen ”in nomine patriae” tauft.[33] Noch das 4. Laterankonzil von 1215 mahnt die Bischöfe ernstlich, die Verantwortung für die Pfarrerausbildung ernst zu nehmen. Die Führung der Seelen sei die Kunst aller Künste. Es sei – heißt es im Zeitalter der Ketzerbekämpfung – besser, wenige gute als viele schlechte Pfarrer zu haben.

Berühmte Klosterschulen im Frühmittelalter sind: Tours und Corbie[34], Fulda, Reichenau, St. Gallen und Freising. Dazu kommen Kathedralschulen in Reims, Chartres, Paris, Laon, Bourges, Orléans und Montpellier in Frankreich. In England ragen zunächst York, später Canterbury heraus. In den spanischen Bischofsstädten Toledo, Salamanca und Valencia liegt die Kompetenz in der Kenntnis der arabischen Philosophie. Bologna und Ravenna sind Hochburgen des römischen Rechts, Salerno und Neapel Zentren der Medizin.

Erste Bürgerschulen

Der Analphabetismus der Laien wird erst durch die aufstrebenden Städte spürbar zurückgedrängt. In den Städten braucht man Gebildete für Handel und Verwaltung. Die ersten Stadtschulen entstehen in Italien. Ab dem 12. Jh. erscheinen sie auch nördlich der Alpen. Gelehrt wird an diesen Schulen Lesen, Schreiben, Rechnen und Latein. Die Stadtschulen sind die ersten weltlichen Bildungsanstalten. Durch die Kreuzzüge erwachen auch die Bürger zu eigenem Selbstbewußtsein. Sie schicken ihre Söhne in die Bürgerschulen der Städte. Als Lehrer kommen zuerst nur Geistliche in Frage.

---

[33] Im Namen des Vaterlandes.

[34] Das Kloster Corbie erbt vermutlich die reiche Bibliothek Karls des Großen.

Studium generale und Universität

Der Drang nach vermehrter Schulbildung läßt das Schulwesen nach oben anwachsen. Die alten Klosterschulen genügen immer weniger. Verlangt wird nicht mehr nur theologische, sondern auch allgemeine Bildung. Das Gesichtsfeld des einfachen Mannes hat sich durch die Kreuzzüge erweitert. So entsteht neben den Klosterschulen eine neue Art von Hochschulen, die allen offenstehen. Diese Schulen heißen **Studium generale**. Die Universitäten des 12. und 13. Jhs. tragen noch diese Bezeichnung. Der Name Universitas meint zunächst nur die Gemeinschaft aller, die an der Schule lehren und lernen. Die Universitas, die Gemeinschaft der Lehrenden und Lernenden, ist ein Korporationswesen ganz besonderer Art. Die bedeutendsten Universitäten nehmen Studenten aus ganz Europa auf und besitzen dank den Päpsten das Recht, überall zu unterrichten.[35] Zur Zeit, da sich auch die Handwerker, Meister und Gesellen in den Städten nach Berufsgruppen zu Zünften und Gilden zusammenschließen, tun Lehrmeister und Scholaren dasselbe. Im 13. Jh. haben die Universitäten einen europäisch-internationalen Charakter. Erst im 14. und 15. Jh. werden sie zunehmend national.

Die ersten drei Universitäten Europas sind Bologna, Paris und Oxford. Sie gehen aus Domschulen hervor. In Paris zum Beispiel zieht gegen Ende des 12. Jhs. eine steigende Zahl von Studenten in ein neues Stadtviertel auf dem linken Seine-Ufer (Montagne Sainte-Geneviève). Es sind stürmische junge Leute, fahrende Scholaren, Geistliche und Vaganten, die das ungebundene Leben links der Seine dem traditionellen Schulbetrieb der alten Kathedralschule bei der Notre Dame vorziehen. Gemeinschaft in Distanz zu geistlichen und weltlichen Herren liegt im 13. Jh. voll im Trend. Natürlich versucht der Bischof von Paris, die Oberhoheit über die Universität zu erlangen.

---

[35] Licentia ubique docendi

Doch Papst und König sichern dieser im Jahr 1222 volle Unabhängigkeit zu. Das **Studium** wird zum dritten Stand neben dem **Imperium** und dem **Sacerdotium**.

Den meisten Universitäten fehlt es stets an Raum. Oft mieten die Lehrmeister Räume, in die sich alle hineinzwängen. Die Studenten sitzen auf Bänken oder gar auf Strohballen. In Paris stiftet Robert de Sorbon 1257 ein Studentenheim für arme Studenten. Dieser Name wird im 16. Jh. auf die Pariser Universität übertragen.

In Frankreich und Italien werden im 13. Jh. eine ganze Reihe weiterer Universitäten gegründet, zum Beispiel Orléans, Montpellier (Medizin), Avignon, Neapel, Rom, Padua u. a. In England folgt auf Oxford schon 1209 Cambridge. Im mitteleuropäischen Raum werden die ersten Universitäten erst nach 1300 gegründet. 1348 ruft Kaiser Karl IV. von Luxemburg, der auch König von Böhmen ist, in Prag die älteste Universität im deutschsprachigen Raum ins Leben; es folgen 1365 Wien und 1386 Heidelberg.

Aufbau des Studiums

Das Studium generale bzw. die Universität kennt kein Gymnasium als Unterbau. Die einzige Voraussetzung zum Eintritt ist genügende Kenntnis der lateinischen Sprache. Grundsätzlich kann schon ein Zwölfjähriger an die Universität. Das Studium beginnt mit der **Artistenfakultät.** Der Schüler sucht sich einen Magister und wohnt in dessen Haushalt. Der Lehrer lebt mit seinen Schülern quasi klösterlich zusammen. Gelehrt werden in zwei Jahren die Sieben freien Künste[36]: Grammatik, Rhetorik, Dialektik, Astronomie, Arithmetik, Geometrie und Musik. Nach dem bestandenen Examen ist der Student ein **Baccalaureus**. Jeder Baccalaureus muß sich nun selber wäh-

[36] Septem artes liberales, in der Antike um 400 gebräuchlich.

rend zweier Jahre als Lehrer der Freien Künste betätigen; gleichzeitig studiert er in diesen zwei Jahren weiter an der Artistenfakultät die Fächer Metaphysik, Ethik und Politik. Nach erneutem Examen wird der Student zum **Magister artium** befördert. Hierauf muß der Student – jetzt als Meister der Freien Künste – sich wieder zwei Jahre lehrend an der Fakultät bewähren. Erst anschließend, also nach insgesamt sechs Jahren, steht ihm ein Studium der höheren Künste – Theologie, Medizin, Jurisprudenz – offen. Ein volles Studium bis zum Abschluß mit Doktorat kann nochmals Jahre dauern, ist aber zum Beispiel für einen Lehrer oder Pfarrer nicht zwingend. Ulrich Zwingli etwa hat als Magister nur noch ein Semester Theologie studiert.

17. Die Wissenschaft: Blüte der Scholastik[37]

Die Kloster- und Kathedralschulen des frühen Mittelalters werden um 1200 bedeutungsmäßig durch die aufkommenden Universitäten abgelöst. Die alten Universitäten haben meistens nur eine Fakultät oder neigen schwerpunktmäßig zu einem Fachgebiet. In Paris und Oxford wird hauptsächlich Theologie gelehrt, in Bologna kirchliches Recht, in Montpellier Medizin.

Was heißt Scholastik?

Scholastik bedeutet Schulwissenschaft. Den Lehrer an den Kloster- und Kathedralschulen nennt man Doctor scholasticus. Scholastik ist die theologische und philosophische Wissenschaft des Mittelalters. Kennzeichnend für die Scholastik ist die Herrschaft der Tradition. Die Scholastik will nicht erst die Wahrheit suchen. Die Wahrheiten, glaubt man, sind gegeben: durch die Heilige Schrift und die Lehren der anerkannten Kirchenväter. Daneben leisten Plato und Aristoteles gute Hilfsdienste. Der christliche Glaube soll denkend in seinen Zusammenhängen dargestellt werden. Die Denksysteme von Plato und Aristoteles werden in den Dienst dieser hohen Kunst genommen. Im frühen Mittelalter ist (via Augustin) vor allem Plato bekannt und vertraut; etwa ab 1200 gewinnt Aristoteles an Bedeutung.

Wer ist Gott? Wie und wieweit können wir ihn erkennen? Wie hängen Glauben und Denken zusammen? Was ist Erkenntnis? Die Philosophie hilft der Theologie bei der Beantwortung solcher Fragen. Sie dient der Theologie und bleibt

---

[37] A. Adam, Lehrbuch der Dogmengeschichte II, (6. Aufl. 1992) 13 - 171; Ph. Böhner/E. Gilson, Christliche Philosophie von ihren Anfängen bis Nikolaus von Cues (2. Aufl. 1954); K. Flasch, Mittelalter (Geschichte der Philosophie in Text und Darstellung) II (1982); ders., Einführung in die Philosophie des MA (3. Aufl. 1994) (mit Verz. der dt., engl. und frz. Übersetzungen ma Texte); ders., Das philos. Denken im MA (Reclam 2000).

deren Magd. Auf keinen Fall soll sie sich über die Geheimnisse des Glaubens erheben. Der Glaube versucht also, sich selber und der Gemeinschaft Rechenschaft zu geben. Im 13. Jh. – es ist die Zeit der Bettelorden und der Mohammedanermission – kommt eine apologetische Komponente hinzu; die Missionare sollen über ein gelehrtes Argumentarium für Disputationen mit Heiden verfügen. Die Scholastiker stellen sich den letzten Grundfragen der Wirklichkeit und des Glaubens. Man kann sich fragen, ob im Abendland jemals größere Denkarbeit geleistet wurde als durch die asketischen (Bettel)mönche und Theologen an den ehrwürdigen Universitäten zu Paris, Oxford, Bologna oder Köln.

So werden die überlieferten Erkenntnisse der Kirche in einem logisch aufgebauten System als Ganzes dargestellt. Man nennt diese großen Werke **Summen**.

1. Die Frühscholastik

Die ersten Werke der neubekehrten germanischen Stämme sind historischer oder dichterischer Natur. **Beda** schreibt vor 735 seine angelsächsische Kirchengeschichte, zwei Generationen später verfaßt Paulus Diaconus seine Geschichte der Langobarden, und Einhard beschreibt das Leben Karls des Großen. Kaum eine Generation nach der gewaltsamen Missionierung der Sachsen entsteht in sächsischer Sprache der **Heliand**.

Bedeutend langsamer sind die Fortschritte auf den Gebieten der systematischen Theologie und der Philosophie. Als systematischer Denker begegnet uns im 9. Jh. **Eriugena**; **Gottschalk** und **Hraban** streiten sich über die Erwählungslehre, zwei Mönche aus dem Kloster Corbie, **Paschasius Radbertus** (Abt) und **Ratramnus,** sind sich nicht einig, ob bei der Geburt Jesu das jungfräuliche Zeichen Marias versehrt worden sei. Beide denken auch über die Abendmahlslehre nach. Ratramnus vertritt im Anschluß an Augustin eine eher symbolische Auffassung, sein Abt Radbert dagegen glaubt, daß in jeder

Messe wie durch ein Schöpfungswunder (Commutatio) Brot und Wein in Leib und Blut Christi verwandelt werden.

Anselm von Canterbury[38]

Als eigentlicher Vater der (Früh)scholastik darf **Anselm von Canterbury** (1033 - 1109) bezeichnet werden. In Aosta als Sohn einer Adelsfamilie geboren, tritt er 1060 ins Kloster Bec (Normandie) ein. 1093 erhebt ihn der König von England zum Erzbischof von Canterbury.[39] Anselm ist wie sein Lehrer und Vorgänger **Lanfranc** konservativ gegenüber der Tradition und ein überzeugter Anhänger Gregors VII. Er ist aber ein scharfer Denker, ein "Dialektiker bis ins Gebet hinein". Der Glaube ist immer das erste, das Denken das zweite. "Credo, ut intelligam" heißt sein Lebensbekenntnis. Er glaubt mit dem Ziel, durch den Glauben zu verstehen. Denn der Glaube ist das Licht. Er erleuchtet unsere Erkenntnis und das Denken. Anselm traut dem Verstand viel zu. Der Glaube braucht sich vor dem Verstand überhaupt nicht zu fürchten, denn der Glaube ist vernunftgemäß, ja denknotwendig. Darum sucht der Glaube geradezu das Denken: "fides quaerens intellectum"! Zweierlei versucht Anselm denkend zu erweisen:

1. die Existenz Gottes (Gottesbeweis),
2. die Menschwerdung Christi.

---

[38] Opera omnia, Hg. F.S. Schmidt I-VI (1938/61), lat./dt. Hg. F.S. Schmidt (3. Aufl. 1970); Anselm, Proslogion (Reclam 2005); ders., Warum Gott Mensch geworden, lat./dt. (1986); ders., Über die Wahrheit (2001). – F. Hödl, in: TRE 2 (1978) 759 ff; J.L. Scherb, Anselms philosophische Theologie (2000); R. Schönebergerr, Anselm von Canterbury (2004).

[39] Von 1066 bis ins 13. Jh. bilden England und die Normandie ein gemeinsames Reich. Anselms Lebensweg von Italien über die Normandie nach England zeigt, wie international man damals lebt und denkt.

Seinen Gottesbeweis liefert er in der Schrift "**Proslogion**" (= Anrede, Gespräch mit Gott). Anselms Überlegung verläuft so: Unser menschliches Denken enthält die Gottesidee. In der Idee tritt uns Gott als das Größte entgegen, das überhaupt gedacht werden kann. Das Größte aber – so führt Anselm weiter aus – kann nicht nur in unserer Vorstellung existieren, sonst ließe sich ja ein noch größeres Wesen denken, nämlich eines, das außer in unserem Verstand auch noch in der Wirklichkeit existiert. Anselm schließt also vom Begriff des höchsten Wesens auf seine Existenz. Er denkt in platonisch-augustinischen Bahnen: Begriffe und Ideen sind vor den Dingen da, ja sie haben eine höhere Realität. Gott ist die höchste Idee, das "ens perfectissimum", das sich denken läßt. Darum ist er auch das "ens realissimum".

In der Neuzeit nimmt vor allem Descartes das Argument wieder auf, wird aber durch Immanuel **Kant** in die Schranken gewiesen. Kant sagt: "Hundert wirkliche Taler enthalten nicht das mindeste mehr als hundert mögliche ... Aber in meinem Vermögenszustande ist mehr bei hundert wirklichen Talern, als bei dem bloßen Begriffe derselben." Der Begriff eines höchsten Wesens ist für Kant eine "nützliche Idee"; bloße Ideen aber sind unfähig, unsere Wirklichkeitserkenntnis zu erweitern. "Wer so vorgeht, gleicht einem Kaufmann, der seinen Vermögenszustand verbessert, indem er seinem Kassenbestand einige Nullen anhängt." [40]

Es gibt in der Mathematik sogenannte Axiome, die sich nicht beweisen, aber auch nicht bestreiten lassen. Dennoch bilden sie die Voraussetzung aller anderen Beweise. Solch ein Grundsatz ist für das übersinnliche Denken der Satz: "Es gibt einen Gott." Trotz seines fehlerhaften Schlusses hat Anselm recht, wenn er schließlich sagt: "So gewiß also ist es, daß es etwas gibt, über das hinaus Größeres nicht gedacht werden

---

[40] Kritik der reinen Vernunft. Elementarlehre II. Teil – II. Abt. – II. Buch – III. Hauptstück – IV. Abschnitt.

kann, daß es auch nicht gedacht werden kann als nicht vorhanden. Und das bist du, Herr, unser Gott!"[41]

Ein weiteres Werk Anselms trägt den Namen "**Cur deus homo?**", d. h. "Warum wurde Gott Mensch?" Auch diese Frage versucht er schlüssig darzulegen. Durch seinen Ungehorsam hat der Mensch Gott die Ehre geraubt. Wenn ein Mensch auch nur für eine Sekunde seinen Blick von Gott ab- und etwas Geschaffenem zuwendet, wird er schuldig vor Gott. Das ist das Gewicht der Sünde, der alle Menschen verfallen sind. Der Mensch ist Gott gegenüber Genugtuung (satisfactio) schuldig; er ist dazu aber nicht in der Lage, denn die Schuldigkeit wiegt schwerer als die ganze Welt. Nur einer wäre in der Lage, diese Genugtuung zu leisten: Gott selber. Weil nur Gott dieses Werk vollbringen kann, die Menschheit aber die Schuldnerin ist, bleibt nur ein einziger Weg. Es ist jenes göttliche Muß, von dem auch Jesus spricht (Luk. 24 u. a.): Gott mußte Mensch werden. Der Gott-Mensch Christus gibt sein sündloses Leben freiwillig hin und schafft so eine unendliche Genugtuung. Christus bringt anstelle der Menschheit als Gott-Mensch Gott sein Opfer dar. Und Gott, weil er gerecht ist, akzeptiert diese Leistung und rechnet sie uns als Genugtuung an.

Diese Genugtuungslehre von der stellvertretenden Strafe Christi erscheint auf den ersten Blick recht biblisch. Sie wird auch heute in evangelistischen oder seelsorgerlichen Gesprächen gelegentlich noch vorgetragen. Problematisch an Anselms Argumentation ist der fromme Rationalismus. So systematisch und "glasklar" stellt es uns selbst die Bibel nicht dar. Ein Opfer Christi, das wir intellektuell im Griff haben, ist kein Geheimnis mehr; es vermag uns auch nicht wirklich zu erlösen, vielmehr erlösen wir uns selbst.

Dasselbe gilt für den Gottesbeweis. Ein bewiesener Gott ist in des Menschen Griff. Der in der Bibel geoffenbarte Gott entzieht sich unserer Beweisführung. Nach dem NT offenbart

---

[41] Proslogion, Kap. 3

er sich nicht im höchsten, sondern im tiefsten Punkt dieser Welt. Entgegen der Absicht Anselms ist die Philosophie hier mehr als nur die Dienerin.

Der Universalienstreit

Vom 11. Jh. bis zum Ausgang des Mittelalters erregt der sogenannte Universalienstreit die Gemüter. Hinter dem Streit steht die fundamentale Frage: Was ist wirklich? Nur ein hastiger moderner Mensch hält diese Frage für belanglos. Der mittelalterliche Mensch denkt nach, er hat Zeit dazu. Im frühmittelalterlichen Denken – das wir nur schlecht verstehen – hat das Einzelne für sich genommen keine Wirklichkeit. Wirklich ist nicht das Konkrete, Individuelle, sondern das Übergeordnete, das Objektive und Allgemeine. Wirklich ist nicht der Glasmaler oder der Steinmetz, sondern der Dom; wirklich ist nicht der einzelne Priester, sondern die Katholische Kirche; wirklich ist nicht der Apfelbaum im Garten oder die Tanne hinter dem Haus. Apfelbaum und Tanne haben nur abgeleitete Wirklichkeit. Hinter allen Bäumen im Wald und auf der Flur steht die "Idee" Baum. Sie war schon immer vorhanden, bevor es den ersten konkreten Baum gab. Die Idee war schon in Gott lebendig, bevor er die Welt schuf. Je allgemeiner, abstrakter und übergeordneter ein Begriff ist, desto höher ist seine Realität. Denn Geist, Ideen oder Begriffe sind nicht Hülsen, sondern Wirklichkeiten. Je näher eine Idee bei Gott ist, desto höher ihre Realität. **Universalien** sind solche Allgemein- oder Gattungsbegriffe. Anselm und Denker seiner Gesinnung bezeichnet man als **Realisten**. Für sie sind die Universalien real. Die Ideen bestehen vor den einzelnen Dingen. (Lateinisch: Universalia ante rem.) Das ist gute neuplatonische Metaphysik: Je näher die Dinge bei Gott sind, desto mehr haben sie Anteil an der Wirklichkeit. Das ist das Gerüst für Anselms Gottesbeweis. Origenes, ein Mann des 3. Jhs., würde dieser Ansicht zustimmen. Ein Zeitgenosse Anselms, Lehrer an der Pariser Kathedralschule, denkt genauso: **Wilhelm von Champeaux**. Er ist der Begründer des Chorherrenstifts St. Viktor, einer Pflegestätte der Mystik.[42]

Die entgegengesetzte Konzeption vertritt der sogenannte **Nominalismus**. Ideen und Begriffe haben keine wirkliche Existenz, sie werden erst im Nachhinein durch den Verstand gebildet. Wirklich sind die konkreten Einzeldinge hier und jetzt. Ich sehe den Apfelbaum in meinem Garten und die Tanne hinter dem Haus, aufgrund dieser Erfahrung bildet der Verstand die Idee oder den Namen des Baumes. Erst aufgrund von konkreten Einzeldingen erzeugt unser Verstand nachträglich die Namen und Begriffe. (Lateinisch: Universalia post rem!) Anselms Zeitgenosse **Roscellinus von Compiègnes** vertritt diesen Standpunkt, muß ihn aber auf der Synode von Soissons 1092 widerrufen.[43]

Die Tragweite der Thematik wird uns auch deutlich am Beispiel des Guten und der Sünde: Gibt es das Gute? Der Nominalist sagt: Nein, es gibt nur einzelne gute Taten, gute Menschen. Aber das Gute selbst, die Idee des Guten, hat an sich kein Wesen. Das Gute ist überhaupt etwas Schwankendes. Heute nennen wir vielleicht gut, was wir morgen schlecht finden werden. Auch ist dem einen das gut, was dem andern schlecht ist (Relativismus!). Der Realist dagegen sagt: Im Gegenteil, das Gute hat sein bestimmtes Wesen, und zwar in Gott selbst. Gott selbst ist das Gute. Darum ist das Gute zeitlos gültig. Genauso verhält es sich mit der Sünde: Die Nominalisten kennen nur einzelne sündhafte Taten, sündige Menschen, aber keine Sünde als solche. Vergebung der Sünden bedeutet Vergebung der einzelnen schlechten Taten. Die Umkehr einer

---

[42] **Hugo von St. Viktor** (1097 - 1141) ist der eigentliche Begründer der Viktorinischen (areopagitischen) Mystik. Mit der Bernhardinischen Christus-Mystik zusammen legt sie den Grund für die mittelalterliche Mystik insgesamt.

[43] Roscellin bekommt Schwierigkeiten mit der Frage, ob denn die Dreieinigkeit Gottes auch nur ein im Menschenkopf erdachter Name sei.

Menschenseele aus dem sündigen Wesen, aus dem Machtbereich der Sünde, wird kaum gesehen. Es genügt, wenn sich der Mensch vor den einzelnen sündigen Handlungen hütet und dafür sorgt, daß sie ihm vergeben werden. Ablaßhandel, Wallfahrten und Werkgerechtigkeit passen bestens zu dieser Sicht (vgl. Pelagius, Bd I, 295 ff.).

Der Realismus kommt hier eigentlich der biblischen und reformatorischen Sicht nahe: Die Sünde besteht nicht nur aus einzelnen Taten, sie ist eine Wesenheit, eine gottfeindliche, transzendentale Macht, aus der die sündigen Einzelhandlungen herauswachsen (vgl. Röm. 7,17 ff. und 8,1 ff).

Je mehr Aristoteles bekannt wird, also nach 1200, setzt sich eine mittlere Linie durch, ein **gemäßigter Realismus**: Die Ideen werden gleichzeitig mit den Dingen wirklich. Die Form ist im Stoff immanent. (Lateinisch: Universalia sunt in rebus!) Dieser Auffassung sind **Albertus Magnus** und **Thomas**. Eine ausgefeilte Spielart dieser mittleren Linie trägt schon früh **Abaelard** vor: In Gott sind die Universalien (Gattungsbegriffe, Ideen) vor den Dingen, bezüglich der Dinge selbst gilt: universalia in rebus; im menschlichen Bewußtsein schließlich entstehen die Universalien erst im nachhinein.

Im späten Mittelalter, als dem Einzelnen und Individuellen immer mehr Beachtung geschenkt wird, setzt sich der **Nominalismus** durch: Vertreter dieser Richtung ist **Wilhelm von Occam**. Allgemeine Begriffe existieren *nach* den Dingen. (Lateinisch: Universalia sunt post rem; universalia sunt nomina.) Sie haben weder vor noch in den Dingen eine Realität, sondern nur in unserem Kopf. Sie sind unsere Denkerzeugnisse. Der Nominalismus nähert sich mehr und mehr dem skeptischen Empirismus. Erkennen und Sein sind einander nicht mehr so sicher zugeordnet. Der Nominalismus der Spätscholastik trennt die Gebiete des Glaubens und des Wissens. Die christliche Lehre ist der Vernunfterkenntnis völlig unzugänglich. Der Weg der Scholastik, den Glauben vernunftgemäß zu begründen, löst sich damit auf.

2. Die Hochscholastik

Im 13. Jahrhundert, als die aufstrebenden gotischen Dome entstehen und das Papsttum seine größte Macht entfaltet, erklimmt auch die kirchliche Wissenschaft ihren Höhepunkt. Dieser Aufschwung beruht auf dreierlei:

1. Durch die allgemeine Erweckung des 13. Jhs. und das neue Lebensgefühl finden die Bettelorden den Weg in die theologische Wissenschaft.

2. Die Hochscholastik fällt zusammen mit der Entstehung der Universitäten.

3. Es werden dem Abendland durch die Kenntnis des ganzen Aristoteles neue Wissensquellen erschlossen. Diese Quellen liegen in der arabischen Wissenschaft. 1085 entreißen die Spanier den Arabern Toledo. Die Christen stoßen dabei auf eine hohe Wissenschaft, hinter der die alte griechische stand. Bei ihrem Vordringen nach Westen haben die Araber die aristotelische Philosophie aufgenommen und nach Spanien gebracht. Dieses Wissen haben sie in ihrer Gelehrtenstadt Cordova während Jahrhunderten gehütet. Ihr großer Arzt, Richter und Philosoph **Averroes** (1126 - 1198) überträgt die Hauptwerke des Griechen kommentierend ins Arabische.[44] Der Erzbischof von Toledo schließlich veranlaßt die Übersetzung aus dem Arabischen ins Lateinische.

Bisher bestimmte Augustin (beruhend auf Plato) im wesentlichen das europäische Denken. Nun lernt Europa erstmals ein einheitliches heidnisches Lehrgebäude kennen. Kirchliche

[44] Die arabische Philosophie übernahm die aristotelische im 8. Jh. von den Syrern.

Kreise begegnen Aristoteles zunächst mit Mißtrauen. Eine Provinzialsynode in Paris verbietet 1210 seine naturwissenschaftlichen und metaphysischen Schriften.[45] Gerade auf naturwissenschaftlichem Gebiet hatte Aristoteles aber ein viel größeres Wissen angesammelt als alles, was dem Abendland bisher zur Verfügung stand. Ab etwa 1230 gilt Aristoteles dann aber quasi als Johannes der Täufer auf weltlichem Gebiet. Was Plato der Mystik, das wird Aristoteles der Scholastik. Die Hauptträger der Hochscholastik sind Angehörige der neu gegründeten Bettelorden, also Franziskaner und Dominikaner. Und die entscheidende Arbeit wird an der Universität Paris geleistet. Die vier großen Doktoren sind zwei Franziskaner und zwei Dominikaner.

Alexander von Hales und Bonaventura

Den Reigen eröffnet der Franziskaner **Alexander von Hales** (gest. 1245) aus England, der als erster den ganzen Aristoteles heranzieht. Er ist der Begründer der Franziskanerschule in Paris. Aus seiner Feder stammen eine Summa universae theologiae sowie ein Kommentar zu den Sentenzen des Lombarden.[46] Er denkt zwar stark von Augustin her, aber er kennt

---

[45] Die logischen Schriften von Aristoteles – zusammengefaßt als "Organon" – sind dem Abendland durch die Übersetzung des Boethius schon länger bekannt.

[46] **Petrus Lombardus** (ca. 1100 - 1160), geboren in Novara (Lombardei), studiert in Bologna und Reims, kommt 1139 nach Paris als Lehrer an der Domschule von Notre-Dame. Er verfaßt Kommentare zu den Psalmen und den Paulusbriefen, v. a. aber die vier Sentenzenbücher: **"Sententiarum libri IV"**, eine Art Kompendium der christlichen Dogmatik (in den 1140er Jahren). Inhaltlich stellt er die wichtigsten Aussprüche und Lehrentscheidungen von Augustin über Hieronymus und Gregor bis zu seinem Zeitgenossen Hugo von St. Viktor zusammen. Augustin wird etwa 1000mal zitiert.

auch Aristoteles und verwendet die dialektische Methode von Abaelard zur Begründung der Dogmatik.

Der zweite Franziskaner ist sein großer Schüler Johannes Fidanza **Bonaventura**[47] (1217 - 1274) aus dem Kirchenstaat, genannt "Doctor seraphicus". Seit 1254 lehrt er in Paris; 1257 wird er zum Generalminister (Leiter) des Franziskanerordens gewählt. Franziskus ist sein geistliches Vorbild. Er nennt ihn "dux et pater" (= unser Führer und Vater). Seine wichtigsten theologischen Vorbilder bleiben ihm Augustin, Anselm und die sogenannten Viktoriden (areopagitische Mystik). Er kennt die "neue Philosophie" (Aristoteles), billigt ihr aber keine eigenständige Rolle zu. Er will nicht logisch beweisen, denn das wissenschaftliche Denken ist in seinen Augen sowieso nichts

---

Methodisch arbeitet er kritisch-dialektisch nach der "Sic-et-non-Methode" Abaelards. Die Glaubenslehren werden also nicht von innen her entfaltet (i. S.: credo ut intelligam), sondern kritisch nebeneinander und gegeneinander gestellt, um sie dann schließlich durch die Dialektik der Vernunft in Einklang zu bringen und ihre Widerspruchslosigkeit zu erweisen. Den Stoff teilt er wie folgt auf:

1. Buch: Von Gott, dem Einen und Dreieinen.
2. Von der Schöpfung und den Kreaturen.
3. Von der Menschwerdung, der Erlösung und den Tugenden.
4. Von den Sakramenten und den Letzten Dingen.

Die Sentenzen werden zum dogmatischen Lehrbuch für die Studenten, bis sie im 16. Jh. durch die Summa theologica von Thomas abgelöst werden. Fast jeder bedeutende Lehrer des Mittelalters schreibt auch einen Kommentar zu den Sentenzenbüchern.

[47] S. Bonaventurae Opera omnia I - X (1882/1902); dt. Übs: J. Kaup, Itinerarium mentis in Deum (Pilgerbuch der Seele zu Gott), und: De reductione artium ad theologiam (1961); FC, 1. F. Bd. 14: Über den dreifachen Weg (1993); Soliloquium, lat./dt. (1998); A. Klingemann, Nachtwachen von Bonaventura (Reclam 1991). K. Hemmerle, Theologie als Nachfolge (1975); H. Baum, Das Licht des Gewissens (1990); M. Schlosser, Bonaventura begegnen (2001).

Endgültiges. Die Bibel und – als ihre Mitte – Christus stehen im Zentrum. Auch er schreibt eine Summa sowie einen Kommentar zu den Sentenzen.

Albertus Magnus[48]

Albertus Magnus (1193/1207 - 1280) wird in Lauingen geboren. Albert ist der einzige Wissenschaftler, dem der Beiname "der Große" zuerkannt wurde. Sein Vater war ein Dienstmann (Ministeriale) der Staufer. Vermutlich besucht Albert die Schule in Augsburg. In den 1220er Jahren hält er sich in Oberitalien auf, weil es damals in Deutschland noch keine Universitäten gibt. Er erlebt 1222 das schwere Erdbeben in Brescia und begegnet Jordan von Sachsen, dem Generalmeister des Predigerordens. Unter seinem Eindruck wird er 1223 Dominikaner in Padua. Sein Orden schickt ihn ins Kölner Dominikanerkloster, das seit 1221 bestand. Hier macht er sein Noviziat und unterrichtet den Ordensnachwuchs in den Grundlagen der Theologie.

1244 - 1248 studiert und lehrt er in Paris. Hier erwirbt er den Doktortitel der Theologie. Er erkennt seine Aufgabe darin, die gesamten Aristoteles-Werke durch (verchristlichende) Kommentare zu erschließen und für die abendländische Theologie fruchtbar zu machen. Indem er christliche Spiritualität und Vernunft einander zuordnet, legt er die Grundlage für die klassische Scholastik. Es fehlt nicht an Widerspruch. Bonaventura betont die klare Dienstfunktion der Philosophie.

Albert ist auch Naturforscher, vor allem Botanik und Zoologie ziehen ihn an. Seine genauen Pflanzenbeobachtungen und die Empfehlung ihrer Heilkräfte erinnern an das berühmte Kräuterbuch des Schweizer Pfarrers Künzli. Zu Beginn der

---

[48] A. Fries, Albertus Magnus. Ausgew. Texte, lat./dt. = Texte z. Forsch. 35 (4. Aufl. 2001); B. Geyer, Die Universitätspredigten des Albertus Magnus (1994); P. Hossfeld, Albertus Magnus als Naturphilosoph und Naturwissenschafter (1983).

1260er Jahre wird er für kurze Zeit Bischof von Regensburg, dann zieht er als Kreuzzugsprediger durch Deutschland.

Pius XI. spricht Albert 1931 heilig, und Pius XII. erhebt ihn 1941 zum Patron der Naturwissenschafter.

Thomas von Aquin[49]

In den Bahnen Alberts geht sein größter Schüler, Thomas von Aquin (1225 - 1274), ebenfalls Dominikanermönch. Thomas stammt aus gräflichem Geschlecht auf dem Schloß Roccasecca bei Aquinum in Mittelitalien. Etwa fünfjährig wird er seinem Onkel, dem Abt des nahegelegenen Klosters Monte Cassino, als "Dargebrachter" (puer oblatus) übergeben in der Absicht, daß er einst eine bedeutende geistliche Laufbahn einschlagen werde. 1239 weilt er kurz auf dem elterlichen Schloß und geht dann zum Studium der freien Künste nach Neapel. 1244 tritt der 19-jährige – zum Entsetzen seiner Eltern – in den modernen Bettelorden der Dominikaner ein. Er wird entführt und etwa ein Jahr unter Hausarrest gestellt. Da er bei seiner Überzeugung bleibt, darf er 1245 in den Orden zurückkehren. Er studiert nun drei Jahre bei Albertus Magnus in Paris, der seine hohe Begabung erkennt. Anschließend zieht der 23jährige mit Albert für vier Jahre nach Köln. Im Gegensatz zu Abaelard hat er ein stilles Wesen. Seine Mitstudenten halten den schüchternen Italiener für einen Idioten und nennen ihn den "stummen sizilianischen Ochsen". In Köln empfängt er wohl die Priesterweihe und vertieft sich in die Philosophie von Ari-

[49] Summa Theologica, dt./lat., 36 Bde, Hg. Kath. Akademikerverband (1933 ff); Quaestiones disputatae de veritate, lat./dt. (1986); Summa contra Gentiles, Hg. R. Schöneberger (2001); Die Gottesbeweise (aus S. c. G. und S. Th.), Hg. H. Seidl (3. Aufl. 1996); De ente et essentia, lat./dt. (1988); Summe der Theologie I - III (1985); Th. v. A., Summe gegen die Heiden I - IV (1990/96). – O. H. Pesch, Thomas von Aquin. Grenze und Größe ma Theologie (1988); Thomas von Aquins Summa theologiae, dt., Hg. A. Speer (2005); M. Forschner, Thomas von Aquin (2004).

stoteles. 1252 kehrt er wieder nach Paris zurück und hat als Baccalaureus die Sentenzen des Lombarden auszulegen. Daraus erwächst sein erstes systematisches Werk, der Sentenzenkommentar.

1257 wird er mit Bonaventura in den Lehrkörper der Universität aufgenommen. Aus der folgenden Lehrtätigkeit entstehen seine "Quaestiones disputatae De Veritate" (im Unterricht disputierte Fragen über die Wahrheit).

1259 - 1268 lehrt er Theologie an der Kurie und an verschiedenen Dominikanerschulen in Italien. Hier entsteht ein erster Aristoteles-Kommentar zu "De anima" (= über die Seele), vor allem aber sein zweites systematisches Hauptwerk, die "Summa contra Gentiles" (= Summe gegen die Heiden), ein apologetisches Handbuch für die Heidenmission.

1268 kehrt er nochmals für vier Jahre nach Paris zurück. Er verfaßt verschiedene Evangelien-Kommentare, weitere Interpretationen zu aristotelischen Schriften sowie "Quaestiones quodlibetales" (= Fragen zu allen möglichen Themen). Sein drittes Hauptwerk, eine Summe der Theologie, bleibt unvollendet, denn im Christmonat 1273 hat er ein leib-seelisches Betroffenheitswiderfahrnis (Schlaganfall, mystisch-ekstatisches Erlebnis?). Auf dem Weg zum Konzil von Lyon stirbt er am 7. März 1274 – erst 49jährig – im Zisterzienserkloster Fossanova.

Thomas ist eine zutiefst fromme, *mystische Persönlichkeit.* Er besitzt die Tränengabe. Unter einer Flut von Tränen beginnt er jedes Buch zu schreiben. Theologie ist ihm Gottesdienst.

Sein großes Thema ist die Unterscheidung von Glauben und Wissen. Die Philosophie befaßt sich mit allem, was der Mensch durch das natürliche Denken zu verstehen vermag. Der Glaube hält sich an das Übernatürliche, ans Mysterium. Die Wahrheiten des Glaubens, insbesondere das Geheimnis Christi, sind übervernünftig. Die Vernunft kann sie nicht fassen. Die Glaubensinhalte sind nicht widervernünftig. Die Verteidiger des Glaubens (apologetische Philosophie) können und sollen auch beweisen, daß der christliche Glaube denkmöglich ist.

Die Offenbarung der Bibel enthält zweierlei: 1. Dinge, die der Verstand fassen kann; 2. Aussagen, die den Verstand übersteigen. Mit dem ersten Teil kann und soll sich die Philosophie beschäftigen. Vor allem die Existenz Gottes ist für jeden denkenden Menschen faßbar. In seiner Summa theologica liefert er (von Aristoteles entlehnte) **Gottesbeweise**.

1. Der kinesiologische Beweis: Alles, was sich bewegt, wird durch ein anderes bewegt. Am Anfang steht Gott als das erste Bewegende (primum movens).

2. Der Kausalitätsbeweis: Alles, was es auf der Welt gibt, hat seine Ursache. Gott ist die erste Ursache, die Ursache aller Ursachen (prima causa).

3. Der teleologische Beweis: Alles in der Welt strebt letztlich auf ein gemeinsames Ziel zu. Von diesem Ziel und Ende (telos) her empfängt es seinen Sinn und seine Ordnung.

Schon Bonaventura kritisiert seinen Zeitgenossen aus augustinisch-mystischer Sicht: Der Gottesgedanke, sagt er, ist dem Menschen angeboren. Wir müssen ins Innere schauen. Da wird uns Gott entweder erlebbar, unmittelbar bewußt oder eben nicht. Bonaventura hält Gottesbeweise für unnötig, ja für falsch. Tatsächlich sind die Gottesbeweise problematisch. Gott ist nicht der erste Motor des Weltgetriebes, er ist Schöpfer, Kreator. Selbst wenn es uns gelingen würde, das primum movens zu erkennen, hätten wir Gott damit noch nicht erkannt. Der Gott der Bibel ist zu heilig, zu lebendig, als daß wir ihn in den Griff bekommen könnten.

In der Philosophie ist Thomas stark aristotelisch, rationallogisch geprägt. Im Kernstück der Theologie aber ist er ein Lehrer der Gnade, ganz auf der Linie von Augustin. Bloß naturhafte Erkenntnis genügt nicht zur Rechtfertigung des Menschen. Und die Gnade wird nicht durch gute Werke (merita) erworben, sondern von Gott geschenkt. Freilich glaubt Thomas an den freien Willen. Eine Regung des menschlichen Geistgrundes als freie Selbstbestimmung (liberum arbitrium) ist zur Rechtfertigung des Sünders erforderlich. Aber dieser Geistgrund oder die Seele des Menschen wird von Gott bewegt, indem er sie zu sich selbst hinwendet. Der freie Wille des Menschen ist zwar zur Rechtfertigung erforderlich, aber er ist letztlich in der göttlichen Erwählung aufgehoben. Die Rechtfertigung ist somit nicht eine Kooperation zwischen Gott und dem Menschen, sondern eine Gnadenwirkung Gottes.

Thomas hat die kirchliche Tradition restlos verteidigt, auch die Unfehlbarkeit des Papstes. Späteren katholischen Generationen dient er immer wieder als reiches Waffenarsenal. 1323 wird er heiliggesprochen. Beim Konzil von Trient liegt auf dem Altar der Marienkirche neben der Bibel und den Papstdekreten auch die Summa des Thomas; 1567 wird er zum "Lehrer der Kirche" (doctor ecclesiae) erklärt. Leo XIII. ernennt ihn 1879 zum Schutzpatron aller katholischen Schulen, der Buchhändler und der Bleistiftfabrikanten. Er erhebt Thomas zum katholischen Normaltheologen. Die Theologie und Philosophie des Thomas sollen die Grundlage aller katholischen Wissenschaft sein.

Luther hat Thomas als Fürst der Scholastik und des "alten Weges" abgelehnt. In neuerer Zeit wird versucht, Luther und Thomas – vor allem bezüglich der Gnadenlehre – miteinander ins Gespräch zu bringen.[50]

---

50 Zum Beispiel Pesch, a. a. O.

3. *Die Spätscholastik*

Duns Scotus[51]

Duns Scotus (1265 - 1308), ein Franziskanermönch aus Südschottland, lehrt schon mit 23 Jahren als Professor der Theologie in Oxford, Paris und Köln. Als gefeiertem Lehrer genügt ihm seine kurze Lebensspanne zu bleibendem Nachruhm im Übergang zur spätmittelalterlichen Geistesgeschichte. Schon seine Zeitgenossen nennen ihn den doctor subtilis (scharfsinnig). Mit der Scharfsinnigkeit seines Denkens dynamisiert und irrationalisiert er das rationale und harmonisch ausgewogene Weltbild des Thomas und des Mittelalters überhaupt.

Dem völlig der Welt zugewandten Heiden Aristoteles steht er kritischer gegenüber als Thomas. Er schränkt den Bereich der natürlichen Vernunft gegenüber der Theologie stärker ein als Thomas und verleiht dem Willen und der Liebe einen höheren Stellenwert als der Einsicht. Er stellt bei Gott und den Menschen nicht Gedanken und Ideen, sondern den **Willen** in den Vordergrund. Gott und die Welt sind durch Gottes Allmacht bestimmt. Und Gott ist absolut frei, völlig unabhängig davon, was Menschen und Systeme über ihn denken. Gott ist nicht primär ein Sein (esse), sondern Wille (voluntas). Und dieser Wille steht über dem Intellekt (gegen Thomas). Gottes Wille ist frei. Was er will, ist gut, weil er es so will. Auch seine Heilsoffenbarung richtet sich allein nach Gottes Willen und nicht nach unseren Denkgesetzen. Die Offenbarung muß deshalb auch nicht unbedingt denknotwendig sein. Gott ist souverän. Er steht jen-

[51] Duns Scoti Tractatus De primo principio, hg. u. übs.: W. Kluxen (1994). D. Scotus, Über die Erkennbarkeit Gottes (2000). – W. Roggisch, Johannes Duns Scotus (1995); L. Honnefelder, Johannes Duns Scotus (2005); W. Dettloff, in TRE 9 (1982), 218 - 231 (Lit.). In diesem Traktat liefert er einen **Gottesbeweis**. Von allem Seienden schließt er auf die Existenz eines ersten Prinzips oder einer ersten Natur. Diese ist infinitus intellectus, infinita voluntas, infinita potentia, infinita bonitas. Diese erste Natur ist kein anderer als der einzige, einmalige und personale Gott des ATs.

seits von Gut und Böse, er ist an kein Sittengesetz gebunden, in das wir ihn einfangen könnten. Er kann tun und schaffen, was er will. Und was er will, ist gut. Gott "mußte" also nicht Mensch werden, er wollte es, sein Wille ist Liebeswille.

Philosophie und Theologie (Glaubenswahrheit) greifen nicht mehr so harmonisch ineinander wie bei Thomas. Gott wird durch Glauben und Gehorsam wahrgenommen, nicht durch Denken und Philosophie. Sein Heilswille braucht sich nicht mit der geltenden Philosophie zu decken. Die Welt selber kann – darin folgt er Thomas und nicht Augustin – ohne göttliche Erleuchtung wahrgenommen werden. Die Theologie aber ist ihm nicht eigentlich Wissenschaft im strengen Sinne. Sie ist eine praktische Wissenschaft mit dem Ziel der Caritas. Die Offenbarung wird durch Gehorsam und Willen wahrgenommen und erfahren. "Wenn jemand den Willen Gottes tun will, wird er erkennen, ob die Lehre aus Gott ist", sagt Jesus in Joh. 7,17. Demgemäß richtet sich die franziskanische Theologie stärker nach dem Praktisch-Ethischen: die Liebe ist gefragt. Dem Gottesbild entspricht auch das Menschenbild: der menschliche Wille steht über dem Verstand.[52] Er ist darum frei und nicht – wie bei Thomas – durch die Erkenntnis des Guten geleitet.

Im Gegensatz zu Thomas lehrt Duns auch die unbefleckte Empfängnis Marias. Er kennt nicht die augustinische Erbsünde, sondern höchstens eine Erbschuld: Mangel an Gerechtigkeit und Ruhm. Die Lehre von der unbefleckten Empfängnis Marias führt im 15. Jh. zu heftigen Streitigkeiten zwischen Dominikanern und Franziskanern.[53]

Duns ist noch ein treuer Sohn der Kirche. In der Universalienfrage bleibt er (augustinischer) Realist. Er versteht Kirche

[52] Man nennt diese Konzeption mit dem Primat des Willens **Voluntarismus** – im Unterschied zum **Intellektualismus.**

[53] Die **immaculata conceptio Mariae** wird 1854 zum Dogma erklärt.

und Theologie nicht aus dem intellektuellen Bezug zur Philosophie, sondern als praktische Gemeinschaft der Liebe. Darum wird bei ihm noch nicht zum Thema, was sein Schüler Wilhelm von Occam, ebenfalls Franziskaner, in voller Schärfe für das Spätmittelalter formuliert. Duns Scotus markiert aber den Anfang einer Zeitenwende.

Wilhelm von Occam[54]

Wilhelm von Occam (1285 - 1347/49). In Occam, südlich von London geboren, studiert er bis zum Baccalaureus in Oxford. Er geht noch einen Schritt weiter als Duns. Er bekämpft Thomas in dessen Versuch, das Dasein und Handeln Gottes mit Vernunftgründen zu beweisen. Die Vernunft ist für ihn keine Erkenntnisquelle des Göttlichen. Staat und Kirche sind zwei völlig getrennte Gebiete, und eine hierarchische Papstkirche ist für die Kirche nicht zwingend. Die Kirche aber – nicht die Vernunft – gibt dem Glauben die Autorität.[55]

---

[54] *Quellen:* G. A. Benrath, Klassiker des Protestantismus I (1967, ND 1988); W. v. O., Texte zur Theorie der Erkenntnis und der Wissenschaft (1988). *Lit.:* J. P. Beckmann, Wilhelm von Ockham (1996).

[55] Ähnlich argumentiert der Pariser Gelehrte (Rektor der Universität) **Marsilius von Padua**, der König Ludwig dem Bayer 1326 in Regensburg seinen **defensor pacis** überreicht. Die hierarchische Kirche erklärt er für unchristlich; der Papst hat seine Macht usurpiert und hat sich einem allgemeinen Konzil unterzuordnen. Überhaupt sollte die Kirche alles, was mit Gewalt zu tun habe – Stellenbesetzungen oder Güterverwaltung – dem Staat übertragen. Eine dem (laizistischen) Staat unterstellte Kirche sorge am besten für die religiösen Bedürfnisse des Volkes ... Der Staat soll vom Papsttum frei sein, die Regierungsgewalt des deutschen Kaisers ist nicht von Papstes Gnaden. Letztlich beruht der Staat auf der Volkssouveränität (demokratische Wahlmonarchie). **Ludwig der Bayer** (1314 - 1347) wird 1328 von Sciarra Colonna – dem Attentäter auf Bonifaz VIII. – in Rom zum Kaiser gekrönt. Unter seinem Schutz in München leben Occam und Marsilius.

Die Universalienfrage beantwortet Wilhelm klar im Sinne des Nominalismus. Außerhalb der Seele sind die Ideen und Begriffe nur Namen, Schall und Rauch; sie sind keine selbständigen Wesenheiten. Wirklich sind nur die konkreten Einzeldinge. Er ist also ein Empiriker. Würde er diese Methode auch auf die Theologie anwenden, so würden sich ihm die Inhalte des Glaubens völlig auflösen. Er entgeht dieser Gefahr, indem er die ganze Theologie aus dem Bereich der Vernunfterkenntnis herausnimmt. Gott, Dreieinigkeit, Menschwerdung, Himmel usw. gehören nicht der wissenschaftlichen Erkenntnis an. Die Inhalte des christlichen Glaubens sind nicht nur übervernünftig, sondern auch widervernünftig. Gott geht törichte Wege. Unser gesamtes Wissen geht aus von praktischen Einzelerfahrungen, die exakt nachweisbar sind. So können wir Gott nicht beweisen. Occam vertritt darum den sogenannten Satz von der **doppelten Wahrheit**. Ein Satz kann philosophisch wahr, theologisch aber falsch sein. Tertullians "Ich glaube, weil es absurd ist" (credo quia absurdum) ist damit wieder erstanden. Eine Begründung des Glaubens ist unmöglich. Was Thomas einst zu einem harmonischen Gebäude vereinte, fällt zusammen. Das war der "alte Weg", jetzt kommt mit der neuen Zeit der "moderne Weg".[56] Wilhelm von Occam ist als Modernist verschrien. Die moderne Weltanschauung, die wir heute in ihrer gröbsten Form des Materialismus, des völligen Individualismus und der totalen Werteverlorenheit erleben, beginnt also schon im Mittelalter.

Aus der Sicht der Bibel haben beide Sichtweisen, die des Thomas, aber auch die Occams, ihre Stärken und Gefahren. Die Stärke bei Thomas ist die Harmonie und Zuordnung von Denken und Glauben (obwohl auch er die Christologie als Mysterium ausklammert). Schon bei Duns und dann ganz aus-

---

[56] **Via antiqua** und **via moderna**. Luther ist durch Occam via Gabriel Biel im Sinne der via moderna geschult. Die Philosophie hat im Glauben nichts zu suchen. Aristoteles ist ihm ein verdammter Heide.

geprägt bei Occam fahren Glaube und Erkenntnis (Wissenschaft) auf zwei verschiedenen Gleisen. Ist das richtig? Hat Erkenntnis nichts mit Glauben zu tun? Der Mythos vom "voraussetzungslosen Denken" hat sich im 20. Jh. aufgelöst.

Heute haben wir den Geschmack dafür wieder gewonnen, daß Denken, Erkenntnis, Wissenschaft und Kultur aus innersten Glaubens- oder Ideologiegründen gesteuert werden. Die moderne Aufspaltung der Wirklichkeit in Glauben und Denken, Geist und Materie[57] hat die Individualisierung der Gesellschaft, den Autonomie- und Toleranzgedanken, die unabhängige Experimentierfreude, induktive Methode und die modernen Naturwissenschaften beschleunigt. Sie hat durch immense Fortschritte die Welt vor mythologischen Ängsten teils wirklich, teils vermeintlich befreit. Verloren gegangen ist dem westlichen Menschen die Sicht für das Ganze von Himmel und Erde, Gemeinschaft und Individuum, Kirche, Kultur und Staat, Mann und Frau usw. Die Probleme der modernen Individualisierung haben ihre Wurzel bereits im Mittelalter. In dem Maße, in welchem der Geist sich aus der Materie verflüchtigt, melden sich Sinn- und Werteverlust sowie ein Heer von Jugendlichen "ohne Zukunft". Unter dieser Krise leiden heute unsere zur atomisierten Gesellschaft verkommene Gemeinschaft, die zur Natur gewordene Schöpfung, die durch Partikularismus und Pluralismus bedrohte Kirche, der immer hastiger dem "Hier-und-Jetzt-Glück" nachjagende Mensch. Diese Gefahren des Nominalismus haben die Realisten und die mittelalterliche Kirche in einer Schärfe erkannt, die uns heute wohl abgeht. Wie sich die abendländische Kultur ohne den extremen Nominalismus entwickelt hätte, können wir nicht beantworten. Sicher ist nur, daß unter anderen geistigen Vorzeichen Wissenschaft, Technik, Zivilisation und Kultur die westliche Welt anders geprägt hätten.

[57] Descartes: res cogitans und res externa.

Auf der andern Seite hat der (übertriebene) occamistische Erkenntnis-Skeptizismus teilweise auch seine biblische Berechtigung. Der 1. Korintherbrief oder der Kolosserbrief sagen ähnliches über Philosophie und menschliche Weisheit aus. Unser Gott am Kreuz geht weder den Weg der hohen Systeme noch den der Harmonie mit dem Weltgeist. Im Gegenteil, es herrscht eine knisternde Spannung. Diese Spannung ist es, die Jesus ans Kreuz und seine Apostel in den Tod bringt. Ein kräftiger Schuß Vertrauen zur Torheit des Evangeliums brächte unsrer von Harmonie und Regenbogen gefangenen Kirche wieder Stärke und Profil, die sie von der Welt unterscheiden.

Die occamistische Kritik an der Vermengung von Philosophie und Glaube hat Martin Luther mit zur Sicht der Theologia crucis verholfen und damit zu einer klaren Absage an den Geist des Humanistenfürsten Erasmus.

18. Die Mystiker und Gottesfreunde[58]

Die Mystik ist die edelste Frucht, welche das sinkende Mittelalter hervorbringt. Während die Scholastik zerfällt, treibt die Mystik ihre schönsten Blüten.

Der mystische Geistesstrom fließt schon im 12. Jahrhundert in voller Breite. Die Mystik steht nicht etwa im Gegensatz zur Scholastik; sie bildet vielmehr deren Ergänzung. Die bedeutendsten Lehrer der Scholastik sind zugleich Mystiker: Thomas von Aquin, Bonaventura oder Albertus Magnus. Schon bei Anselm spüren wir den Hauch der Mystik. Der eigentliche "Vater" und Lehrer der innigen Christus-Mystik aber ist der "honigfließende" **Bernhard** (doctor mellifluus). Die spekulative Mystik hat ihre Heimat und Pflegestätte in der Schule der **Viktoriner** in Paris.

Das Wort Mystik kommt von griech. "myein", d. h. schließen. Der Mystiker schließt seine Augen, er schaltet die sinnliche Wahrnehmung möglichst aus, um sich der inneren Erleuchtung durch Gott zu öffnen. Mystik im engeren Sinn des Wortes ist eine Methode, im innersten Seelengrunde (Gefühl) Gott zu erleben. Im weiteren Sinne meint Mystik jene Glaubensart, die alle Äußerlichkeiten möglichst meidet, um innerlich frei zu sein für Gott und die Geheimnisse seines Reiches.

1. Die areopagitische Mystik

Mystik findet man bei verschiedenen Völkern und Kulturen. Stark auf die christliche Mystik wirkt die griechisch-neuplatonische ein (Bd. I, 180f.). Auch der Kirchenvater Augustin integriert in seine Theologie neuplatonische Gedanken und

---

[58] B. Jaspert, Heinrich Seuse, Johannes Tauler, Myst. Schr. (1988); K. Ruh, Geschichte der abendländischen Mystik, I-IV (1990/99); U. Störmer, u. a., Einführung in die mittelalterliche Mystik (Reclam 2004).

bahnt so der Mystik einen Weg ins Christentum. Vor allem die Schriften des Pseudo-Dionysius-Areopagita, um 500 in Syrien verfaßt, im 9. Jh. durch Eriugena in die lateinische Sprache übersetzt, erzeugen eine starke Wirkung.

Hauptpflegestätte der Mystik ist zunächst das Chorherrenstift St. Viktor vor der Toren von Paris, 1108 durch **Wilhelm von Champeaux** (einem Freund Bernhards) gegründet, kurz darauf von König und Papst bestätigt und mit reichem Besitz ausgestattet. Ihr erster bedeutender Theologe ist **Hugo**[59]**, Leiter der Schule von St. Viktor** (gest. 1141), der eine Fülle von Bibelauslegungen und mystischen Schriften hinterlassen hat.[60] In glühender Frömmigkeit erneuert er die areopagitische Mystik und verbindet sie mit biblisch-heilsgeschichtlicher Theologie. Über dem kindlichen Glauben, der auf Denkbeweise verzichtet, steht als 2. Stufe die scholastische Theologie. Aber auch die Vernunftgeschäfte der kirchlichen Wissenschaft sind nicht das letzte. Die scholastische Theologie des Denkens ist die Vorstufe zur eigentlichen Theologie, dem inneren Schauen Gottes, genannt **contemplatio.**

Die areopagitische Mystik wird im 12. Jh. ausschließlich in Klöstern gepflegt, besonders in Frauenklöstern am Rhein.

Hildegard von Bingen (1098 - 1179), Äbtissin des Benediktinerinnenklosters auf dem Rupertsberg bei Bingen (Nähe Mainz), erlebt gewaltige Visionen über die Heilsgeschichte, die sie in mehreren Schriften niederschreibt.[61] Schon als Kind

---

[59] Hugo stammt vielleicht aus einem sächsischen Grafengeschlecht.

[60] J. Ehlers, Hugo von St. Viktor und die Viktoriner = GKG 3 (1983) 192 - 204.

[61] Scivias = Wisse die Wege, Hg. M. Böckeler (1980); Causae et curae = Heilkunde, Hg. H. Schipperges (6. Aufl. 1986); FC., 2. F., Bd. 29: Das Leben der hl. Hildegard von Bingen (1998). – H. Schipperges, Hildegard von Bingen (5. Aufl. 2005); E. Horst, Hildegard von Bingen (2000); U. Kern, Hildegard von Bingen = TRE 15 (1986) 322 ff.

visionär veranlagt, erlebt sie als Nonne 26 Visionen im Wachzustand. Es ist ihr dabei zum Jubeln. Sie schaut tiefe Geheimnisse über die Erschaffung der Welt, das Geheimnis der Dreieinigkeit, das Opfer Christi und das Ende der Welt. Sie erschaut die Knotenpunkte der Heilsgeschichte in gewaltigen Bildern, die an Ezechiel und die Johannesoffenbarung erinnern. Bernhard von Clairvaux tritt 1148 in Trier vor Papst Eugen III. für die Anerkennung Hildegards und ihres Buches **Scivias** (= sci vias lucis) ein. Als zuinnerst mit allen Geschöpfen verbundene Frau verfaßt sie auch als erste deutsche Naturforscherin und Ärztin verschiedene Werke der Natur- und Heilkunde. Dabei geht sie bis zum Kräuteraberglauben. Besonders preist sie Heilziest – Stachis officinalis – als Mittel gegen unglückliche Liebe. Gegen Vergeßlichkeit empfiehlt sie das Einreiben von Brennesselöl. Schließlich dichtet und komponiert sie 70 geistliche Lieder.

Die "Sibylle des Rheinlandes" wirkt aber nicht nur in der Stille des Klosters. Auf langen Wanderungen durch Städte und Dörfer, bei Besuchen in Ordenshäusern kämpft sie für die Sittenreform von Klerus, Mönchtum und Volk. Bischöfe, Äbte, Könige und Fürsten stehen mit ihr im Briefwechsel und begehren ihren Rat.

Ihre Zeitgenossin und Freundin, die Äbtissin **Elisabeth von Schönau** (gest. 1164) in Hessen-Nassau, gerät während ihrer Visionen in Todesstarre und leidet dabei Qualen. Sie schaut Visionen und Offenbarungen über die hl. Ursula und die 11.000 Jungfrauen.[62]

[62] K. Köster, Elisabeth von Schönau. Leben und Persönlichkeit = Schönauer Elisabeth-Jubiläum, Hg. Prämonstratenser-Chorherrenstift Tepl in Kloster Schönau (1965) 17 ff.

2. Die bernhardinische Mystik

Eine andere Art von Mystik im gleichen 12. Jahrhundert ist die bernhardinische (vgl. oben S. 131). Sie ist weniger philosophisch und eigentliche Christus-Mystik. Die Kreuzzüge bringen dem Abendland direkte Berührung mit den Stätten des Heilandes. Dadurch gewinnt auch das Christusbild mehr konkrete Gestalt und Farbe. Es erwacht die Frömmigkeit des "**Ecce homo**". Fromme Betrachtung versenkt sich ins Bild des Gekreuzigten, seiner Leiden und Wunden. So wird Christus zum Bräutigam der Seelen. Auch diese Mystik ist im 12. Jh. in vielen Klöstern zu Hause.

Bernhard gibt seinem Orden und der ganzen Religiosität des Mittelalters eine neue, wärmere und persönlichere Richtung. In dieser Glaubenskraft verbreitet sich sein Orden mit großem Segen, besonders in Deutschland. Durch seine Geistesgegenwart bezwingt Bernhard Fürsten und Könige, so auch Graf Wilhelm von Aquitanien, der im Unfrieden mit den Bischöfen seines Landes lebt. Eines Tages hält Bernhard in seiner Gegenwart eine Messe. Mit der Hostie in der heiligen Schale schreitet er plötzlich durch die atemlose Menge auf den Grafen zu. Mit flammendem Blick fordert er den Fürsten im Namen des gegenwärtigen Christus auf, sich zu versöhnen. Wie vom Blitz getroffen stürzt der Graf zu Boden. Sein Widerstand ist gebrochen.

Diese beiden Hauptströme der Mystik im 12. Jahrhundert, der areopagitisch-viktorinische und der bernhardinische, werden zur Quelle der hoch- und spätmittelalterlichen Mystik überhaupt.

3. Die spätmittelalterliche Mystik

Die Deutsche Mystik[63]

Mystiker und Mystikerinnen gibt es in allen Ländern Europas. Drei heiliggesprochene Frauen, Katharina von Siena[64], Katharina von Genua und Katharina von Bologna leben alle als Mystikerinnen im 14. Jahrhundert. Das Hauptgebiet der spätmittelalterlichen Mystik verläuft indessen vom Bodensee rheinabwärts bis zu den Niederlanden (Deutsche Mystik). Die deutsche Wesensart mit ihrer Gemütstiefe, Innerlichkeit und Energie des religiösen Denkens und Fühlens bietet ihr einen besonders günstigen Nährboden (Bihlmeyer). Die Bewegung geht nicht von der Kirche aus. Sie liegt irgendwie in der Luft. Leute aus allen Ständen sehen Erscheinungen und vernehmen Berufungen. Die Not der Zeit im Anschluß an die Kreuzzüge bietet dafür einen günstigen Nährboden. Hungersnöte und Pest, die aus dem Morgenland eingeschleppt worden sind, Witwenschicksale, Erdbeben usw. treiben viele dazu, allem Äußer-

---

[63] J. Lanczkowski, Mystische Texte des MA (Reclam 1999); K. Ruh, a. a. O. Bd. II (Frauenmystik u. franzisk. Mystik der Frühzeit); H. Seuse, Deutsche mystische Schriften (1999); J. Quint, Textbuch zur Mystik des dt. MA (Eckhart, Tauler, Seuse) (3. Aufl. 1978) – P. Dinzelbacher, Wörterbuch der Mystik (2. Aufl. 1998); L. Gnädinger, Deutsche Mystik (2. Aufl. 1994).

[64] **Katharina von Siena** (1347 - 1380), Dominikanerin mit hoher Bildung. Sie schart eine geistliche Familie mit eigener Spiritualität um sich. Ab 1370 nimmt sie durch Briefe und Besuche Einfluß auf Ordensobere, weltliche Herrscher, Bischöfe und sogar Päpste, um sie zur Erneuerung der Kirche zu rufen. 1377 bewegt sie mit einer Schwester kniefällig Papst Gregor XI., aus Avignon in das zerfallene Rom zurückzukehren. Es gelingt ihr, obschon der Papst ein Jahr später – durch das römische Elend zu Tode erkrankt – die beiden Schwestern verwünscht, die ihn aus dem lebenslustigen Avignon ins kranke Rom heimgebetet haben.

lichen abzusagen und sich dem wahren inneren Leben hinzugeben. Auch die intensivere Seelsorge dank der Bettelorden trägt das Ihre dazu bei. Der Zustrom besonders zu den Frauenklöstern ist immens.[65] Allein in Straßburg entstehen im 13. Jh. sieben Dominikanerinnenklöster.

Das Zisterzienserinnenkloster Helfta bei Eisleben beherbergt im 13. Jahrhundert drei bedeutende Mystikerinnen. **Mechthild von Magdeburg** (ca. 1212 - 1294) verbringt nach dreißigjährigem Bußleben als Begine ihren Lebensabend in Helfta. Mechthild schaut in ihren Visionen und Betrachtungen die Geburt der Seele aus Gott dem Vater jenseits von Welt und Zeit. Die Gemeinschaft mit Gott ist die wahre Natur der Seele, Christus ihr Bräutigam und der Heilige Geist der verschwenderische Ausfluß des Vaters und des Sohnes. Die Visionen sind eine Art geistlicher Minnedienst, geistlich sublimierte Erotik. In den Visionen erlebt sie Jesus als Jüngling, der sich ihr verloben wird. Der Dominikaner Heinrich von Halle sammelt seit 1250 Mechthilds Aufzeichnungen. Den (deutschen!) Titel ihres Werks, **Fließendes Licht der Gottheit**[66], sagt sie, habe ihr Gott

---

[65] Die deutschen Dominikanerinnenklöster werden zu Stätten einer blühenden Frauenmystik. Es entsteht eine ganze Literatur von Lebensbildern gläubiger und tugendhafter Klosterfrauen. **Elisabeth Stagel** von Töss bei Winterthur, geistliche Freundin Heinrich Seuses, verfaßt 40 Lebensbilder von Schwestern zu Töss (Hg. F. Vetter, Deutsche Texte des MA 6, 1906).

Nicht direkt zur Mystik, wohl aber in den spirituellen Zusammenhang des 14. und 15. Jh. gehören die **Beginen**. Die freien Schwesternschaften leben meist in kleineren Gemeinschaften und ohne bindendes Gelübde in ihren Häusern unter einer Meisterin zusammen. Sie ernähren sich mit Spinnen, Weben, Kerzenmachen, Krankenpflege, Totenklage oder Straßenbettel. Sie tragen einfache beige Trachten. Daher nennt das Volk sie wohl Beginen oder Begutten. Aus dieser Wurzel stammt das abschätzige Wort "bigott" (= übertrieben fromm, scheinheilig). Allein im Kanton Zürich zählt man im 14. Jh. etwa 40 Beginenhäuser bis hinauf zu den obersten Bergen und Schluchten. In Köln sind es über 100.

[66] Das fließende Licht der Gottheit, Hg. H. Neumann (1990).

selber gegeben. Unter Mechthilds Einfluß stehen in Helfta die Nonnen **Mechthild von Hackeborn**[67] (1241 - 1299) und **Gertrud die Große**[68] (1256 - 1302). Gertrud schreibt ihre Visionen deutsch und lateinisch. Im Zentrum ihrer Visionen steht das Herz Jesu. Sie gilt als Heroldin der mittelalterlichen Herz-Jesu-Verehrung.

Meister Eckhart[69]

Magister Eckhart (1260 - 1327) stammt aus Thüringen. Als junger Student schließt er sich den Dominikanern an und gelangt in den Bannkreis von Thomas. An der Pariser Universität erwirbt er sich den Magister. Aber er kehrt der Welt nicht den Rücken. Nach einer Reise durch Böhmen wirkt er als Dozent in Paris, Straßburg und Köln. In den Dominikanerklöstern am Rhein, im Elsaß und in der Schweiz wird er die bestimmende Gestalt. 1303 wird er Vorsteher der sächsischen Dominikaner-Provinz mit 47 Konventen und 70 Frauenklöstern, später Provinzial der süddeutschen Klöster. Er schreibt dogmatische Werke in lateinischer Sprache; deutsch sind seine Predigten und Traktate. Diese werden in Frauenkonventen und städtischen Laienkreisen eifrig verbreitet und gelesen. Er preist das Ungeschaffene im menschlichen Seelengrund, das göttliche **Seelenfünklein**, das zur mystischen Einigung mit Gott, zur **unio mystica**, befähigt. Bibel, Heilsgeschichte und Kirche

---

[67] H. U. v. Balthasar, Mechthild von Hackeborn. Das Buch vom strömenden Lob (1956).

[68] Gertrud die Große, Exercitia spiritualia, dt. M. Wolter (9. Aufl. 1919); Gertrudis Sancta, Oeuvres spirituelles, lat./frz., J. Honlier/A. Schmitt (Paris 1967). Dt. J. Lanczkowski (1989).

[69] A. M. Haas, Meister Eckhart als normative Gestalt geistlichen Lebens (1979). Dt. Werke, Hg. Largier I - II (1993).

treten als objektive Größen in den Hintergrund. Als Mystiker ist er bemüht, die Überweltlichkeit Gottes und zugleich seine Gegenwart in der Welt sicherzustellen. Der Berührungspunkt liegt im Menschen, in der Tiefe der begnadeten Geistseele, im Seelengrund.

Eckhart muß sich 1327 vor dem päpstlichen Gericht in Avignon – gleichzeitig mit Occam – verantworten wegen zahlreicher Lehrsätze, die "den wahren Glauben in vielen Herzen vernebeln". Probleme ergeben sich, weil er den geistlichen Reichtum seiner mystischen Erkenntnisse in der noch wenig entwickelten deutschen Sprache mitteilt; bedenklich ist auch, daß er den Wortsinn der Bibel verläßt und geistlich überdeutet. Erst nach seinem Tod werden 28 seiner Sätze als für zarte Seelen zu gefährlich bzw. als häretisch verurteilt.

Eckhart wirkt sprachschöpferisch. Begriffe wie Abgeschiedenheit, Persönlichkeit, Natürlichkeit, Wirklichkeit, Zeitlichkeit gehen auf ihn zurück. In seinem Traktat von der Abgeschiedenheit lobt er die Abgeschiedenheit vor der Liebe, denn "das Beste an der Liebe ist dies, daß sie mich zwingt, daß ich Gott liebe, wohingegen die Abgeschiedenheit Gott zwingt, daß er mich liebe."[70] Eckhart übt einen gewaltigen Einfluß auf seine Zeitgenossen aus, wird dann aber vergessen, bis ihn der deutsche Idealismus im 18. Jh. als Vorläufer wiederentdeckt.

Die Stärke der Mystiker aller Zeiten ist der geistlich-innere Reichtum, den sie im Glauben leben und erleben. Sie predigen Abkehr, Einkehr und Heiligung – gewaltig, oft auch zart empfunden. Viele von ihnen haben die Gabe, Menschen zu heilen oder Dinge aus der räumlichen und zeitlichen Ferne zu sehen, was nicht nur mit ihrer tiefen Verbindung mit Gott und der geistigen Welt zusammenhängt, sondern auch mit ihrer Weigerung, den modernen Nominalismus und veräußerlichten Materialismus zu akzeptieren.

---

[70] Mokrosch/Walz, KThGQ II (4. Aufl. 2001) 176. Vgl. 1. Kor. 13,8 ff.

Problematisch ist ihre oft weite Entfernung vom Wortsinn der Bibel, ihr Glaube an den göttlichen Seelenfunken und die Unterschätzung der Sünde, die auch den Geist umfaßt. Daraus ergibt sich die Verwandtschaft zum Idealismus und dem modernen Liberalismus, bei dem aus dem Seelenfünklein der Mystiker längst das autonome Individuum geworden ist.

Johannes Tauler[71]

Johannes Tauler (ca. 1300 - 1361), geb. in Straßburg, ist neben Heinrich Seuse der bedeutendste Schüler Meister Eckharts. Ob er Eckhart persönlich begegnet ist, bleibt unsicher. Er wird 1315 Dominikanermönch und studiert in Straßburg und Köln. Ab 1330 wirkt er als vielgeliebter Beichtvater und Bußprediger in Straßburg. Etwa 80 seiner Predigten sind uns erhalten geblieben. Er wagt es, dem Volk in deutscher Sprache zu predigen, was damals eine große Seltenheit ist. Das seelsorgerlich-praktische Interesse steht bei ihm vor lehrhaft-spekulativen Gedanken. Der geistliche Mensch und Gottesfreund begnügt sich nicht mit kontemplativ-beschaulicher Frömmigkeit. Aus dieser Quelle erwächst ihm vielmehr die Kraft zur Liebe und zur Tat.

> "Wißt, es gibt manche Frau in der Welt, die Mann und Kinder hat, und mancher Mann stellt Schuhe her, und sie suchen Gott (indem sie arbeiten) und versuchen dadurch, sich und ihre Kinder zu ernähren. Und mancher arme Mensch im Dorf fährt Mist und gewinnt sein bißchen Brot in harter, saurer Arbeit. Und es kann wohl sein, daß diese alle hundertmal besser fahren, indem sie in schlichter

---

[71] G. Hofmann, Taulers Predigten (1961, ND 1979); J. Tauler, Predigten I-II (1987). – E. Filthaut, J. Tauler, Gedenkschrift z. 600. Todestag (1961); L. Gnädinger, Johannes Tauler. Lebenswelt und myst. Lehre (1993).

Weise dem Ruf (Gottes) folgen ... Der höchste und oberste Weg des Rufes (Gottes) besteht darin, dem liebevollen Bild seines über alles geliebten Sohnes nach außen und innen zu folgen, in wirkender und in leidender Weise, mit Hilfe der Bilder oder in der Beschauung jenseits aller Bilder. Und wer diesem (Vorbild) ganz lauter und gänzlich nachfolgt, der wird das alleroberste und allerhöchste Ziel erreichen." [72]

Heinrich Seuse[73]

Neigt Eckhart zur mystischen Spekulation, Tauler zur praktischen Liebe, so kennzeichnet Seuse (1295-1366) die Wärme und Tiefe des Gemüts. In Konstanz geboren, tritt er 13jährig in den Dominikanerorden ein. Nach einem Hausstudium in Konstanz besucht er das Studium generale in Köln. Achtzehnjährig bekehrt er sich zum "Diener der ewigen Weisheit". In Köln begegnet er Meister Eckhart und wird 1330 deswegen selbst wegen Häresie verdächtigt. Darum verzichtet er auf eine wissenschaftliche Laufbahn und wirkt als Seelsorger am Oberrhein und in der Schweiz. Er ist der "Mystiker vom Bodensee", befreundet mit Johann Tauler, Heinrich von Nördlingen und anderen Gottesfreunden. Seine geistliche Tochter Elisabeth Stagel vom Dominikanerinnenkloster Töss/Winterthur sammelt seine Briefe. Er ist der Minnesänger unter den Mystikern. In allen Tönen, Farben und Bildern bezeugt er seine Jesusliebe und Marienminne. Besonders sein "Büchlein der ewigen Weisheit" (1334) ist als Andachtsbuch sehr beliebt und ein interessantes Dokument der deutschen Sprachformung.

---

[72] G. Hofmann, a. a. O. Nr. 65.

[73] H. Seuse, Mystische Schriften (1999); ders., Das Buch von der Wahrheit (1993); ders., Das Büchlein von der Ewigen Weisheit (1987).

Die Gottesfreunde

Als Gottesfreunde (Joh. 15,14 f.) versteht sich im 14. Jh. besonders im süddeutschen Raum ein großer Kreis von Männern und Frauen, die nach Heiligung und vertieftem Glaubensleben trachten. Diese geistlichen Freunde (und Freundinnen) stehen untereinander in regem persönlichen oder brieflichen Verkehr. Ihre Zentren sind besonders Straßburg (Anhänger Taulers) und Basel.

Rulman Merswin (gest. 1382, Bankier und "Geschworener der Münze", ein Beichtkind Taulers) gründet in Straßburg das Haus "Zum grünen Wörth". Allen Stillen im Lande, allen "erberen, guothertzigen Mannespersonen, Pfaffen oder Laien, Ritter oder Knechte" will er eine gebetsreiche Heimstätte, eine rettende Unterkunft bieten. Zahlreich finden sich die Freunde dort zusammen aus Nord und Süd. Handwerksmeister, Weltpriester und Ordensgeistliche, Bauern und Kaufleute, "edel und unedel, frowen und man, oder wer sie seind", sie alle, "Säulen der Christenheit ... verborgene Söhne Gottes", treffen sich dort und halten täglich in gegenseitigem Austausch die "Abendsprach". Sie erzählen sich vom Glück, das die "Kehr" zum Vater ihnen gebracht habe, und von aller Seligkeit in diesem armen Leben usw. In den Kreisen der Gläubigen wird damals viel vom **Gottesfreund** (einem Laien) **aus dem Oberland** gesprochen. Als Knabe habe er ein reiches Erbe angetreten, dann ein wildes Leben geführt und sich schließlich mit einem edlen Fräulein verlobt. Am Morgen des Hochzeitstages sei er plötzlich innerlich erwacht und habe der Braut und den Hochzeitsgästen den Abschied gegeben. Er selbst habe allen seinen Besitz den Armen verschenkt und habe sich in die Stille der Schweizer Alpen an den Rand von Eis und Schnee zurückgezogen. Nur über Rulman Merswin, der allein seinen Aufenthalt kannte, verkehrte er hie und da brieflich mit den stillen Freunden und gewann dadurch weithin großen Einfluß. Als Ratgeber oder Tröster in der Not wollte man ihn überall hören. Ehrfürchtig reichte man seine Briefe von Hand zu Hand, und gehorsam folgte man seinen Ratschlägen und Offenbarungen. Dies alles tat man um so lieber, als er selbst als Persönlichkeit nie in Erscheinung trat.

Heute glaubt man nicht, daß dieser Gottesmann überhaupt je gelebt hat (Denifle). Der große Gottesfreund vom Oberland ist keine historische Figur, sondern ein frommer Betrug von Merswin, der ihm selbst und seiner Stiftung Grünenwörth erhöhtes Ansehen verschaffen sollte.[74] Die erfundene Figur des Gottesfreundes hat gewisse Ähnlichkeiten mit dem mystischen und historischen Laien-Einsiedler **Klaus von Flüe**[75] bei Sachseln. Durch seinen Rat rettet dieser Asket in letzter Minute die Eidgenossen vor einem Bruderkrieg (1481).

Als besondere Förderer der Gottesfreunde-Bewegung gelten der Weltpriester **Heinrich von Nördlingen** (gest. nach 1379), geistlicher Führer der seligen Dominikanerfrau **Margaretha Ebner**[76] (gest. 1351) zu Medingen bei Dillingen, dann der Laie **Hermann von Fritzlar**, der Franziskaner **Otto von Passau** und ein Taulerschüler, der sog. "**Engelberger Prediger**".

Johannes Ruysbroeck[77]

Am Niederrhein und im niederländisch-flämischen Raum erlebt die deutsche Mystik ihren Höhepunkt in Jan van Ruysbroeck (1293 1381), genannt "der Wunderbare". Nach seiner Priesterweihe (1318) wirkt er lange Jahre als Seelsorger (Vikar)

---

74 W. Rath, Der Gottesfreund vom Oberland (3. Aufl. 1962).

75 K. Vokinger, Bruder Klaus (1994)

76 A. Walz, Gottesfreunde um Margarethe Ebner, HJ 72 (1953), 253 ff. In diesen Kreisen entstehen auch eine ganze Reihe von **Schwesternviten**. Vgl. W. Blank, Nonnenviten des 14. Jh. (Freiburg 1962).

77 J. Kuckhoff, J. van Ruysbroeck. Einführung in sein Leben. Auswahl aus seinen Werken (München 1938).

an der St. Gudulakirche in Brüssel. Im Alter von 50 Jahren zieht er sich – beeindruckt von der Not der Zeit – mit gleichgesinnten Priestern in die Einsamkeit von Groenendael zurück. Hier leben sie als Einsiedlergemeinschaft und unterstellen sich 1350 der Kanonikerregel Augustins. Ruysbroeck wird der erste Prior des neuen Konvents. In zwölf Traktaten beschreibt er in flämischer Sprache den mystischen Weg der Gottesschau. Sein meist bewunderter Traktat "Zierde der geistlichen Hochzeit" trägt Züge der dionysischen Mystik, weniger von Eckhart. Ausgang und Ziel der Mystik von Ruysbroeck ist der eine und dreieine Gott.

Die Brüder vom gemeinsamen Leben[78]

Der Vater der Brüder vom gemeinsamen Leben ist **Gerhard Groote**, ein Freund von Ruysbroeck. 1340 in Deventer als Sohn eines Tuchhändlers geboren, studiert er in Paris Theologie, Jura und Medizin. In Norddeutschland und den Niederlanden bringt er es zu allerlei Pfründen und Ehren. Durch die Begegnung mit einem ehemaligen Studienfreund – dem Prior eines Kartäuserklosters bei Arnheim – entschließt er sich, den Freuden der Welt zu entsagen. Er tritt für einige Jahre als Bruder ohne Gelübde ins Kloster ein und studiert vor allem die Mystiker Hugo von St. Viktor, Heinrich Seuse, Gertrud von Helfta, Meister Eckhart und Jan van Ruysbroeck. Dann verzichtet er auf seine Pfründe und schenkt 1374 sein Stadthaus in Deventer frommen Frauen, die unter der Anleitung einer Meisterin ein klosterähnliches Leben führen. Er selbst läßt sich nur zum Diakon weihen; das Priestertum schreckt ihn ab (Simonismus, Konkubinate). Buße, Nachfolge und Heiligung predigend, zieht er durchs Land; 1384 stirbt er an der Pest.

[78] R. Stupperich, "Brüder vom gemeinsamen Leben", TRE 7 (1981) 220 ff.; G. Rehm, Die Schwestern vom gemeinsamen Leben im nordwestlichen Deutschland (1985).

Bald nach seinem Tode entstehen weitere Brüder- und Schwesterngemeinschaften in Zwolle, Deventer, Leyden, Utrecht usw. Der Münsteraner Domherr **Heinrich von Ahaus** bringt die Brüderbewegung von Deventer nach Deutschland. Am 26. Oktober 1401 gründet er in Münster das erste Bruderhaus.[79] Im 15. Jahrhundert entstehen Dutzende von Brüderhäusern in ganz Deutschland. Für die württembergischen Brüderhäuser ist **Gabriel Biel**[80], Propst in Urach, dann Professor in Tübingen, wegweisend.

Die Brüder vom gemeinsamen Leben sind kein Orden, aber sie leben klosterähnlich zusammen. Im Unterschied zu den Bettelorden verdienen sie nach dem Beispiel von Paulus ihren Lebensunterhalt selber, und zwar durch Abschreiben und Binden von Büchern. Ihre Gemeinschaft ist ein Mittelweg zwischen dem Kloster- und Weltleben.

In diesen Kreisen werden auch erste deutsche Bibelübersetzungen verwendet, was damals allgemein Anstoß erregt. Die Bewegung versteht sich als **Devotio moderna**. Das Moderne ist die Zuwendung des Glaubens zur Erfahrung und entspricht den Anliegen des Nominalismus. "Was frommt's dir, über die Dreieinigkeit Hohes zu diskutieren, wenn dir die Demut fehlt, so daß du der Dreieinigkeit mißfällst? Wahrlich, hohe Worte machen nicht heilig und gerecht, aber ein tugendhaftes Leben

---

[79] U. Hinz, Die Brüder vom Gemeinsamen Leben im Jahrhundert der Reformation (1997).

[80] **Gabriel Biel (ca. 1410 - 1495)**, geb. in Speyer, Priester daselbst; dann Studienaufenthalte in Heidelberg, Erfurt und Köln. Ab 1457 Domprediger in Mainz im Geiste der devotio moderna. Ohne selber Mönchsgelübde abzulegen, gründet und leitet er u. a. Brüderhäuser in Mariental, Königstein und Butzbach, in Stift Urach, Herrenberg, Dettingen, Tübingen usw. 1484 - 1492 ist er Professor in Tübingen im Sinne des Nominalismus von Occam. Nach seinem Sentenzenkommentar begrenzt Gott seine Allmacht aus Gnade. Der Mensch tut aus freier Willensentscheidung, "was in ihm ist", und erlangt das Heil durch gute Werke. Diese akzeptiert Gott in seiner Gnade, weil er es ja so gewollt hat. Vgl. W. Detloff, "Biel, Gabriel" in: TRE 6 (1980), 488 ff.

macht Gott lieb" (I, 1,7 f.), schreibt Johannes Busch in seiner lateinischen Chronik des Windesheimer Klosters.[81]

Große Theologen bringt die Devotio moderna nicht hervor. Ihre Bedeutung liegt in der praktischen Frömmigkeit (Praxis pietatis). Durch Briefe, Tagebücher, Lebensregeln gibt man einander Hilfe und Anleitung zu einem geistlichen Leben. Neben der Bibel werden vor allem Augustin, Bernhard und Bonaventura gelesen.[82] Die Frömmigkeit ist christozentrisch. Die bekannteste und vor allem einflußreichste Gestalt dieser Kreise ist **Thomas von Kempen** bei Köln. Er ist Mitglied einer Augustiner Chorherren-Bruderschaft bei Zwolle und verbringt sein langes Leben (1380 - 1471) mit Bücher(ab)schreiben. "Unser erstes Bestreben sei, uns in das Leben Jesu zu versenken", schreibt er in seiner "Nachfolge Christi" [83]. Sein Buch, das in über 100 Sprachen in mehr als 3.000 Auflagen vorliegt, ist das neben der Bibel verbreitetste Buch überhaupt. Noch heute existieren davon 700 spätmittelalterliche Handschriften. Auch die Urschrift bzw. Endredaktion von Thomas aus dem Jahr 1441 ist sichergestellt.

---

[81] Windesheimer Chorherrenstift bei Zwolle, 1386 von Deventer aus gegründet. Daraus entwickelt sich die **Windesheimer Kongregation**. Die Brüder engagieren sich im 15. Jh. im niederländischen Schul- und Erziehungswesen im Sinne eines milden Humanismus.

[82] Auch die traditionellen Orden werden mehr oder weniger von der neuen Frömmigkeit berührt. Bei den Franziskanern entsteht aus dem strengeren Flügel die Kongregation der **Franziskaner-Observanten**, die sich ab 1517 als selbständiger Orden von den Konventualen trennen. Unter den Dominikanern, die den Bettel aufgeben, ragt der Bußprediger **Savonarola** heraus, der 1498 in Florenz geächtet und verbrannt wird. Vgl. Jos. Schnitzer, Hieronymus Savonarola, Auswahl aus seinen Schriften und Predigten (1928).

[83] Thomas v. Kempen, Die Nachfolge Christi (2000).

19. Vorreformation und Renaissance

John Wyclif[84]

Im 14. und 15. Jh. wächst das nationale Bewußtsein der Völker und wirkt sich auch in kirchlichen Fragen immer stärker aus. Nur weil ganz Frankreich hinter dem König steht, kann Philipp der Schöne es wagen, Papst Bonifatius gefangenzunehmen und die Päpste nach Avignon zu beordern. Auch in England ist die Stimmungslage ähnlich. Im Jahr 1365 verlangt Papst Urban V. in Avignon von Eduard III. die Zahlung von 1.000 Goldmark Lehenzinsen und Nachzahlungen für einen 33jährigen Rückstand.[85] In England ist man der elenden Geldsaugerei durch die Kirche müde geworden. Auch der Adel blickt neidisch auf den reichen Grundbesitz der Kirche, der dieser in früheren Zeiten als Schenkungen vermacht wurde. Ganz in diesem Sinn und Geist beginnt auch **John Wyclif** seine Laufbahn als Professor in Oxford und betreut daneben noch ein Pfarramt.

Wyclif wird um 1330 in der Grafschaft York geboren. Da eine Biographie fehlt, wissen wir nichts Näheres über seine Jugend. Etwa um 1345 beginnt er an der Universität Oxford sein Studium und promoviert 1361 zum Magister der Sieben freien Künste. Er lehrt nun an der Universität Oxford Theologie und wirkt als Pfarrer in den Gemeinden Fillingham, Ludgershall und Lutterworth. 1372 promoviert er zum Doktor der Theologie. Durch biblische Vorlesungen und Disputationen übt er an

---

[84] John Wyclif, The Latin Works, 35 Bde (1883/1922, ND 1964); Auszüge dt.: G. A. Benrath, Klassiker des Protestantismus I (1967, ND 1988) – H. B. Workman, John Wyclif I - II (1926); G. A. Benrath, Wyclifs Bibelkommentar (1966); H. Grundmann, Ketzergeschichte des MA = KiG II/G1 (3. Aufl. 1978); M. Lambert, Haeresie im MA (2001); U. Köpf, Hg., Theologen des MA(2002).

[85] 1213 nahm Johann ohne Land ganz England vom Papst als Lehen.

der Kirche ähnliche Kritik wie vor ihm die Waldenser und die strengeren Franziskaner. Dem römischen Kirchengesetz stellt er das "evangelische Gesetz" (lex evangelica) und das Gesetz Christi (lex Christi) gegenüber. Zur Gesundung der kranken Kirche gibt es nur ein Mittel: die Kirche muß durch die weltlichen Fürsten enteignet und entmachtet werden; sie waren es ja auch, die der Kirche einst ihre Güter übertrugen.

So wird Wyclif unbeabsichtigt in die Machtkämpfe zwischen Adel und Klerus hineingezogen. In den Auseinandersetzungen wird er dazu gedrängt, immer mehr nur noch die Bibel als Richtschnur anzuerkennen.

> "Es wäre für die Kirche heilsam, wenn es keinen **Papst** oder Kardinäle gäbe, denn der Bischof der Seelen, der Herr Jesus Christus, samt seinen treuen Knechten würde ohne einen solchen Papst und die übrigen Prälaten die Kirche auf Erden viel besser regieren. So haben Petrus und die übrigen besitzlosen Priester nach der Himmelfahrt des Herrn die Kirche regiert, bevor sie mit weltlichem Besitz ausgestattet wurde, warum sollten sie das heute nicht mehr tun können? ... Denn die lästerliche Erteilung von Ablässen im Himmel, die ekelhaften Bedrückungen der Gläubigen auf Erden samt den Traditionen und Verfolgungen des Antichrists fänden in der Kirche ein Ende ... Dann würde ohne Zweifel kein Papst, Bischof oder Kleriker weltlich herrschen, denn aus dem Zeugnis der Schrift beider Testamente ist es offenbar, daß der Herr Jesus Christus so gelebt und gelehrt hat." [86]

Theologisch denkt Wyclif stark in den Bahnen Augustins. Die **Kirche** ist eine Gemeinschaft der Erwählten. Diese sind das "corpus verum" (der wahre Leib Christi) der Kirche. Die

[86] Aus dem Dialogus, in: A. Benrath, a. a. O. I, 281 f.

äußere Kirche ist eine Mischung von Lämmern und Böcken (corpus permixtum). Kein Mensch kann es von einem andern wissen, ob er zu den Erwählten gehört, denn es gibt viel Scheinheiligkeit. Es gibt indessen Zeichen oder Hinweise dafür, ob jemand zur wahren Gemeinde gehört: die Früchte des sittlichen Lebens.

Wyclif sagt auch nein zur römischen **Abendmahlslehre.** Brot und Wein werden nicht verwandelt in Leib und Blut Christi. Der Leib des Herrn bleibt im Himmel, Brot und Wein sind nur Zeichen seiner geistigen Gegenwart. Den Höhepunkt der Messe, die Wandlung (Transsubstantiation), nennt er "Greuel der Verwüstung" an heiliger Stätte. Im Papsttum – nicht in der Person des einzelnen Papstes[87] – erblickt er den Antichristen. Der Herr hat dem Petrus nie einen absoluten Primat gegeben, geschweige denn seinen Nachfolgern. Wyclif verwirft auch die Letzte Ölung, den Priesterzölibat, das Mönchtum, die Heiligenverehrung, die Totenmessen und die Beichte (Sünden müssen zur Vergebung nicht zwingend einem Menschen reuig bekannt werden).

Das Elend der Massen löst 1382 einen Bauernaufstand aus. Die Bauern erheben sich gegen die weltlichen und geistlichen Grundbesitzer und verwüsten ihre Schlösser. Der Erzbischof von Canterbury wird gefangengenommen und enthauptet. Der neue Erzbischof lädt zu einem Konzil ins Dominikanerkloster zu London. Der Papst hat seit 1377 schon in fünf Bullen gegen Wyclif gewettert, aber Wyclifs Gönner, der Herzog von Lancester, hält nach wie vor seine Hand schützend über den Professor und die ganze Universität Oxford. Das Konzil verurteilt 10 Sätze von Wyclif als häretisch, 14 als irrig. Sinnigerweise beginnen aber während der Session die Saalwände zu wanken, weil zur selben Stunde ein Erdbeben die Stadt London erschüttert. Wyclif und die ganze Stadt erkennen darin ein Gottesgericht. Nach dem **Erdbebenkonzil** (1382) darf Wyclif nicht mehr

[87] Die Päpste residieren damals in Avignon.

lehren, aber in seinem Pfarramt zu Lutterworth kann er ungehindert weiterarbeiten, bis er an Sylvester 1384 eines natürlichen Todes stirbt. Seine Freunde begraben ihn im Chor der Kirche. Erst ein halbes Jahrhundert später werden auf Geheiß des Konstanzer Konzils seine Gebeine wieder exhumiert, verbrannt und die Asche ins Dorfflüßchen gestreut.

Wyclifs Hauptwerk ist die Übersetzung der **Bibel** in die englische Sprache. Die Heilige Schrift hat absolute Autorität vor aller mündlichen Tradition und Kirchlichkeit. Sie ist das neue Gesetz Gottes, die nova lex. Sie ist der Freiheitsbrief, die Magna charta der Kirche. Alle Christen haben das Recht, die Bibel zu kennen. Das bleibt bei ihm nicht Theorie. Er handelt entsprechend. Er schenkt seinem Volk als erster eine Bibelübersetzung in volkstümlicher Sprache. Als Vorlage dient ihm die lateinische Übersetzung (Vulgata). Einer seiner Freunde, Nicolaus von Hereford, übersetzt das AT. Wohl gibt es im 14. Jh. bereits erste englische Übersetzungen, vor allem von den Psalmen, doch deren Sprache ist so holprig, daß sie nur Gebildete verstehen. Wyclif zielt darauf ab, das Wort Gottes in die Volkssprache zu übertragen. 1382 ist die ganze Bibel übersetzt. Aus dieser frühen Zeit sind noch zwei Handschriften erhalten. Sechs Jahre später wird das ganze Übersetzungswerk im Sinne Wyclifs revidiert.

Noch heute sind etwa 200 Handschriften erhalten, die meisten in kostbarer Ausstattung. In keinem Land Europas ist die Bibel im 14./15. Jh. so stark in der Volkssprache verbreitet wie in England. Wyclif denkt auch schon an einen obligatorischen Unterricht für alle Jungen und Mädchen zur Förderung der Bibelkenntnis im Volke. Er denkt also volksmissionarisch. So wie Martin Luther mit seiner Bibelübersetzung am Anfang der neuhochdeutschen Sprache steht, so steht Wyclif mit seiner Bibel am Beginn des Mittelenglischen, in welchem bereits Grundzüge des Neuenglischen (ab 16. Jh.) vorliegen. Gedruckt wird Wyclifs NT freilich erst 1731, die ganze Bibel erst 1810. Auch die heutige englische Bibel geht in ihren Wurzeln auf Wyclif zurück.

Wenn auch die Bibeln damals noch nicht vervielfältigt werden können, findet ihre Botschaft doch rasche Verbreitung. Wyclif schickt Laienprediger übers Land, die ähnlich wie einst die Franziskaner durch die Straßen ziehen. Der Klerus nennt sie **Lollarden**[88], d. h. Unkrautsäer, die das Kleinod der Geistlichen in ein Spielzeug der Laien verdrehen. Um 1400 einigt sich die Kirche mit Heinrich IV. zur "Reinigung" des Landes von den Irrlehrern. Viele Lollarden sterben den Feuertod; die Inquisition unterdrückt die ganze Bewegung.

Jan Hus[89]

Jan (Johannes) Hus (ca. 1369 - 1415) stammt vermutlich aus dem Marktflecken Husinec im südwestlichen Böhmen, unweit der bayrischen Grenze. Aus ärmlichen Verhältnissen stammend, hilft der Knabe in der heimatlichen Kirche als Sänger und als Ministrant. Um das Jahr 1386 kommt der kaum 20jährige an die Universität Prag. Seit 1393 wirkt er als Magister der Freien Künste und Baccalaureus der Theologie an der Universität von Prag. Im Jahr 1400 wird er als Priester geweiht und darf ab 1402 in der Prager Bethlehemskirche regelmäßig predigen. Diese Kirche ist 1391 durch den Deutschritter Johann von Mühlheim (Milheim) und den Prager Kaufmann Wenzeslaus Kriz (Crux) gestiftet worden mit der Auflage, in dieser Kirche sei weder in lateinischer noch deutscher, sondern in tschechischer Sprache zu predigen. Es ist also bereits eine nationalreli-

[88] Mittelengl. Original-Text über die 12 Thesen der Lollarden bei H. S. Cronin, The twelfe Conclusions of the Lollards = Engl. Historical Review 22 (1907).

[89] Übs.-Auszüge bei Benrath, a. a. O. 342 ff; E. Staehelin, III, 478 ff. – M. Fischer, Jan Hus. Aufruhr wider Papst und Reich (1955); M. Lambert, a. a. O.; F. Machilek, Huss/Hussiten = TRE 15 (1986) 710 ff; P. Hilsch, Johannes Hus. Prediger Gottes und Ketzer (1999); H. Rieder, Die Hussiten. Streiter für Glauben und Nation (1998); P. Lang, Hus-Hussiten (2002).

giöse Bewegung in Prag, bevor Hus zu predigen beginnt. Schon nach 1350 wirken in der Stadt Konrad von Walnhausen, Militsch von Kremsier[90] und Matthias von Janow als endzeitliche Bußprediger. Böhmen war im 9. Jh. durch griechische Missionare von Konstantinopel aus für das Christentum gewonnen worden, dennoch mußte es sich schließlich dem Papst unterordnen. Offenbar blieb im Volk durch alle Jahrhunderte hindurch ein gewisser Drang, mit Rom auf Distanz zu gehen. Die schlesischen Grenzberge wurden vielen versprengten Waldensern eine bevorzugte neue Heimat.

Karl IV., Kaiser von Deutschland und König von Böhmen, hielt es darum für nötig, in seiner Residenz zu Prag 1348 eine Universität zu gründen, um deutschen und päpstlichen Interessen den nötigen Nachdruck zu verleihen. Doch waren von Anfang an an dieser Hochschule unter den Lehrern und Studenten die Tschechen in der Mehrzahl. Karl gab ihnen darum im Rat der Universität nur eine Stimme, den deutschen dagegen drei – ein böser Same ...!

1382 vermählt sich Prinzessin Anna, die Tochter Kaiser Karls IV., mit König Richard II. von England. Dank dieser verwandtschaftlichen Brücke zwischen England und Böhmen besuchen zahlreiche böhmische Studenten die Universität Oxford und lernen dort die Lehren Wyclifs kennen. Vor allem Hieronymus von Prag, begeistert von der Oxforder Theologie, verbreitet Wyclifs Schriften und Lehren in Prag. Sie wirken wie ein Feuer im dürren Wald.

Auch Hus vertieft sich in die Werke des Briten. Er wird von ihnen so stark geprägt, daß seine eigenen Schriften fast nur wörtliche Auszüge seines englischen Vorbildes sind. Hus zieht lediglich die Folgerungen nicht mit der gleichen Schärfe wie Wyclif. An der Transsubstantiationslehre zum Beispiel hält er bis zum Ende seines Lebens fest.

---

[90] Kremsier, "Weissagung und Offenbarung über den Antichristus", dt. übs. in Auszug bei E. Staehelin, a. a. O., III, 435 - 438.

In Böhmen aber nistet sich der neue Eifer für und wider Wyclif in die bestehenden nationalen Gegensätze ein. Die Mehrzahl der Tschechen stellt sich auf die Seite des englischen Reformers. Die Deutschen dagegen wollen von den englisch-tschechischen Lehren nichts wissen und spielen ihre Übermacht an der Universität spürbar aus. Der Riß zwischen den beiden Nationen vertieft sich dadurch von Tag zu Tag. Es fehlt nur noch der sprichwörtliche Funken im Pulverfaß.

Eines Tages, so wird erzählt, hängen zwei junge englische Theologen in Prag zwei geschickt hingeworfene Gemälde aus. Das eine zeigt die Armut Christi, das andere die Üppigkeit der Kirche; hier Jesus in der Dornenkrone, dort der Papst mit der goldenen Tiara; hier die Apostel barfuß, ohne Stab und Tasche, dort die gemästeten Kardinäle und Bischöfe mit ihren Purpurmänteln. Die beiden Bilder bringen ganz Prag in Aufruhr. Die Tschechen jubeln schadenfroh. Die Geistlichkeit, Erzbischof Sbynko an der Spitze, die Mönche sowie die deutschen Lehrer und Studenten sind erzürnt.

Die Sache kommt auch an der Universität zur Sprache. Hus wendet sich gegen das schroffe Vorgehen der Studenten, in der Sache aber steht er zu den Engländern. Mit dem Übergewicht der deutschen Stimmen entscheidet sich die Universität gegen die Anhänger Wyclifs. Die Bevölkerung von Prag ist entsetzt. Eines Tages predigt Hus vor der ganzen Geistlichkeit Böhmens. Mit scharfen Worten geißelt er die lockeren Sitten seiner Amtskollegen. Nun wird er beim Erzbischof verklagt, doch der Hof hält seine Hand schützend über ihn. Königin Sophie, die Gemahlin Wenzels, des Sohnes Karls IV., ist ihm sehr gewogen.

Die Kirche leidet in jenen Tagen unter dem großen Schisma. Zwei Päpste, einer in Avignon, der andere in Rom, bekämpfen sich gegenseitig. Es wird das unglückliche Konzil von Pisa (1409) vorbereitet. Erzbischof Sbynko von Prag steht zur römischen Partei, doch König Wenzel erklärt sich für neutral. Auch die Universität möchte er für seine Position gewinnen, doch nur die Tschechen ziehen mit. Hus rät dem König, die alten Satzungen Karls IV. zu ändern. Durch einen königlichen Erlaß ändert Wenzel das Stimmrecht in den Satzungen der Universität. Fortan sollen die tschechischen Stimmen dreifach, die deutschen nur noch einfach zählen. Als die Deutschen ihr altes, verbrieftes Recht verloren sehen, erheben sie sich wie ein Mann. Sämtliche Studenten und Dozenten deutscher Zunge verlassen die schöne alte Moldaustadt. In feierlichem Zug wandern sie über Berg und Tal und weiter die Elbe hinab. In Leipzig gründen sie 1409 eine neue Universität. Überall in deutschen Landen gilt Hus fortan als unerträglicher Tyrann. Prags Ruhm, die erste und einzige Universität Deutschlands zu besitzen, ist dahin.

In dieser Zeit des Jubels meldet Hus siegesfroh nach England: "Unser ganzes Volk will nichts hören als die heilige Schrift, vor allem das Evangelium und die Episteln. Wo in irgendeiner Gemeinde oder Stadt, in Haus oder Schloß ein Prediger der heiligen Wahrheit erscheint, dort strömen die Leute haufenweise zusammen ... Der König, unser Herr, sein ganzer Hof, die Königin, die Barone und das schlichte Volk sind für das Wort Jesu Christi."[91]

Einer aber bleibt in Prag, der keineswegs bereit ist, in der tschechisch-nationalen Erweckungsbewegung mitzuschreiten: Erzbischof Sbynko. Er verbietet Hus die Kanzel. Doch Hus, mehr Bußprediger als wissenschaftlicher Theologe, hält sich nicht an das Verbot. Am 16. Juli des Jahres 1410 läßt der Erzbischof im Hof seines Palastes auf dem Hradschin etwa 200 Bücher und Schriften von Wyclif – die meisten sehr schön geschrieben und mit kostbaren Deckeln und goldenen Rücken verziert – verbrennen. Das Prager Gericht verurteilt den Erzbischof, die Besitzer der Bücher mit hohen Summen zu entschädigen. Sbynko seinerseits antwortet gegen den Willen von König und Adel mit dem Kirchenbann über die ganze Stadt,

[91] F. Palacky, Documenta Mag. Joannis Hus (Prag 1869, ND Osnabrück 1966), I, 6.

ganz besonders über Jan Hus. Kurze Zeit danach stirbt der Erzbischof, und die Gemüter beruhigen sich.

Doch bereits 1411 erhebt sich ein neuer Sturm. Der unglückliche Papst Johannes XXIII., der mit dem König von Neapel im Kampfe liegt, läßt auch in Böhmen einen Kreuzzug gegen seinen Feind ausrufen. In Prag erscheinen päpstliche Gesandte, die allen hohen Ablaß in Aussicht stellen, die mit ihrem Gut oder Blut dem heiligen Vater zu Hilfe eilen. Hus ruft das Volk und die Studenten zum Widerstand auf. Nun wendet sich die theologische Fakultät der Hochschule gegen ihn. Auch der König läßt Hus fallen. Der Papst verhängt über Hus die Exkommunikation. Hus ist aus der Christenheit ausgeschlossen, und niemand darf ihm Unterkunft oder Nahrung reichen, wenn er nicht selbst unter die gleiche Strafe fallen will. Im Christmonat 1412 muß Hus auf Wenzels Wunsch seine Stadt verlassen. Verschiedene böhmische Herren nehmen den Ausgestoßenen mit offenen Armen in ihren Schlössern auf.

Unterdessen ergreift **Sigismund**, Wenzels jüngerer Bruder, das Ruder des Deutschen Reiches. Er hat genug von den böhmischen Wirren und lädt Hus vor das **Konstanzer Konzil** (1414 - 1418). Der König sichert ihm freies Geleit. Am 11. Oktober 1414 schreitet er durch das Tor der Stadt hinaus, begleitet von ritterlichem Schutz. Sie alle hätten es lieber gesehen, wenn Hus dem Ruf nach Konstanz nicht gefolgt wäre, dieser aber zieht im festen Glauben dorthin, um durch sein flammendes Wort die Konzilsväter von der Wahrheit seines Glaubens zu überzeugen. Bei einer Witwe am St. Pauls-Platz findet er Unterkunft, und auch der Papst gewährt Hus seinen Schutz; er hebt die Exkommunikation wieder auf. Hus hat Bewegungsfreiheit und zelebriert als Priester regelmäßig die Messe.

Am 28. November wird der Prager von zwei Bischöfen, denjenigen von Augsburg und Trier, zu den Verhandlungen abgeholt. In Wahrheit aber wird er verhaftet. Als Sigismund nach Konstanz kommt und erfährt, daß sein Geleitbrief nicht beachtet wurde, braust er auf. Er droht, das Konzil zu verlassen, wenn Hus nicht freigegeben werde. Doch die Konzilsväter antworten ihm kühl, dann werde eben die ganze Versammlung seinem Beispiel folgen, und das Konzil gelte als gescheitert. Darauf gibt Sigismund dem Konzil in Glaubenssachen freie Hand. Hus wird im Westturm des Schlosses Gottlieben – es gehört dem Konstanzer Bischof Otto von Hachberg-Sausenberg – festgehalten. In den entscheidenden Verhören im Franziskanerkloster (5. - 8. Juni) will sich Hus verteidigen. An der Wandlungslehre und auch an der Verehrung der Heiligen hält er fest, selbst die Darreichung des Abendmahls mit Brot und Wein will er nicht einführen.[92] Als er Unrichtiges in der Anklage berichtigen will, erhält er die Antwort: "Taceas nunc, schweige nun!"

Am 6. Juli 1415 – am Geburtstag von Hus – findet in Konstanz ein feierliches Hochamt statt. Sigismund sitzt auf seinem Thron. Ein Bischof predigt und verheißt jedem, der Ketzer vernichtet, den Dank aller nachfolgenden Geschlechter. Dann wird Hus hereingeführt. Er vernimmt das Urteil betend auf den Knien. Seine letzten Ausführungen quittiert ihm das Konzil mit spöttischer Verachtung. Sieben Bischöfe bekleiden ihn mit den priesterlichen Messgewändern, um ihm diese sogleich wieder vom Leib zu reißen. Man setzt ihm eine ellenhohe Papiermütze aufs Haupt, auf der drei Teufel um die Seele des Ketzers streiten. Darauf stehen die Worte: "Hic est haeresiarcha, das ist ein Erzketzer!" Die Geistlichkeit übergibt seine Seele dem Teufel, den Leib aber der Obrigkeit zur Verbrennung. Ratsknechte und Scharfrichter führen ihn unter Begleitung des neugierigen Volkes aus dem Münster auf den Brühl, wo heute der Gedenkstein steht. Auf dem Richtplatz wird er mit einer Kette an den Pfahl gebunden. Seine Füße stehen auf einem Schemel. Noch einmal betet er: "Jhesu Christe, fili dei vivi, qui passus est pro nobis, miserere mei" (Jesus Christus, Sohn des lebendigen

[92] Pfarrer Jakob von Mies, einer seiner Freunde, verlangt in Prag den Kelch. In einem Brief stimmt Hus zwar zu, doch mahnt er auch zur friedlichen Verständigung.

Gottes, der für uns gelitten hat, erbarme dich meiner). Eine Beichte lehnt er ab. Dann wird Holz und Stroh um ihn geschichtet und der ganze Haufen mit Hilfe von Pech angezündet. Er stirbt mit lauter Stimme singend und das Glaubensbekenntnis betend. Als das erste Stroh und Holz verbrannt ist und sein Leichnam am Pfahl steht, schaffen die Gerichtsdiener einen zusätzlichen Wagen Holz herbei und verbrennen den Toten. Kopf und Knochen zerschlagen sie ihm, damit sie schneller zu Asche würden. Sein Herz spießen sie auf und verbrennen es in einem speziellen Akt zu Asche. Schließlich laden sie alles auf einen Wagen und werfen seine Asche in den Rhein.

Der Humanist Enea Silvio Piccolomini, bekannt als Papst Pius II., meint in seiner böhmischen Geschichte (Kap. 36), kein Philosoph sei so tapfer wie Hus und **Hieronymus von Prag** in den Flammen gestorben. Hieronymus, der in Polen und Rußland predigt, wird ein Jahr später auf dieselbe Weise ein Opfer der Flammen. Sterbend singt er das lateinische Osterlied: "Komm, herrlicher Tag!"

Nicht der Ungehorsam gegenüber Jesus Christus, sondern der Ungehorsam gegenüber Papst und Hierarchie bringt die beiden an den Marterpfahl. Die Konzilsväter sind nicht fähig, die "Irrtümer" der Märtyrer mit der Heiligen Schrift zu widerlegen. Was sie verlangen, ist die Unterwerfung unter das Recht der Kirche. Hus wird das Opfer einer irrenden Kirche und eines irrenden Lehramtes. Auch die katholische Forschung gibt heute diesen Tatbestand indirekt zu: "In allerjüngster Zeit haben die tiefschürfenden, auf den Quellen fundierten Untersuchungen von P. de Vooght eine wesentlich mildere Beurteilung, um nicht zu sagen Rehabilitierung angebahnt." [93] Hus war noch kein Reformator, aber ein Jünger Jesu Christi und ein Blutzeuge seiner Wahrheit.

---

[93] Handbuch der Kirchengeschichte, Hg. Hubert Jedin III, 2 (1968/ND 1999), 558, vgl. P. De Vooght, L'hérésie de Jean Hus (1960); ders., Jean Hus au Symposium Hussianum Pragense: Istina 11 (1965/66) 41 - 60.

Die Hussiten

Mit flammender Wut vernehmen die Tschechen die Nachricht von der Konstanzer Bluttat. Ganz Böhmen ist entsetzt und schreit nach Rache. Hussens Todestag, der 6. Juli, gilt fortan als Feiertag; die Böhmen schmücken ihre Kirchen und Altäre mit den Bildern der Märtyrer. Die vornehmen Herren aus Böhmen und Mähren senden Klageschriften ans Konzil wegen Rechtsbruchs. Konstanz aber und der wortbrüchige Sigismund sind fern. König Wenzel, den altersschwachen Bruder des wortbrüchigen Sigismund, verjagen sie aus Prag. Er beschließt sein Leben halb umnachtet auf einem abgelegenen Schloß.

Jakobellus gelingt es, die revolutionären Massen zu sammeln. Als Wenzel 1419 stirbt, ist sich ganz Böhmen einig: Sein Bruder Sigismund darf nicht König werden. Dieser aber zieht mit starker Heeresmacht, unterstützt durch päpstliche Kreuzfahrer, gegen das böhmische Ketzerland. Siegessicher liegt er vor Prag. Die Hussiten erküren den einäugigen **Ziska** zu ihrem Führer, der die todesmutige Verteidigung leitet.

In höchster Kriegsnot hebt ein Priester den Abendmahlskelch. Dieses Zeichen weckt unter den Böhmen den letzten Mut. Nun kann ihrer Begeisterung nichts mehr widerstehen. Sigismunds Truppen werden geschlagen. Dem stolzen Kardinal Cesarini samt seinem mächtigen Kreuzfahrerheer ergeht es nicht anders; Cesarini kommt nur knapp mit dem Leben davon. Als der Feldherr Ziska 1424 stirbt, teilen sich die Böhmen in zwei Gruppen: die gemäßigteren **Kalixtiner oder Utraquisten**[94] und die radikalen **Taboriten**. Die Kalixtiner verlangen nur die freie Predigt des Gotteswortes in der Landessprache, den Laienkelch und einen armen Priesterstand, die Taboriten aber lehnen sich gegen alles auf, was nicht direkt in der Bibel geschrieben steht: Beichte, Firmung, Letzte Ölung, Ablaß,

[94] Calix = der Kelch. Sie begehren das Abendmahl unter beiderlei Gestalt. Lat. utraque = beides.

Eide, Kreuzeszeichen, Bilderdienst, Anrufung der Heiligen, Fasten und Feiertage usw. Darum erweitern sie eine zerstörte Burg zur befestigten Stadt Tabor. Von ihrem Gottesberg aus wollen sie den Kampf führen wie einst Barak und Debora gegen die Kanaaniter, denn das 1420. Jahr des Herrn ist das Ende des Weltzeitalters und bringt die Vertilgung aller Bösen.[95] Die Zeiten der Gnade und des Erbarmens sind vorüber, es folgt nun die Zeit der Rache und des Schwertes, da niemand vor den Plagen des Herrn gerettet werden kann. Dann wird das verheißene Tausendjahrreich anbrechen. Jesus wird vom Himmel herabsteigen und in den böhmischen Bergen ein großes Gastmahl veranstalten für alle, die an der ersten Auferstehung teilhaben, die Bösen aber wird er in die Finsternis hinauswerfen wie einst auch außerhalb der Arche Noahs alle umkamen.[96] Die überaus furchtbaren Hussitenkriege dauern von 1419 - 1436. Die Taboriten bleiben unbesiegt, aber viele verwildern. Tausende leben vom Raub an den verhaßten Klöstern und den Deutschen. Bis über Berlin hinaus dringen die Hussiten brandschatzend und plündernd vor. Manche Ruine in den schlesischen Bergen erinnert noch an ihr wildes Treiben.

Dem klugen **Cesarini** gelingt es schließlich, die Hussiten zu teilen. Monatelang lockt er eine böhmische Gesandtschaft ans **Basler Konzil.** Schließlich reist eine Calixtinische Delegation in die Stadt am Rheinknie. Sie werden aufs freundlichste empfangen. In den sog. **Prager Kompaktaten** bewilligt man ihnen den Laienkelch: jeder Böhme, der den Kelch begehrt, soll ihn hinfort empfangen. Dagegen verstehen es die Kirchenfürsten, die Wortverkündigung in der Landessprache und die Veräußerung der Kirchengüter zu verhindern. Die Taboriten jedoch weigern sich, die Kompaktaten anzunehmen, da sie die Anerkennung des Papsttums verweigern. Es kommt sogar

---

95 Vgl. E. Staehelin, a. a. O., III, 484 ff.

96 Vgl. Offb. 20,5; Matth. 22,1; 2. Petr. 3,7.

zu Kämpfen zwischen den beiden hussitischen Richtungen. Schließlich fallen die königlichen Heere vereint mit den Calixtinern über sie her. Sie erstürmen und schleifen das uneinnehmbare Tabor. Ein Jahr vor seinem Tode (1437) erlebt Sigismund noch, daß ihn Böhmen als König anerkennt. Wenige Jahre später gelingt es den Tschechen, in **König Podjebrad** einen Fürsten ihres Stammes und Glaubens zu gewinnen. 1485 wird den Utraquisten neben dem Laienkelch auch eine eigene Kirchenverfassung zugebilligt. Im 16. Jh. öffnen sich diese der Reformation.

Während der langen Kämpfe erwachsen aus dem Hussitentum kleine Gemeinschaften, welche Krieg und Gewalt ablehnen. Sie schließen sich 1457 zusammen und nennen sich "Böhmische und Mährische Brüder" oder **Brüderunität**. Den Hauptfeind der Gemeinde Christi erkennen sie in der kaiserlichen und päpstlichen Macht. Diese Macht ist der Antichrist, der sich gegen die wahrhaftigen Heiligen erhebt. Peter von Cheltschitz (1390 - 1465) und Lukas von Prag (1460 - 1528) sind ihre bedeutendsten Leiter.[97] Als Schriftsteller und Seelsorger wird Cheltschitsky der eigentliche Begründer der Brüderunität. Aus ihrer Mitte geht im 18. Jh. die Herrnhuter Brüdergemeine hervor.

Der Fall Konstantinopels

Im Jahr 1453 erstürmt der junge Türkensultan Mohammed II. die über 1000jährige Kaiserstadt am Bosporus. Mit Heldenmut verteidigen der letzte oströmische Kaiser Konstantin XI. und sein Stadtvolk den kümmerlichen Rest des einst so stolzen

[97] Unter Peter von **Cheltschitz**, einem wohlhabenden Laien, schließen sie sich zusammen. König Podjebrad gibt ihnen das Dorf Kunwald. Ihr erster Bischof empfängt seine Weihe von einem Waldenser. Lit.: Peter von Cheltschitz, Siet viery (Netz des Glaubens) = dt.: Carl Vogl: Das Netz des Glaubens (1924), Auszug bei E. Staehelin, III, 488 ff.; Zu Lukas von Prag vgl. Wegbereiter der Reformation, a. a. O., 406 ff.

oströmischen Reiches. Mehr als verbale Hilfe (Konzil zu Florenz) kann der Westen den verzweifelten Griechen nicht bieten.[98] Mit einer Riesenkanone schleudern die Türken gewaltige Steinmassen gegen die Mauern der "gottbehüteten" Stadt. Trotzdem zieht sich die Belagerung in die Länge, denn was die Türken tagsüber zerstören, bauen die Griechen über Nacht wieder auf. Der Eingang in den großen Hafen, das Goldene Horn, ist mit einer schweren, eisernen Kette versperrt. Da faßt der türkische Sultan einen abenteuerlichen Entschluß. Über Nacht läßt er einen Teil seiner 300 Galeeren auf dem Landweg über hölzerne Gleitrollen in den Hafen befördern. Als die Verteidiger am Morgen die Masten der feindlichen Flotte im Hafen erblicken, sind sie entsetzt. Auch mit "griechischem Feuer", das auf dem Wasser brennt, läßt sich die Flotte nicht vernichten. In einem letzten Sturmangriff überwältigen die Türken das alte christliche Bollwerk. Alles, was den Türken in die Hände fällt, wird niedergemacht, weggeführt oder verkauft. Allein in der Hagia Sophia werden 3.000 Erschlagene, vor allem Greise, Frauen und Kinder, gezählt.

Schon lange vor dem Fall der Kaiserstadt fliehen Griechen, vor allem auch griechische Gelehrte, nach Italien. Sie vermitteln dem Abendland die Kenntnis der griechischen Sprache und der hellenistischen Kultur. So kommt es in Italien schon im 14. Jh. zu einer Wiedergeburt der antiken Kultur.

Die Renaissance und ihr Lebensgefühl

Die Wiege der Renaissance ist Florenz. Ähnlich wie die nationalen Bewegungen in Frankreich, England und Böhmen ist auch die Renaissance eine **national-italienische Kultur-**

---

[98] Der deutsche König Sigismund (1387 - 1437) wollte durch einen Türkenzug der Bedrohung Konstantinopels entgegenwirken. Er wurde aber 1396 bei Nikopolis vernichtend geschlagen.

bewegung. Nach dem Ende des staufischen Kaisertums versinkt Italien im Chaos wilder Fehden. Aus dem Trümmerfeld der alten Ordnungen steigt das Bürgertum der reichen Städte empor. Großkaufleute oder rücksichtslose Söldnerführer schaffen als Tyrannen neue Staatsgebilde. Nicht mehr Herkunft und Sitte, sondern persönliche Kraft und Macht sind die Grundlagen ihrer Herrschaft. Im 14. und 15. Jh. gilt Florenz als die erste unter den Städten Italiens; der Papst sitzt in Avignon, Rom liegt danieder. Florenz zählt damals gegen 50.000 Einwohner. Als trotzige Burg ihrer Freiheit bauen die Bewohner im Herzen der Stadt ein Rathaus mit einem fast 100 m hohen Glockenturm. Florentiner Bankiers leihen dem Papst, den Königen von Neapel, Frankreich und England riesige Summen. Dafür bekommen sie Abgaben und das Recht, Getreide aus Süditalien oder Wolle aus England auszuführen. Die gewaltigen Vermögen, die sich in Florenz ansammeln, werden verwendet für Bauten und Kunstwerke, zur Unterstützung von Gelehrten, für Klöster oder wohltätige Anstalten. Im 15. Jh. gelingt es der mächtigen Bankier-Familie Medici, die erbliche Herrschaft über die Stadt zu gewinnen.

Auch die Kurie wird vom neuen Denken erfaßt. Die Päpste sind als Renaissancefürsten rücksichtslose Machtpolitiker, aber auch freigebige Förderer der Kunst. Ihnen verdankt Rom einen großen Teil seiner Kunstwerke. Im Jahr 1506 legt Papst Julius II. den Grundstein zu einer neuen Peterskirche in Rom. Während über 100 Jahren bauen die besten Architekten an diesem Sinnbild der päpstlichen Macht.[99] Die Kuppel am Florentiner Dom reicht in die Anfänge des 15. Jhs. zurück. In Florenz, Siena, Rom und anderswo lassen sich vornehme Familien neue Paläste bauen. Die Häuser haben meist einen rechteckigen Grundriß, und die Räume sind um einen Innenhof gruppiert. Die Fassaden, aus Steinquadern gefügt, wirken wuchtig und steif.

[99] Spitze der Kuppel 132 m über dem Boden, Durchmesser der Kuppel 42 m.

Die italienische Renaissance läßt sich in drei Perioden gliedern:

1. Frührenaissance, ca. 1400 - 1490; Mittelpunkt Florenz,
2. Hochrenaissance (bis 1527, Plünderung Roms); Mittelpunkt Rom,
3. Spätrenaissance (bis ca. 1580); Mittelpunkte Rom, Venedig.

Die *großen Künstler* der italienischen Renaissance sind:

1. **Leonardo da Vinci** (1452 - 1519), Universalgenie, Maler, Bildhauer, Ingenieur.[100] In Mailand entsteht 1497 sein berühmtestes Gemälde, das Abendmahl (4,5 m x 8,5 m, im Speisesaal eines Klosters vor den Mauern).
2. **Raffael** (1483 - 1520); der Papst ernennt den 31jährigen Künstler und Maler zum Bauleiter der Peterskirche. Die Wände der päpstlichen Wohngemächer schmückt Raffael mit gewaltigen Gemälden.
3. **Michelangelo** (1475 - 1564) aus Florenz, Bildhauer, Maler und Architekt. Als Bildhauer vollendet er nur die gewaltige Moses-Statue. Sein größtes Werk sind die Gemälde in der Sixtinischen Kapelle[101]. 72jährig erhält er den Auftrag, den Bau der Peterskirche zu leiten.

---

[100] Er fertigt Modelle und Zeichnungen von Einrichtungen zur Abtragung oder Durchstechung von Bergen. Als Militäringenieur des Herzogs von Mailand beschäftigt ihn der Kanalbau und die Frage des Fliegens.

[101] Sixtinisch, weil Papst Sixtus IV. sie erbaute (Einweihung 1483).

Der Renaissancemensch ist stolz auf seine Kraft. Sinnenfreude und Lebenswillen prägen seine Art.[102] An die Stelle der asketischen Verneinung der Welt tritt ein durch die Kreuzzüge mit heraufgeführtes neues Lebensideal, eine betonte Hinwendung zur Welt und ihren Schönheiten. Gleichzeitig aber spürt er die Vergänglichkeit des Lebens und beschäftigt sich stark mit dem Problem des Todes. Die Pest[103] und die Türkengefahr wirken für den Menschen des 14. - 17. Jhs. als permanente Bedrohung. Der Mensch des Mittelalters empfängt den Tod im Vertrauen auf Gottes Liebe, wie wir es von Bernhard, Dominikus oder Franziskus wissen. Jetzt aber tritt an die Stelle der Zuversicht eine tiefe Todesangst, weil der Glaube an die Auferstehungskraft Christi der Diesseitsfreude gewichen ist. Die moderne Todesverdrängung ist eine Fortsetzung dieser Lebenshaltung.

Humanismus — zu den Quellen!

Innerhalb der Renaissance entsteht unter den Gelehrten die Bewegung des Humanismus. Auch die Humanisten nehmen das Menschenbild des Altertums auf, versuchen es aber – vor allem in Deutschland – mit dem christlichen Glauben zu verbinden.

---

[102] Papst **Innocenz VIII.** (gest. 1492) veranstaltet für seine zahlreichen Kinder und Enkel im Vatikan öffentlich rauschende Hochzeitsfeste. Sein Nachfolger, **Alexander VI.**, versucht zugunsten seines Sohnes Cesare Borgia aus dem Kirchenstaat ein weltliches Fürstentum zu machen. Sein Nachfolger **Julius II.** vollbringt als Gönner für die Kunst vielleicht mehr als je ein Mensch, sonst aber ist er nur Soldat und Politiker.

[103] Der ersten **Pestwelle**, vom Osten her eingeschleppt, fällt 1347 etwa ein Drittel der katholischen Bevölkerung des Abendlandes zum Opfer. Die Plage wird allgemein als Strafe Gottes für die korrupte Kirche empfunden.
Lit: K. Bergdolt, Der Schwarze Tod in Europa (2000).

Als Vater des Humanismus gilt **Francesco Petrarca** (1304-1374), der Sohn eines florentinischen Adligen. Er studiert die Rechte in Montpellier und Bologna, doch werden nicht das Kirchenrecht, sondern Cicero und Vergil seine geistigen Freunde. Als Bildungsideale erkennt er Dichtung und Beredsamkeit. Sie erziehen mehr zur wahren Menschlichkeit als die spröde Scholastik samt ihrem Meister Aristoteles.

Eifrig stöbern die Humanisten alte Handschriften auf, vor allem in Klosterbibliotheken. In Florenz, Rom und Venedig entstehen umfangreiche Bibliotheken. Die Kunst des Buchdrucks macht die begehrten Werke schließlich größeren Kreisen zugänglich.

Unter den italienischen Humanisten ragt **Lorenzo Valla** (gest. 1457) hervor.[104] Er entlarvt die Konstantinische Schenkung als Fälschung und entzieht damit dem Papsttum den Anspruch auf Besitz und weltliche Herrschaft.

In Deutschland beschäftigen sich die jungen Humanisten mit den Büchern der alten Klassiker. Plato kommt wieder einmal zu Ehren; Homer, Herodot und Demosthenes werden aufs neue lebendig. Man lauscht ihnen ihre Sprache ab, schreibt griechische Grammatiken und Wörterbücher. Man begeistert sich für Stilwendungen und Satzbau. Auch die lateinischen Schriftsteller erfahren neue Wertschätzung und tieferes Verständnis. Manch ein "Weber" nennt sich jetzt "Textor", manch ein "Schmidt" läßt sich als "Faber" oder noch besser als "Fabricius" anreden, und ein "Schwarzerd" heißt nun plötzlich "Melanchthon".

Doch der Humanismus entwickelt auch negative Aspekte. Über der intensiven Beschäftigung mit all den klugen Heiden verliert mancher seinen christlichen Glauben. Er bildet sich ein, als feingebildeter Jünger der Humanität und der Wissenschaft dürfe er mit dem Gott der Bibel keine Gemeinschaft mehr pflegen.

---

[104] L. Valla, Über die fälschlich für wahr gehaltene, erlogene Schenkung Konstantins (1440) = A. Benrath, a. a. O., 475 ff.

Auf der andern Seite leistet der Humanismus die wichtigste **Vorarbeit für die Reformation**. 1506 überrascht Johannes **Reuchlin** (1455 - 1522) aus Pforzheim die Welt mit der Veröffentlichung einer ersten hebräischen Sprachlehre. Sein Buch – ein erster Erfolg deutschen Gelehrtenfleißes – ist die Frucht minutiöser Vergleiche zwischen hebräischem Urtext und verschiedenen Übersetzungen sowie eifriger Gespräche mit Juden und Rabbinern. 1516 läßt **Erasmus von Rotterdam**[105] (1466 - 1536) in Basel den ersten Druck des NTs in griechischer Sprache erscheinen. Beide Veröffentlichungen verdanken ihre Breitenwirkung dem Buchdruck Gutenbergs (gest. 1467).

In Deutschland verbindet sich der Humanismus mit der sogenannten **Devotio moderna**, einer mystischen Laienbewegung des späten Mittelalters, die zur Scholastik und zur offiziellen Kirchlichkeit auf Distanz geht. Für Erasmus sind die ersten Jahrhunderte die große Zeit des Christentums. In den Schriften der Kirchenväter glaubt er auch die griechischen Philosophen zu hören. Ähnlich wie Justin im 2. Jh. glaubt er, daß sich Christentum und Antike im Grunde einig sind. Mit seinem **Enchiridion militis Christiani** schreibt er ein Erbauungsbuch für Gebildete, (Handbuch des christlichen Soldaten). Hauptinhalt des christlichen Dienstes ist für Erasmus – wie für die spätere Aufklärung – eine schlichte christliche Moral, wie sie Jesus vorgelebt hat.

In den Schriften der römischen Geschichtsschreiber lernen die Deutschen auch ihre germanischen Vorfahren kennen. Vor allem die "Germania" des Tacitus weckt den Stolz auf die Vorfahren und stärkt das Nationalbewußtsein. Der Humanist **Ulrich von Hutten** (1488 - 1523) denkt in diesen Bahnen der Abneigung gegen alles Römische. Auf jedem Reichstag werden die "Gravamina (Beschwerden) deutscher Nation" gegen die Mißstände vorgetragen – ohne Erfolg.

---

[105] H. Huizinga, Erasmus (2. Aufl. 1936, ND 1988); St. Zweig, Triumph und Tragik des Erasmus von Rotterdam (1982).

Zusammenfaßend darf gesagt werden: Der Humanismus an der Schwelle vom Mittelalter zur Neuzeit ist das Tor zur Moderne. Zweifellos ist er ein wichtiger Wegbereiter der Reformation (Quellenstudium, philologische Methoden, Kritik an der Kirche). Sein Unterschied zur Reformation zeigt sich im Gottesverständnis und im Menschenbild, zum Beispiel an Luthers Streit mit Erasmus über den freien Willen.[106] Anderseits übernimmt Melanchthon den Humanismus als Grundlage für das reformatorische Bildungswesen. Auch Zwingli und Calvin sind vom Humanismus berührt.

[106] Vgl. Luther, De servo arbitrio, gegen Erasmus, De libero arbitrio.

IV. Staat und Kirche

20. Die Zeit der Karolinger[1]

1. Die Entstehung des Kirchenstaates

Durch zahlreiche Schenkungen der Kaiser und des Adels seit dem 4. Jh. gelangt die römische Kirche zu reichem Grundbesitz, der seit dem 6. Jh. **Patrimonium Petri**[2] genannt wird. Durch verbesserte Verwaltung dieser dem hl. Petrus gestifteten Güter – vor allem seit Gregor d. Gr. – erzielt die Kirche reiche Erträge, die sie vor allem zur sozialen Fürsorge verwendet. Durch den Niedergang der byzantinischen Herrschaft wird der Papst allmählich verantwortlich für die Ordnung Roms und seiner Umgebung, auch für die militärische Verteidigung.

Durch die Langobarden bedroht

Die eigentliche Gründung des Kirchenstaates kommt im 8. Jh. zustande durch die enge Verbindung zwischen dem Papsttum und dem fränkischen Herrscherhaus. Eine erste Beziehung zwischen dem Papst und der fränkischen Macht fällt in die Zeit von Bonifatius. Papst Gregor schreibt **722** an **Karl Martell** ein Empfehlungsschreiben für Bonifatius und bittet den fränkischen Hausmeier um einen Schutzbrief für den Germanenmissionar.

---

[1] R. Schieffer, Die Karolinger (4. Aufl. 2006); P. Riche, Die Welt der Karolinger (Reclam 1999); H. Fuhrmann, Quellen zur Entstehung des Kirchenstaates (1968); H. Kelly, Reclams Lexikon der Päpste (2. Aufl. 2005); J. Laffin, Pippin und die Päpste (1996); A. Angenendt, Das Frühmittelalter (3. Aufl. 2001) 265 ff; G. Haendler, Die lateinische Kirche im ZA der Karolinger = KGE I/7 (2. Aufl. 1992); B. Schneidmüller, Die Kaiser des MA (2006).

[2] Väterliches Erbgut Petri.

Zur zweiten Beziehung kommt es zehn Jahre später. **732** besiegt Karl Martell die Mohammedaner bei Tours und rettet das Abendland vor der sarazenischen Gefahr. Der Papst belohnt den fränkischen Hausmeier mit einem Geschenk, dem Schlüssel zum Grab des Apostels Petrus.

Im Laufe des 8. Jhs. weiten die Langobarden ihre Macht immer mehr nach Süden aus und stoßen dabei mit der Güterpolitik des Heiligen Stuhles zusammen. **741** wendet sich Gregor III. in einem Brief an Karl:

> "Wir schweben in der äußersten Not, Tag und Nacht rinnen die Tränen aus unseren Augen, da wir sehen müssen, wie die heilige Kirche täglich und überall verlassen wird von ihren Söhnen ... und wie nun, was im verflossenen Jahr unversehrt geblieben im Gebiete von Ravenna, jetzt von den Langobarden mit Feuer und Schwert vernichtet wird. Auch hierher in das Gebiet von Rom haben sie ihre Heere geschickt und uns ähnlichen Schaden getan und tun es noch; sie haben alle Landgüter des heiligen Petrus zerstört und das Vieh mitgenommen ... Ich beschwöre dich bei dem lebendigen und wahrhaftigen Gott und bei den heiligen Schlüsseln vom Grab des heiligen Petrus, die wir zur Unterstützung unserer Bitte geschickt haben, die Freundschaft der Langobardenkönige nicht über die Liebe zum Fürsten der Apostel zu setzen."[3]

Karls "Liebe zu den Langobarden" beruht auf deren Hilfe bei den Abwehrschlachten gegen die Araber. Zum Papsttum pflegt der fränkische Hausmeier ein loyales, aber kein freundschaftliches Verhältnis. Seine Söhne, Karlmann und Pippin, im Kloster erzogen, sind der Kirche gegenüber freundlich eingestellt. 747 entsagt **Karlmann** den weltlichen Ehren. Er zieht nach Rom, läßt sich das Haar scheren und baut dort zu Ehren

---

[3] Zit. nach Lautemann, Geschichte in Quellen II (3. Aufl. 1996) 54 f.

des hl. Sylvester ein Kloster. Später zieht er weiter in die Stille von Montecassino.

Pippin — gesalbter König

Karlmanns Bruder, **Pippin**, nunmehr der alleinige Herrscher im Reich der Franken, läßt sich 751 durch die Hand des Erzbischofs Bonifatius mit dem päpstlichen Segen zum König salben.[4] Childerich, der letzte Schattenkönig der Merowinger, geht ins Kloster. Das heilige Öl ersetzt dem Karolinger das königliche Blut. Nach der Legende stammten die Merowinger von den heidnischen Göttern ab. Die Karolinger sind jetzt Könige von Gottes Gnaden (Dei gratia).

751 erscheinen die Langobarden bewaffnet vor Rom und verlangen dessen Unterwerfung. Eigentlich könnte der Papst den oströmischen Kaiser zu Hilfe rufen, denn bei ihrem Zug nach Süden haben die Langobarden auch das byzantinische Gebiet zwischen Ravenna und Ancona erobert. Aber der Papst wendet sich nicht an Konstantinopel. Der Streit um die Bilderverehrung[5] ist noch nicht ausgestanden. So schaut der Papst nach Norden und verbindet sich politisch mit einem germanischen Volk. Diese Neuorientierung der päpstlichen Politik ist für die kommenden Jahrhunderte von grundlegender Bedeutung. In größter Not reist Papst Stefan II. 754 hilfesuchend zum Frankenkönig Pippin in die Pfalz Ponthion in der Champagne. Pippin hält die Steigbügel des päpstlichen Pferdes (Marschall-

---

[4] So die Reichsannalen.

[5] Der über die Araber siegreiche Kaiser Leo von Byzanz verbietet 730 die Bilderverehrung. Dessen Sohn und Nachfolger Konstantin V. setzt die gleiche Politik fort. 754 läßt er auf einer Reichssynode die Bilderverehrung sogar verdammen. Erst Kaiserin Irene (780 - 802) gestattet – im Einvernehmen mit dem Papst – auf dem **7. ökumenischen Konzil zu Nicäa** wieder die Verehrung (nicht aber die Anbetung) der Bilder.

dienst) und begrüßt den Heiligen Vater durch einen symbolischen Kniefall. Auf dem Reichstag zu Quierzy bei Laon wird die gegenseitige Schwurfreundschaft bestätigt. Nachdem das Papsttum als oberste moralische Autorität des Abendlandes beim Übergang der Krone von den Merowingern zu den Karolingern segnend mitgewirkt hat, ist Pippin bereit, nun auch den Papst aus seiner Bedrängnis zu erlösen. Er verspricht, nach Italien zu kommen und das Papsttum aus der langobardischen Umklammerung zu befreien. Er verspricht ihm auch, seine ehemaligen Patrimonialgüter zurückzugeben. Schließlich werde er auch die alten byzantinischen Gebiete um Ravenna säubern und den Nachfolgern Petri schenken. Ein merkwürdiges Versprechen: Pippin stellt dem Papst das Land eines Dritten in Aussicht.

Die Konstantinische Schenkung

Der Hintergrund dieses Versprechens ist ein gefälschtes Aktenstück, das Stefan aus Rom ins Frankenreich bringt, die sogenannte **Konstantinische Schenkung**[6]. Das gefälschte Aktenstück, angefertigt vermutlich in der päpstlichen Kanzlei um 750, besagt, Konstantin der Große (gest. 337) habe sich aus Ehrfurcht vor dem Apostelfürsten Petrus als Kaiser in Konstantinopel niedergelassen. Am ersten Tag nach dem Empfang der Taufe und nach der wunderbaren Heilung vom Aussatz durch

---

[6] Original verloren, erhalten in einer Abschrift des 9. Jhs. als Teil einer anderen Fälschung, den sog. Pseudoisidorischen Dekretalen. Die folgenschwere Fälschung wird während Jahrhunderten für echt gehalten und nur gelegentlich bezweifelt. Als unhistorische Fälschung erweist sie erst der Humanist Lorenzo Valla 1440: De falso credita et ementita Constantini donatione = Über die fälschlich für wahr gehaltene und erlogene Schenkung Konstantins. Vgl. A. Benrath, Wegbereiter der Reformation I, 475 ff.

Lat. bei Mirbt, Quellen zur Geschichte des Papsttums; teilw. Übs. bei Mokrosch/Walz, KThGQ II (4. Aufl. 2001) 29 ff.

Papst Sylvester habe der Kaiser verfügt, der römische Papst solle bis ans Ende der Welt die Oberherrschaft haben über die Hauptbischofssitze Antiochien, Alexandrien, Konstantinopel und Jerusalem. Er überlasse Petrus und Paulus und durch sie allen römischen Bischöfen den Kaiserpalast[7], der alle Paläste auf Erden überragt, ferner die Kaiserkrone, die Mitra (Bischofsmütze) und das Pallium (das den Hals des Kaisers umhüllt). Damit die päpstliche Würde nicht geringer, sondern höher sei als diejenige weltlicher Herrscher, überlasse er Sylvester die Oberhoheit über das ganze Abendland. Die Urkunde macht somit klar, daß das Gebiet in Italien gar nicht den Byzantinern gehört, sondern dem Papst.

Pippin begründet den Kirchenstaat (756)

Papst Stefan II. bleibt während des Winters im Kloster St. Denis (Paris). Hier salbt er erneut Pippin und dessen Söhne Karl (den Großen!) und Karlmann mit dem heiligen Öl.

In zwei Feldzügen zwingt Pippin den Langobardenkönig Aistulf zur Herausgabe der mittelitalienischen Gebiete zwischen Ravenna und Rom und schenkt diese dem Papst. Diese Schenkung ist in den Augen Pippins rechtens. In Rom legt Pippin die Schenkungsurkunde von Quierzy ehrfürchtig auf das Grab des Apostels. Damit schlägt im Jahr 756 die Geburtsstunde des Kirchenstaates. Karl der Große bestätigt 774 die Rechtmäßigkeit der fränkischen Schenkung.[8]

---

[7] Der Lateran ist bis 1305 die päpstliche Residenz.

[8] Der Kirchenstaat kann sich durch alle Wechsel der Geschichte erhalten, bis er 1870 im Zuge der italienischen Einigungsbemühungen Italien einverleibt wird. Der heutige Vatikanstaat mit seinen 44 ha Fläche ersteht 1929 aus den Lateranverhandlungen zwischen Italien und Pius XI.

2. Die Kaiserkrönung Karls des Großen[9]

König Pippin stirbt 768. Sein Nachfolger wird Karl der Große. Von seinem Vater erbt er die Tradition, das Papsttum zu beschützen. 774 erobert er endgültig das Langobardenreich und wird damit zum Rex Francorum et Rex Langobardorum.[10] Während der Belagerung von Pavia unternimmt Karl eine Wallfahrt zum Grab der Apostelfürsten und erneuert feierlich die Schenkung großer Gebiete Italiens an Petrus und dessen Stellvertreter, die sein Vater 20 Jahre zuvor in Quierzy vollzogen hat.[11] In äußeren Dingen fühlt Karl sich als oberster Herr der Kirche. Ohne den Papst zu fragen, setzt er nach eigenem Gutdünken Bischöfe ein und ab, den Klöstern und Pfarreien gibt er durch Landschenkungen und Zehntenpflicht eine wirtschaftliche Grundlage. Die Priester sollen das Volk erziehen und es im Lesen und Singen unterrichten; "die Menschen müssen (auch) darüber belehrt werden, daß sie blutschänderische Ehen vermeiden und sich der Hurerei, des Mordes, des Diebstahls, des Meineides, der Zauberei, der Weissagungen, der Zaubersprüche, des Kirchenraubes, der Trunkenheit, der Flüche, des Raubes, des Hasses, des Neides enthalten müssen und würdig die heilige Kommunion empfangen sollen."[12] Karl verlangt auch eine geordnete Armenpflege in den Pfarreien.

---

[9] *Quellen:* Reichsannalen & Einhards Leben Karls d. Gr. = FSGA V (3. Aufl. 1992). – *Lit.:* P. Classen, Karl der Große, das Papsttum und Byzanz (2. Aufl. 1988); M. Becher, Karl der Große (4. Aufl. 2004); D. Hägermann, Karl der Große (Propyläen 2000).

[10] König der Franken und König der Langobarden. 771 stirbt sein Bruder Karlmann, und Karl wird Alleinherrscher.

[11] Mon. Germ. Diplomata Karolinorum I (1906), 115 ff., Regest in dt. Sprache, in: Die Regesten des Kaiserreiches unter den Karolingern, 751 - 918, Hg. Joh. Fr. Böhmer u. a., I (2. Aufl. 1908) 76.

[12] Lautemann, Geschichte in Quellen II (3. Aufl. 1996) 84.

Als Leo III. 795 auf Petri Stuhl erhoben wird, schreibt ihm Karl:

> "Unsere Sache ist es, gemäß dem Beistand der göttlichen Güte von allen Seiten die heilige Kirche Christi gegen den Einbruch der Heiden und die Verheerung der Ungläubigen draußen mit Waffen zu verteidigen und drinnen durch Anerkennung des katholischen Glaubens zu festigen. Eure Sache, heiligster Vater, ist es, mit zu Gott erhobenen Händen gleich Mose uns im Kampf zu unterstützen ..." [13]

Am 25. April 799 widerfährt dem Papst ein unangenehmes Ereignis. Anläßlich einer Prozession wird er durch Gegner vom Pferd gerissen, seiner Kleider beraubt und mißhandelt. Seine Feinde werfen ihm Ehebruch sowie Meineid vor und sperren ihn in ein Kloster. Es gelingt ihm, bei Nacht sich an einem Seil die Mauer hinunter ins Freie zu retten. Der Papst flieht über die Alpen zu Karl nach Paderborn. Der Frankenkönig empfängt den Papst hoch zu Roß mit einem goldenen Helm. Er staunt nicht wenig, als der Flüchtling ihm berichtet, seine Feinde hätten ihm die Augen ausgestochen und die Zunge aufgeschlitzt, doch sei er von diesen verderblichen Verletzungen inzwischen wie durch ein Wunder wieder genesen. Leo bittet Karl, nach Rom zu kommen und die Attentäter als Majestätsverbrecher mit dem Tode zu bestrafen. Nach einem alten Gesetz des 5. Jh. darf aber nur der römische Kaiser Todesurteile aussprechen. Karl ist aber noch nicht römischer Kaiser, sondern erst König der Franken und der Langobarden.[14] Nach dem Bericht der fränkischen Reichsannalen zieht Karl im August 800 bei Mainz

---

[13] E. Staehelin, Die Verkündigung des Reiches Gottes in der Kirche Jesu Christi II (1953), 169.

[14] Rechtlich ist immer noch Irene von Byzanz römische Kaiserin und oberste Herrin von Rom, doch Leo vermutet, sie stehe mit seinen Gegnern im Bunde.

einen Heereszug zusammen und erreicht über Ravenna im November die Gegend von Rom. Der Papst begrüßt den König bereits zwölf Meilen vor der Stadt und lädt ihn zu einem Mahl. Am 24. November führt Leo den Frankenherrscher in die Kirche des Apostels Petrus. Sieben Tage später schickt sich Karl an, die unerfreuliche Angelegenheit zu untersuchen. Da es sich als schwierig erweist, der Sache auf den Grund zu kommen, läßt Karl den Papst einen feierlichen Reinigungseid schwören. Leo besteigt vor allem Volk mit einem Evangelienbuch die Kanzel der Peterskirche und reinigt sich unter Anrufung der hl. Dreieinigkeit durch einen Eid von den ihm zur Last gelegten Verbrechen.

Am 25. Dezember 800, als Karl sich in der Peterskirche vom Gebet erhebt, setzt ihm Leo eine Krone aufs Haupt, worauf das ganze Römervolk applaudiert: "Carolo augusto, a Deo coronato magno et pacifico imperatori Romanorum, vita et victoria!" (= Karl, dem erhabenen, dem von Gott gekrönten, großen und friedenschaffenden Kaiser der Römer Leben und Sieg!) Einhard berichtet, Karl habe von der ganzen Aktion nichts gewußt und habe sich maßlos geärgert. Daß Karl keinen Gedanken an eine mögliche Kaiserkrönung verlor, ist unwahrscheinlich, aber er ärgert sich darüber, daß sich der Papst dermaßen in den Vordergrund spielt und dem Volk das Zeichen zur Akklamation gibt; auch zu Spannungen mit Ostrom verspürt Karl kaum Lust, zumal die Sachsenfrage noch immer nicht gelöst ist. Karl ist nun König der Franken, König der Langobarden und römischer Kaiser. Das Todesurteil über Leos Gegner hebt er auf.

Im Jahr 813 fühlt Karl sein Ende nahen. Er beruft einen Reichstag nach Aachen, seiner Lieblingspfalz. Er selbst erscheint im Dom in feierlicher Tracht. Vor allen Grafen und Bischöfen ernennt er seinen Sohn Ludwig zum Nachfolger. Er ermahnt ihn, Gott zu fürchten und seinem Volk mit gutem Beispiel voranzugehen. Mit Gottes Hilfe gelobt Ludwig feierlich, dies alles zu tun. Dann setzt ihm Karl unter großer Anteilnahme des Volkes eigenhändig die Krone aufs Haupt. Es ist ein mühseliger Akt, denn Karl ist durch einen Schlaganfall bereits einseitig gelähmt. Kurze Zeit später, am 28. Januar 814, beendet der große Karl seine irdische Laufbahn und wird am selben Tag im Aachener Dom beigesetzt.

3. Der Zerfall des Karolingerreiches[14a]

Karls Sohn **Ludwig** versucht, das geerbte Reich auszubauen. Eifrig stiftet er Bistümer, aber die Krone wird seinem schwachen Haupte zu schwer. Stets um sein Seelenheil bangend und von der Angst vor der Hölle geplagt, läßt er sich 816 vom Papst ein zweites Mal krönen. Beherrscht von Geistlichen und seiner zweiten Frau Judith erläßt er – zu früh – verschiedene Erbordnungen. 833 erheben sich die drei Söhne aus erster Ehe gegen ihren Vater. Sie zwingen ihn, die Krone niederzulegen. Zwei Jahre später wird er wieder eingesetzt und erneut vom Papst gekrönt. Er stirbt 840; die Nachwelt nennt ihn ehrend "den Frommen".

Im Vertrag von **Verdun 843** erhält Kaiser **Lothar** Italien und einen Landstreifen nördlich der Alpen (Lothringen), **Karl der Kahle** den Westen und **Ludwig der Deutsche** den Osten. Der vierte Bruder, Pippin II., wird geschoren und in ein Kloster abgeschoben.

Schon ein Jahr zuvor schwören sich Karl und Ludwig in der "Stadt, die ehedem Argentaria, jetzt aber Straßburg heißt", ihre gegenseitigen Beistandseide – ein jeder in der Sprache des andern.

Ludwig schwört in romanisch-altfranzösischer Sprache: "Pro Deo amur et pro Christian poblo et nostro commun saluament..."

Karl schwört dasselbe in altdeutscher Sprache: "In Godes minna ind in thes Christianes folches ind unser bedhero gealtnissi..."[15]

[14a] E. Boshof, Ludwig der Fromme (1996).

[15] Nhd.: Aus Liebe zu Gott und des christlichen Volkes und unser beider Heil ... = Lautemann, Quellen II (3. Aufl. 1996) 119.

Diese Teilung führt zur Bildung eigener Königreiche in Deutschland und Frankreich, die zuvor während über 100 Jahren eine gemeinsame Geschichte hatten. Die Straßburger Eide sind das früheste Dokument für die Entwicklung der französischen und der deutschen Sprache im west- bzw. ostfränkischen Reich. 925 kommt Lotharingen ans deutsche Ostreich, das nun von den Sachsen regiert wird.

Die aus der Teilung hervorgegangenen Reiche leiden im 9. Jh. schwer unter den Angriffen der Normannen, der Araber und der Ungarn. Die Annalen von Fulda berichten über das Jahr 850:

> "In diesem Jahr drückte schwere Hungersnot die Völker Germaniens ... Der Erzbischof von Mainz hielt sich auf einem Hof seines Amtsbezirks namens Winkel auf, wo er Arme aufnahm und täglich mehr als 300 speiste, die abgerechnet, welche beständig bei ihm aßen ... In diesen Tagen zog auch einer vom Grabfeld mit seinem Weibe und seinem Sohn nach Thüringen, um das Elend seiner Not zu lindern, und unterwegs im Walde sagte er zu seinem Weib: 'Wäre es nicht besser, diesen Knaben zu töten und sein Fleisch zu essen, als daß wir alle vor Hunger umkommen?' Als sie aber widersprach, er solle kein solches Verbrechen begehen, riß er endlich, weil der Hunger drängte, gewaltsam den Sohn aus den Armen der Mutter, und er hätte seinen Willen in die Tat umgesetzt, wäre ihm nicht Gott in seinem Erbarmen zuvor gekommen. Denn, wie derselbe Mann hernach, als er in Thüringen war, sehr vielen erzählte, hatte er schon sein Schwert aus der Scheide gezogen, um den Sohn zu schlachten, zögerte aber noch, schwankend geworden, mit dem Mord, da sah er in der Ferne zwei Wölfe über einer Hirschkuh stehen und ihr Fleisch zerreißen; sogleich lief er, vom Sohn ablassend, zur toten Hirschkuh, trieb die Wölfe weg, nahm von dem angefressenen Fleisch und kehrte mit dem unversehrten Sohn zur Frau zurück ... Als diese wieder zu sich kam,

dankte sie Gott, daß sie für wert geachtet sei, ihren Sohn gesund wieder zu bekommen; ebenso der Mann, daß Gott ihn rein von dem Morde des Kindes zu erhalten gewürdigt habe. Beide aber stärkten sich notgedrungen an dem vom Gesetz verbotenen Fleische."[16]

Im 10. Jh. lösen sich die Reiche in Stammesherzogtümer auf. Das Papsttum erhebt sich vorübergehend unter **Niklaus I. (858 - 867)** und versucht (ohne Erfolg), die Landeskirchen durch die päpstliche Herrschaft zu verdrängen. Dann wird das Papsttum, beherrscht durch den schamlosen römischen Adel, selbst in den Niedergang hineingezogen. Zeitweise sitzen Halbwüchsige auf Petri Stuhl. In diesen Zusammenhängen müssen wir die Erneuerungsbestrebungen sehen, die 910 von Cluny ausgehen und die im 11. Jh. so mächtig auf das Papsttum einwirken (Kirchenreform, Gregor VII.).

---

[16] Lautemann, a. a. O. 128 f.

21. Die Zeit der Sachsenkaiser[17]

1. Heinrich I., der Sachsenkönig (919 - 936)

Nach dem Zerfall des Frankenreiches erstarken in Deutschland die Stammesherzogtümer der Franken, Sachsen, Schwaben und Bayern. Dem Namen nach sind sie noch im ostfränkischen Königreich zusammengeschlossen. Nach 900 steigert sich die Ungarnnot ins Unerträgliche. Die Ungarn werden zur Geißel Europas. Das nächstliegende Bayern wird zuerst heimgesucht; aber auch Sachsen, Thüringen, Schwaben und Oberitalien bleiben nicht vor ihnen verschont. Vor allem begehren sie Edelmetalle und Menschen – Sklaven zum eigenen Gebrauch und zum Verkauf.

917 durchziehen ihre schnellen Reiterscharen das Schwabenland; sie zerstören Basel und dringen bis ins Elsaß und durch die Burgundische Pforte in die Provence vor. Sie melden sich sogar vor den Toren von Byzanz, der damals glanzvollsten Stadt der Welt. 916 plündern sie St. Gallen. Auf ihrem Rückzug nach Konstanz stecken sie alle Dörfer der Gegend in Brand.

---

[17] Widukind von Corvey, Die Sachsengeschichte, lat./dt. (Reclam 2001). – H. Beumann, Die Ottonen (2000); H. Keller, Die Ottonen (2001); G. Althoff, Heinrich I. und Otto der Große (1994); J. Laudage, Otto der Große. Eine Biographie (2001); J. Gladen, Auf den Spuren Otto d. Großen (2000); B. Schneidmüller/S. Weinfurter, Ottonische Neuanfänge (2001); E. Eickhoff, Theophanu und der König (1996); ders., Kaiser Otto III. (1999); B. Keiser, Adelheid. Königin, Kaiserin, Heilige (1999); St. Weinfurter, Heinrich II. (1002 - 1024) (1999); G. Althoff / H. Keller, Heinrich I. und Otto der Große. Neubeginn auf karolingischem Erbe = EDG(2006).

Heinrichs Sieg an der Unstrut (933)

Erst dem Sachsenkönig **Heinrich I.**[18] (919 -936) gelingt es, mit seinen schwer gewappneten Reitern und Ackergäulen die Ungarn an der sächsisch-thüringischen Grenze zu bezwingen, nicht aber ihr Heer zu vernichten. Aus diesen Bauernkriegern entwickelt sich dann der Ritterstand. An der Grenze des Herzogtums Sachsen baut Heinrich Verteidigungsburgen, aus denen später Städte wie Gandersheim, Goslar oder Nordhausen entstehen.

In der erfolgreichen Schlacht an der **Unstrut 933** läßt König Heinrich dem Heer das Reichsbanner mit der Gestalt des Erzengels Michael, der den Drachen besiegt, vorangehen. Und der Schlachtruf seiner Männer lautet: "Herr, erbarme dich!" Seine Frau, die im Kloster Herford erzogene fromme **Mathilde**, ist eine direkte Nachfahrin des Sachsen-Häuptlings Widukind.

Die Heilige Lanze

Nach diesem Sieg hat Heinrich weitere Pläne. Zunächst will er die Heilige Lanze an sich bringen.[19] Im frühen Mittelalter gilt die Lanze als Herrschaftssymbol für Norditalien. Paulus Diaconus erwähnt 735 eine langobardische Königslanze. Nach dem Sieg Karls d. Gr. über die Langobarden verschwindet sie

---

[18] 911 erlischt mit **Ludwig dem Kind** die karolingische Linie. An seine Stelle tritt der schwache Herzog Konrad von Franken. 918 empfiehlt er sterbend, die Krone dem stärksten Germanenherzog, Heinrich dem Sachsen, zu übertragen. Ihn wählen denn auch die fränkischen und sächsischen Großen zum neuen König (918).

[19] Die **Heilige Lanze** soll von der Kaiserinmutter Helena aus Jerusalem nach Rom gebracht und Konstantin übergeben worden sein. Die Heilige Lanze soll in der Mitte des Lanzenblattes einen Nagel, eingebunden von vier Bändern aus Golddraht, enthalten, der Christus durch die Hände oder Füße geschlagen wurde. Die Lanze wird heute in Wien aufbewahrt.

aus dem Gesichtskreis. Mit dem Untergang des Frankenreiches zerfällt Italien in kleine Herrschaften, deren Oberhäupter sich sogar den Kaisertitel anmaßen. Zur Legitimierung ihrer Ansprüche lassen sie sich mit der Lanze abbilden. Die Reliquie wird zum Politikum und gelangt auf Umwegen nach Genf, der Hauptstadt des Königreichs Burgund. Heinrich I. von Sachsen, nunmehr der dominierende Herrscher des Abendlandes, erstrebt nun auch die Herrschaft über Italien. Als Legitimation dazu kann ihm die Konstantinslanze gute Dienste leisten. Nach längeren Verhandlungen zwischen Quedlinburg und Genf gewinnt Heinrich die Lanze, dafür tritt er die Stadt Basel an Burgund ab.

2. Otto der Große (936 - 973)

936 stirbt der erste Sachsenkönig, und sein Sohn Otto (d. Große) wird in der ehrwürdigen Karolingerstadt Aachen zum König gekrönt. Ein Programm! Die Fürsten und kirchlichen Würdenträger – fast 2.000 an der Zahl – heben den 24jährigen Otto auf den Thron und geloben ihm mit Handschlag Treue und Hilfe gegen seine Feinde. Darauf wird der Erkorene vom Mainzer Erzbischof und weiteren Würdenträgern in die Pfalzkapelle Karls d. Großen geführt, mit heiligem Öl gesalbt, gekrönt und zum Thronsessel Karls des Großen geführt.[20]

Otto, eine Kraftnatur gleich Karl d. Gr., verkörpert mit seiner wuchtigen Reitergestalt eine natürliche Majestas. Seine Erziehung war darauf gerichtet, den Gebrauch von Schwert und Jagdspieß zu erlernen und – fest im Sattel sitzend – königliche Haltung zu zeigen. Lesen und Schreiben lernt er spät, trotzdem ein Fortschritt gegenüber seinem analphabetischen Vater. Er kann etwas Slavisch, etwas Westfränkisch (Altfranzösisch), aber nicht die damalige Amts- und Diplomatensprache

[20] Der Thron befindet sich bis heute im Halbdunkel der runden Empore. Ob er auf Karl d. Gr. zurückgeht oder erst für Otto hergestellt wurde, ist umstritten.

Latein. Noch in vorgerückten Jahren liest ihm Adelheid, seine zweite Gemahlin, die lateinischen Schriftstücke vor. Otto verfügt aber über eine natürliche Autorität. Gerühmt wird seine Treue und Beständigkeit, aber auch seine Milde und Vergebungsbereitschaft gegenüber abtrünnigen Verwandten. Jeden Morgen besucht er die Messe. Nie setzt er bei offiziellen Anlässen die Krone aufs Haupt, ohne zuvor gebeichtet und gefastet zu haben. Sein Gottesgnadentum ist keine Show.

Der Sieg über die Ungarn (955)

Im Sommer 955 steht erneut ein mächtiges ungarisches Reiterheer vor Augsburg. Sein Anführer, König Horka, hat zwar in Byzanz bereits die Taufe empfangen, gilt aber im Abendland nach wie vor als Heide. Die alte Römerstadt Augsburg, eine der größten des Reichs, ist von den Ungarn umzingelt. Bischof Ulrich leitet die Verteidigung. König Otto sammelt in einem sechs Kilometer langen Zug außer seinen Sachsen auch die Bayern, Schwaben, Franken, Lothringer und ein Kontingent tschechischer Böhmen. Mit der heiligen Lanze in der Hand und dem Michaelsbanner über dem Haupt vernichtet er mit seinem deutschen Heer in der historischen Schlacht auf dem **Lechfeld** das ungarische Heer. Seinem Bruder Heinrich gelingt es, den ungarischen König zu fangen und am Galgen zu hängen. Die Ungarn siedeln sich an der unteren Donau an und nehmen den christlichen Glauben an. Wie im Jahre 732, als Karl Martell das Abendland vor den Sarazenen rettete, ist sich Europa auch jetzt der historischen Stunde bewußt. Die jahrzehntelange Ungarn- oder Hunnenplage gehört endgültig der Vergangenheit an. Aus allen Teilen der Welt erscheinen Gesandte und bringen dem siegreichen Sachsenkönig Geschenke, Teppiche, Balsam, Glas, Gefäße aus Elfenbein, selbst Löwen, Kamele, Affen und Strauße. Auch der Kalif von Cordoba schickt eine Gesandtschaft. Die Erinnerung an die Ungarnschlacht bleibt noch lange lebendig. Sie erst verbindet das deutsche Volk bewußtseinsmäßig zur "deutschen Nation", denn alle Stämme haben mitgekämpft und gemeinsam gesiegt. Der Name des Ortes Haunstetten – heute in Augsburg eingemeindet – leitet sich von den "Hunnen" ab.

Otto wird Kaiser (962)

In Rom sitzt seit 955 der sechzehnjährige Papst Johannes XII. – ein Enkel von Papst Sergius III. und der Römerin Marozia und kaum ein Mann im Geiste Clunys – auf Petri Stuhl. Er verwandelt den Lateran in ein Bordell, Huren verteilt er heilige Gefäße als Geschenk, im Pferdestall wird ein Diakon geweiht usw.[21] 961 bittet der jugendliche Papst den deutschen König um Hilfe gegen den ihn bedrängenden Langobardenherrscher Berengar und gegen Teile des römischen Stadtadels. Otto zieht mit einem Heer aus allen deutschen Stämmen über den Brenner nach Italien. Otto nimmt zuerst in der Langobarden-Residenz Pavia Quartier, während Abt Hatto von Fulda mit dem Papst in einem Vertrag, genannt Ottonianum, das Verhältnis zwischen weltlicher und geistlicher Macht regelt. Als Gegenleistung für die Hilfe bietet Johannes, wie erwartet, dem König die seit 916 nicht mehr vergebene Kaiserkrone an. Das Ottonianum, ein kostbares Buch, mit Goldbuchstaben auf purpurfarbigem Pergament geschrieben, befindet sich heute in der vatikanischen Bibliothek unter 60.000 Handschriften und 700.000 gedruckten Bänden.

Ende Januar 962 zieht Otto in die Ewige Stadt ein, die freilich viel von ihrem einstigen Glanz eingebüßt hat. Zwar steht noch ein großer Teil der Kaiserpaläste auf dem Palatin, dazu kommen die frühchristlichen Basiliken. Aber zwischen den mit Gras und Unkraut bewachsenen Trümmern weiden die Kühe. Von der antiken Millionenstadt sind kaum noch 40.000 Ein-

[21] Vgl. Leonhard von Matt und Hans Kühner (kath.), Die Päpste (1963) 59.

wohner geblieben. Der Papst geleitet den König zur Peterskirche, einer frühromanischen Basilika, die Konstantin auf dem vatikanischen Friedhof über dem Petrusgrab 326 hat bauen lassen. Mit der Paulusbasilika in Rom, der Hagia Sophia in Konstantinopel und der Johannesbasilika in Ephesus gehört sie damals zu den größten Kirchen der Welt. In dieser Peterskirche krönt der junge Papst den deutschen König Otto mit einer vermutlich auf der Reichenau hergestellten Prachtkrone aus Gold und Edelsteinen. Die Krone wird später zum Bestandteil der Reichskleinodien[22] und wird heute auf der Wiener Hofburg aufbewahrt.

Bischöfe, Äbte, geistliche Staaten

Wie im Jahr 800 knüpfen sich auch bei Ottos Krönung große Friedenshoffnungen an die Erneuerung des römischen Kaisertums. Das Reich, das acht Jahrhunderte überdauert, erhält später den Namen "Heiliges Römisches Reich Deutscher Nation". Otto vereinigt in sich die tiefe Frömmigkeit seiner Mutter und die strategischen Fähigkeiten seines Vaters.

Viermal zieht Otto über die Alpenpässe. Dem Churer Bischof ist die Sicherung der nördlichen Zufahrtswege anvertraut. Ottos Italienpolitik steigert mit einem Schlag die Bedeutung der Alpenpässe. Die Verwaltung seines Reiches gründet

---

[22] Zu den **Reichskleinodien** gehören weiter: Zepter, Reichsapfel und Reichskreuz (angefertigt durch Heinrich II.), dann das Schwert Karls des Großen, die heilige Lanze und wertvolle Reliquien. Wer über den Schatz der Kleinodien verfügt, ist faktisch im Besitz der kaiserlichen Würde. Der Kronschatz wird zunächst – auch auf Kriegszügen – samt dem Troß mitgeführt. Die Staufer verschaffen ihm einen Schrein in der pfälzischen Burg Trifels. Kaiser Sigismund muß den Schatz 1420 vor den Hussiten nach Ungarn retten. Auch vor den Franzosen mußten die Kleinodien evakuiert werden. Seit 1827 ruhen sie in der Schatzkammer der Wiener Hofburg.

Der französische Kronschatz in St. Denis fiel der großen Revolution, der englische in Westminster der Ära Cromwell zum Opfer.

Otto mehr und mehr auf die Zusammenarbeit mit Bischöfen und Äbten.[23] Er stellt sie Fürsten und Grafen gleich und stattet sie mit großen Ländereien aus. Er selber verleiht als König den Bischöfen ihren Stab, der bei ihrem Tod wieder an die Krone zurückgeht. So entstehen in Deutschland die **geistlichen Staaten**. Schon in merowingischer Zeit verfügen Bischöfe und Äbte über gewaltige Rechte politischen Charakters: Steuerfreiheit, Recht des Steuerbezugs, Gerichtsbarkeit. Otto findet also alle diese Rechte schon vor. Aber er fügt das Grafschaftsrecht noch hinzu. Otto wählt diesen Weg, weil die Geistlichen keine Nachkommen haben und weil er der geistlichen Aristokratie mehr vertraut als der weltlichen.

Magdeburg und die Ostmission

Ottos Eifer für die Kirche zeigt sich an seinem Einsatz für die Missionierung der Slaven. Als Zentrum der Slavenmission errichtet er das Erzbistum **Magdeburg**. Zum Bau des Domes holt er kostbaren Marmor aus dem Süden. Von hier aus werden das polnische Bistum **Gnesen**, das böhmische Bistum **Prag** und das ungarische Bistum **Gran** ins Leben gerufen. Ohne diese vom Reich ausgehende Mission hätte statt der lateinischen die orthodoxe Kirche die osteuropäischen Länder bekehrt, und die Kulturscheide zwischen Ost und West verliefe heute entlang der deutschen Grenze. Polen, Böhmen und Ungarn sind zu Ottos Zeit durch ihr Lehensverhältnis eng mit dem deutschen Reich verbunden.

[23] Aus der nun immer engeren Verzahnung zwischen Hof und Bistümern, König und Kirche entwickelt sich die ottonisch-salische **Reichskirche** bzw. ein kalkuliertes ottonisches **Reichskirchensystem**, das sich erst bei Heinrich IV. (1077/78) wieder auflöst (Santifaller u. a.). Vgl. LMA VII, 628.

3. Otto II. und Otto III. (973 - 983; 983 - 1002)

Otto II., der Gemahl Theophanos von Byzanz, hegt den großen Traum vom Reich im Süden. Beim Versuch, die Araber aus Süditalien zu vertreiben, gelingt es ihm nur mit Mühe, sein nacktes Leben zu retten. Auch seinen Plan, die Straße von Messina mit einer Brücke zu überspannen und die Sarazenen aus Sizilien zu vertreiben, muß er aufgeben. Erst den Normannen wird es in einem 30jährigen Krieg (1060 - 1090) gelingen, die Afrikaner von der Insel zu verjagen. Der übermäßige Einsatz der Kräfte im Süden führt zu Rückschlägen im Norden. Das väterliche Kolonisationswerk im Osten gerät ins Stocken. Am 7. Dezember 983 stirbt der junge Kaiser in Italien an einer Darmerkrankung. In einem Sarkophag, einem prunkvollen Grabtrog aus der Römerzeit, bestattet man den deutsch-römischen Kaiser beim St. Peter in Rom. 1609, bei der Erneuerung der St. Peter-Fassade, wird der einzige in Rom ruhende Kaiser in einen einfachen Marmorsarg umgebettet; den alten Grabtrog verwenden die Köche des Palazzo del Quirinale als Wasserbehälter.

Nach dem Tod Ottos II. führen dessen Witwe **Theophano** und seine Mutter **Adelheid** das Regiment. Adelheid zieht sich freilich wieder nach Italien zurück, während die Griechin im Sachsenland bleibt. Theophanos Fernziel ist die Vereinigung von Byzanz mit dem Westen zu einem Riesenreich mit Rom als Hauptstadt. Im Jahr 995 wird Otto III. als 15jähriger mündig. Seine Mutter ist bereits gestorben, und auf den Rat seiner 64jährigen Großmutter glaubt er verzichten zu können. Der knabenhafte König zieht noch im Winter 995/96 über den Brenner, und am 21. Mai krönt ihn der 24jährige Gregor V., ein Urenkel Ottos d. Großen[24], zum Kaiser. Auch Otto III. träumt von einem universalen Reich von Deutschen, Slaven und Italienern mit Rom als Hauptstadt. Dieses Großreich sollte ein

---

[24] Brun von Kärnten, der erste deutsche Papst (996 - 999).

Abbild des Himmelreichs sein (Augustin), er selber gleichsam ein neuer Konstantin.

Sein Vorbild ist Karl der Große. 20jährig reist er im Jahr 1000 nach Aachen und öffnet dessen fast 200jähriges Grab. Er schneidet dem noch weitgehend unverwesten Leichnam des Kaisers die Nägel, ersetzt die verdorbene Nasenspitze durch Gold und zieht ihm einen Zahn. Im selben Jahr löst Otto Polens Kirche von Magdeburg, erhebt **Gnesen** zum Erzbistum und unterstellt die polnische Kirche dem Papst. Damit begründet er die Unabhängigkeit Polens vom deutschen Reich. Im übrigen wahrt der Kaiser zum Papst, gleich Karl dem Großen, eine kritische Distanz. Die Konstantinische Schenkung zum Beispiel hält er für eine Fälschung. Im Jahr 1001 zieht er ein drittes Mal in die unruhige Stadt am Tiber. In Deutschland läßt er unbefriedete Grenzen zurück. Polen und Ungarn haben sich als Königreiche verselbständigt. Zu Beginn des Jahres 1002 erliegt der erst 22jährige unter verzweifelten Bußübungen einem tödlichen Fieber. Unter der Teilnahme von Fürsten und Bischöfen wird er auf eigenen Wunsch in Aachen neben Karl dem Großen bestattet, "der tatenloseste neben dem tatenreichsten Mann".

4. Heinrich II., der Heilige (1002 - 1024)

Herzog Heinrich, der letzte Liudolfinger aus sächsischem Hause, stellt sich auf bayrischem Boden dem Leichentransport Ottos III. in die Quere und bemächtigt sich der Reichsinsignien. Der pragmatische 29jährige König sieht den Schwerpunkt des Reichs klar im Norden, den Traum vom Reich im Süden gibt er auf. Rom ist ihm ein Nebenschauplatz, doch immerhin gut genug, dort die Kaiserkrone zu holen (1014).

Heinrich setzt die kirchenfreundliche Politik Ottos d. Großen fort, wenn auch mit veränderten Akzenten. Die Bischöfe bleiben die Stützen seines Reiches. Unter ihnen gibt es bedeutende Heerführer. Heinrich stiftet und baut zahlreiche Kirchen.

Das Bistum **Bamberg** ist seine Gründung. Auch zu **Basel** pflegt er besondere Beziehungen.

1006 gelingt es ihm, die Stadt vom burgundischen König Rudolf zu erwerben und mit dem Reich zu vereinigen. Er schenkt dem Bischof das Münzrecht und stellt das seit dem Ungarnsturm schwer darniederliegende Bistum wieder her. Später wird er als Schutzherr der Stadt und der Basler Kirche verehrt, und noch heute schmückt sein und seiner Gemahlin Kunigunde Bild die Fassade des Münsters.[25]

Heinrich ist persönlich tief beeindruckt von der cluniazensischen Reform. Die allzu reichen Klöster sind ihm zuwider. Haben seine Vorgänger und vor allem deren Frauen den Kirchen reiches Krongut übergeben, so verwandelt Heinrich nun umgekehrt kirchliche Liegenschaften wieder in Krongut zurück, ganz nach dem Motto: "Wem viel gegeben ist, dem kann viel genommen werden." Fulda zum Beispiel besitzt um die Jahrtausendwende 15.000 Güter, und für St. Gallen arbeiten 2.000 Leibeigene. Ein Drittel des deutschen Bodens ist Eigentum der Kirche. So sind die Klöster bestens in der Lage, dem König schlagkräftige Armeen zu stellen. Heinrich überprüft die Güterverzeichnisse der reichsten Klöster und reduziert – eingedenk des benediktinischen Armutsideals – deren Einkünfte. Heinrich stirbt 1024 als letzter Sachsenkaiser in seiner Pfalz Grona bei Göttingen; 1146 wird er heiliggesprochen.

---

[25] Ein erstes karolingisches **Basler Münster** weicht um 1000 einem Neubau, den Heinrich II. "versilbert". Nach einer Feuersbrunst 1185 neues Münster in spätromanischem Stil. Erdbeben 1356, Reparaturen in hochgotischer Architektur.

22. Die Zeit der fränkischen (salischen) Kaiser (1024 - 1125)[25a]

1. Konrad II. von Franken (1024 - 1039)

Auf die sächsische folgt von 1024 - 1125 die **fränkische** oder **salische** Kaiserdynastie. Lange debattieren die deutschen Fürsten in geheimen Verhandlungen bei Oppenheim, wer nun die Nachfolge anzutreten habe. Gefragt ist eine starke Persönlichkeit, welche die Zentralgewalt überzeugend zu repräsentieren vermag; anderseits darf der Nachfolger auch wieder nicht so stark und reich an Ländereien sein, daß er die Herzöge bezwingen kann. Schließlich sollte er mit dem alten Kaiserhaus noch irgendwie verwandt sein. Die Wahl fällt auf den adligen Salier **Konrad von Franken** aus der Gegend von Speyer und Worms[26]. Unter Akklamation des Volkes wird er durch den Erzbischof in Mainz gesalbt und gekrönt. Anders als Heinrich II. und Heinrich III. huldigt Konrad II. keinerlei theokratischen Ideen. Niemals würde sich dieser erste Salier vor einer Schlacht betend zu Boden werfen oder sich zerknirschten Bußübungen hingeben. Selbst aus dem niederen Adel stammend, erlaubt er, auch die bescheideneren Lehen erblich zu machen, und entzieht damit die kleinen der Verfügungsgewalt der Herzöge,

---

[25a] S. Weinfurter (Hg), Die Salier und das Reich I - III (1991); E. Boshof, Die Salier (2. Aufl. 2000); M. Jeismann, Das elfte (11.) Jahrhundert (2000); H. Fuhrmann, Einladung ins MA (TB 2000) 135 ff (zur Papstwahlordnung).

[26] **Worms**, keltischen Ursprungs, seit fränkischer Zeit (um 600 Sitz der Königin Brunhilde) ist Worms eine wichtige Stadt des MA. Vom 8. bis ins 16. Jh. finden hier über 100 Reichstage statt (1122 Wormser Konkordat, 1521 steht Luther in Worms!).

In der Wormser Domkrypta liegen Konrads Vorfahren (ungekrönte Salier) begraben, zum Beispiel Konrad der Rote, Herzog von Lothringen, der Schwiegersohn Ottos I., der gegen den Kaiser rebellierte, aber in der Ungarnschlacht entscheidend auf dessen Seite trat.

Grafen und Markgrafen. Auf diese Weise verschafft er sich eine nur dem König verantwortliche Gefolgschaft und Stütze gegen den aufsässigen Hochadel. Damit bereitet Konrad die Grundlage zum tragenden und kulturprägenden Stand der Ritterschaft. Aus ihm rekrutieren sich später die Ritterheere (Kreuzzüge!).

Auf dem Platz einer alten Karolingerkirche baut Konrad den **Dom von Speyer** als Machtsymbol der zweiten deutschen Kaiserdynastie. Die Steine für die Kathedrale besorgt er mit Schiffen aus dem Neckartal. Als Konrad 1039 stirbt, ist der Dom noch immer eine gewaltige Baustelle; trotzdem ist der Speyrer Dom im 11. Jh. die größte Kirche des Abendlandes. Heinrich IV. hat im 12. Jh. den Dom im Stil der Hochromanik grundlegend verändert. In seiner Höhe nimmt er bereits das Raumgefühl der Gotik vorweg. In der Saliergruft liegen neben der Gründerdynastie auch Staufer und Rudolf von Habsburg.

2. Heinrich III. (1039 - 1056)

Unter Heinrich III., dem zweiten Salierkaiser, erreicht das Imperium seinen Zenit. Er ist König von Deutschland, Burgund, Italien, Herzog von Schwaben, Bayern und Kärnten sowie Lehensherr von Polen, Ungarn und Böhmen.

Unter ihm, der sich als Priesterkönig empfindet, erlebt die Zusammenarbeit zwischen Staat und Kirche ihren harmonischen Höhepunkt. Heinrich versteht sich als Schutzherr und Förderer der Christenheit. Einträchtig wirken Papst und Kaiser (seit 1046) zusammen. Heinrich glaubt die Forderungen der kirchlichen Reform zu erfüllen, ohne die Herrschaft über die Kirche zu verlieren. Tatsächlich akzeptiert die Kirche die Einsetzung der Bischöfe durch den Salier. Sein priesterliches Königtum bietet der Kirche Garantie genug für die Berücksichtigung ihrer Interessen bei der Neubestellung von Bistümern. Selbst das tief gesunkene Papsttum rettet Heinrich aus seinem Sumpf, denn das geläufige Mittel, mit dem die Päpste damals an die Macht kamen, war die Simonie: Benedikt IX., ein heiratslustiger Jüngling, verkauft die Tiara 1045 dem Meistbietenden. Drei Wochen später kehrt er zurück, verjagt den eben erst gewählten Silvester III. und verkauft die Papstwürde für 1.000 Pfund an seinen Paten Gregor VI. **1046** beruft Heinrich III. eine Synode nach **Sutry**, um das Papsttum von den drei sich bekämpfenden Oberhirten aus der Abhängigkeit vom römischen Adel zu erlösen. Nacheinander setzt Heinrich selber drei reformfreudige deutsche Päpste ein, unter ihnen den Elsässer **Leo IX.** (1049 - 1054).

Heinrich selbst lebt asketisch-fromm. Gaukler und Spielleute weist er von Tafel und Hof, als er sich mit Agnes von Poitou vermählt. Ehrlich bangt er um das Seelenheil seines Vaters wegen dessen allzu großer Weltlichkeit. Aus Überzeugung ist er christlicher Politiker mit ebenso christlichem Charakter. Am Hohen Donnerstag wäscht er zwölf Armen die Füße, wie einst Christus den Aposteln. Mehrfach verzeiht er öffentlich seinen Feinden. Den Erzbischof von Mailand, einen bitteren Feind seines Vaters, gewinnt er durch seine großmütige Freundlichkeit.

Im Jahr 1056 stirbt der Kaiser noch nicht 40jährig und hinterläßt sein großes Werk seinem erst sechsjährigen Sohn. Das ist für die Kirche ein willkommener Anlaß, sich ihre Unabhängigkeit zu erkämpfen. Während das Kaisertum ohnmächtig darniederliegt, befreit sich das Papsttum von der kaiserlichen und weltlichen Bevormundung. Schon Leo IX. reiste zu Lebzeiten Heinrichs wiederholt über die Alpen von Stadt zu Stadt, von Kloster zu Kloster, um die Leitung der Kirche im Sinne der Reform auszuüben. Nun gilt es, drei Mißstände zu beseitigen:

1. Die Wahl des Papstes soll allein Sache der Kirche werden (Papstwahlordnung).
2. Der Zölibat soll endlich durchgesetzt werden.
3. Die Laieninvestitur muß abgeschafft werden.

3. Durchsetzung der kirchlichen Reformen

Die Papstwahlordnung von 1059

Im April des Jahres 1059 eröffnet Papst Niklaus II.[27] die Lateransynode, die eine neue Papstwahlordnung beschließt. Die Wahl des Papstes soll zur kircheneigenen Sache werden und gegen die schamlosen Übergriffe des römischen Adels – aber auch vor der kaiserlichen Vormacht – geschützt werden. Der starke Mann, der die päpstliche Politik mit scharfem Verstand und unbeugsamem Willen lenkt, ist weniger der Papst selber, als vielmehr der eifrige Kluniazensermönch Hildebrand von Soana, Schatzmeister und Kanzler im Lateran, ab 1073 selbst Papst.

Nach der neuen Ordnung soll der Papst durch das Kollegium der Kardinäle gewählt werden. Ausgeschaltet sind damit der römische Adel, das Volk von Rom und die kaiserliche Bestätigung. Zum Kollegium der Kardinäle gehören ursprünglich alle stadtrömischen Priester, seit dem 6. Jh. nur noch die Priester der 25 römischen Hauptkirchen. Sie heißen "Presbyteri cardinales"[28]. Neben den Kardinalpriestern gibt es in Rom (zunächst sieben, später 18) Kardinaldiakone, die mit der Vermögensverwaltung und der Armenpflege betraut sind. Schließlich rechnet man auch sieben Bischöfe aus benachbarten Städten[29] zum Kreis der Kardinäle.

---

27 Gerhard von Burgund, Papst von 1058 - 1061.

28 Lat. cardo = Türangel, Hauptpunkt; cardinalis = der zur Hauptkirche Gehörende.

29 Ostia, Porto, Albano, S. Rufina, Sabina, Tusculum und Praeneste. Das Papstwahldekret ist unterschrieben von Papst Niklaus, den Bischöfen von Albano, Silva Candida und Ostia und weiteren 76 Bischöfen, Priestern und Diakonen (Mirbt, Quellen).

1586 wird die Zahl der Kardinäle – analog zur Zahl der Jünger Jesu – auf 70 festgelegt. Seit 1958 wird diese Zahl überschritten, um Verteter aller Erdteile aufnehmen zu können. 1978, bei der Wahl von Johannes Paul II., sind es 129. Die Kardinalswürde ist heute ein Ehrenamt, das mit dem 80. Lebensjahr erlischt.

Nach geltendem römischen Recht soll die Wahl am 16. Tag, spätestens aber am 19. Tag nach dem Tod des verstorbenen Papstes beginnen. Aktives Wahlrecht haben nur die anwesenden Kardinäle. Papst werden kann grundsätzlich jeder Katholik, der zum Vernunftgebrauch gelangt ist. Seit 1378 stammt der Papst immer aus dem Kreis der Kardinäle, und vom 16. bis ins 20. Jh. sind alle Päpste Italiener.

Johannes Paul II., Erzbischof von Krakau, ist seit mehr als 400 Jahren der erste nichtitalienische Papst. Seit dem Konzil von Lyon (1274) befinden sich die Kardinäle während der Wahl abgeschirmt von äußeren Einflüssen im Konklave. Zu einer gültigen Wahl bedarf es 2/3 der Stimmen.

Ist ein Papst erkoren und hat er seine Wahl angenommen, wird er gefragt, welchen Namen er beanspruche. Die Namensänderung ist ein Sinnbild für die Selbstaufgabe (klösterlicher Einfluß). Die erste Namensänderung nimmt Johannes XII. (955 - 963) vor.[30] Oft verbindet der neue Papst mit dem gewählten Namen ein Programm. (Johannes XXIII. [1958 - 1963] zum Beispiel tilgt mit seinem Namen das unselige Gedächtnis eines Amtsvorgängers aus dem 15. Jh., der als Seeräuber verschrien war. Johannes Paul I. und II. dokumentieren ihre Verbundenheit mit den Konzilspäpsten Johannes XXIII. und Paul VI.) Schließlich steckt der Kardinalsdekan dem neuen Papst den Fischerring an. Sein Siegelbild zeigt den Fischzug des Petrus. Es folgt die Huldigung durch die Kardinäle. In einem symboli-

---

[30] Oktavian, Sohn Alberichs II. von Spoleto, Graf von Tusculum, kein Freund der Reform und unbestrittenermaßen eine der würdelosesten Figuren der Papstgeschichte. Er krönt Otto I. zum Kaiser.

schen Akt küssen sie dem neuen Papst Hände und Füße. Der Oberhirte seinerseits umarmt sie alle. Anschließend erteilt der neue Papst den Segen urbi et orbi. An einem der folgenden Sonntage erfolgt die Krönung. Die päpstliche Kopfbedeckung ist die Tiara[31].

In Deutschland wird die neue Papstwahlordnung von Fürsten und Bischöfen als unfreundlicher Akt empfunden.

Im Jahr 1073 wählen die Kardinäle den entschlossenen Vorkämpfer der Kirchenfreiheit, den Mönch **Hildebrand**, zum Papst. Hildebrand nennt sich **Gregor VII.** Mit dieser Namenswahl verkündet er sein Programm: Er ist entschlossen, der Kirche wieder jene Freiheit zurück zu erkämpfen, die sie einst unter Gregor dem Großen hatte.[32] Doch Gregor begnügt sich nicht mit der Befreiung der Kirche aus der weltlichen Gewalt. Sein oberstes Ziel ist die Unterordnung der weltlichen unter die geistliche Gewalt. Die Könige und Kaiser sollen unter dem Papst stehen. Sein Ideal ist die Aufrichtung des Reiches Christi auf Erden. Als Stellvertreter Christi auf Erden beansprucht er die oberste Gewalt über die Fürsten und die Bischöfe, welche ihrerseits Stellvertreter des Papstes sind. Damit geht Gregor weit über die Forderungen Clunys hinaus.

---

[31] Die **Tiara** oder das Triregnum (dreifache Krone), die päpstliche Kopfbedeckung, besteht aus drei übereinanderliegenden Kronen: Die Priesterkrone, die Hirtenkrone und die Lehrerkrone. Die Tiara ist die feierliche Kopfbedeckung der Päpste bis 1964 bei außerliturgischen Anlässen. An gottesdienstlichen Feiern trägt der Papst die **Mitra** (Bischofsmütze).

[32] Auch den frommen Gregor VI. (1045 - 1046) hat Hildebrand nicht vergessen. Gregor kaufte die Tiara vom heiratslustigen Benedikt IX., um die Kirche zu reformieren; auf der Synode von Sutry dankte er freiwillig ab.

Die Aufrichtung des Zölibates[33]

3. Mose 21,14 verpflichtet den Hohenpriester, eine israelitische Jungfrau – keine Witwe oder sonst Geschwächte – zu ehelichen. Im Spätjudentum haben sich die Priester während ihres Tempeldienstes des ehelichen Umgangs zu enthalten. Gemäß Neuem Testament ist den Gemeindeleitern (Presbyter und Episkopen) die Ehe gestattet. Nach 1. Tim. 3,2 und Titus 1,6 seien sie nur "eines Weibes Mann". Schon Petrus ist verheiratet (Mk. 1,30). Anderseits begegnet uns im NT der Gedanke des Eheverzichts um des Himmelreichs willen, zum Beispiel 1. Kor. 7,32 ff. Jesus sagt gemäß Lukas 18,29 ff, es sei niemand, der Weib oder Kinder verlasse um des Gottesreichs willen, der nicht vielfältig wieder empfange, worauf er verzichtet habe. Auch 1. Tim. 5 sagt ähnliches aus. Doch ist Enthaltsamkeit nicht Kirchengesetz, sondern eine Gnadengabe, die der Herr austeilt.

Der weitere Verlauf hängt mit der Entwicklung des Abendmahls zusammen. Bereits um 110 versteht der angeblich zweite Bischof von Antiochia das Sakrament als Heilmittel gegen den Tod (vgl. Bd I, 69). Der Priester wird mehr und mehr zum Verwalter und Vermittler des Heils, und der Gedanke des allgemeinen Priestertums tritt zurück. Von den Priestern verlangt die Kirche Enthaltsamkeit vor der Eucharistie. Im Lauf des 3. Jh. erfolgt der Übergang zur täglichen Eucharistiefeier. Die Priester sollten nun eine "Josephsehe" führen, d. h. ihre Frauen haben, als hätten sie diese nicht. Grundsätzlich ist für die Priester die Ehe aber noch nicht verboten. Der strenge Hippolyt protestiert freilich gegen die weitere Duldung der Priesterehe. Die spanische Synode von Elvira (ca. 306) untersagt Bischöfen, Priestern und Diakonen, die den Altardienst versehen, mit

---

[33] Der Zölibat oder das Zölibat. Lit.: Katechismus der Katholischen Kirche = KdKK (1993) Nr. 915, 1579 f., 1658, 2349. H. Kruse, Eheverzicht im NT und in der Frühkirche = Forum Katholische Theologie 1 (1985) H. 1, 94 - 116; G. Denzler, Die Geschichte des Zölibats (1993).

ihren Frauen zu verkehren und Kinder zu zeugen. Auf dem 1. Ökumenischen Konzil zu Nicäa 325 scheitert der Versuch, den verheirateten Klerikern Enthaltsamkeit als Kirchengesetz aufzuerlegen.[34] Doch der mönchische Geist des 4. Jh. verstärkt die zölibatären Tendenzen. Bei den germanischen Kirchen gerät der Zölibat wieder in Verfall. Der westgotische König Witiza hebt das Zölibatsgesetz um 700 förmlich auf. Selbst in Italien, besonders in der Lombardei, wird die Priesterehe wieder zur Regel.

Die Reformpäpste versuchen nun, diese Zustände zu beseitigen. Den ersten Schritt tut **Leo IX.** (1049 - 1054), der den Priestern befiehlt, ihre Frauen zu entlassen. **Niklaus II.** (1058 - 1061) geht einen Schritt weiter. Er verbietet den Gläubigen, bei Konkubinariern die Messe zu hören. Den letzten Schritt tut **Innocenz II.** 1139 erklärt er die Priesterehe für ungültig und nichtig. Ein zum Priester Geweihter ist unfähig, eine Ehe zu führen. Tut er dies trotzdem, so verfällt er der Sünde des **Nikolaitismus**[35].

Die Regelung gilt indessen nur für den höheren Klerus, d. h. für Bischöfe, Priester und Diakone, die als Stellvertreter priesterliche Altardienste versehen.

Die **Reformation** erkennt im Zölibat ein bloß menschliches Gesetz, aber nicht ein göttliches Gebot. Luther selbst heiratet 1525 und setzt damit ein Zeichen für die ganze evangelische Kirche.

---

[34] Widerstand des ägyptischen Bischofs Paphnutius; vgl. Socrates HE I, 11 und Sozomenos I, 23. In der **Ostkirche** kann eine vor der Diakonen- oder Priesterweihe geschlossene Ehe fortgesetzt werden. Voraussetzung für das Bischofsamt ist allerdings Ehelosigkeit.

[35] Die Nikolaiten sind gemäß Offenbarung 2,6 eine gnostische Gruppe, die Hurerei und Götzenopfer duldet.

4. Der Investitur-Streit (1075 - 1122)[36]

Heinrichs bedenkliche Jugend

Im Jahr 1056 stirbt Kaiser Heinrich III. in seinen besten Jahren. Das große Reich hinterläßt er seinem sechsjährigen Sohn, Heinrich IV. Zunächst führt dessen Mutter die Regierungsgeschäfte. Doch Agnes von Poitou ist keine Theophano; innerlich völlig unsicher, läßt sie sich von jedem beraten. Während der Ostertage 1062 weilt der königliche Knabe mit seiner Mutter auf der Rheininsel Kaiserswerth[37]. Unter ihren Gästen befindet sich auch das Oberhaupt der Reichskirche, Erzbischof Anno von Köln. Der Geistliche lockt den zwölfjährigen Heinrich auf seine Prunkjacht und entführt ihn nach Köln – ein Staatsstreich, denn wer den unmündigen König unter seinen Fittichen hat, verfügt über die Reichsgewalt. Die Erzbischöfe von Köln, Mainz und Bremen bilden einen Staatsrat. Mit der Zeit begibt sich Heinrich mehr und mehr unter die Obhut des Erzbischofs Adalbert von Bremen, der nunmehr die Reichsgeschäfte betreibt. Adalbert träumt davon, aus seinem Bischofssitz ein von Rom wenn möglich unabhängiges germanisches "Patriarchat des Nordens" zu machen. Unter dem ehrgeizigen Hin und Her der beiden allgewaltigen deutschen Kirchenfürsten leidet die Erziehung des heranwachsenden Königs. Heinrich empfängt zwar eine Ausbildung und lernt sich in der lateinischen Sprache auszudrücken, und Adalbert läßt ihn in lockerer Umgebung freizügig alles kosten, was einen Jüngling in

---

[36] Quellen zu Heinrich IV. und dem Investiturstreit = FSGA XII, XII a, XIIb (1963/78/84). – W. Hartmann, Der Investiturstreit = Enz. dt. Gesch. 21 (3. Aufl. 2005); E. Boshof, Heinrich IV. (2001); J. Laudage, Gregorianische Reform und Investiturstreit (1993); ders., Der Investiturstreit. Quellen u. Materialien (1990); St. Weinfurter, Canossa. Die Entzauberung der Welt (2006); V. Fumagalli, Mathilde von Canossa (1998).

[37] Heute evang. Diakonissenhaus der Kaiserswerther Schwestern.

seiner Jugend gelüstet. Unter diesen bedenklichen Verhältnissen gewinnt Heinrich nicht den festen Charakter seines Vaters.

Mit 14 Jahren mündig, wird Heinrich selber Herr seiner Entschlüsse. Hochgewachsen, schlank und dunkelhaarig wie alle Salier, trägt er einen langen Lippenbart. Sein oberstes Ziel ist die neuerliche Festigung der Reichseinheit.

Hildebrand wird Papst (1073)

Während das Kaisertum ohnmächtig darniederliegt, befreit sich das Papsttum von der kaiserlichen Bevormundung. Im Jahr 1073 wählen die Kardinäle den entschlossensten Kämpfer für die Kirchenfreiheit zum Papst, den Mönch Hildebrand; er nennt sich **Gregor VII.** (1073 - 1085).[38] Die Wahl dieses Namens entspricht seinem Programm.[39] Gregor begnügt sich nicht mit der Befreiung der Kirche von der weltlichen Gewalt. Sein Ziel ist die Umwandlung des jahrhundertealten Cäsaropapismus in einen Papocaesarismus. Als Hüterin der Wahrheit und der Gerechtigkeit muß sich die Kirche über alle Staaten erheben. Als Kirchenrechtler ist er von der Gültigkeit der Konstantinischen Schenkung überzeugt. So ist sein Ideal ein Gottesstaat auf Erden, an dessen Spitze das Papsttum steht. Der Papst als geistliche Spitze der weltlichen Staatengemeinschaft! Könige, die gegen das Ideal dieses Gottesstaates verstoßen, können vom Papst abgesetzt werden. Auch ist der Papst berechtigt, die

---

[38] **Gregor VII.** (Hildebrand) ist der Sohn eines armen Bauers in der Toscana. Zögling des Marienklosters auf dem Aventin. Von Jugend auf mit den Reformgedanken vertraut, weilt er vermutlich eine Zeitlang selbst in Cluny, dann in Köln. Leo IX. ruft ihn nach Rom. Er wird Abt des Benediktinerklosters San Paulo Fuori le mura am Südrand Roms. Seit 1059 ist er Erster Diakon und Kardinal. Er wird Finanzminister der Kurie und muß die weltlichen Interessen des Kirchenstaates vertreten.

[39] Zudem war Gregor VI. sein Verwandter.

Untertanen einer ungerechten Obrigkeit vom Treueid zu entbinden.

Gregors Auffassung vom Papsttum[40]

Unter dem Titel **Dictatus papae** faßt Gregor in 27 Sätzen die Leitsätze für sein Selbstverständnis und seine Kirchenpolitik zusammen:

Satz 2 lautet zum Beispiel: "daß allein der römische Papst (pontifex) rechtmäßig der universale genannt werde". Gregor betont dies, weil sich der Bischof von Konstantinopel ökumenischer Patriarch nannte.[41]

Satz 7: "Dem Papst allein ist es gestattet, nach Maßgabe der

---

40 Propyläen-Weltgeschichte III (1932) 384/5 mit Faksimile und deutscher Übersetzung.

41 Der **Patriarch von Konstantinopel/Byzanz** ist noch heute Oberherr der orthodoxen Kirche in der Türkei und auf griech. Inseln (ca. 1,5 Mio. Gläubige – 1965 Aussöhnung mit Papst Paul VI.). Dem Rang nach steht das **Patriarchat von Alexandria** an zweiter Stelle innerhalb der Orthodoxie; gegenüber der koptischen Kirche (3 Mio., monophysitisch) ist es mit ca. 100.000 Mitgliedern sehr klein. Dem alten **Patriarchat von Antiochien** unterstehen heute noch etwa 350.000 Gläubige (Syrien/Osttürkei). Das **Patriarchat von Jerusalem** schließlich ist heute nur noch ein winziger Überrest mit ca. 70.000 vorwiegend arabischen Christen.

Außerdem gibt es die orthodoxen Kirchen in Rußland, Griechenland, Rumänien, Bulgarien und Serbien. Jedes dieser Länder hat einen eigenen Patriarchen. Daher die Bezeichnung "autokephale Kirchen", d. h. Kirchen mit je einem eigenen Haupt. Ins christliche Altertum zurück gehen die Kirchen des Vorderen Orients: Nestorianische Kirche (im Irak), Armenische Kirche, Jakobitische Kirche in Syrien, Koptische Kirche in Ägypten, Äthiopische Kirche in Abessinien, Thomaskirche in Indien. Alle diese Kirchen lehnen die Oberhoheit des Papstes ab; nur Minderheiten haben sich mit Rom vereinigt: unierte Armenier, unierte Nestorianer usw.

Zeitumstände neue Gesetze zu erlassen." Dieser Satz richtet sich gegen die Konzilien als Legislative. Er möchte die Konzilien entmachten. Im Altertum und Mittelalter sind es die Konzilien, die neue Gesetze erlassen. Gregors Idee wird auf dem 1. Vatikanischen Konzil 1870 verwirklicht.

Satz 8: "Nur der Papst darf die kaiserlichen Abzeichen tragen." Die Konstantinische Schenkung des 8. Jh. sagt: Der Papst darf die Krone der römischen Kaiser tragen. Seit 1059 trägt der Papst eine Tiara mit einer Krone, ab etwa 1300 sind es drei Kronen übereinander.

Satz 9: "Nur der Papst darf den Fußkuß der Fürsten entgegennehmen." (orientalische Art der Huldigung)

Satz 12: "Es ist ihm erlaubt, Kaiser abzusetzen."

Satz 23: "Der römische Bischof, falls er kanonisch eingesetzt ist, wird durch die Verdienste des heiligen Petrus unzweifelhaft heilig." Gregor behauptet die Erbheiligkeit des Papstes. Kraft seiner Verbundenheit mit Petrus ist der Papst schon zu Lebzeiten heilig und soll darum nach seinem Tode in den Kalender aufgenommen werden und auf der ganzen Welt als Heiliger angerufen werden können. Diese Forderung hat ihm die Kirche nicht abgenommen.

Satz 27: "Er kann Untergebene von dem Treueid gegenüber Sündern lösen."

Gregor eröffnet den Kampf

Gregor stellt nicht nur Programme auf, er handelt auch danach. Bischöfe und Erzbischöfe läßt er durch Legaten visitieren und bespitzeln. Gegen Bischöfe, die sich von weltlichen Mächten einsetzen lassen, aber auch gegen Priester, die in der

Ehe leben, wiegelt er das Volk auf. 1074 verbietet er die Priesterehe. Wer nicht gehorcht, gerät unter den Bann. Fanatisierter Pöbel zertritt geweihte Hostien mit den Füßen. Auf der Fastensynode 1075 verbietet er kategorisch die **Laieninvestitur**[42], d. h. Einsetzung von Priestern und Bischöfen durch Laien. Schon Papst Niklaus hat 1059 dasselbe verkündet, doch blieb das Verbot toter Buchstabe.

Mit der Durchsetzung seiner Forderung berührt der Papst den Nerv der königlichen Macht. Bei ihrem Amtsantritt empfangen die Bischöfe vom König ja nicht nur ihr geistliches Amt, sondern auch Ländereien und richterliche Kompetenzen.

Heinrichs jugendlicher Leichtsinn

Seit Otto I. übergeben die deutschen Könige Bischöfen und Äbten ganze Grafschaften. Die Herrschaft der deutschen Könige stützt sich in hohem Grad auf den persönlichen Dienst, den ihm Bischöfe und Äbte schulden. Die geistlichen Fürsten verfügen fast über ein Drittel des Landes. Durch die Übertragung der Investitur an den Papst würde dieser gewaltige Großgrundbesitz dem König entzogen und dem Stellvertreter Christi übertragen; die königliche Macht würde auf einen Bruchteil schrumpfen, und der eigentliche Kaiser wäre der Papst.

Der 25jährige Heinrich ist ebenfalls entschlossen, am hergebrachten, auf Otto den Großen zurückgehenden Staatskirchentum festzuhalten. Mit deutschen Truppen zieht er nach Mailand und setzt – gegen den Widerstand der Bevölkerung – einen Erzbischof ein. Nun droht der Papst dem König mit der Exkommunikation. Im Dezember 1075 schreibt er Heinrich einen Brief und prophezeit ihm das Schicksal Sauls.[43] Die

---

[42] **Investitur** = Einsetzung in ein geistliches Amt.

[43] FSGA, XVIIa, S. 204f. (Brief Nr. 66).

Boten überreichen dem König das Schreiben am Neujahrstag 1076 in Goslar. Noch im selben Monat versammelt Heinrich in Worms 28 deutsche Bischöfe unter dem Vorsitz des Mainzer Erzbischofs. Die Synode erklärt, sie anerkenne Gregor nicht mehr als Papst, da er zu stark gegen den König hetze. Alle Bischöfe unterzeichnen ein Manifest, in dem sie dem Papst ihren Gehorsam aufkündigen. Die Synode schreibt dem Papst am 24. Januar:

> ”... Durch den Geist deiner Anmaßungen halten wir die Kirche Gottes für schwer bedroht ... Du kannst die Kirche nicht leiten, und du hast es niemals gekonnt ... Du hast dich eidlich verpflichtet, niemals Papst werden zu wollen ... endlich hast du die ganze Kirche mit dem Gestank eines sehr üblen Skandals erfüllt, weil du mit einer Frau[44] zusammenwohnst und vertraulicher mit ihr umgehst, als es nötig wäre ...” Und Heinrich fügt hinzu: ”Heinrich, nicht durch Anmaßung, sondern durch Gottes gerechte Anordnung König, an Hildebrand, nicht mehr den Papst, sondern den falschen Mönch. Solchen Gruß hast du verdient zu deiner Schmach ... Ich, Heinrich, durch die Gnade Gottes König, sage dir zusammen mit allen meinen Bischöfen: Steige herab, steige herab, du ewig zu Verdammender!”[45]

Die jugendliche Arroganz des Königs ist für den Papst ein Glücksfall. Im Urteil der Leute gilt Gregor nun als der unverhältnismäßig Angegriffene. Nach drei Wochen übergibt der Bote in Worms das Manifest. Gregor leitet im Lateran gerade eine Versammlung, als der Bote eintritt, den unerhörten Inhalt

---

[44] Gräfin Mathilde von Tuscien ist dem Papst völlig ergeben, das freundschaftliche Verhältnis erregt allgemein Anstoß, die Aussagen des deutschen Schreibens sind indessen übertrieben.

[45] Lautemann, Quellen, Nrn 272.274; und Guggenbühl/Huber, Quellen, Nr. 67.

des Schreibens verliest und zu den Anwesenden sagt: "Ihr werdet am nächsten Pfingstfest aus der Hand des Königs einen anderen Papst erhalten, denn dieser da ist nicht der Papst, sondern ein reißender Wolf." Im Saal entsteht ein Tumult; Schwerter werden gezückt, doch der Papst schützt den Boten und vertagt die Versammlung auf den nächsten Morgen.

Des Papstes Bannstrahl

Am folgenden Tag, nach dem Segen in der Laterankirche, kleidet Gregor seine Antwort in ein Gebet an den Apostelfürsten Petrus:

> "Heiliger Petrus, Fürst der Apostel, ich bitte dich, neige zu mir gnädig dein Ohr und höre mich, deinen Knecht, den du von Kindheit an beschützt ... Du bist mein Zeuge, daß deine heilige römische Kirche mich gegen meinen Willen zu ihrer Leitung berufen hat ... Ich untersage König Heinrich die Herrschaft über das ganze Reich der Deutschen und über Italien, und ich löse alle Christen von den Banden des Eides, den sie ihm geschworen haben, und ich verbiete, daß ihm irgend jemand wie seinem König dient ... Es gebührt sich, daß der, welcher die Ehre der Kirche zu verringern trachtet, selber die Ehre verliere ... so binde ich ihn an deiner Statt mit dem Bande des Fluches." [46]

Im Einvernehmen mit der Versammlung erklärt Gregor die Wormser Beschlüsse für nichtig und die Bischöfe, die sie unterzeichnet haben, für provisorisch abgesetzt. Auch das ist ein Wagnis. Die Exkommunikation eines Königs hat es bis dahin noch nie gegeben. Doch Gregor interpretiert die Zeit richtig.

---

[46] Lautemann, Quellen, Nr. 277; vinculo eum anathematis vice tua alligo (Mirbt).

Der Bannstrahl wirkt wie ein Blitz. Am selben Tag, da der Utrechter Bischof auf seiner Kanzel den Papst einen falschen Propheten nennt, wird die Kathedrale vom Blitz getroffen und geht in Flammen auf. Die Bischöfe von Worms pilgern nach Rom, um sich bußfertig zu reinigen; im südlichen Sachsen kommt es zu Aufständen, Heinrich hat sich in Deutschland nie großer Beliebtheit erfreut. Auch die Herzöge in Süditalien erheben sich. Im Herbst 1076 stehen alle Fürsten in Rebellion. Durch ganz Deutschland zirkulieren päpstliche Gesandte und organisieren Aufstände. Auf dem Fürstentag zu Tibur (südl. Mainz) fallen die Bischöfe vom König ab und stellen sich auf die Seite des Papstes. Damit ist Heinrich der Boden entzogen. Es bleibt ihm nur noch die Kapitulation. Heinrich legt ein vierfaches Versprechen ab:

1. Er wird sich dem Papst unterwerfen.
2. Er wird den angerichteten Schaden wieder gutmachen und seine Anhänger dazu auffordern, ein Gleiches zu tun.
3. Bis der Papst in Deutschland eintrifft, will er wie ein Unmündiger sein.
4. Er will sich einem Regentschaftsrat von Fürsten unterstellen.

Die päpstlichen Legaten zetteln eine heimliche Verschwörung unter den Fürsten und Bischöfen an. Man einigt sich auf die folgende Abmachung: Wenn Heinrich binnen Jahresfrist nicht wieder in den Schoß der Kirche aufgenommen ist, so wird er als definitiv abgesetzt betrachtet. Inzwischen soll auf Februar 1077 ein Reichstag nach Augsburg einberufen werden. Dort soll der Papst definitiv entscheiden über Absolution oder Nichtabsolution. Man rechnet mit Nichtabsolution.

Heinrichs Gang nach Canossa (1077)

Als Heinrich von diesem Plan erfährt, faßt er den Entschluß, den Papst von den Fürsten zu trennen. Er packt den Stier bei den Hörnern und zieht mit seiner Frau, seinem Sohn und einer kleineren Gruppe mitten im Winter über den 2100 m hohen Mont Cenis. Der Januar 1077 ist äußerst kalt. Selbst der Rhein ist zugefroren. Der Bischof von Lausanne vermittelt den Reisenden Einheimische, die dem fürstlichen Trupp über die verschneiten Berge helfen. Königin Bertha wird auf einer Ochsenhaut über die Berge gezogen. In der Lombardei strömen Heinrich Bischöfe und Grafen entgegen, um ihn gebührend zu empfangen.

Der Papst ist bereits unterwegs zum Augsburger Reichstag. Er residiert auf der Feste Canusium (Canossa), die der Gräfin der Toscana (Mathilde) gehört. Canossa liegt südlich des Po, am Nordhang des Apennins. Eine halbe Stunde unterhalb von Canossa schlägt Heinrich sein Lager auf und erscheint am 25., 26. und 27. Januar barfuß im Schnee, in härenem Büßerkleid vor den Toren der Burg und bittet den heiligen Vater demütig um Einlaß und um Absolution. Der Papst ist in einer Zwickmühle. Als Priester sollte er nachgeben, als Politiker bleibt er hart. Mathilde und Abt Hugo von Cluny – Heinrichs Pate – treten für den Büßer ein. Am Vormittag des 27. Januar liegt Heinrich, die Arme kreuzweise ausgestreckt, vor Gregor am Boden. Der Papst löst Heinrich vom Bannfluch nach einem zweifachen Versprechen:

1. Heinrich verpflichtet sich, den päpstlichen Schiedsspruch im Streit der Fürsten in allen Fällen zu akzeptieren.
2. Er wird den Papst in keiner Weise an seiner Deutschlandreise hindern oder sich an ihm sonstwie rächen.

Nach einer feierlichen Messe reicht der Papst dem König das Abendmahl, dann "erquicken sie sich in Ehren an einfachen Speisen". Beide, Heinrich und Gregor, stehen sich am Tag von Canossa zum ersten und letzten Mal gegenüber, einer vom andern überwunden. Wer hat mehr gewonnen? In Canossa nimmt der Papst den Bannfluch weg, der auf Heinrich lastet. Der Staatsmann in Gregor hätte nie nachgegeben, aber der Priester in Gregor mußte dies tun, denn Heinrich kommt als reuiger Sünder. Die Nachricht von Heinrichs Absolution dringt in Deutschland bis ins letzte Dorf. Die Fürsten, die sich in Tibur trafen und den Sturz des Saliers erhofften, empfinden die Absolution als Rückenschuß. Heinrich hat mit seiner Aktion erreicht, was er wollte: Er hat seine Feinde getrennt. Der Papst reist nicht mehr nach Deutschland.

Bürgerkrieg in Deutschland

Die aufständischen Fürsten anerkennen die Lossprechung nicht, sie betrachten Heinrich weiterhin als gebannt und abgesetzt. Als Gegenkönig wählen sie Heinrichs Schwager, den schwäbischen Herzog **Rudolf von Rheinfelden**. In Deutschland herrscht nun für drei Jahre Bürgerkrieg. Durch einen Schwerthieb verliert der Gegenkönig seine rechte Hand. Sterbend sagt er: "Das war die Hand, mit der ich meinem Herrn Heinrich einst die Treue geschworen." Sein Herzogtum erhält Graf **Friedrich von Staufen-Büren**, und Heinrich gibt ihm seine einzige Tochter Agnes zur Frau. Das junge Adelsgeschlecht wird später den Kampf gegen die päpstliche Weltherrschaft bis zum eigenen Untergang weiterführen.

Heinrichs Kaiserkrönung

Als Heinrich nördlich der Alpen wieder Herr der Lage ist, verlegt er 1081 die Kämpfe nach Italien, um mit Gregor abzurechnen. Die Regentschaft über Deutschland übergibt er Friedrich von Hohenstaufen. Auf einer deutsch-italienischen Kirchenversammlung in Brixen wird Erzbischof Wibert von

Ravenna – früher Heinrichs Kanzler – als Clemens III. zum Gegenpapst erkoren. Dann zieht Heinrich ein zweites Mal nach Italien, diesmal mit einer Armee. Gregor erschrickt. Seine einzige Hoffnung ist noch der Normannenherzog Guiscard in Süditalien. Boten melden dem Papst, Robert Guiscard eile mit 6.000 Reitern und 30.000 Soldaten nach Rom, um Heinrich zuvorzukommen. Doch Heinrich zieht als erster in die Ewige Stadt ein. Am Palmsonntag weiht ein lombardischer Bischof Heinrichs Gegenpapst, und am Ostertag krönt dieser Heinrich und Bertha als deutsch-römisches Kaiserpaar. Gregor kann sich (eingeschlossen) in der Engelsburg halten, muß aber jederzeit mit der Erstürmung seiner Festung rechnen.

Rom in Flammen — Gregor im Exil

Letztendlich wagt es Heinrich jedoch nicht, sich im fernen Italien mit dem starken Normannenfürsten einzulassen. Er zieht es vor, die Tiberstadt Guiscard zu überlassen. Das römische Volk ist enttäuscht.[47] Guiscard zieht siegreich in die Ewige Stadt ein und hebt im Lateran den befreiten Gregor wieder auf Petri Stuhl. Dann gibt er die Stadt zur Plünderung frei. Sarazenen schleppen römische Bürger als Sklaven aus der Stadt, adlige Damen werden zum Freiwild der Soldaten. Als sich die römische Bevölkerung gegen die normannischen und sarazenischen Eindringlinge erhebt, läßt Guiscard die Stadt anzünden und entweicht wieder nach Süden. Auch Gregor muß mit Guiscard südwärts ziehen. Zwei Jahre später (1085) stirbt er in dessen Hauptstadt Salerno. Sterbend soll er gesagt haben: "Ich habe die Gerechtigkeit geliebt und das Unrecht gehaßt, deshalb sterbe ich in der Verbannung."[48]

---

[47] Das Volk von Rom hält zu Heinrich, der Adel eher zu Gregor VII.

[48] Dilexi iustitiam et odivi iniquitatem, propterea morior in exilio = FSGA, XVIIa, Nr. 148.

Gregor VII. ist eine der mächtigsten und bedeutendsten Papstgestalten, aber auch eine tragische Figur. Er, der den Bann mißbraucht hat, stirbt schließlich selbst in der Verbannung. Als erster Papst greift er die Kreuzzugsidee auf. 1074 schreibt er Heinrich, die östliche Christenheit werde von den Türken wie Vieh abgeschlachtet und gehe der Vernichtung entgegen. Schon bereiteten sich mehr als 50.000 Abendländer für einen Befreiungsfeldzug vor und er, Gregor, gedenke das große Unternehmen anzuführen und Heinrich das Abendland und die Kirche zur Verteidigung zurückzulassen.[49]

Heinrichs Unglück und Ende

Papst Urban II. (1088 - 1099) aus Nordfrankreich, Prior in Cluny, dann Kardinal und enger Vertrauter Gregors, setzt den Kampf gegen den deutschen Kaiser mit etwas geschmeidigeren Mitteln fort. Er "stiftet" die Ehe zwischen der 43jährigen Mathilde von Tuscien und dem 17jährigen bayrischen Herzog Welf. Durch die Vereinigung von Bayern und den Mathildeschen Gütern in Oberitalien entsteht eine neue Front gegen den Kaiser. 1090 steht Heinrich wieder in Oberitalien, sein Sohn Konrad indessen betreibt eine eigene Politik und läßt sich – im Einvernehmen mit dem Heiligen Stuhl – zum König der Lombardei krönen. Der Papst verspricht ihm die Kaiserkrone. Nach dem Tod der ungeliebten Bertha heiratet Heinrich Praxedis, die Tochter des Großfürsten von Kiew. In aller Öffentlichkeit verschmäht die neue Ehefrau ihren Gemahl. Sie bezichtigt ihn der Perversion und verschwindet in einem russischen Kloster.

Nach sieben Jahren trennt sich auch der junge Welf mit päpstlicher Erlaubnis von seiner alternden Mathilde. Er versöhnt sich mit Heinrich und öffnet ihm die Alpenpässe nach

[49] E. Staehelin, a. a. O., II, 313 f.

Deutschland. Doch Heinrichs zweiter Sohn, den er nach Konrads Verrat zum Nachfolger bestimmt hat – Heinrich V. –, verrät ihn ebenfalls. Er zwingt den Vater, ihm die Reichskleinodien auszuliefern. Am 7. August 1106 stirbt der lungenkranke Heinrich bei seinem Freund Otbert, dem Bischof zu Lüttich. Als man ihn seinem letzten Wunsch gemäß in der Saliergruft zu Speyer beisetzt, bannt der Papst den dafür verantwortlichen Bischof. Der Leichnam wird exhumiert und in einer ungeweihten Kapelle begraben. Erst 1111, als Heinrich V. auf seinem Italienfeldzug Papst Paschalis gefangennimmt und den römischen Oberhirten zwingt, den Bann gegen seinen Vater aufzuheben, findet der Unglückliche in der Kaisergruft zu Speyer seine Ruhe. Sein Sohn Konrad ist längst in Italien gestorben.

Der Weg zum Wormser Konkordat[50]

Heinrich IV. konnte sich nur kurze Zeit als Sieger fühlen. Er hatte noch zu Lebzeiten Gregors Clemens III. als Gegenpapst eingesetzt, der ihn zum Kaiser krönte. Doch das Papsttum ist inzwischen zu einer universalen Macht geworden. Weder Frankreich noch England wollen einen Papst, der sein Amt dem deutschen Kaiser verdankt. So wählen die Kardinäle nach Gregors Tod Urban II., der die Ansichten Gregors teilt, aber etwas diplomatischer vorgeht. In Italien selbst sind außer den Normannen verschiedene Städte Oberitaliens Verbündete des Papstes. In Deutschland bilden cluniazensisch gesinnte Klöster wie Hirsau, St. Blasien im Schwarzwald oder Schaffhausen Herde des Widerstandes gegen den Kaiser. Vom Geist, der in diesen Klöstern herrscht, zeugt der Geschichtsschreiber Bernold von Allerheiligen in Schaffhausen. Zur Chronik des Jahres 1083 berichtet er, wie das Deutsche Reich seit sieben Jahren zerrüttet sei, so daß fast alle Frommen, Geistliche wie Laien, in die

---

[50] Konkordatstext = KThGQ II, 67 - 69.

Verstecke der Klöster geflohen seien, darunter nicht wenige Adlige, die ihre Waffen niedergelegt haben. Zündende Predigten von Reformern bewirken eine eigentliche Volksbewegung. Auch Laien bilden gegen 1100 Gemeinschaften, um unter geistlicher Leitung ein frommes Leben zu führen. Männer und Frauen schließen sich Genossenschaften an, die in Gütergemeinschaft leben, um die urchristlichen Zustände neu zu verwirklichen. Wir haben hier eine Vorwegnahme der großen Armuts- und Erweckungsbewegung des frühen 13. Jh. Der ganze Aufbruch ist auch eine Flucht aus bewegter Zeit. Wir können uns nur schwer vorstellen, wie tief der Investiturstreit das Volk des 11. Jh. aufwühlt. Der Streit ist nicht nur eine Sache zwischen Heinrich, Gregor und ein paar Bischöfen. Er ist eine eminent gesellschaftspolitische Frage, welche die Gemüter scheidet. St. Gallen bleibt entschieden kaisertreu. Schwer hat das Bistum Konstanz unter dem Bürgerkrieg zu leiden. Auch die beiden Klöster Reichenau und St. Gallen kämpfen nicht nur mit geistlichen Waffen.

Das Wormser Konkordat des Jahres **1122** zwischen Heinrich V. und Kardinal Lambert von Ostia ist ein Ermüdungsfrieden. Auf freiem Feld bei Worms verzichtet Heinrich V. vor einer jubelnden Menge auf die geistliche Investitur mit Ring und Bischofsstab. Der Papst aber gesteht dem Kaiser zu, vor der Weihe dem Gewählten das Zepter – Zeichen der weltlichen Herrschaft – zu überreichen und ihn so mit dem reichseigenen Kirchengut zu belehnen. Wenn der Kaiser also das Zepter verweigert, kann der designierte Bischof nicht eingesetzt werden. Trotz dieser Einschränkung hat das Papsttum sein Ziel erreicht. Die Symbole der geistlichen Einsetzung der Bischöfe sind wieder völlig in der Hand der Kirche. Die Bevormundung durch die weltliche Gewalt ist abgeschüttelt.

23. Die schwäbischen (staufischen) Kaiser und der Papst als Herr des Abendlandes [51]

Zwei kirchengenehme Königswahlen

Gregor VII. stirbt 1085 verlassen in der sizilianischen Verbannung. Trotzdem steht der Heilige Stuhl in mächtigerem Ansehen als je zuvor. Das 12. Jh. – das bernhardinische – bringt eine innere und äußere Stärkung der Kirche. Es ist das Jahrhundert der Zisterzienser und der Hohenstaufer.

Der Sieg der Kirche zeigt sich bei den Königswahlen. Drei Jahre nach dem Wormser Konkordat stirbt Kaiser Heinrich V. (1125). Sterbend bittet er die Kaiserin, die Kroninsignien seinem Schwestersohn, dem Schwabenherzog Friedrich von Staufen auszuhändigen.[52] Der Erzbischof Adalbert von Mainz indessen, der starke Mann und Königsmacher, überlistet die salische Witwe und erreicht im Rat der Fürsten die Wahl des kirchenfreundlichen **Lothar von Supplinburg** (Übergangs-

---

[51] Otto von Freising, Chronik oder Die Geschichte der zwei Staaten (1990). – O. Engels, Die Staufer (1998); F. Bedürftig, Taschenlexikon Staufer (2000); J. Laudage, Alexander III. und Friedrich Barbarossa (1996); E. Rotter, Friedrich II. von Hohenstaufen (dtv 2000); N. Ohler, Elisabeth von Thüringen. Fürstin im Dienst der Niedrigsten (1997).

[52] Das schwäbische Geschlecht der **Staufer** hat seinen Namen von ihrer Stammburg **Hohenstaufen**. Stammvater ist Friedrich von Büren. Sein Sohn Friedrich (durch Agnes Schwiegersohn Heinrichs IV.) empfängt 1079 das Herzogtum Schwaben. Nach dem Tod Heinrichs V. erben die Staufer die gesamten salischen Hausgüter. Der reiche Hausbesitz im Elsaß, in Schwaben und Franken begründet ihre Machtstellung im Reich. 1194 erwerben sie auch das normannische Königreich Sizilien, und das Hauptgewicht ihrer Politik verlagert sich nach Italien. 1268 erlöscht das Geschlecht im Mannesstamm mit Konradin.

Exponenten ihrer Dynastie: Konrad III. (1138 - 1152), dessen Neffe Friedrich Barbarossa (1152 - 1190) – Heinrich VI. (1191 - 1197), Friedrich II. (1212 - 1250), Konrad IV. (1237 - 1254), Konradin, geb. 1252, liquidiert 1268.

kaiser 1125 - 1137). Zusammen mit dem bayrischen Herzog, dem Welfen[53] Heinrich dem Stolzen, bekämpft er das schwäbische Geschlecht. Auf seinem zweiten Italienzug dringt er siegreich gegen die Normannen bis Salerno vor, doch stirbt der 70jährige auf der Rückreise in einer ärmlichen Hütte in Tirol.

Um den übermächtigen Sachsen- und Bayernherzog Heinrich den Stolzen auszuschalten, inszeniert der Trierer Erzbischof in einer Blitzwahl die Erhebung **Konrads von Staufen** (1138 - 1152), Enkel Heinrichs IV. Auch Konrads Regierungszeit – im bernhardinischen Zeitalter – steht im Zeichen des Friedens mit dem Papsttum. Mit Konrad erhebt sich nach der sächsischen und fränkisch-salischen die schwäbisch-staufische Kaiserdynastie. Deren wichtigste Vertreter sind Friedrich I. Rotbart (1152 - 1190) und Friedrich II. (1212 - 1250).

Friedrich I. und Alexander III.

Friedrich I., genannt Rotbart, ist ein äußerst fähiger Regent. Nach seiner Wahl in Frankfurt schwört er bei der Krönung in Aachen am Grab Karls d. Gr., das alte Kaisertum wiederher-

---

[53] Die **Welfen** – ein fränkisches Adelsgeschlecht aus Lothringen – verpflanzen sich im 8. Jh. ins Schwabenland (Bodensee). Die gesicherte Stammeslinie beginnt mit **Welf**, Graf in Schwaben um 800. Eine ältere Linie erwirbt bedeutenden Besitz in den schwäbischen und bayrischen Alpen und Voralpen sowie das Herzogtum Kärnten, stirbt aber 1055 mit Welf III., Herzog von Kärnten, aus. Sein Schwestersohn aus Langobardien, **Welf IV.**, wird Herzog von Bayern und begründet die jüngere Linie. Durch das Erbe des Kaisers Lothar von Supplinburg fällt ihnen auch das Herzogtum Sachsen zu.

Wichtige Stammlinie: Welf IV. († 1101), Herzog von Bayern; Welf V. (* ca. 1073 - 1120) Herzog v. Bayern, vorübergehend vh. mit der 26 Jahre älteren Mathilde von Tuscien; **Heinrich der Stolze** (1100 - 1139) Herzog von Bayern und Sachsen; seine Schwester Judith ist die Mutter Friedrichs v. Schwaben und Mutter Barbarossas; **Heinrich der Löwe** (1130 - 1195) Herzog von Bayern und Sachsen, Cousin Barbarossas und Schwiegersohn des englischen Königs Heinrich II.; **Otto IV.** (* 1177 - 1218) deutscher König und Kaiser.

zustellen. Mit seinem Leitwort "Einzig von Gott haben wir die Krone erhalten" nimmt er die politische Linie Karls d. Gr. und Ottos I. wieder auf. Im Einklang mit seinen Bischöfen schwebt ihm eine romfreie deutsche Nationalkirche vor. Der alte Konflikt lebt wieder auf, und die Abfolge der Ereignisse gleicht jenen des 11. Jahrhunderts.

Die Mißerfolge der geistlichen Politik – Bernhard und der 2. Kreuzzug! – sind für die Erneuerung des Kaisertums günstig. Die päpstliche Reformtätigkeit in Deutschland erlahmt. 1155 läßt sich Friedrich zum Kaiser krönen und opfert der Kurie **Arnold von Brescia**. Drei Jahre später zieht Friedrich erneut gen Süden. Auf dem Reichstag auf den Ronkalischen Feldern bei Piacenza am 11. Nov. 1158 erneuert er die kaiserlichen Rechte über Oberitalien. Aufstrebenden Städten wie Mailand, Brescia und Piacenza entzieht er die Regalien.[54] In diesen ausweglosen Gegensatz zur aufsteigenden Macht der Städte wird Friedrich durch Heinrich den Löwen getrieben, der als Herzog von Sachsen und Bayern in Deutschland die größte Macht besitzt.

1160 schleudert der reformerische **Alexander III.** (1159 - 1181) Friedrich den Bann entgegen, weil der Kaiser den durch die Minderheit erkorenen Viktor anerkannt hat. 1168 zieht Friedrich wieder nach Italien. Bei Tusculum (vor Rom) schlägt sein Kanzler Reinald von Dassel mit 500 Rittern und 1000 Soldaten eine zwanzigfache Übermacht in die Flucht. Alexander muß fliehen. Eine Epidemie des römischen Sommers rafft fast das ganze deutsche Heer dahin; die Lombarden erheben sich und nur mit Mühe erreicht Friedrich seine deutsche Heimat.

In der Schlacht bei **Legnano** am 29. Mai **1176** unterliegt das kaiserliche Heer dem Lombardischen Städtebund, weil Heinrich der Löwe den Kaiser treulos im Stich läßt. "Wir haben den Schild des Kaisers, seine Fahne, sein Kreuz und seine Lanze

[54] Münz-, Zoll- und andere Hoheitsrechte.

erbeutet. In seinem Gepäck fanden wir eine Menge Gold und Silber ... Wir sind jedoch der Meinung, daß dies nicht unser Eigentum ist, sondern wünschen, daß es dem Herrn Papst und der Gemeinschaft der Italiker gehören soll", schreiben die Mailänder der Stadt Bologna.[55] Dank dieser Niederlage kann Papst Alexander wieder als gottgesegneter Sieger in Rom einziehen. Er verlangt vom geschlagenen Kaiser alle Anerkennung und sogar den Fußkuß; der Papst seinerseits anerkennt die deutschen Bischöfe: Es folgt der Friede von **Venedig 1177**. Zwei Jahre später feiert Alexander auf der **3. Lateransynode (1179)** seine Siege. Zur Verhinderung von Zwietracht verlangt die Versammlung bei einer Papstwahl fortan eine Zweidrittelmehrheit. Als Bischöfe dürfen fortan nur ehelich Geborene vom 30. Jahr an gewählt werden. Beide Bestimmungen haben heute noch Gültigkeit. Erstmals werden die französischen Katharer gebannt und die Waldenser zurückgewiesen. Alexander, der die meiste Zeit seines Pontifikates im Exil lebt, besitzt im Erwachen der europäischen Nationalstaatlichkeit keine äußeren Machtmittel, aber eine starke Überzeugung für sein Recht und einen klugen Instinkt für das politische Maß. Er gilt als stärkster Papst des 12. Jhs vor Innocenz III. Schließlich gelingt ihm auch der Sieg über die englische Krone.

Papst Alexander unterwirft Heinrich II. von England

Als Heinrich II. von England den Erzbischof von Canterbury durch normannische Ritter ermorden läßt, gelingt es Papst Alexander, das Volk so gegen seinen König aufzubringen, daß der Herrscher sich gezwungen sieht, einen Bußgang anzutreten, der denjenigen von Canossa an Demütigungen noch übertrifft. Entblößten Hauptes und barfuß muß der König durch die Straßen von Canterbury zur Kathedrale, dann zum Grab des

[55] Guggenbühl/Huber, Quellen MA, Nr 81.

Ermordeten wallfahren, hier kniend eine Bußnacht verbringen und sich von 80 Bischöfen und Mönchen auspeitschen lassen.

Böser, schneller Tod (Heinrich VI.)

Unter den unbedeutenden Nachfolgern Alexanders steigt die Macht der Staufer empor. Im Frieden von Konstanz versöhnt sich der Kaiser mit den lombardischen Städten und vermählt seinen Sohn **Heinrich VI.** (1190 - 1197) mit Konstanze von Sizilien;[56] 1194 wird Heinrich in Palermo zum König des Normannenreiches gekrönt. Sein Plan, Sizilien mit dem deutschen Reich zu vereinigen und die deutsche Vorherrschaft auch über Syrien und Palästina auszudehnen, scheint auf bestem Wege zu sein. Das Papsttum droht in die Zange des Hohenstaufers zu geraten. Da befreit der frühe Tod des 32jährigen Heinrichs den Papst von der bedrohlichen Umklammerung. Ein Tag vor dem Michaelsfest 1197 stirbt Heinrich "nach guter Beichte und zerknirschten Herzens" an der Ruhr und wird in Palermo begraben. Er hinterläßt den kaum dreijährigen Friedrich als designierten König. Gesehen hat er ihn nur zweimal, das zweite Mal bei der Taufe, als er – nach den beiden Großvätern – den Namen **Friedrich Roger** erhielt.

Innocenz III. als Herr des Abendlandes

Die Schwäche des Kaisertums gereicht dem Heiligen Stuhl doppelt zum Vorteil, denn ein Jahr nach Heinrichs Tod wird ein überaus fähiger, juristisch und theologisch gebildeter Mann zum Papst erkoren: **Innocenz III.** (1198 - 1216). Im Sinne der

[56] In Deutschland bringt die Heirat der Hohenstaufin Agnes – einer Nichte Barbarossas – mit dem Sohn Heinrich des Löwen Frieden in die beiden Machtblöcke.

Konstantinischen Schenkung betrachtet er die Lehenshoheit des Papstes als eine von Gott gegebene sittlich-rechtliche Notwendigkeit. Sein Ziel ist ein gefestigter Kirchenstaat in Mittelitalien. Ohne Waffen, den Zerfall der staufischen Herrschaft nutzend, vergrößert er den Kirchenstaat.

Friedrich II., König im Süden

Nach dem plötzlichen Tod des Kaisers läßt Konstanze ihr Söhnlein zum König von Sizilien krönen. Kaiserin und Papst sind sich einig: Friedrich soll nicht als deutscher König regieren. So empfängt **Friedrich II.** das **Königreich im Süden** als Lehen (!) aus der Hand des Papstes. Als Konstanze noch im selben Jahr stirbt, bestellt sie in ihrem Testament Innocenz als Verwalter des Königreichs, und Friedrich wird des Papstes Mündel. In Deutschland kommt es im selben Jahr 1198 zu einer Doppelwahl. Die staufische Partei wählt den Bruder des Verstorbenen, Philipp von Schwaben, die Gegenpartei erhebt den Welfen Otto IV. (Sohn Heinrichs des Löwen) auf den Thron. Der Papst entscheidet sich zwei Jahre später für den Welfen[57] und krönt diesen 1209 zum Kaiser[58], doch bannt er Otto schon nach zwei Jahren, als dieser das sizilianische Reich Friedrichs II. angreift. Die Kurfürsten setzen Otto ab und wählen mit Zustimmung des Papstes Friedrich II. zu ihrem König.

[57] Vgl. das Schreiben an die Fürsten Deutschlands in dt. Übs. in: GdV Bd. 95 (1923) 7 ff.

[58] Versprochen hatte er die Kaiserkrone beiden, aber der Tod des Staufers 1208 befreit ihn aus der Zwickmühle.

England — ein Lehen des Papstes

In England folgt 1199 **Johann ohne Land**[59] seinem Bruder Richard Löwenherz auf den Thron. Als Johann die Einsetzung des neuen Erzbischofs von Canterbury nicht akzeptiert, verhängt Innocenz über England das Interdikt, ein Verbot aller kirchlichen Amtshandlungen; Johann selbst erklärt er für seines Thrones verlustig und fordert den französischen König (Philipp II. Auguste) auf, Johann aus seinem Reich zu vertreiben und es selbst in Besitz zu nehmen! Jetzt geht Johann in die Knie. Er anerkennt den Erzbischof, legt die Krone von England und Irland in die Hände des päpstlichen Vertreters und empfängt sein Reich und seine Würde als Lehen der römischen Kirche! Denn der Statthalter Christi "vereinigt Königtum und Priestertum als Leib und Seele".

Hauptgewinner dieser Demütigung ist indessen nicht der Papst, sondern sind die Barone und der Klerus. Am 15. Juni 1215 unterbreiten diese auf einer Wiese die **Magna Carta Libertatum**, den großen Freibrief in 63 Artikeln, welchen Johann unterschreiben muß.[60]

---

[59] "Ohne Land", weil er als jüngster von 5 Brüdern kaum Aussicht auf die Krone hatte.

[60] Die **Magna Charta Libertatum** schützt die Freiheit der Kirche und des Adels gegen die Krone. Auch der Schutz der freien Bauern wird gewährt. "Kein freier Mann soll verhaftet oder eingekerkert oder um seinen Besitz gebracht oder geächtet werden ... ohne ein gesetzliches Urteil von Standesgenossen oder gemäß dem Gesetz unseres Landes." Auch der Handel mit fremden Kaufleuten wird freigegeben. Die mittelalterliche Idee, daß das Recht über dem König steht und Vasallen und Freie ein Widerstandsrecht gegen einen das Recht beugenden Herrscher haben, wird hier erstmals festgeschrieben. Eine Sicherungsklausel sieht einen Ausschuß von 25 Baronen vor, die den König gegebenenfalls bekriegen dürfen (was nie geschieht). Gegen den Widerstand Johanns und des Papstes bleibt die M. C. bestehen. Noch im 13. Jh. wird sie zur Grundlage für die Anfänge des englischen Parlamentes gegen die Willkür des Königs. Die M. C. erhebt Recht und Gesetz zur obersten Maxime des Staates und ist die Keimzelle der englischen Verfassung.

Das 4. Laterankonzil (1215)

Das **Vierte Laterankonzil** wird zur größten Zurschaustellung der päpstlichen Macht im Mittelalter. 415 Bischöfe, über 800 Äbte und zahllose fürstliche Gesandte strömen zusammen. Das Konzil bestätigt Friedrich II.; es verurteilt die Katharer und Waldenser; es dogmatisiert die Transsubstantiationslehre und verpflichtet alle Katholiken zur österlichen Beichte und Kommunion. Auch ein neuer Kreuzzug wird beschlossen. Der Papst vergleicht sein Amt mit dem von Melchisedek. Der Nachfolger Petri ist höchster König und Priester zugleich. Er führt das geistliche und das weltliche Schwert; das zweite verleiht er den der Kirche gewogenen Fürsten. Wer sich als Fürst gegen die Kirche auflehnt, ist ein Gotteslästerer; verharrt er im Ungehorsam, so muß er gebannt und ausgerottet werden.

Mit alledem sagt Innocenz eigentlich nichts Neues. Schon Gregor vertritt im "Dictatus papae" dieselben Gedanken. Auch Bernhard ist von dieser Überzeugung erfüllt. Was Innocenz vorträgt, ist die vorherrschende Meinung der Zeit. Nur seine entschiedene und zu allem entschlossene Durchsetzung dieser Glaubensmaximen ist einmalig. Es wäre aber falsch, dies einfach mit dem hochmütigen Charakter eines sich selbst vergötternden Priesters zu begründen. "Wo er zürnte, bannte, Fesseln schmiedete und löste, suchte er nicht seine Ehre, sondern die Ehre dessen, der ihn, wie er fest glaubte, zu seinem Stellvertreter auf Erden berufen."[61] Mit Innocenz III. ist das Papsttum auf dem Gipfel seiner Macht angelangt, Europa erweckt den Anschein einer kirchlichen Monokultur. Doch dieser Schein trügt. Und der Preis für dieses Ideal ist zu hoch. Die Albigenserkriege, die Waldenser, die einsetzende Inquisition, aber auch die Armutsbewegung markieren die Risse. Der Irrtum des theologischen Absolutheitsanspruchs und die unmenschliche Härte seiner Durchsetzung fügen der christlichen Kirche unermeßlichen

---

[61] Zöpffel-Mirbt in RE IX (1901) 122. Vgl. dort den ausführlichen Artikel!

Schaden zu – bis heute. Innocenz stirbt im Juli 1216 in Perugia. Hätte nicht Honorius die Bettelorden anerkannt, so wäre es im 13. Jh. zu einem Massenabfall gekommen.

Friedrich II. und das Papsttum

Der multikulturelle Kaiser

Friedrich II. enttäuscht die Erwartungen des Papsttums bitter. 1212 in Mainz zum König, 1220 in Rom zum Kaiser gekrönt – nachdem er bereits 1215 einen Kreuzzug versprochen hatte! –, lebt er als abendländischer Kaiser im Stil eines orientalischen Sultans. Friedrich ist nach Erziehung und Neigung mehr Italiener als Deutscher. Sein Lebensstil und sein ganzes süditalienisches Reich mit der dort heimischen lateinarabischen Mischkultur erinnern an eine Vorwegnahme der Renaissance. Selber religiös indifferent und entsprechend "tolerant", leiht er der Kirche doch den staatlichen Arm zur Inquisition. Er hält sich einen Zoo von exotischen Tieren und auch einen Harem. Unter dem Protest des Papstes gewinnt er 1229 durch diplomatische Verhandlungen mit dem ägyptischen Sultan El-Kamil Jerusalem und krönt sich selbst zum König der Heiligen Stadt.

Ein Sizilianer als Kaiser der Deutschen

Deutschland betrachtet Friedrich II. eher wie ein Nebenland, das er zwischen 1220 und 1250 nur zweimal länger besucht. 1235 zieht er ohne Heer mit prächtigem Gefolge über die Alpen nach Norden. In seiner Begleitung befinden sich sizilianische Edle, apulische Barone, Gesandte lombardischer Städte, ein Legat des Dogen, Ritter aus Zypern, byzantinische Herrschaften, provenzalische und kastilische Herren, Grafen aus Burgund, Brabant und England, aber auch Emire aus

Damaskus, Tunis und Ägypten. Zum ersten Mal sehen die Deutschen eine solche Pracht. Das Volk läuft zusammen, den Kaiser anzuschauen. Ritter, Fürsten, Bischöfe, Äbte und Erzbischöfe eilen herbei und versichern dem Kaiser ihre Ergebenheit. Im Juli hält er Einzug im festlich geschmückten Worms, das sich nicht den Aufständischen angeschlossen hat. Am Fest der Himmelfahrt Mariae (15. August) erscheint der aufständische Sohn in Mainz auf dem Reichstag, legt dem Kaiser Krone, Zepter, Schwert und Reichsadler zu Füßen und bittet um Gnade. Der Vater schenkt ihm das Leben, nicht aber die Freiheit. Die in alle Winde verstobenen Aufständischen empfängt er zur Begnadigung und verzeiht den meisten. Statt eines Bürgerkrieges feiert er in Worms Hochzeit mit der 21jährigen Isabella von England.[62] Am 1. Mai 1236 beteiligt er sich an der Grablegung der 1231 verstorbenen und eben heilig gesprochenen Elisabeth von Thüringen, einer Verwandten. In Gegenwart der Erzbischöfe von Mainz, Trier, Bremen, des Landgrafen Konrad von Thüringen und einer großen Menschenmenge schreitet der Kaiser barfuß in der Franziskanerkutte an der Spitze der Prozession zum Schrein der Franziskanerin; er hüllt die Heilige in kostbare Gewänder, ziert sie mit einer Krone und legt einen goldenen Becher in ihre Hände. Vier Jahre später findet auch der Thüringer Landgraf und Meister des Deutschritter-Ordens hier seine Ruhe. Auf seinem Grab in der Marburger Elisabethenkirche ist er in der Ordenstracht dargestellt.

Friedrich II. erweist sich als Menschenkenner, als Meister der Symbolik und als glanzvoller Herrscher. Anders als beim Klerus genießt der berechnende, aber lebensfrohe und weltgewandte Kaiser beim Volk Sympathien.

---

[62] 1209 heiratet der 15jährige auf Drängen des Papstes bereits die zehn Jahre ältere Konstanze von Aragon, das – wie Sizilien – päpstliches Lehen ist. Isabella ist die Schwester des englischen Königs, die ihm der Erzbischof von Köln und andere Große vermitteln.

Der Burgen- und Städtebauer

Friedrich hat zwar seine Residenz in Palermo mit Burgen und Schlössern aus der Normannenzeit. Aber Palermo und Apulien liegen am Rand des Reiches, und die Entfernungen nach Oberitalien oder Deutschland sind zu groß. Seine 200 Burgen und Kastelle im südlichen Erbland dienen der Verteidigung gegen die Päpste. Diese Burgen werden zu Vorbildern für die Burgen des Deutschen Ritterordens in Preußen. Dazu baut er weitere Residenzen in Foggia, Melfi, Lucera oder Capua. Wie Karl der Große regiert er quasi vom Sattel aus. Hagenau im Elsaß besucht er 24mal, Regensburg 16mal. Auch als Städtebauer tut sich Friedrich nördlich der Alpen hervor. Während seines ersten Aufenthaltes von 1212 - 1220 gründet er in Schwaben Rottweil, Biberach, St. Gallen, Kaufbeuren, Nördlingen u. a. Zürich, Freiburg i. Ü. und Nürnberg werden 1218/19 freie Reichsstädte. In den 1230er Jahren gründet er Reutlingen, Leutkirch und Kempten. Als reichsunmittelbare Städte vollendet er Lübeck, Wien und Schwyz.

Vorläufer des Antichrists?

Die offizielle Kirche empfindet Friedrich als Vorläufer des Antichrists, der den katholischen Glauben zu vernichten trachtet. Die Welt – so soll er gesagt haben – sei von drei Betrügern getäuscht worden: Moses, Jesus und Mohammed. Friedrich bestreitet die Anschuldigungen umgehend, und es ist bis heute nicht bewiesen, daß er sich so geäußert hat. Dreimal von der Kirche gebannt, belagert der Kaiser den Kirchenstaat. Im Osten Europas bedrohen die Mongolen das Abendland.

1243 wird **Innocenz IV.** zum Papst erkoren, in List, Tücke und kalter Berechnung Friedrich noch übertreffend. Keiner durchschaut ihn aber so gut wie König Ludwig der Heilige (IX.) von Frankreich, der den Papst noch aus der Gefangenschaft des 6. Kreuzzuges (vergeblich) zur Versöhnung auffordert. Friedrich, das räumen auch katholische Forscher ein, bietet zeitweise die Hand zum Frieden. Doch Innocenz ist nicht bereit, seinen Feind vom Bann zu lösen. Auf bestellten Galeeren reist er für Jahre in die kirchliche Enklave Lyon, da der französische König nicht bereit ist, ihn in seinem Gebiet aufzunehmen.

Fünf Wunden der Christenheit

1245 eröffnet Innocenz in **Lyon** ein Konzil, das hauptsächlich von spanischen und französischen Würdenträgern besucht wird. Der Papst bedauert vor dem Rumpfkonzil fünf Wunden der Christenheit: Die Sünden des Klerus, den Verlust Jerusalems (1244), die Lage des lateinischen Kaisertums in Konstantinopel, die Mongolengefahr und die Feindschaft des Kaisers gegen die Kirche. Friedrich wird der Häresie verdächtigt, zum dritten Mal gebannt und aller Würden enthoben; der Gehorsam gegen ihn wird verboten. An die Fürsten ergeht der Ruf zu einer Neuwahl. In Deutschland bestellen die drei rheinischen Erzbischöfe einen Gegenkönig. Im Schwabenland und am Rhein herrscht nun der Bürgerkrieg, denn der rechtmäßige König ist dort seit 1237 Friedrichs Sohn, **Konrad IV.**, der Herzog von Schwaben. In Italien bleibt Friedrichs Lage unverändert, dafür rächt er sich an Geistlichen und Bettelmönchen. Im Weihnachtsmonat 1250 wird der Kaiser in Apulien durch die Ruhr hinweggerafft. In eine Zisterzienserkutte gehüllt – Friedrich hat diesen Orden stets gefördert – wird er durch seinen Freund Berard, den Erzbischof von Palermo, vom Kirchenfluch gelöst und mit dem Sterbesakrament getröstet. So antichristlich, wie ihn die päpstliche Propaganda in Lyon darstellte, ist Friedrich nicht gewesen.

Tod den Babyloniern!

Gegen Friedrichs Nachfolger, Konrad IV. (1250 - 1254), läßt der Papst in Deutschland das Kreuz predigen und verhängt über ihn den Bann. Als Konrad zwei Jahre später nach Süden reist, um die väterlichen Stammlande zu übernehmen, droht Innocenz, Süditalien einem anderen zu verleihen. Als Konrad 26jährig stirbt, bittet er den Papst, die Vormundschaft seines zweijährigen Söhnchens **Konradin** zu übernehmen, und Innocenz verspricht, dessen Rechte zu achten. Konrads Halbbruder Manfred wird Statthalter.

Nach einer kurzen Zeit der Verständigung mit Manfred kommt es aber zum Krieg zwischen Manfred und dem Papst, der in Neapel stirbt. Selbst auf seinem Grabstein in Neapel ist sein Haß gegen Friedrich II. verewigt.

Der neue Papst, Alexander IV. – ein Großneffe Innocenz' III.– übernimmt zwar die Vormundschaft des kleinen Prinzen, fordert aber die Schwaben auf, ihn zu verlassen. 1263 überträgt der Papst die Krone von Neapel und Sizilien an **Karl von Anjou**, den Bruder von König Ludwig. 1268 verliert der 16jährige Konradin die Schlacht von Tagliacozzo in den Abruzzen gegen Karl I. Am 29. Oktober wird Konradin mit zehn Gefährten auf dem Fischmarkt von Neapel enthauptet. Der letzte Sproß des staufischen "Babyloniers" ist damit vernichtet.

Durch den gewaltigen Kampf haben sich Papst und Kaiser gegenseitig erschöpft. Innocenz IV. ist der letzte große Papst vor der Reformation. Für das Reich folgt eine Zeit des Faustrechts, bis 1273 Graf Rudolf von Habsburg die Königskrone erlangt.

24. Die Kreuzzüge[63]

Was sind Kreuzzüge?

Der Kreuzzugsgedanke bezieht sich nicht nur auf den Nahen Osten. Es werden auch Kreuzzüge unternommen in Spanien, Marokko und Tunis. 1209 - 1229 tobt ein Kreuzzug gegen die Albigenser in Südfrankreich, sogar gegen Kaiser Friedrich II. wird das Kreuz gepredigt.

Kreuzzüge sind diejenigen kriegerischen Bewegungen, die im Interesse der Katholischen Kirche geführt werden und zu deren Ausführung von Seiten der Kirche das Kreuz gepredigt wird. An der Spitze aller Kreuzzüge stehen die Päpste. Sie sind die Urheber und geistigen Leiter der Kreuzzüge. Persönlich beteiligen sich die Päpste nie an einem Kreuzzug, sie senden aber ihre Legaten. Welches sind die Aufgaben der Gesandten des Heiligen Stuhls? Sie müssen alles Kirchliche im Heer ordnen, dürfen sich aber nicht in militärische Angelegenheiten einmischen. An der Spitze des Heeres steht derjenige Fürst, der am meisten Kriegsleute mitbringt. Die päpstlichen Gesandten betätigen sich aber als Quartiermeister. Sie eilen dem Heer voraus und sorgen für die Unterkunft. Eine wichtige Aufgabe ist auch die Erhaltung und Wiederherstellung der Einigkeit unter den Fürsten.

Der Papst ruft also auf zum heiligen Krieg. Er ernennt die Legaten. Wichtig ist auch die päpstliche Amnestie, der beson-

---

63 Wilhelm von Tyrus, Historia rerum in partibus transmarinis gestarum = E. + R. Krausler, Geschichte der Kreuzzüge und des Königreichs Jerusalem (1844). Wilhelm ist Erzbischof von Tyrus. Er stammt aus dem Abendland, wird aber in Jerusalem geboren und verlebt im 12. Jh. die meiste Zeit in Palästina. – R. Grousset, Das Heldenlied der Kreuzzüge (1951); H.E. Mayer, Geschichte der Kreuzzüge (10. Aufl. 2000); R. Riley-Smith, Kreuzzüge = LMA 5 (1991) 1508 ff; ders., Illustrierte Geschichte der KZ (1999); St. Runciman, Geschichte der KZ (dtv 2001); G. Lobrichen, Die Eroberung Jerusalems im Jahre 1099 (1998); J. Le Goff, Ludwig der Heilige (2000).

dere Sündenerlaß für die Teilnehmer an den Kreuzzügen. Daraus geht dann das Ablaßwesen hervor.

Kreuzzüge und Ablaß

Bußsakramente gibt es schon vor den Kreuzzügen. Die Absolution im Beichtstuhl wird aber nur erteilt, wenn drei Voraussetzungen erfüllt sind:

1. contritio cordis = aufrichtige Herzensreue,
2. confessio oris = ausdrückliches Sündenbekenntnis,
3. satisfactio operis = Bereitschaft zur Genugtuung.

Sind diese Voraussetzungen erfüllt, so spricht der Priester los von den ewigen Höllenstrafen, nicht aber von den zeitlich begrenzten Fegefeuerstrafen. Wer den Beichtstuhl verläßt, muß also noch mit Purgatoriums-Strafen rechnen. Auch diese können aber verkürzt oder gar beseitigt werden durch allerlei Bußwerke wie Fasten, Beten oder Wallfahrten. Je mühsamer die Leistungen, desto größer ihre Wirkung. Im Zeitalter der Kreuzzüge gilt auch die Teilnahme am heiligen Werk eines Kreuzzuges als hohes verdienstliches Werk. Schon Urban II. ruft 1095 in Clermont der Menge zu:

> ”Wir erlassen durch die Barmherzigkeit Gottes – gestützt auf die heiligen Apostel Petrus und Paulus – allen gläubigen Christen, die gegen die Heiden die Waffen nehmen und sich der Last dieses Pilgerzuges unterziehen, alle die Strafen, welche die Kirche für ihre Sünden über sie verhängt hat. Und wenn einer dort in wahrer Buße fällt, so darf er fest glauben, daß ihm die Vergebung der Sünden und die Frucht ewigen Lebens zuteil werde.”[64]

[64] Nach Wilhelm von Tyrus, in: Guggenbühl/Huber, Quellen 184

Alle Päpste machen beim Aufruf zu den Kreuzzügen von diesem Mittel Gebrauch.

Innocenz III. geht noch einen Schritt weiter. Er sagt, manche wären zwar willig, an einem Kreuzzug teilzunehmen, seien aber aus irgendwelchen Gründen daran verhindert. Darum könnten fortan auch die, welche mit Geld einen Kreuzfahrer ausrüsten, mit völligem Ablaß von den Fegefeuerstrafen rechnen. Auch Brandstifter, Diebe, Mörder oder Sittlichkeitsverbrecher dürfen am Kreuzzug teilnehmen und werden so innerhalb eines Jahres den Bann der Kirche los. Vielfach werden allerdings Geistliche und Mönche von den Kreuzzügen ausgeschlossen, denn manche sehen im Zug ins Morgenland eine willkommene Abwechslung. Der Papst muß 1.101 spanische Mönche zurückrufen, die eigentlich in ihrem Land gegen die Mauren hätten kämpfen sollen, es aber vorzogen, nach Jerusalem zu ziehen.

Der Ursprung des 1. Kreuzzuges

Ostrom beschränkt sich im 11. Jahrhundert nur noch auf Konstantinopel sowie schmale Landstriche in Griechenland und Kleinasien. Die Byzantiner hatten schwere Stürme auszustehen. Aus dem Norden kamen die Slawen, aus dem Westen die Normannen, aus dem Süden die Araber. Bis in die 630er Jahre sind Syrien und Palästina in christlichen Händen, dann erobern die Scharen Mohammeds diese christlichen Kernlande. Christen und Juden müssen der neuen Oberschicht eine Kopfsteuer bezahlen, und der Zutritt zu öffentlichen Ämtern wird ihnen schließlich verwehrt. Die Mehrheit der unterworfenen Bevölkerung bleibt aber bis ins Zeitalter der Kreuzzüge beim christlichen Bekenntnis.

Nach 1070 fällt aus dem Osten der türkische Stamm der Seldschuken ins heilige Land und erobert das Gebiet. 1085 fällt ihnen auch Antiochien in die Hände, das Byzantinerreich ist schwer bedrängt. In dieser Lage sendet Kaiser **Alexios** (1081 -

1118) Boten zu Papst Urban II. und ersucht ihn um Hilfe. Urban ist dazu bereit.

Am 18. November 1095 eröffnet er im französischen Clermont ein Konzil. Anwesend sind etwa 100 Erzbischöfe und Bischöfe, 100 Äbte und viele Laien.[65] Der Hauptzweck des Konzils ist nicht die Vorbereitung des Kreuzzugs, sondern die Wiederherstellung friedlicher Zustände im Abendland. Vor allem Frankreich ist durch wilde Fehden unter den Adelsfamilien zerrüttet. Von Cluny aus ergehen erste Versuche, diesem Elend zu steuern. Die Reformbewegung fordert, daß wenigstens von Mittwochabend bis Montagmorgen nicht mehr gekämpft werde. Diese Friedenspausen nennt man **Treuga Dei** = göttlicher Landfriede. Auch Urban ist ein ehemaliger Cluniazensermönch. Er bringt es fertig, daß das Konzil einen dreijährigen Gottesfrieden für ganz Europa beschließt. Wer sich nicht an die Friedenszeiten hält, soll exkommuniziert werden.

Nach dieser Einigung soll als letztes Traktandum die Frage eines Kreuzzuges behandelt werden. Der Andrang wird so groß, daß Urban die Versammlung ins Freie verlegen muß. Auf dem Champ Herm[66] hält der redegewandte Papst eine zündende Rede. Er schildert die Not der östlichen Christen:

> "Die Wiege unseres Heils, das Vaterland des Herrn, das Mutterland der Religion, hat ein gottloses Volk in seiner Hand. Die Hunde sind ins Heiligtum gekommen, und das Allerheiligste ist entweiht. Das Volk, das den wahren Gott verehrt, ist erniedrigt, das königliche Priestertum muß als Sklave Ziegel brennen, die Stadt Gottes muß Tribut bezahlen. Will einem nicht die Seele darüber zergehen, das Herz zerfließen? Liebe Brüder, wer kann das mit trockenen Augen mitanhören? Der Tempel des Herrn ist nun zum Sitz des Teufels geworden. Bewaffnet euch mit dem Eifer

---

[65] Heute besteht ein Konzil nur noch aus Bischöfen.

[66] Platz der Einsiedelei, heute Place de Lille

Gottes, liebe Brüder. Gürtet eure Schwerter an eure Seiten, rüstet euch und seid Söhne des Gewaltigen! Wer einen Eifer hat für das Gesetz Gottes, der schließe sich uns an! Wir wollen unseren Brüdern helfen. Zieht aus, und der Herr wird mit euch sein! Wendet die Waffen, mit denen ihr Bruderblut vergießt, gegen die Feinde des christlichen Glaubens. Die Diebe, Räuber, Mörder und Brandstifter werden das Reich Gottes nicht besitzen. Erkauft euch mit wohlgefälligem Gehorsam die Gnade Gottes, daß er euch eure Sünden um solch frommer Werke willen schnell vergebe ..."[67]

Mit diesen Worten trifft der Papst ins Schwarze. Religiöse Begeisterung verbindet sich mit Abenteuerlust und Unternehmergeist des Rittertums. Urban, der selbst aus dem Ritterstande stammt, kennt die Ritterpsychologie. Die Ritter sind Kraftmenschen, die sich austoben wollen. In den Rittern liegt ein Zug, es Karl dem Großen gleichzutun. Diese Kräfte lenkt Urban in die Bahnen des heiligen Krieges. Der Kampfgeist der Ritter wird also auf ein neues Ziel gerichtet. Der erste Kreuzzug hat seine Wurzeln stark in den cluniazensischen Friedensbemühungen des 11. Jh. Urban glaubt nicht mehr an die Bereitschaft der Ritter, ihre Waffen niederzulegen. Der Kreuzzug ist ein Stück Sozial- und Völkertherapie für Frankreich. Tatsächlich kommt es in Europa dadurch zu einer Beruhigung. Gruppen, Stände und Völker kommen sich näher, weil ein gemeinsames äußeres Ziel sie vereint.

Von allen Seiten schallt es dem Redner entgegen: "Deus lo volt." Zum Zeichen ihres Entschlusses lassen sich Tausende ein rotes Kreuz auf ihre rechte Schulter heften. Noch größer sind die Scharen, die in den folgenden Monaten durch Kreuzzugsprediger gewonnen werden. Als Hauptfigur unter ihnen tritt Peter von Amiens, Eremit und Palästinapilger, hervor. "Das Gebot des Herrn: 'Will mir jemand nachfolgen, der nehme sein

---

[67] Wilhelm von Tyrus, Übs. Krausler, in: Guggenbühl/Huber, a. a. O., 183.

Kreuz auf sich', schien wörtlich in Erfüllung zu gehen." Es sind fast durchwegs Franzosen und Normannen aus Süditalien, die sich zum 1. Kreuzzug rüsten. Aus dem Deutschen Reich ziehen nur Lothringer französischer Zunge mit. Sie stehen unter der Führung des edlen Grafen **Gottfried von Bouillon**[68] und seiner Brüder Balduin und Eustachius.

Beschützer des Heiligen Grabes

Schon im Sommer 1096 ziehen ungeordnete Haufen von Rittern und Bauern donauabwärts durch Ungarn und Bulgarien nach Konstantinopel. Viele von ihnen fallen der eigenen Zuchtlosigkeit oder Überfällen der Sarazenen zum Opfer. Auch das Hauptheer, angeblich 200.000 Mann stark, leidet beim Zug durch Kleinasien unter schweren Kämpfen. In Antiochien und Edessa gründen die Abendländer ihre Fürstentümer. Edessa erhält Graf Baldiun, Antiochia der Normannenfürst Bohemund, Guiskards Sohn. Kaum ein Zehntel der Kämpfer erblickt schließlich nach unvorstellbaren Strapazen die ersehnten Zinnen des irdischen Jerusalem. Nach gut vierwöchiger Belagerung, am 15. Juli 1099, dringen Gottfried und Balduin beim Nordtor in die Stadt ein. Ihre Truppen richten ein furchtbares Blutbad an. Nicht ein Bewohner bleibt am Leben.

Nach beendigtem Kampf verwandeln sich die schonungslosen Eroberer in fromme und demütige Christen, innerlich tief ergriffen von der Befreiung der Gottesstadt. "Sie wuschen sich die Hände, zogen reine Kleider an und gingen dann demütigen Geistes und zerknirschten Herzens, unter Seufzen und Weinen, mit bloßen Füßen, an den ehrwürdigen Orten umher, die der Erlöser durch seine Gegenwart heiligen und verherrlichen wollte, und küßten sie in größter Andacht."[69]

---

[68] Herzog von Niederlothringen

[69] Wilhelm von Tyrus, in: Guggenbuhl/Huber, a. a. O., 187 f.

Gottfried von Bouillon übernimmt die Herrschaft über Jerusalem und nennt sich bescheiden "Beschützer des heiligen Grabes". Er stirbt ein Jahr später, und 1100 folgt ihm sein Bruder Balduin von Edessa als König von Jerusalem. Mit Hilfe nachfolgender Scharen und den Flotten von Venedig, Pisa und Genua gelingt es den Abendländern, ihre Eroberungen zu festigen. Auch die Küstenstädte Cäsarea, Akko, Beyrut und Sidon werden ins Königreich Balduins eingegliedert. Tripolis als Hafenfeste fällt erst nach fünfjähriger Belagerung.

Auf die Kunde von der Eroberung Jerusalems hallt ein Freudenschrei durch Europa. Pilger und Abenteurer strömen dem Heiligen Land zu. Auch der Abt des Klosters Allerheiligen von Schaffhausen legt seine Würde nieder und zieht mit einigen seiner Mönche nach Jerusalem. Er wird dort zum "Wächter des heiligen Grabes" ernannt.

Weitere Kreuzzüge[70]

Unsittlichkeit, interne Reibereien und Spannungen mit Konstantinopel fördern den Niedergang der Kreuzfahrerstaaten. Bereits 1144 gerät der östliche Pfeiler der abendländischen Herrschaft in die Hände der Türken. Die Nachricht ruft im Abendland große Bestürzung hervor.

Den Anstoß zum 2. Kreuzzug gibt Ludwig VII. von Frankreich. Für Weihnachten lädt er zu einer Versammlung nach Bourges, doch fehlt es dort an der nötigen Begeisterung. Der 25jährige König ist noch zu jung. Auf Ostern des Jahres **1146** wird darum ein zweiter Reichstag ins Wallfahrtsstädtchen **Vézelay** einberufen. Am 31. März predigt der heilige Bernhard am

---

[70] A. Konstam, Atlas der Kreuzfahrer (2002); A. Bühler, Der Kreuzzug Friedrich Barbarossas 1187-1190 (2002); Le Goff, Ludwig der Heilige (2000); E. Wies, Friedrich II. von Hohenstaufen (2. Aufl. 2002); Brief über den KZ Friedrich Barbarossas (und seinen Tod) = FSGA, XVIIa (1986) 372ff.

nördlichen Abhang des Hügels vor 100.000 Rittern und Bauern. Zu seiner Seite stehen Ludwig VII. sowie die Grafen von Toulouse und Flandern. Auch den Deutschen predigt er das Kreuz. Anfänglich hat man in Deutschland die durchziehenden Haufen und Scharen nur mehr oder weniger kopfschüttelnd zur Kenntnis genommen – ein Teil der begeisterten Scharen zieht nämlich "mit Weib und Kind und dem ganzen Hausrat beladen" ostwärts. Unter den deutschen Fürsten fehlt zunächst die Begeisterung auch wegen Spannungen mit dem Papst. "Aber obgleich unser Volk viel trotziger ist als die übrigen", schreibt Ekkehard von Aura[71], "so neigte sich dennoch angesichts des göttlichen Erbarmens die Teutonenwut endlich dem Worte derselben Verkündigung zu, nachdem sie sich von den Scharen der Dahinziehenden über die Sache von Grund aus hatten belehren lassen." Als Bernhard als Kreuzprediger seinen Siegeszug am Rhein antritt, verstecken Mütter vor ihm ihre Söhne. Im selben Jahr schreibt Bernhard den Bischöfen von Bayern und Ostfranken:

> "Brüder, die willkommene Zeit, die heilerfüllten Tage sind da. Erschüttert wurden die Lande und erbebten, weil Gott im Himmel sein Land zu verlieren begann. Sein Land sage ich, dort wandelte er über 30 Jahre als Mensch unter Menschen. Sein Land, das er mit Wundern erleuchtet, das er mit dem eignen Blute geweiht hat, darin die ersten Blüten der Auferstehung erschienen. Jetzt schaffen es unsere Sünden, daß dort die Feinde des Kreuzes ihr verruchtes Haupt erhoben haben; mit der Schärfe ihres Schwertes verheeren sie das Land der Verheißung. Schon ist es nicht fern – wenn kein Verteidiger sich findet – und sie brechen ein in die Stadt des lebendigen Gottes selbst, sie zerstören die Stätten unserer Erlösung und besudeln die heiligen Orte,

[71] Im Jahr 1096; er ist Abt des Klosters Aura südl. Fulda, selber Teilnehmer am 1. Kreuzzug. Vgl. W. Lautemann, Quellen II, 369.

wo das fleckenlose Lamm sein purpurnes Blut ließ. O Schmerz ... Was tut ihr, tapfere Männer, Diener des Kreuzes? So wollt ihr das Heiligtum den Hunden und die Perlen den Säuen geben? ... Du tapferer Ritter, du Mann des Krieges, jetzt hast du eine Fehde ohne Gefahr; ... Bist du ein kluger Kaufmann, ein Mann des Erwerbs in dieser Welt – einen großen Markt sage ich dir an; sieh zu, daß er dir nicht entgeht. Nimm das Kreuzeszeichen, und für alles, was du reuigen Herzens beichtest, wirst du auf einmal Ablaß erlangen."[72]

Am Weihnachtstag 1146 überzeugt Bernhard im Speyrer Dom auch König Konrad III. Auch sein Neffe, der junge Herzog Friedrich von Schwaben (Barbarossa), beteiligt sich mit anderen Großen Süddeutschlands am Unternehmen. Doch der zweite Kreuzzug endet im Fiasko. Schon in Kleinasien erliegen die Heere der Deutschen und Franzosen den türkischen Angreifern, andere gehen durch Hunger und Epidemien zugrunde.

Unter dem gewaltigen **Sultan Saladin** (1171 - 1193), der Ägypten und Syrien vereint, erwächst den Christen ein übermächtiger Gegner. 1187 unterliegen die Abendländer bei Hattin westlich des Sees Genezareth, und Jerusalem fällt in seine Hände. Dieser Schlag erzeugt eine neue Bewegung, welche den **dritten Kreuzzug** (1189 - 1192) auslöst. Die drei mächtigsten Herren Europas nehmen daran teil: **Philippe II. Auguste** von Frankreich, **Richard I. Löwenherz** von England und **Friedrich I. Barbarossa** aus Deutschland. Während Friedrich durch Ungarn und den Balkan zieht, überwintern die englischen und französischen Aufgebote in Sizilien und reisen auf dem Meer. Am 10. Juni 1190 findet Barbarossa im Fluße Saleph den Tod. Er wird in Antiochien beerdigt. Viele Reiter kehren um. Nach der Rückeroberung Akkons fährt der französische

[72] W. Lautemann, a. a. O. 371.

König erkrankt wieder nach Hause. Richard Löwenherz gewinnt zwar Zypern und erringt Siege bei Jaffa, doch Jerusalem vermag er nicht einzunehmen. Das heilige Grab bleibt in den Händen der Heiden. Ein Waffenstillstand gewährt den Abendländern wenigstens wieder den Zugang zur Heiligen Stadt.

Der **vierte Kreuzzug** (1202 - 1204) verkommt zu einem Scheinkreuzzug. Da die Könige durch Kriege gebunden sind, folgt der Adel der Kreuzzugsmahnung von Papst Innocenz III. Der 92jährige blinde Dandalo, Präsident von Venedig, erkennt mit jugendlicher Schärfe, daß man mit der Kreuzzugsidee auch Geschäfte machen kann. Er offeriert den Palästinafahrern Schiffe und Verpflegung für ein Jahr für 4.500 Ritter samt Pferden, 9.000 Knappen und 20.000 Mann Fußvolk gegen den Wucherpreis von 85.000 Kölnischen Silbermark. Als sich das Heer 1202 in der Republik versammelt und das Geld fehlt, diktiert Venedig die Bedingungen. Die Palästinafahrer müssen sich die Fahrt mit Kämpfen gegen die Feinde Venedigs, nämlich gegen die Griechen, abverdienen. Venedig bereichert sich gewaltig, es legt seine Hand auf Athen und andere Städte des Mittelmeers. Papst Innocenz III. belegt Dandalo mit dem Bann, weil nun Christen gegen Christen kämpfen. Am 24. Juni 1203 erscheint die Flotte vor **Byzanz**. Im folgenden Frühjahr erobert das Kreuzheer die Stadt. Drei Tage **Plünderung** und Blutvergießen machen aus der gottbehüteten Stadt einen Trümmerhaufen. Die Pseudokreuzfahrer wissen nichts Gescheiteres, als in Byzanz einen fränkischen Kaiser und einen venetianischen Patriarchen einzusetzen. Theodor I. residiert fortan in Nikaia. Erst 1261 gelingt es der letzten Kaiserdynastie, den Lateinern Konstantinopel wieder zu entreißen. So verkommt der verfehlte Kreuzzug zu einer ”gigantischen Torheit”.

Der Kinderkreuzzug[73]

Wie intensiv damals das Kreuzzugsdenken die Gemüter bestimmt, zeigt das phantastische Unternehmen des Kinderkreuzzuges. Tausende von Kindern, in suggestiver Begeisterung hingerissen, sammeln sich in Frankreich unter der Führung eines visionären Hirtenknaben namens Stephan, in Deutschland unter dem zehnjährigen Niklaus von Köln. Trotz Mahnungen und Mißbilligung seitens der Kirche ziehen die jungen Abenteurer südwärts. Was die stolzen Ritterheere nicht vermochten, würde Gottes Wunderhilfe durch den Glauben der Unmündigen bewirken. Unbewaffnet und ohne Geld wollen sie das heilige Grab zurückerobern. Die Armutsidee feiert hier gleichzeitig Triumph und Niederlage. Die Jahrbücher von Marbach melden:

> "Es zogen Kinder beiderlei Geschlechts, Knaben und Mädchen, auch Erwachsene, Verheiratete und Jungfrauen mit leerem Geldsack durch ganz Deutschland, auch durch Teile von Gallien und Burgund. Von Freunden und Eltern ließen sie sich in keiner Weise abhalten, mit allem Eifer diese Heerfahrt zu machen. In Dörfern und auf dem Felde ließen sie ihr Arbeitsgerät zurück und schlossen sich den Vorüberziehenden an. Und da wir so Ungewöhnlichem oft gern unsern Glauben schenken, so meinten viele, dies geschehe nicht aus Leichtsinn, sondern auf göttliche Eingebung und aus einer gewissen Frömmigkeit, weshalb sie ihnen auch auf eigene Kosten Lebensmittel und andere nötige Sachen darreichten. Den Geistlichen aber und anderen Leuten vernünftigen Sinnes, die widersprachen und diesen Zug für eitel und unnütz erklärten, leisteten die Laien heftigen Widerstand; sie behaupteten daher, die Geistlichen seien ungläubig ..."[74]

---

[73] Vgl. Jedin II/2, S. 196 mit Literaturangaben.

[74] Guggenbühl/Huber, a. a. O., 225.

Nikolaus von Köln erreicht mit Resten seiner Gruppe Rom und wird von Innocenz III. nach Hause geschickt; die französischen Gruppen unter Stephan erreichen Marseille, von wo sie übers Meer nach Alexandria als Sklaven verkauft werden.

Friedrich II., König von Jerusalem

König Andreas II. von Ungarn versucht ohne Erfolg von Akko aus ins heilige Land vorzudringen. Unter Kardinal Pelagius nehmen neue Pilgerscharen 1219 vorübergehend die Festung Damiette im Nildelta ein. Durch Kämpfe, Hungersnöte und Seuchen geschwächt, werden sie zum Frieden gezwungen (5. Kreuzzug).

Die einzige Hoffnung des Papsttums ruht jetzt noch auf dem Hohenstaufer **Friedrich II.** Schon 1215 hat er ein Kreuzzugsgelübde abgelegt und dieses 1220 – vor seiner Kaiserkrönung – wiederholt. Sieben Jahre später entschließt er sich endlich, sein Gelübde einzulösen. In ganz Europa wird ein neuer Kreuzzug ausgerufen. Im September 1227 sticht das Heer endlich in See. Doch schon nach drei Tagen wird die Flotte im Süden Italiens aufgehalten, weil angeblich die Pest ausgebrochen und der König selber erkrankt sei. Papst Gregor IX. traut der Meldung – vielleicht zu Recht – nicht. Nun reißt ihm die Geduld. Er belegt Friedrich mit dem Bann und verbietet ihm, je wieder an einem Kreuzzug teilzunehmen. Jetzt aber erwacht in Friedrich die Lust an einem Kreuzzug, den er auf seine Weise in die Tat umsetzt. Gegen den Willen des Papstes unternimmt er 1228/9 den sechsten Kreuzzug. Friedrich, von den Arabern geachtet, fährt nach Akko, tritt mit Sultan El-Kamil in Verbindung und schließt mit ihm einen Friedensvertrag. Friedrich erhält Jerusalem (wo er sich in der Grabeskirche selber krönt), Bethlehem und Nazareth und eine Verbindung zum lateinischen Küstenrest gegen Gebiete in Nordsyrien.

Saint Louis, der letzte Kreuzfahrer

Zehn Jahre später wird Jerusalem von einem neuen Türkenstamm bedroht. 1244 erobern die Chowaresmier die Zionsstadt, die damit den Christen für immer verloren geht. Die Abendländer halten noch einen schmalen Küstenstreifen von Antiochia bis Akko. Im Abendland hinterläßt der Sieg der Heiden einen niederschmetternden Eindruck. Die Päpste rufen zu neuen Kreuzzügen auf, doch der Eifer ist erlahmt, die Autorität der Kirche geschwächt. Nur der heilige Ludwig von Frankreich fährt 1248 nochmals nach Ägypten, wird aber in Damiette gefangengenommen. Nur gegen 800.000 Goldstücke kann er sich loskaufen. 1270 unternimmt Ludwig einen letzten Versuch. Die Route geht diesmal via Tunis, weil ein Gerücht umgeht, der Fürst von Tunis wolle sich taufen lassen. In Karthago angelangt, wird das Heer aber von einer furchtbaren Seuche befallen, der auch der König erliegt. 20 Jahre später, im Mai 1291, fällt Akko als letzte Bastion des Abendlandes in die Hände der Türken. Der Versuch, den Orient für die römische Kirche zu gewinnen, ist endgültig gescheitert

Die Kreuzzüge — ein Fehlschlag?

Politisch sind die Kreuzzüge ein Abenteuer. Bei etwas mehr Einigkeit und Glück – besonders im 3. Kreuzzug – hätten die Abendländer strategisch wesentlich mehr erreichen können. Aber Erreichtes muß auch gehalten werden, und dafür sind die Distanzen damals zu groß. Auch theologisch sind die Kreuzzüge eine Unmöglichkeit, weil es nach dem NT keine Heiligen Kriege geben kann. Dennoch ist das 200jährige Ringen nicht ohne positive Bilanz. Die rationalistische Denkart greift zu kurz, wenn sie nur die sinnlose Verschwendung von Gut und Blut hervorhebt.

Die Kreuzzüge sind der Preis für die mittelalterliche Idee einer einheitlichen Gesellschaft Europas, einer Theokratie.

Keine christliche Einheitsgesellschaft ohne Gewalt! Militia Dei leistet der Mönch in seiner Gebetszelle, der Missionar auf dem Feld, aber auch der Ritter mit dem Schwert. Die Kreuzzüge sind eine gewaltige Demonstration der grundsätzlichen Einheit des Abendlandes bei allen Gegensätzen. Strategisch bannen die Kreuzzüge die Gefahr des Islams im Westen für Jahrhunderte. Die sarazenische Seeherrschaft wird gebrochen, Spanien und Portugal vom sarazenischen Joch befreit. Auch Konstantinopel kann sich nur dank der Kreuzzüge noch bis ins 15. Jh. halten.

Viel wichtiger aber sind im Abendland die Folgen der Kreuzzüge auf geistigem und wirtschaftlichem Gebiet. Hier werden sie zum Weckruf einer neuen Zeit. Es kommt zu tiefgreifenden Umwälzungen auf politischem, kulturellem und geistigem Gebiet.

Folgen der morgenländischen Kreuzzüge

1. Bildung und Kultur. Der abendländische Gesichtskreis weitet sich stark. 200 Jahre lang beschäftigt sich das Abendland mit dem Morgenland. Schließlich gibt es kaum noch eine Gemeinde, in der nicht mindestens einer im Morgenland gewesen und wieder zurückgekehrt ist. Bis in Kleinigkeiten hinein macht sich der orientalische Einfluß bemerkbar. Durch die Kreuzzüge sind viele Dinge und Wörter in den Westen gelangt, z. B. Sofa, Diwan, Matratze. Bei uns schlief man bis zu den Kreuzzügen auf Stroh. Auch Musikinstrumente finden den Weg in den Westen: Gitarre, Laute, Tamburin; verschiedene militärische Ausdrücke stammen aus dem Arabischen: Arsenal, Admiral, Baracke; auch die Sprache der Mathematik erlebt eine Erweiterung: Ziffer (die Araber hatten die Zahlen von den Indern übernommen). Selbst Wörter wie Zenit, Salat, Spinat oder Pfirsich sind im Zeitalter der Kreuzzüge zu uns gelangt.

2. Soziale und politische Folgen. Die Stadtbewohner in Eurpoa wachsen zu größerer Selbständigkeit heran. Es kommt in den Städten zu Kämpfen zwischen der Aristokratie und den bisher ratsunfähigen Handwerkern. Im 14. Jh. gelingt es den Zünften, ihre Teilnahme an der Stadtregierung zu erlangen.[75] In den Städten bildet sich ein eigentliches Bürgertum. Durch den Aufschwung des Handels wird im Abendland die Geldwirtschaft angekurbelt (Anfänge des Kapitalismus und des Bankenwesens). Auch die Bauern wachsen zu einem selbständigen Stand heran, denn viele hatten sich in den Kreuzzügen engagiert. Die Dreiteilung der Stände Adel – Bürger – Bauern findet man erst nach den Kreuzzügen. Vorher teilte sich die Gesellschaft in Adel und Klerus – Freie und Hörige. Auch das erwachende Selbstbewußtsein der Frauen im 13. Jh. ist eine Folge der Kreuzzüge. Während der Abwesenheit der Männer waren die Frauen auf sich gestellt.

3. Verrohung der Sitten. Kriege dienen nie der Veredelung. Orientalische Üppigkeit und Sittenlosigkeit halten im Westen Einzug. Die Bestrafung von Verbrechen wird grausamer. Die Hemmungslosigkeit, mit der man die Heiden und Ketzer bestraft, bleibt nicht ohne Folgen für die gesamte Kultur. Folterungen sind jetzt ein beliebtes Mittel: Geißeln, Blenden, Abschneiden von Händen, Zunge, Nase, Ohren, Ertränken, Rädern, Vierteilen, Pfählen etc.

4. Judenverfolgungen.[76] In Deutschland siedeln die Juden besonders unter Karl d. Gr. am Rhein (Köln, Mainz, Worms, Speyer), an der Mosel (Trier) und an der Donau (Regensburg) von sich aus in eigenen Wohnvierteln. Heinrich IV. nimmt sie unter seinen besonderen Schutz. Zu mauerumgrenzten und durch Tore verschlossenen Ghettos werden die Judenviertel erst im späten Mittelalter. Im Zeitalter der Kreuzzüge flammen die Judenverfolgungen auf. Der Abt Eckehard von Aura berich-

---

[75] Anfänge der Zünfte um 1100; Zunft = Regel.

[76] J. Aronius, Regesten zur Geschichte der Juden in Deutschland bis zum Jahr 1273 (Berlin 1902); E. L. Dietrich, Das Judentum im Zeitalter der Kreuzzüge: Saeculum 3 (1952), 94 ff.

tet über die Untaten der ersten Kreuzfahrerhaufen, die sich 1096 gegen Ungarn wälzen. "Diese vernichteten auch die so verruchten Überreste der Juden, als in der Tat geheime Feinde der Kirche." Diesem Treiben tritt Bernhard von Clairvaux entgegen: "Nicht die Juden soll man verfolgen, nicht sie totschlagen, nicht einmal sie verjagen. Befragt darum die Heilige Schrift ... Lebendige Zeichen sind sie uns, die Passion des Herrn darstellend. Deswegen sind sie in alle Gegenden zerstreut, denn während sie die gerechte Strafe für ihre Missetat leiden, sollen sie Zeugen unserer Erlösung sein."[77] Im 13. Jh. verschlechtert sich die Lage der Juden. Die ursprünglich geistlich verstandene Knechtschaft wird zur rechtlichen. Das 4. Laterankonzil verlangt für die Juden eine besondere Kleidung. Im allgemeinen stellen sich die Päpste eher schützend vor die Juden. In Italien erleiden sie am wenigsten Ungemach. Fanatismus, zunehmender Aberglaube und Neid, aber auch kirchliche Warnungen vor Mischehen bewirken die Abstempelung der Juden als Sündenböcke. Ab 1350 kommt es zu großen Pogromen[78]. Juden vergiften angeblich die Brunnen und werden für die furchtbare Pest von 1348/49 verantwortlich gemacht. In Straßburg werden über 1.000 Juden auf ihrem Friedhof dem Feuertod übergeben. In Basel drängen die Zünfte den Rat der Stadt, die Juden zu verbrennen; in Speyer, Worms und Köln geschieht dasselbe. In Mainz, der größten Judengemeinde Deutschlands, übergeben sich die Juden nach vergeblicher Verteidigung selbst den Flammen. Auch wenn man die Juden später wieder einlud, weil man sie brauchte, haben sich ihre Gemeinden nach der großen Pest doch nicht mehr erholt. Im 15. Jh. kommt es in vielen Städten – auch in Frankreich und besonders in Spanien – zu Vertreibungen. Die Renaissancepäpste sind den Juden günstig gesinnt. Leo X. nimmt Reuchlin in Schutz.

---

[77] Vgl. Lautemann, Geschichte in Quellen II (3. Aufl. 1996), 368 bzw. 371.

[78] Der/Das Pogrom (russ.) = Hetze, Ausschreitungen gegen nationale, religiöse, rassische Gruppen.

5. Minnedienst. Nach den Kreuzzügen halten in Ritterkreisen Minnedienst und Minnedichtung ihren Einzug. Es handelt sich um fremdartige Anschauungen. Der Kern ist immer derselbe. Minnedienst heißt Huldigung eines niedrigstehenden Sängers an eine adlige Dame. Das letzte Ziel des werbenden Minnesängers ist Ehebruch, und zwar mit einer verheirateten Frau. Die Ursprünge des Minnesangs liegen an den Höfen der mohammedanischen Kalifen im Orient und in Spanien. Der Minnedienst im Abendland beginnt in Südfrankreich mit den provenzialischen Troubadours. Es ist die erste profane lyrische Dichtung (11. Jh.).

6. Wissenschaft. Das Blickfeld der Geschichtsschreiber weitet sich. Es zeigt sich eine gewisse Toleranz und Unabhängigkeit vom Dogma der Kirche. Der deutsch-syrische Mischling Wilhelm von Tyrus zeigt in seiner Historia (bis 1183) eine große Toleranz. Durch die grausamen Schlächtereien im Namen Gottes und des Glaubens setzt sich eine duldsamere Beurteilung Andersgläubiger durch. Es erwacht allmählich die Idee des profanen Nationalismus. Als Gegenbewegung zur reichen Kreuzzugskirche entstehen der Franziskaner- und der Dominikanerorden. Sie vermögen neuen Glauben im Sinne des Evangeliums zu wecken. Durch die intensivere Begegnung mit den Arabern wird nach 1200 auch das ganze Werk des Aristoteles im Abendland bekannt.

25. Das Problem der Inquisition[79]

Ein Laststein für die Kirche

Fast in jedem Buch über die Alte Kirche steht das eindrückliche Wort Tertullians: "Das Blut der Märtyrer ist der Same der Kirche." Mit gleichem Recht gilt leider auch der Satz: "Das Blut der Häretiker ist ein Same der Häresien." Es gibt keine schwerere Last und Lähmung für die Kirche aller Konfessionen bis heute als die Vernichtung Andersgläubiger im Namen Gottes und der christlichen Lehre. Das Thema Inquisition ist nicht nur aktuell in der mittelalterlichen Kirche, auch die reformatorischen Kirchen und selbst die Bewegung der Täufer (Münster) können sich nicht von dieser schweren Schuld freisprechen. Schließlich gehören auch die Konfessionskriege und die Hexenverfolgungen bis ins 18. Jh. in diesen Zusammenhang. Die ungezählten Verfolgungen, Folterungen, Aburteilungen und Verbrennungen Andersgläubiger im Namen Gottes sind die intensivsten Wurzeln und Triebfedern für den abendländischen Skeptizismus, Atheismus und Nihilismus. Gewiß muß geschichtliches Denken und Urteilen auch das Thema der Inquisition in seiner Entwicklung und aus dem damaligen Umfeld zu verstehen versuchen, aber entschuldbar wird das Geschehene für die Kirche dadurch nicht. Auch im Mittelalter erheben sich Stimmen, die das Machtgebaren der Kirche verurteilen. Bischof Wazo von Lüttich schreibt im Jahr 1048 an einen Amtsbruder, niemand dürfe diejenigen töten, welche der Schöpfer leben lasse. "Diejenigen, welche die Welt jetzt als Unkraut ansieht, kann er als Weizen sammeln, wenn die Zeit der Ernte kommt. Die, welche wir für Gegner Gottes halten,

---

[79] H. Grundmann, Ketzergeschichte des MA = KiG II/G1 (3. Aufl. 1978); H. C. Lea, Geschichte der Inquisition im MA I-III (1888/1905, ND 1987); W. Nigg, Das Buch der Ketzer (7. Aufl. 1998) 199 ff; J. Dirnbeck, Die Inquisition (2001); G. Schwerhoff, Die Inquisition (2004).

kann er im Himmel über uns stellen."[80] Es bleibt für uns im Grunde unverständlich, wie sich Dominikaner, in deren Mitte die gottschauende Mystik blühte, ja selbst Schüler eines Franziskus, für das blutige Geschäft hergeben konnten.

Auch der moderne Mensch, der sich so gern und selbstverständlich über die dunklen Schatten des Mittelalters entrüstet, hat jedes Recht dazu verloren, nachdem in ungezählten Konzentrationslagern und Gefängnissen brauner und roter Couleur Millionen von Menschen mit noch viel raffinierteren Techniken für ihren Glauben oder ihre Gesinnung zu Tode gefoltert wurden. Was Paulus im Römerbrief schreibt, gilt zeitlos: "Es ist keiner, der Gutes tut, es ist auch nicht einer, ihre Kehle ist ein offenes Grab." Daß selbst Christen, die wirklich ein Leben in der Christus-Verbundenheit führten, zu Gewaltanwendung gegenüber vermeintlichen oder tatsächlichen Irrlehrern immer wieder bereit waren, erfüllt uns mit Scham.

"Leiden sehen ist schön, leiden machen noch schöner", meint Nietzsche. Vermutlich schlummert in jedem Menschen mehr oder weniger tief diese dunkle Wolke, die sich bei gegebenen oder geförderten Umständen zu einem Gewitter entladen kann. Worin unterscheidet sich die moderne (heimliche) Lust auf brutale Filme von der römischen Gier, sich in vollbesetzten Theatern an blutrünstigen Menschen- und Tierkämpfen zu berauschen?

Diese Überlegungen führen uns dazu, weder empört noch überheblich, sondern in tiefer Scham das Thema der Inquisition zu betrachten. Daß Gott trotz allem unsere kirchlichen Gefäße immer noch braucht, um seine Gemeinde zu bauen, bleibt das Geheimnis seiner Liebe.

---

[80] H. C. Lea, a. a. O. I, 121.

Der Weg zur Inquisition

Die Katholische Kirche hat von Anfang an Zucht- und Strafmittel angewendet. Die Hauptstrafe der Alten Kirche ist die Exkommunikation, der Ausschluß aus der Kirchengemeinschaft.[81] Das bedeutet nur Ausschluß aus der Gemeinschaft der irdischen Kirche, nicht Ausschluß vom Heil. Im AT heißt es, Abgefallene seien zu töten (2. Mose 32,27). Die Schriftsteller Origenes und Laktanz erklären aber richtig, diese Anschauungen gehörten nicht mehr in den Neuen Bund. Den christlichen Glauben, sagen sie, verteidigt man nicht, indem man tötet, sondern indem man selber dafür stirbt.

Eine neue Lage ergibt sich mit der Konstantinischen Wende im 4. Jh. Zuerst wollen die christlichen Kaiser ihren Bürgern den christlichen Glauben nahelegen und erleichtern. Mit dem Jahr 380 wird das Christentum zur obligatorischen Staatsreligion. Heiden oder häretische Menschen dürfen keine Kulthandlungen mehr vornehmen, so verlangt es das Häretikergesetz von 383. Die Strafen im 5. und 6. Jh. sind Geldbußen, Güterentziehung oder Verbannung. Nur selten kommt die Todesstrafe zur Anwendung, z. B. bei Manichäern. Als im Jahr 385 in Trier der spanische Christ **Priscillian** hingerichtet wird –, er ist Gnostiker, verwirft die Ehe und verehrt apokryphe Schriften –, geht ein lauter Schrei durch die Christenheit. Ambrosius von Mailand und Martin von Tours brechen die Gemeinschaft mit den verantwortlichen Klerikern ab. Priscillian bleibt ein Einzelfall. Das frühe Mittelalter greift selten zu harten Strafen gegenüber Irrlehrern. Angesichts der noch relativ schwach entwickelten Individualisierung des Glaubens und der Gesellschaft ist natürlich auch die Gefahr einer Auflösung der Monokultur wesentlich geringer. Es werden aber bereits die Grundlagen für die spätere Inquisition gelegt. Der Staat stellt gewisse kirchliche Delikte seinerseits unter Strafe, z. B. Karls Sachsengesetze.

[81] Schon das NT macht Aussagen über Gemeindezucht, z. B. Mt. 18,15 ff, 1. Kor. 5 oder 2. Thess. 3,6.14 ff.

Die ersten **Ketzer des Mittelalters** sind die Albigenser. Als sie in Südfrankreich auftauchen, schreitet die weltliche Obrigkeit ein. Im Jahr 1022 werden in Orléans erstmals 13 Ketzer verbrannt. Die Verbrennungsstrafe stammt aus dem römisch-heidnischen Recht; im Jahr 156 wird zum Beispiel Polykarp, der Bischof von Smyrna, verbrannt. In der Antike und im Mittelalter ist meistens der Pöbel das drängende Element. Die Obrigkeit gibt – früher oder später – dem Drängen der Masse nach.

Als auf dem Konzil zu Bauvais über das Los von Häretikern in Soissons beraten wird, bricht das Volk die Kerker auf, weil es die Milde der geistlichen Herren befürchtet. Erst als sich die Zahl der Ketzer mehrt und alles Zureden nicht mehr fruchtet, beginnen sich auch die kirchlichen Behörden auf die Ketzerverfolgung einzulassen.

Der Mailänder Erzbischof Heribert wendet sich 1034 gegen die Verbrennung der Ketzer in seinem Gebiet. Im 12. Jh. sprechen sich bereits Synoden dafür aus, daß der Staat die Pflicht habe, die Ketzer zu unterdrücken. Auch Bernhard teilt diese Ansicht, denn man geht davon aus, daß es sich hauptsächlich um Manichäismus handle, den schon die Alte Kirche unterdrückte.

Papst Innocenz versucht zunächst, die Häretiker auf gütlichem Wege zu überwinden. In Südfrankreich setzt er Zisterzienser ein, um sie durch Predigt und Gespräche zu gewinnen. Die Katharer treten aber nur noch ungescheuter hervor. Innocenz versucht auch, den Waldensern ein gewisses Eigenleben zu gestatten. Doch bereits 1207 fordert er den französischen König auf, die Häretiker in der Grafschaft Toulouse zu vernichten. Als 1208 der päpstliche Gesandte Peter von Castelnau ermordet wird, läßt er gegen den Beschützer der Albigenser, Graf Raimund VI. von Toulouse (gest. 1222), den Kreuzzug predigen. Damit ist der Startschuß für den 20jährigen Albigenserkrieg gegeben.

Häresie ist für Innocenz nicht nur ein kirchliches, sondern ein Majestätsverbrechen. Was gefehlt wird, gereicht dem ganzen Land zum Unheil. Die Verfolgung des Ketzers bis zum Tod ist gerechtfertigt, weil man bei einem Verbrechen gegen die göttliche Majestät nicht milder vorgehen darf als bei einem Verbrechen gegen die irdische Majestät. Solche Gedanken sind damals schon alt, und ähnliche Strafen gibt es zuhauf. Münzenfälscher werden in siedendes Wasser getaucht. Auch Thomas von Aquin hat dagegen nichts einzuwenden.

Das **4. Laterankonzil (1215)**, das unter Innocenz tagt, verlangt schonungslose Härte gegen alle Häretiker. Jeder Fürst soll selber gebannt und seiner Würde verlustig gehen, wenn er den Forderungen nicht nachkommt. "Wir schließen aus und verfluchen jede Häresie, die sich gegen den heiligen, rechtmäßigen katholischen Glauben erhebt, mit welchem Namen sie immer benannt sein mag." [82] Jeder weltliche Herr, der es versäumt, sein Land von ketzerischen Sekten zu reinigen, soll selbst in den Bann getan werden. Und wenn er es versäumt, innerhalb eines Jahres Genugtuung zu leisten, wird der Papst seine Untertanen von ihrem Treueid entbinden und das Land einem rechtgläubigen Katholiken zum Besitz geben.

Der freidenkerische Kaiser **Friedrich II.**, mit seiner orientalischen Hofhaltung dem Christentum innerlich fremd, führt 1232 den Feuertod als gesetzliche Strafe für die Ketzerei im ganzen Reiche ein. Willig leiht er der Kirche den weltlichen Arm, um ihr zu demonstrieren, wie sehr sie von seiner Macht abhängig ist. Von Toleranz ist auch bei ihm nichts wahrzunehmen. Gleichzeitig schafft der Papst ein zentrales kirchliches Inquisitionswesen[83].

---

[82] Excommunicamus et anathematizamus omnem haeresim extollentem se adversus hanc sanctam, orthodoxam, catholicam fidem ... condemnantes universos haereticos, quibuscumque nominibus censeantur ... (Mirbt, Quellen zur Geschichte des Papsttums (4. Aufl. 1924), Nr. 330.

[83] Lat. inquirere = aufsuchen, aufspüren.

Die Inquisitionsprozesse

Ein Inquisitionsprozeß verläuft nach folgendem Schema:

Der Inquisitor fordert alle, die sich der Irrlehre schuldig fühlen, auf, sich innerhalb einer bestimmten Frist freiwillig zu melden. Wer sich dabei meldet, kommt mit einer kleinen Geldbuße davon. Ist die Frist abgelaufen, so werden alle Kirchenmitglieder aufgefordert, Verdächtige anzuzeigen. Wer es unterläßt, einen ihm bekannten Häretiker anzuzeigen, gerät selbst in Verdacht, der Ketzerei zu frönen. Zur gültigen Anklage genügt eine Anzeige. Der Name des Anzeigers wird verschwiegen. Meistens sind es persönliche Feinde des Angeklagten. Entlastungszeugen sind grundsätzlich erlaubt, doch wird von dieser Möglichkeit kaum Gebrauch gemacht, weil die Gefahr groß ist, auf diesem Wege selbst in die Mühlen des Inquisitionsgerichts zu geraten. So steht der Angeklagte allein vor dem Inquisitor. Gibt er seine Schuld zu, so werden ihm Bußwerke auferlegt: Fasten, Gefängnis, Güterkonfiskation, Selbstgeißelung oder strapaziöse Wallfahrten. Die häufigste Strafe ist Kerker und Güterkonfiskation. Die Todesurteile liegen unter 10% der Fälle.

Bleibt der Angeklagte aber hartnäckig, schreitet das Gericht zur Folterung, die das Papsttum seit 1252 gestattet. Gelegentlich werden auch Zeugen der Folterung unterworfen. So ist schließlich niemand mehr sicher, auf irgendeinem Weg in die Tortur hineingezogen zu werden. Wer sich unter der Folter bekehrt, hat mit lebenslänglichem Kerker zu rechnen. Die Wertlosigkeit solcher Geständnisse ist allen Beteiligten durchaus bewußt. Der Zweck des barbarischen Vorgehens ist die Einschüchterung der Volksmassen. Aus diesem Grunde wird die Hinrichtung auch öffentlich vollzogen und wie ein Volksfest gefeiert. In Spanien nennt man die Zeremonie Auto-da-fé (actus fidei = Glaubensakt). Die Exekution folgt auf einen feierlichen Gottesdienst. Über dem Scheiterhaufen wird der Ketzer an einen hohen Pfahl gebunden, so daß ihn möglichst alle sehen können. Bisweilen sind es mehrere oder sogar Dutzende auf einmal. Die Verurteilten tragen papierene Mützen und Gewänder mit Bildern über Ketzerfluch und Höllenqual. Das Volk wird durch Herolde zur Feier eingeladen, während Priester und Mönche bis zuletzt versuchen, die Gepeinigten zu bekehren. Während die Scheiterhaufen brennen und die Gequälten sich in ihren Schmerzen winden, singen die Zuschauer "Großer Gott, wir loben dich".

Die Inquisition wütet am stärksten in Italien, Südfrankreich und Spanien. Vor allem in Spanien grassiert das Unwesen während Jahrhunderten, zuerst gegen Katharer und Waldenser, dann auch gegen bekehrte Juden und Mohammedaner, denen man nur scheinbare Christlichkeit unterstellt; schließlich bekommen auch die Protestanten die Inquisition zu spüren. Allein in der Stadt Sevilla werden im 15. Jh. über 4.000 Menschen verbrannt. In Deutschland ist Konrad von Marburg der berüchtigtste Inquisitor. Er hätte im 13. Jh. 100 Unschuldige verbrannt, wenn sich darunter nur ein einziger Schuldiger befunden hätte. Schließlich wird er von empörten Rittern erschlagen. Nur gegen derartige Auswüchse wehren sich die Menschen im Mittelalter. Grundsätzlich meinen (fast) alle, die Obrigkeit habe die Aufgabe, jeden Irrglauben zu bekämpfen. Den Irrenden wieder zum rechten Glauben zu bringen gilt als heilige Pflicht. Notfalls ist der Irrende aus der Gemeinschaft auszustoßen. Das ist eine schreckliche Folge aus dem so eindrucksvollen Versuch des Mittelalters, die Welt ganz im Sinne einer vermeintlich christlichen Monokultur zu gestalten. Auch die Reformationszeit und das 17. Jh. leben noch in solchen Vorstellungen, wenn auch die Todesurteile seltener werden.

Im ausgehenden Mittelalter befaßt sich die Inquisition auch mit den **Hexenprozessen**. Auch diese sind ohne die Folter undenkbar. Der Hexenglaube ist vorchristlich und hängt zusammen mit weit verbreitetem Glauben an böse Geister, Dämonen, Kobolde usw. Das Wort Hexe(r) meint ursprünglich jemanden, der in der Hecke wohnt und Böses im Schilde führt. Hexen sind meistens Frauen, die auf irgendeine Weise mit dem Teufel ein Bündnis geschlossen haben. Sie sind zum Beispiel erkenntlich am bösen Blick. Auch Geisteskranke verfallen teilweise diesem Aberglauben. Hexen verursachen Hagelschlag und Stürme, sie vergiften Menschen oder töten neugeborene Kinder, die sie in Kesseln kochen und dem Teufel opfern usw. Erst die Aufklärung beseitigt diesen blutigen Aberglauben. In der Schweiz wird die letzte Hexe 1792 in Glarus verbrannt. Man schätzt die Zahl der in Europa verbrannten Hexen auf mindestens eine Million, wobei der Höhepunkt im 16. und 17. Jh. erreicht wird. 1/4 aller Hexen wird in protestantischen Ländern verbrannt.

Die Inquisition wird in Spanien erst 1834 aufgehoben, in Italien 1859, im Kirchenstaat besteht sie bis zu dessen Auflösung 1870 fort. Das jahrhundertealte und berüchtigte **Sanctum Officium** wird 1965 durch das 2. Vatikanische Konzil aufgelöst. An seine Stelle tritt die **Congregatio de propaganda fide**, die Kongregation für die Glaubenslehre.

26. Das Spätmittelalter[83a]

Kennzeichen der Epoche

1. Niedergang der Papstkirche und der päpstlichen Herrschaft,
2. Zerfall der Scholastik,
3. Vergebliche Reformversuche (Konzilien), Wachstum der Opposition (Wyclif, Hus, Hussiten),
4. Eroberung Konstantinopels (1453) und Untergang der oströmischen Reichskirche; Aufschwung Rußlands,
5. Bruch mit der mittelalterlichen Kultur durch die aufblühende Renaissance und ihre Kunst.

Niedergang und Versagen der Papstkirche

Bonifaz VIII. täuscht sich

Im 13. Jh. haust in den wilden Felsen auf dem Monte Majella bei Aquila in den Abruzzen ein Einsiedler mit Namen Peter von Murrone. Seit Jahrzehnten hat er seine Wildnis nicht mehr verlassen und leitet einen Einsiedlerverein. Am 5. Juli 1294 erhält der Asket hohen Besuch. Einige Kardinäle aus Rom nahen sich ihm ehrerbietig und teilen ihm mit, der Heilige Geist habe ihn zum Papst ausersehen. Umsonst wehrt der ehrliche, ungebildete Mann die hohe Ehre ab. Schließlich ergibt er sich in die angebliche Fügung und nimmt die Wahl als Oberhaupt der Kirche an. Beim Volk erfreut sich der neue Hirte einer größeren Gunst als alle ränkesüchtigen Kirchenfürsten insgesamt. Cölestin V., so läßt sich der greise Papst nennen, ist – wie erwartet – zu beeinflussen, aber nicht von Klerikern, sondern von Karl, dem König von Neapel. Er verlegt sogar den

---

[83a] B. Moeller, SpätMA (1998); J. Huizinga, Herbst des MA (12. Aufl. 2006); H. Müller, Die kirchliche Krise des Spät-MA = EDG (2006).

päpstlichen Stuhl nach Neapel. Die Kardinäle sind enttäuscht. Einer von ihnen, Benedikt von Caetani, welchem der 80jährige Papst völlig vertraut, erzählt ihm legendäre Fälle von Abdankungen; angeblich soll er Cölestin sogar des Nachts mit der Stimme eines Engels durch ein Sprachrohr beeinflußt haben. Und Cölestin, an göttliche Eingebungen gewohnt, legt bereits nach fünf Monaten seine Würde nieder und flieht über Dalmatien zurück in seine Klause. Doch der neue Papst – eben das genannte Sprachrohr – läßt den Greis verfolgen und auf die Festung Fumone bringen, weil seine eigene Wahl von vielen nicht anerkannt wird. In einem lichtlosen Kellergemach geht der abgedankte Cölestin zugrunde.

Der neue Papst, **Bonifaz VIII.** (1294 - 1303), ist ein herrschgewaltiger Charakter. Er sieht sich in der Linie von Gregor VII. und Innocenz III. als oberster Weltherrscher. Im Jahr 1300 verkündet er ein Jubeljahr. Jedem Rompilger stellt er vollkommenen Erlaß der zeitlichen Sündenstrafen in Aussicht. Die Straßen der Ewigen Stadt wimmeln von Menschen. Die Wallfahrer bringen Geschenke und Geld in die Stadt. Es ist das erste Mal, daß es eine so außerordentliche Vergünstigung gibt. Ein Jubeljahr, heißt es, könne nur alle 100 Jahre stattfinden. Später wiederholen sich solche nach 33 und nach 25 Jahren. Ein großes Bedürfnis nach Buße, Sühne und Vergebung erfüllt die spätmittelalterliche Christenheit. Päpstliche Werber durchziehen das Abendland und schüren die Wallfahrtsstimmung. Dem Papst bringen die Besucherströme wieder einen Prestigegewinn und vor allem Ströme von Geld. Doch Bonifaz überschätzt seine Macht.

König Philipp der Schöne von Frankreich verbietet kurzerhand die Geldausfuhr aus seinem Lande. Der Papst reagiert mit seiner Bulle **Unam sanctam**[84](1302). Die Katholische Kirche bezeichnet er als die einzige Arche der Rettung. Der Papst verfügt gemäß Lukas 22,38 über zwei Schwerter, ein geistliches und ein weltliches. Denn der Herr sagte nicht, es sei zuviel,

[84] **Unam sanctam** ecclesiam catholicam ... extra quam nec salus est nec remissio peccatorum. Deutsche Übs.: E. Staehelin, a. a. O., III, 333 f.

sondern "es ist genug". Die Kirche verleiht das weltliche Schwert den rechtmäßigen und gehorsamen Fürsten und Rittern. Das weltliche Regiment muß sich dem geistlichen fügen, denn alle Gewalt kommt von Gott. Der geistliche Mensch aber – das ist der Papst – wird von niemandem gerichtet außer von Gott (1. Kor. 2,15). "So erklären wir denn, daß es für jedes menschliche Geschöpf zum Heil notwendig sei, dem römischen Bischof untertan zu sein."[85]

Doch damit maßt sich der Papst eine Machtfülle an, die ihm die neu erwachenden Nationalstaaten nicht mehr zugestehen. Das französische Volk steht zu seinem König und lacht über die römische Selbstanmaßung. Bonifaz indessen schleudert Philipp den Bann entgegen. Philipp seinerseits läßt durch den Erzbischof von Arles den Papst schwerer Verbrechen beschuldigen; der Papst habe seine Würde gekauft, er sei ein Mörder (an Cölestin), ein Wucherer, er glaube selbst nicht an die zentralen Heilswahrheiten und lebe obendrein im Konkubinat. Die Anschuldigungen sind übertrieben, aber nicht ganz grundlos.

Gleichzeitig bricht der französische Kanzler, **Wilhelm von Nogaret**, nach Rom auf, um dem Papst den französischen Standpunkt zu erläutern, d. h. den Papst gefangenzunehmen. Er ist begleitet vom römischen Adligen **Colonna**, einem Erzfeind des Papstes.[86] Der Papst flüchtet auf seinen Landsitz zu Anagni. Heimlich begeben sich 500 gedungene Söldner dorthin. Sie umstellen den Palast, dringen mit blankem Schwert in das Gemach des Papstes und verlangen Absolution. Bonifaz empfängt sie im vollen päpstlichen Ornat, sein goldenes Kreuz mit einem Splitter des Kreuzes Christi an seine Brust pressend und mit herablassendem Lächeln. Das Volk von Anagni, zuerst

---

[85] Porro subesse Romano pontifici omni humanae creaturae declaramus, dicimus, diffinimus et pronunciamus, omnino esse de necessitate Salutis. Mirbt, a. a. O., Nr. 372.

[86] Die Colonna stellten Kardinäle, die Bonifaz abgesetzt hatte.

auf Seiten der Häscher, befreit schließlich den Papst aus seiner mißlichen Lage. Mit der tödlichen moralischen Ohrfeige – nicht der legendären des Colonna – endet der mittelalterliche Universalismus. Wenige Wochen nach dem Attentat stirbt Bonifaz an den Folgen der ausgestandenen Aufregung. Um seinen Bannfluch kümmert sich kein Mensch.

Das Papsttum in Avignon

Während der nun folgenden 70 Jahre herrschen die Päpste in Avignon im Einflußgebiet der französischen Krone. Das Übergewicht französischer und französisch gesinnter Kardinäle, die Macht der Anjou von Neapel und Philipps führen fast zwangsweise zur Wahl eines Franzosen, **Klemens V.** (1305 - 1314). Im Auftrag des Königs fordert Klemens die Kardinäle auf, zur Krönung nach Frankreich zu kommen. Dieser erste avignonesische Papst verkommt völlig zur Marionette des französischen Königs. Er hilft Philipp bei der **Ausrottung des Templerordens**, auf dessen Güter es der König abgesehen hat. Kein Templer in Frankreich entgeht der furchtbaren Ungerechtigkeit, und der letzte Großmeister verflucht noch auf dem Scheiterhaufen den hörigen Papst. Die Zeitgenossen bezeichnen die Kurie mit Recht als "klementinischen Jahrmarkt". Der Kauf geistlicher Würden, Vetternwirtschaft und Schmarotzertum gehören in Avignon zur Tagesordnung.

Sein Nachfolger, **Johannes XXII.** (1316 - 1334), übertrifft Klemens noch an Niederträchtigkeit. Den Kardinälen in Lyon, welche wieder auf einen Papst in Rom hoffen, schwört er, kein Tier zu besteigen, das ihn nach Avignon bringen würde. Nach seiner Wahl besteigt er ein Schiff und fährt rhoneabwärts nach Avignon. Johannes XXII. ist ein Finanzgenie. Aus Weihen, Dispensen und Pfründen bezieht er nach einem ausgeklügelten Steuersystem bis zu 230.000 Goldgulden im Jahr. Unter ihm entwickelt sich Avignon zur ersten großen Geldmacht des ganzen Abendlandes.

Das Papsttum verfügt zu seiner Zeit über die folgenden **Geldquellen**:

1. Einkünfte aus dem Kirchenstaat
2. Peterspfennig; eine regelmäßige Häusersteuer in England, Irland, Skandinavien, Polen und Ungarn. Der Peterspfennig ist ursprünglich (8. Jh.) eine freiwillige Abgabe. Später fordert der Papst als Weltherrscher und Lehensherr die Abgaben ein (bis ins 16. Jh.)
3. Zinsen von Klöstern, die dem Papst direkt unterstehen
4. Gebühren für Provisionen (= Verleihung) geistlicher Ämter und für Exspektanzen (= Anwartschaft auf noch besetzte Würden, das ist Simonie in Reinkultur)
5. Spolien = Nachlaß von Bischöfen
6. Verwaltungsgebühren für Dispense, Gnadenerlasse usw.
7. Ablässe, besonders in den Jubeljahren.

Zurück nach Rom

Im Jahr 1377 kehrt **Gregor XI.** (1370 - 1378) nach Rom zurück. Petrarca erwartet von ihm die Erneuerung Italiens, und zwei heilige Frauen, Katharina von Siena und Brigitta von Schweden, beschwören ihn von Tag zu Tag kniefällig, sich aus den würdelosen Fesseln des ersten europäischen Nationalstaates zu lösen und sich Roms und der Kirche zu erbarmen. Rom aber ist unterdessen zerfallen. Tieferliegende Straßen sind zu Sümpfen geworden. Über den Trümmerhaufen wächst das Gras. Die einstige Millionenstadt zählt gerade noch 30.000 Einwohner. Auch der Kirchenstaat befindet sich in Auflösung. Das Elend, welches der Papst in Rom antrifft, macht ihn krank. Er stirbt ein Jahr nach dem Umzug.

Umgehend setzen italienische Kardinäle den Erzbischof von Bari, **Urban VI.** (1378 - 1389), auf den päpstlichen Stuhl. Französische Kardinäle erküren Kardinal Robert von Genf als

Klemens VII. (1378 - 1394), der seine Residenz in Avignon aufschlägt. 51 Jahre bietet die Kirche mit sechs Gegenpäpsten ein schmähliches Bild der Zerrissenheit. Beide Oberhirten pflegen sich gegenseitig zu verfluchen und belegen die Anhänger der Gegenseite mit schweren Bannflüchen. Gläubige in den verschiedensten Ländern leben in schweren Gewissensnöten. Welche Hälfte der gespaltenen Kirche vermittelt nun das wahre Heil? Zum römischen Papst halten sich England, Irland, Skandinavien, Deutschland, die Ostgebiete und Norditalien. Nach Avignon blicken Frankreich und das Königreich in Süditalien.

Der Petrusstuhl als Handelsware

Allenthalben verstärkt sich der Ruf nach einer **Reform der Kirche an Haupt und Gliedern**. Mittelpunkt der Bestrebungen ist die international ausgerichtete Universität Paris, die durch das Schisma selbst leidet. So berufen die Kardinäle der beiden Päpste **1409** ein Konzil nach **Pisa**. Die Versammlung der Kardinäle setzt beide Päpste ab und ersetzt sie durch den Griechen Alexander V. Weil aber die beiden andern keinerlei Bereitschaft zur Demission zeigen, raufen sich mit dem Konzilspapst nunmehr drei Würdenträger um die Statthalterschaft Christi.

Erst das **Konzil zu Konstanz (1414 - 1418)** beseitigt die unwürdigen Verhältnisse. Unter der Schirmherrschaft des Königs Sigismund lassen sich am Bodensee über 100.000 Menschen für etliche Jahre nieder. Man zählt 33 Kardinäle, 47 Erzbischöfe, 228 Bischöfe, 500 sonstige geistliche Würdenträger, 24 päpstliche Geheimschreiber, 37 Abgesandte von Universitäten, 217 Doktoren der Gottesgelehrsamkeit, 361 Doktoren beider Rechte, 171 Doktoren der Arzneikunde, 1.400 Magister der Freien Künste, 5.300 sonstige gelehrte Personen, dazu für viele ein Gefolge, das in die Hunderte geht. Um den König scharen sich Herzöge, Grafen, Freiherren und Ritter ohne Zahl, dazu etwa 20.000 Gefolgsleute. Auch des Papstes (Johannes) Leibwache besteht aus 1.600 Mann. 62 Gesandtschaften kommen aus Reichsstädten, 352 Vertreter aus anderen Orten, 83 Abordnungen von außerdeutschen Staaten. Sogar ganz unbekannte Könige Afrikas und Asiens entsenden ihre Vertreter. Hinzu kommt schließlich ein zahlloses Heer von Kaufleuten, Spielleuten, Gauklern und allerlei losem Volk.

Dieses Konzil setzt alle drei Päpste ab und erwählt **Martin V.** (1417 - 1431) aus dem römischen Geschlecht der Colonna als neuen Papst für die Weltkirche. Endlich hat die Welt wieder nur *einen* Statthalter Gottes! Daß dem neuen Papst, der selbst bescheiden lebt, nicht übermäßig an Reformen liegt, zeigt seine Vetternwirtschaft. In kurzer Zeit liegt fast ganz Latinum in den Händen der Colonnas, die sich zur mächtigen Dynastie entwickeln. Auch die nachfolgenden Päpste betreiben eine Politik des blanken Egoismus und Nepotismus[87]. Der Kirchenstaat wird in Fürstentümer aufgeteilt, die an Papstverwandte und uneheliche Papstsöhne verliehen werden.

Am schlimmsten treibt es **Alexander VI.** (1492 - 1503) aus dem Hause der Borgia. Im Ehebruch mit der Gattin seines Neffen zeugt er Kinder, denen er Fürstentümer überträgt. Während seiner Abwesenheit verwaltet seine sittenlose Tochter Lucretia das Amt des apostolischen Stuhles, und sein Sohn Cesare Borgia gehört zu den ruchlosesten Menschen, die das Abendland je gesehen hat. Erst der plötzliche Tod Alexanders – er trinkt versehentlich selbst den Giftbecher, der für Kardinal Castellesi bestimmt ist – macht dem Treiben der Borgias ein Ende. **Julius II.** (1503 - 1513), der letzte Papst vor der Reformation, ist zwar ein Förderer der Renaissance-Kunst (Michelangelo, Raffael, Neubau von St. Peter), doch mit Renaissance-Kultur kann der an Haupt und Gliedern schwerkranken Kirche nicht mehr geholfen werden. Vor der Tür wartet die Reformation.

---

[87] Nepotismus = (verschwenderische) Vetternwirtschaft. Nepos = Enkel, Neffe, Verschwender.

27. Anhang

Stammtafel der Merowinger (Auszug)

Merowech, ca. 455

Childerich, 457-482 (Tounai)

Chlodowech, 482-511 (ganzes Frankreich)

Theuderich I. 511-533 Reims	**Chlodomer** 511-524 Orléans	**Childebert** 511-588 Paris	**Chlothar I.** 511-561 Soissons 588 ganzes Reich
Charibert 561-567 Paris	**Guntram** 561-593 Orléans später Burgund	**Sigibert** 561-575 Reims vh. Brunhilde	**Chilperich I.** 561-584 Soissons
Childebert II. 575-596 Austrien, erbt Burgund			**Chlothar II.** 584-629 Neustrien 613 ganzes Reich
Theudebert II. 596-612 Austrien	**Theuderich II.** 596-613 Burgund		**Dagobert I.** 629-638 ganzes Reich
		Childerich II. 673 ganzes Reich	**Theuderich III.** 679 ganzes Reich
		Childerich III. 743-751, + 754	

Seit Dagoberts Tod (638) liegt die Macht bei den Hausmeiern. Pippin d.J. entmachtet 751 den letzten Merowingerkönig (Childerich III.).

Stammtafel der Karolinger (Auszug)

Pippin der Ältere
Hausmeier, + 640

Arnulf von Metz
Bischof 614-629

Ansegisel x Begga + 693
Hausmeier + vor 679

Pippin d. Mittlere x I. Plektrudis (Tochter v. Pfalzgraf Hugobert)
x II. Chalpaida

I. Drogo
Herzog der
Champagne, +708

I. Grimoald
Hausmeier, +714

II. Karl Martell x I. Chrotrud
Hausmeier, + 741 II. Swanahild

I. Karlmann

I. Pippin d. J. x Bertrada v. Laon
741 Hausmeier, 751 König, + 768

I. Chiltrud
→ Herzog Odilo v. Bayern

II. Grifo, + 753

II. Bernhard
Abt v. Saint-Quentin

Karlmann
768 König, + 771

Karl der Grosse x II. Hildegard (Enkelin v. Herzog Nebi)
(Alemannien)
* 742, 768 König
800 Kaiser, + 814

Karl
König in
Neustrien
+ 811

Pippin
König in
Italien
+ 810

Ludwig I., d.Fromme
781 König in
Aquitanien
813 Kaiser

x I. Irmingard,
x II. Judith,
Tochter des
Grafen Welf, + 843

Lothar I.
814 König v.
Bayern
817 Kaiser
+ 855

Pippin I.
814 König v.
Aquitanien
+ 838

I. Ludwig II. d.Deutsche
817 König v. Bayern
833-37 u. 840-876
König v. Ostfranken

x Hemma,
Tochter des
Grafen Welf

II. Karl d. Kahle
838 König v.
Neustrien
840 König v.
Westfranken

II. Gisela
→ Eberhard von
Friaul

Ludwig II
840 König von
Italien
850 Kaiser, + 875

Lothar II.
855 König von
Lothringen
+ 869

Karl
König der
Provence
+ 863

Karlmann
876-879
Kg. v. Bayern

Ludwig III.
876 Kg. d. Main-
franken + Sachsen

Karl III. d.Dicke
876 Kg. in Ale-
mannien, 881
Kaiser, + 888

Ludwig II.d.Stammler
877 Kg. von
Westfranken
+ 879

Ludwig IV. das Kind
*893 + 911
Kg v. Ostfranken

Ludwig V.
966-987
986 König

Stammtafel der Ottonen (Auszug)

Rudolf, 852 - 866 Herzog von Sachsen

Otto d. Großmütige, Sachsenherzog

Heinrich I., 912 Herzog von Sachsen
919 König v. Deutschland. Vh. Mit Mathilde
aus dem Geschlecht der Widukind.

Otto d. Gr. * 912 936 König v. Deutschland 951 König von Italien 962 Röm. Kaiser vh. 1. Edgitha v. England 2. Adelheid v. Burgund	Hadewig vh. Hugo Herzog v. Franzien	Heinrich Herzog von Bayern + 955	Brun EB von Köln Herzog v. Lothringen

Rudolf Herzog v. Schwaben vh. Ida v. Schwaben +957	Mathilde Äbtissin Quedlinbg. + 999	Otto II. 973-983 König 967 Kaiserkrön. vh. Theophane	Hugo Capet König v. Frankreich	Heinrich Der Zänker Herzog v. Bayern

Otto III. 983-1002 König	Heinrich II. 1002-1024 Kaiser vh. Kunigunde v. Luxemburg	Gisela vh. Stephan d. Hl. von Ungarn

Stammtafel der Salier (Auszug)

Konrad II. (990-1039)
vh. Gisela

Heinrich III. 1039-1056 König 1046 Kaiserkrönung vh. 1. Gunhild v. Dänemark 2. Agnes v. Poitou	**Beatrix**	**Mathilde**

3 Töchter	**Heinrich IV.** 1056-1106 König 1084 Kaiser vh. 1. Bertha v. Savoyen 2. Praxedis	**Konrad** + 1055

Konrad + 1101	**Heinrich V.** 1106-1125 König vh. Mathilde v. England	**Agnes** vh. Friedrich, Herzog v. Schwaben (Stammvater d. Staufer)

Stammtafel der Staufer (Auszug)

Friedrich v. Büren, + vor 1094

Friedrich I.	**Otto**	**Ludwig**
ca. 1050-1105	ca. 1050-1100	ca. 1055-1096
Herzog v. Schwaben	Bischof v. Strassburg	Pfalzgraf bei Rein
vh. Agnes, T. Heinrichs IV.		

Friedrich (II.)	**Konrad III.**
1105 Herzog v. Schwaben	1116 Hzg. v. Ostfranken
vh. Judith, T. Hchs v. Bayern	1138 dt. König, + 1152
(Welfen)	

Friedrich (III.) I., Barbarossa	**Konrad**
1147 Hzg. v. Schwaben	ca 1135-1195
1152 dt. König	Pfalzgraf bei Rein
1155 Kaiser	
vh. Beatrix v. Burgund	

Friedrich (V.)	**Heinrich VI.**	**Otto**	**Philipp**
1164-1191	1165-1197	1167-1200	1176-1208
Hzg. v. Schwaben	1169 dt. König	Pfalzgraf	1196 Hzg. v.
	1191 Kaiser	v. Burgund	Schwaben
	1194 Kg. Sizilien		1198 dt. König
	vh. Konstanze, T.		vh. Irene von
	Roger v. Sizilien		Byzanz

Friedrich II., 1194-1250
1197 König von Sizilien, 1212 dt. König, 1220 Kaiser
vh. 1. Konstanze v. Aragonien, 2. Jolanthe v. Jerusalem, 3. Elisabeth v. England

I. Heinrich VII.	**II. Konrad IV.**	**III. Heinrich**
1211-1242	1228-1254	1238-1253
1220 dt. König	1237 dt. König	Statthalter in Sizilien

Konradin, 1252-1268
Hzg. v. Schwaben

28. Literaturverzeichnis zum Mittelalter
(Auswahl)

Einführungen, Lexika, Gesamtdarstellungen

Heim, M., Einführung in die Kirchengeschichte (2000)
Bookmann, H., Einführung in die Geschichte des MA (7. Aufl. 2001)
Jarnut, J., Mediävistik im 21. Jahrhundert (2003)
Heit, A./Voltmer, E., Bibliographie zur Geschichte des MA (1997)
Goetz, H.-W., Moderne Mediävistik. Stand und Perspektiven der Mittelalterforschung (1999)
Fehring, G. P., Die Archäologie des MA. Eine Einführung (3. Aufl. 2000)
Fuhrmann, H., Einladung ins MA (TB 2000)
Lexer, M., Mittelhochdeutsches Taschenwörterbuch (38. Aufl. 1999)
Atlas of Medieval Europe, Hg. A. MacKay/D. Ditchburn (1997)
Volkert, W., Kleines Lexikon des MA (4. Aufl. 2004); bietet elementare Informationen.
Schwaiger, G. (Hg), Mönchtum, Orden, Klöster (3. Aufl. 1998)
Balthasar, H. U. von, Die großen Ordensregeln (7. Aufl. 1994)
Kelly, J. N. D., Reclams Lexikon der Päpste (2. Aufl. 2005)
Fichtinger, Ch., Lexikon der Päpste und des Papsttums (2001)
Heussi, K., Altertum, Mittelalter und Neuzeit in der KG (1921, ND 1969)
Hübinger, P. E., Zur Frage der Periodengrenze zwischen Altertum und MA (1969)
Mühlenberg, E., Epochen der KG (3. Aufl. 1999)
Schmidt, K. D., Grundriß der KG (9. Aufl. 1990)
Heussi, K., Kompendium der KG (12. Aufl. 1960, viele ND)
Hauschild, W.-D., Lehrbuch der Kirchen- und Dogmengeschichte I (3. Aufl. 2002).
Adam, A., Lehrbuch der Dogmengeschichte II (6. Aufl. 1992)

ADB: Allgemeine Deutsche Biographie (1875 - 1912); große Sammlung von Biographien; Neubearbeitung = Neue Deutsche Biographie (1953 ff)
DBE: Deutsche Biographische Enzyklopädie, Hg. W. Killy (1995 ff); kürzere Artikel.
ELThG: Evangelisches Lexikon für Theologie und Gemeinde, I - III (1992 - 1994)
GChr: Die Geschichte des Christentums, Hg. J. M. Mayeur u. a.; dt. Ausg. Hg. N. Brox u. a., 1991 ff; zum MA vgl. Bde 4 - 6.
GKG: Gestalten der Kirchengeschichte, Hg. M. Gretschat, III-IV (1983).
Hauck: Hauck, A., Kirchengeschichte Deutschlands, I - V (1887 - 1920, versch. ND); wegen Detailreichtum und Quellennähe nach wie vor benutzbar.
Jedin: Jedin, H. (Hg), Handbuch der KG, I - X (1962 - 79, ND 1999); kath. Standardwerk; für das MA: Bde. II/2 - III/2.
KGE: Kirchengeschichte in Einzeldarstellungen, Hg. U. Gäbler/G. Haendler u. a., I - IV in Einzelbänden (1978 ff); geeignet zur Vertiefung und zur Erstbegegnung.

KiG: Die Kirche in ihrer Geschichte. Ein Handbuch. Begr. K. D. Schmidt/E. Wolf, Hg. B. Moeller, 4 Bde in Einzellieferungen, 1961 ff, z. T. Neuauflagen; eher wenig Text, umfassende Literaturangaben.
LMA: Lexikon des Mittelalters, I - IX & RegBd. (1980 - 1999)
LThK: Lexikon für Theologie und Kirche, I - X (3. Aufl. 2006); sehr ergiebig, v. a. kath. Autoren
RAC: Reallexikon für Antike und Christentum (1950 ff)
RE: Realenzyklopädie für Theologie und Kirche, Hg. A. Hauck, 24 Bde. (3. Aufl. 1896 - 1913)
RGG: Die Religion in Geschichte und Gegenwart (3. Aufl. 1957 - 1965; 4. Aufl. 1998 ff)
TRE: Theologische Realenzyklopädie, Iff (1977 ff); relativ wenige, aber ausführliche Artikel zum MA.
ZKG: Zeitschrift für Kirchengeschichte (1877 ff)

Quellen

Bak, J. M., Mittelalterliche Geschichtsquellen in chronologischer Übersicht (1987)
Schmale, F.-J., Funktionen und Formen mittelalterlicher Geschichtsschreibung. Eine Einführung (2. Aufl. 1993).
Wattenbach, W./Levison/Löwe, H., Deutschlands Geschichtsquellen im MA. Vorzeit und Karolinger, H. 1 - 6 u. Beiheft (1952 - 1990) (Quellenkunde)
Wattenbach, W./Holtzmann, R., Deutschlands Geschichtsquellen im MA. Die Zeit der Sachsen und Salier. Neuausg. besorgt v. F.-J. Schmale, I - III (1967 - 1971).
Wattenbach, W./Schmale, F.-J., Deutschlands Geschichtsquellen im MA. Vom Tode Kaiser Heinrichs V. bis zum Ende des Interregnum, I (1976).
Wattenbach/Dümmler/Huf, Hg. A. Heine, Deutschlands Geschichtsquellen im MA. Frühzeit und Karolinger, I - II (1991); bietet den "Original-Wattenbach letzter Hand" mit Anmerkungs- und Ergänzungsapparat.
Nahmer, D., Die lateinische Heiligenvita. Eine Einführung in die lateinische Hagiographie (1994)

***

BKV: Bibliothek der Kirchenväter, Hg. O. Bardenhever u. a. (2. Aufl. 1911 ff)
FC: Fontes Christiani. Zweisprachige Neuausgabe christlicher Quellentexte aus Altertum und Mittelalter, Hg. N. Brox u. a., I ff (1991 ff)
FSGA: Freiherr vom Stein-Gedächtnisausgabe. Ausgewählte Quellen zur deutschen Geschichte des MA (zweisprachig), Hg. R. Buchner u. a., I ff (1955 ff).
GdV: Geschichtsschreiber der deutschen Vorzeit (dt. Übs.), Hg. G. H. Pertz u. a., 1847 ff, drei Ausgaben
HddA: Historiker des deutschen Altertums, dt. Übs., Hg. A. Heine (1984 ff)
KThGQ: Kirchen- und Theologiegeschichte in Quellen, II, Hg. Mokrosch, R./Walz, H. (4. Aufl. 2001)

Lautemann: Lautemann, W., Geschichte in Quellen, II (Mittelalter) (3. Aufl. 1996).
MGH: Monumenta Germaniae Historica, über 500 Bde. (1826 ff). Zum Ganzen: R. Schieffer in: LThK 7 (3. Aufl. 1998) 449 ff od. M. Heim, Einführung in die KG (2000) 151 ff.
Mirbt: Quellen zur Geschichte des Papsttums und des römischen Katholizismus, Hg. C. Mirbt (4. Aufl. 1924, ND 1935)
Mirbt-Aland: Dasselbe neu bearb., Bd. I: Von den Anfängen bis zum Tridentinum, Hg. C. Mirbt/K. Aland (6. Aufl. 1967)
Staehelin: Staehelin, E., Die Verkündigung des Reiches Gottes in der Kirche Jesu Christi, I - VII (1951 - 64), für das MA: Bde 2+3; angenehm lesbar, kurze hist. Einleitungen.

Erbe, M. (Hg), Quellen zur germanischen Bekehrungsgeschichte (5. - 8. Jahrhundert) (1971)
Benrath, G. A. (Hg), Klassiker des Protestantismus, I (1967, ND 1988); für "Vorreformatoren".
Guggenbühl, G./Huber, C., Quellen zur Geschichte des Mittelalters (5. Aufl. 1972); übersichtlich für ersten Einstieg.
Müller, R. A. (Hg), Deutsche Geschichte in Quellen und Darstellung I (Reclam (1995).
Einhard, Vita Karoli Magni. Das Leben Karls des Großen, lat./dt. (Reclam 1995).
Widukind von Corvey, Res gestae Saxonicae. Die Sachsengeschichte, lat./dt. (Reclam 2001).
Beda der Ehrwürdige. KG des englischen Volkes, Hg. G. Spitzbart (2. Aufl. 1997)

Weitere Literatur

Albert, K., Meister Eckhart und die Philosophie des MA (1999)
Albert, M., Das französische Mittelalter (2001)
Althoff, G., Verwandte, Freunde und Getreue. Zum politischen Stellenwert der Gruppenbildungen im früheren MA (1990)
Althoff, G./Keller, H., Heinrich I. und Otto der Große = EDG (2006)
Angenendt, A., Geschichte der Religiosität im MA (3. Aufl. 2005)
Angenendt, A., Das Frühmittelalter (3. Aufl. 2001)
Angenendt, A., Formen der Frömmigkeit im MA (2001)
Audisio, G., Die Waldenser (1996)
Barton, F., Die Geschichte des Christentums in Österreich und Südostmitteleuropa, I ff (1992 ff)
Becher, M., Karl der Große (4. Aufl. 2004)
Beck, A., Der Untergang der Templer (2000)
Beckmann, J. P., Wilhelm Ockham (1996)
Bergdolt, K., Der Schwarze Tod in Europa (2000)
Beumann, H., Kaisergestalten des MA (1984)
Beumann, H., Die Ottonen (2000)

Bey, H./Freyer, J. B., Die Franziskanische Bewegung, I - II (1996)
Binding, G., Deutsche Königspfalzen (1996)
Blanke, F., Missionsprobleme des Mittelalters und der Neuzeit (1966)
Bookmann, H., Der Deutsche Orden (4. Aufl. 1994)
Bookmann, H., Stauferzeit und spätes MA (1994)
Borgolte, M., Die mittelalterliche Kirche = Enzykl. dt. Gesch. 17 (2. Aufl. 2004)
Borgolte, M., (Hg), Mittelalterforschung nach der Wende (1995)
Borst, A., Die Katharer (7. Aufl. 2000)
Borst, A., Lebensformen im MA (15. Aufl. 1997)
Borst, A., Mönche am Bodensee 610 - 1525 (1978, ND 1998)
Borst, A. (Hg), Mönchtum, Episkopat und Adel zur Gründungszeit des Klosters Reichenau (1974)
Boshof, E., Ludwig der Fromme (1996)
Boshof, E., Heinrich IV. (2001)
Boshof, E., Die Salier (2. Aufl. 2000)
Boshof, E., Königtum und Königsherrschaft im 10. und 11. Jahrhundert = Enzykl. dt. Gesch. 27 (2. Aufl. 1993)
Boshof, E./Wolff, H., (Hg), Das Christentum im baierischen Raum. Von den Anfängen bis ins 11. Jahrhundert (1994)
Braunfels, W. (Hg), Karl der Große: Lebenswerk und Nachleben, I - V (1965 - 1968)
Bujnoch, J., Leben und Wirken der Slavenapostel Kyrillos und Methodios (1958)
Burgard, F./Haverkamp, A., Auf den Römerstraßen ins MA (1997)
Cassanelli, R./Carbonell, E., Von Mohammed zu Karl dem Großen (2001)
Chathain, P./Richter, M., Irland und Europa. Die Kirche im Frühmittelalter (1984)
Clanchy, M.T., Abaelard. Ein mittelalterl. Leben (2000)
Duby, G., Frauen im 12. Jahrhundert (Fischer TB 1999)
Classen, P., Karl der Große, das Papsttum und Byzanz (2. Aufl. 1988)
Dahn, F., Die Goten (1998)
Dassmann, E., Die Anfänge der Kirche in Deutschland (1993)
Demurger, A., Die Templer (5. Aufl. 1999)
Denzler, G., Die Geschichte des Zölibats (1993)
Dinzelbacher, P., Bernhard von Clairvaux (1998)
Dinzelbacher, P., Die letzten Dinge im MA (1999)
Dinzelbacher, P./ Bauer, D. R. (Hg), Volksreligion im hohen und späten MA (1990)
Dirnbeck, J., Die Inquisition (2001)
Eickhoff, Theophanu und der König (1996)
Engels, O., Die Staufer (1998)
Engler, A., Theoderich der Große (1998)
Epperlein, S., Leben am Hofe Karls des Großen (2000)
Ewig, E., Die Merowinger und das Frankenreich (4. Aufl. 2001)
Faix, G., Gabriel Biel und die Brüder vom gemeinsamen Leben (1999)
Feld, H., Franziskus von Assisi und seine Bewegung (2. Aufl. 2001)
Fink, K. A., Papsttum und Kirche im abendländischen MA (dtv 1994)
Flasch, K., Hauptwerke der Philosophie im MA (1998)
Flasch, K., Das philosophische Denken im MA (Reclam 2001)
Flasch, K., Geschichte der Philosophie II in Text und Darstellung (Reclam 1982)

Flasch, K., Einführung in die Philosophie des MA (3. Aufl. 1994); mit Verz. der dt., engl. und frz. Übersetzungen ma Texte.
Flasch, K., Meister Eckhart (2006)
Fleckenstein, J., Karl der Große (3. Aufl. 1990)
Fleckenstein, J., Die Hofkapelle der dt. Könige, I-II (1959/66)
Fleckenstein, J., Problematik und Gestalt der ottonisch-salischen Reichskirche = Reich und Kirche vor dem Investiturstreit, Hg. K. Schmid (1985) 83 ff.
Forschner, M., Thomas von Aquin (2006)
Frank, K. S., Geschichte des christlichen Mönchtums (5. Aufl. 1996)
Fried, J., Die Formung Europas (840-1046) = EDG (2006)
Fuhrmann, Von Petrus zu Johannes Paul II. (1998)
Fuhrmann, Überall ist Mittelalter (TB 2002)
Fumagalli, V., Mathilde von Canossa (1998)
Fumagalli, V., Héloise und Abaelard (2001)
Gaud, H. u. a., Die Zisterzienser. Geschichte und Architektur (1998)
Geary, P. J., Die Merowinger. Europa vor Karl dem Großen (2. Aufl. 2004)
Geuenich, D. (Hg), Chlodwig und die "Schlacht bei Zülpich" (1996)
Geuenich, D., Die Franken und die Alemannen bis zur "Schlacht bei Zülpich" (496/97) (1998)
Geuenich, D., Geschichte der Alemannen (2. Aufl. 2005)
Ginzeler, V./Pillinger, P. (Hg), Das Christentum in Bulgarien und auf der übrigen Balkanhalbinsel in der Spätantike und im frühen MA (1987)
Glebe, Gudrun, Klöster und Orden im Mittelalter (2006)
Gnädinger, L., Johannes Tauler. Lebenswelt und mystische Lehre (1993)
Goetz, H.-W., Frauen im frühen Mittelalter. Frauenbild und Frauenleben im Frankenreich (1995)
Görich, K., Die Stauffer. Herrscher und Reich (2006)
Grabmüller, K., Schulliteratur im späten MA (2000)
Graus, F., Pest – Geissler – Judenmorde (3. Aufl. 1994)
Grotefend, H., Taschenbuch der Zeitrechnung des deutschen MA und der Neuzeit (13. Aufl. 1991).
Grousset, R., Das Heldenlied der Kreuzzüge (1951)
Grundmann, H., Ketzergeschichte des MA (3. Aufl. 1978)
Gurjewitsch, A., Das Weltbild des ma Menschen (5. Aufl. 1997)
Hägermann, D., Karl der Große. Herrscher des Abendlandes (2000)
Haendler, G., Die lateinische Kirche im Zeitalter der Karolinger = KGE I, 7 (2. Aufl. 1992)
Haendler, G./Stökl, G., Frühmittelalter, Slavenmission = KiG (2. Aufl. 1997)
Hartmann, W., Der Investiturstreit = Enzykl. dt. Gesch. 21 (7. Aufl. 2005)
Hasse, D. N. P., Abaelards "Historia calamitatum" (2001)
Heinzmann, R., Thomas von Aquin (1994)
Hilsch, P., Johannes Hus. Prediger Gottes und Ketzer (1999)
Hofer, M., Francesco. Der Mann des Jahrtausends (2000)
Honnefelder, L., Johannes Duns Scotus (2005)
Huizinga, Herbst des Mittelalters (1919, 12. Aufl. 2006)

Jauch, R., Franziskanische Frauengestalten (2000)
Jeismann, M., Das elfte (11.) Jahrhundert (2000)
Kaiser, R., Churrätien im frühen MA (1998)
Kaiser, R., Die Franken. Roms Erben und Wegbereiter Europas? (1997)
Kaphahn, F., Zwischen Antike und Mittelalter. Das Donau- und Alpenland im Zeitalter St. Severins (1944, ND 1980)
Kaufhold, M., Europas Norden im MA (2001)
Keiser, B., Adelheid. Königin, Kaiserin, Heilige (1999)
Keller, H., Die Ottonen (2001)
Konstam, A., Atlas des mittelalterlichen Europa (2001)
Köpfer, U., Hg., Theologen des Mittelalters (2002)
Krieger, K.-F., König, Reich und Reichsreform im Spätmittelalter = EDG (2005)
Laffin, J., Pippin und die Päpste (1996)
Lamb, H., Dschingis Khan, Beherrrscher der Erde (2006)
Lammers, W. (Hg), Die Eingliederung der Sachsen in das Frankenreich (1970)
Lang, P., Hus-Hussiten (2002)
Laudage, J., Gregorianische Reform und Investiturstreit (1993)
Laudage, J., Alexander III. und Friedrich Barbarossa (1996)
Laudage, J., Otto der Große (912 - 973). Eine Biographie (2001)
Lea, H. C., Geschichte der Inquisition im Mittelalter, I - III, (1888/1905, ND 1987)
Leclerc, J., Bernhard von Clairvaux (2005)
LeGoff, Die Geburt Europas im Mittelalter (2004)
Levison, W., England and the Continent in the eighth Century (1946, ND 1966)
Lobrichon, G., Die Eroberung Jerusalems im Jahre 1099 (1998)
Löwe, H. (Hg), Die Iren und Europa im frühen MA, I - II (1982)
Lohrum, H., Dominikus (1992)
Malcom, L. v., Haeresie im Mittelalter (2000)
Martin, J., Spätantike und Völkerwanderung (4. Aufl. 2000)
Maier, B., Die Religionen der Germanen (2003)
Mayer, H. E., Geschichte der Kreuzzüge (10. Aufl. 2005)
Menthen, E., Das Fünfzehnte (15.) Jahrhundert = EDG (2006)
Milizer, K., Die Geschichte des Deutschen Ordens (2005)
Moeller, B., Spätmittelalter (1998)
Molnár, A., Die Waldenser (1994)
Müller, A., Die kirchliche Krise des Spätmittelalters = EDG (2006)
Müller, H., Die kirchliche Krise des Spätmittelalters (2000)
Mytum, H., The Origins of Early Christian Ireland (1992)
Nolte, C., Conversio und Christianitas. Frauen in der Christianisierung vom 5. bis 8. Jahrhundert (1995)
Padberg, L. E. v., Bonifatius (2003)
Padberg, L. E. v., Die Christianisierung Europas im MA (Reclam 1998)
Paulus, N., Geschichte des Ablasses im MA (1907, ND 2000)
Pernoud, A., Heloise und Abaelard. Ein Frauenschicksal im MA (1994)
Pesch, O., Thomas von Aquin. Grenze und Größe ma Theologie (3. Aufl. 1995)
Pirenne, H., Mahomet et Charlemagne (1937) = Mohammed u. Karl d. Große (2. Aufl. 1986)

Pohl, W., Die Awaren (1988)
Pohl, W., Die Germanen = Enzykl. dt. Gesch. 57 (2. Aufl. 2004)
Prinz, F., Kelten, Römer und Germanen (2004)
Prinz, F., Frühes Mönchtum in Frankenreich (1965, ND 1988)
Prokop, Der Gotenkrieg/Der Vandalenkrieg (2. Aufl. 1989)
Riche, P., Gregor der Große. Leben und Werk (1996)
Riche, P., Die Welt der Karolinger (Reclam 1999)
Rieder, H., Die Hussiten (1998)
Roggisch, W., Johannes Duns Scotus (1995)
Rotter, E., Friedrich II. von Hohenstaufen (dtv 2000)
Rüegg, W., Geschichte der Universität in Europa, I ff (1993 ff)
Ruh, K., Geschichte der abendländischen Mystik, I - IV (1990 - 1999)
Runciman, St., Geschichte der Kreuzzüge (3. Aufl. dtv 2001)
Runciman, St., Die Eroberung von Konstantinopel (1453) (5. Aufl. 2005)
Sabatier, P., Leben des Heiligen Franz von Assisi (1897)
Sackur, E., Die Cluniazenser, I - II (1892/94, ND 1965)
Santifaller, L., Zur Geschichte des ottonisch-salischen Reichskirchensystems (1964)
Schäferdiek, K., KG als Missionsgeschichte, II/1 (1978)
Schäferdiek, K., "Germanenmission" = Reallex. d. Germ. A'tumskde 4 (1981) 501 ff
Schäferdiek, K., Schwellenzeit (1996)
Scheben, H., Der hl. Dominikus (2. Aufl. 1961)
Schelle, K., Das Konstanzer Konzil 1414 - 1418 (1996)
Scherb, J. L., Anselms philosophische Theologie (2000)
Schieffer, R., Die Karolinger (4. Aufl. 2006)
Schieffer, Th., Winfrid-Bonifatius und die christliche Grundlegung Europas (1954, ND 1972)
Schipperges, H., Hildegard von Bingen (TB 5. Aufl. 2005)
Schipperges, H., Die Kranken im Mittelalter (1990)
Schönberger, R., Anselm von Canterbury (2004)
Schmidt, K. D., Die Bekehrung der Germanen zum Christentum, I - II (1939 - 1942)
Schmied, K./Wollasch, J. (Hg), Memoria. Der geschichtliche Zeugniswert des liturgischen Gedenkens im MA (1984)
Schneider, R., Das Frankenreich (4. Aufl. 2001)
Schneidmüller, B., Das Karolingerreich = EDG (2004)
Schneidmüller, B./Weinfurter, St., Otto III. bis Heinrich II.: Eine Wende? (1997)
Schneidmüller, B./Weinfurter, St., Ottonische Neuanfänge (2001)
Schnepel. E., Christus im Frühen Mittelalter (2. Aufl. 1949)
Schütz, Ch./Rath, Ph., Der Benediktinerorden (1994)
Schütz, J. (Hg), Die Lehrer der Slaven Kyrill und Method (1985)
Schwerhoff, G., Die Inquisition (2004)
Seibt, K.-V., Glanz und Elend des Mittelalters (1987)
Seifert, P., Geheime Schriften mittelalterlicher Sekten (1997)
Serrou, R., Kartäuser (1997)

Sieglerschmidt, J., Territorialstaat und Kirchenregiment (1987)
Siegmund, F., Alemannen und Franken (2000)
Southern, R.W., Kirche und Gesellschaft im Abendland des Mittelalters (1976)
Springer, M., Die Sachsen (2004)
Störmer-Caysa, U., Einführung in die mittelalterliche Mystik (Reclam 2004)
Streitberg, W., Gotische Bibel, I - II (2000)
Stucki, A., Christus in Italien (1936)
Stutz, U., Die Eigenkirche als Element des ma Kirchenrechts (1895, ND 1971)
Thomas von Aquin, Summa theologiae deutsch, Hg. A. Speer (2005)
Thomas von Kempen, Die Nachfolge Christi (2000)
Toch, M., Die Juden im mittelalterlichen Reich (2. Aufl. 2002)
Tourn, G., Die Waldenser (3. Aufl. 2006)
Tourn, G., Geschichte der Waldenser-Kirche (3. Aufl. 2006)
Vaux-de-Cernay, P., Kreuzzug gegen die Albigenser (1997)
Waas, Ad., Geschichte der Kreuzzüge, I-IOI (1951, 2. Aufl. 2005)
Weinfurter, St., Canossa. Die Entzauberung der Welt (2006)
Weinfurter, St. (Hg), Die Salier und das Reich, I - III (1991)
Weinfurter, St., Heinrich II. Herrscher am Ende der Zeiten (3. Aufl. 2002)
Wirth, G., Attila. Das Hunnenreich und Europa (1999)
Wolfram, H., Die Goten und ihre Geschichte (2. Aufl. 2005)
Wolfram, H., Die Goten (4. Aufl. 2001)
Zimmerling, D., Der Deutsche Ritterorden (1991)

29. Register